『哲學硏究』 제 64 집의 별책

디지털시대의 민주주의와 포퓰리즘

철학과 현실사

『哲學研究』 제 64 집의 별책

디지털시대의 민주주의와 포풀리즘

필 자

이한구　박형준　이동수　윤평중
이상훈　김우택　김일영　서병훈
정원섭　홍윤기

논평자

김종길　김대영　김선욱　선우현
박구병　임성학　정연교　박상혁
한승완

철학과 현실사

책을 펴내면서

우리는 지금 정보사회라는 역사상 초유의 새로운 사회로 진입하고 있다. 어떤 사람들은 이런 변혁을 새로운 문명의 전환기라고 표현하기도 한다.

정보사회란 사람들의 주요 활동이 정보기술에 기반해서 이루어지는 사회이다. 정보기술은 반도체로 대표되는 소자기술, 컴퓨터로 대표되는 정보처리 기술, 위성통신과 광통신으로 대표되는 통신기술의 복합체라 할 수 있다. 정보기술은 엄청난 사회적 대변혁을 초래하고 있으며, 사람들의 삶에 압도적이고 포괄적인 영향력을 행사하고 있다.

권력의 측면에서 보면 권력의 대이동과 확산이 일어난다. 현대 통신기술은 시민들을 널리 교육시키고 계몽시키며 공동선에 대한 토론에 그들을 참여시킬 수 있는 수단을 생산해 내고 있으며, 이런 수단에 의해 시민들은 자신들의 의사를 반영시킬 힘을 갖게 되었다. 대의 민주주의 하에서는 주기적으로 배우들을 선발할 때만을 제외하고는 구경꾼으로 머물러야 하던 관객들이 기존의 배우들을 제치고 새로운 배우들로 무대의 전면에 등장한 것이다.

이제 민주주의는 대의제가 아니면 실현될 수 없다는 이론에는 의문이 제기되고 있다. 정보기술의 발달이 직접 민주주의의 실현을 가로막던 장소와 시간의 문제와 정보의 독점문제를 어느 정도 해결해 줄 수 있기 때문이다. 전자기술이 초래할 결과를 긍정적으로 평가하는 사람들은 정치과정이란 본질적으로 거대한 화상회의가 될 것이며, 선거전은 입후보, 논평가, 정치적 행동집단 및 유권자간의 수개월에 걸친 디지털상의 의사소통이 될 것으로 예측한다. 이런 상황에서 새로운 민주주의의 패러다임으로 참여 민주주의, 결사체 민주주의, 심의 민주주의, 전자 민주주의 등이 논의되고 있다.

이 책은 2003년 가을 철학연구회 학술대회의 결과물이다. 우리의 주제는 "디지털시대의 민주주의와 포퓰리즘"이었는데, 1부와 2부로 나누어 현대사회의 민주주의와 포퓰리즘을 최대한 심도 있게 천착하려고 했다.

1부의 여러 논문들은 오늘날 민주주의가 당면한 여러 문제점을 분석하고, 새롭게 모색되고 있는 민주주의의 여러 유형에 대해 연구한 논문들이다.

2부의 논문들은 포퓰리즘의 문제를 다루었다. 우리가 포퓰리즘을 민주주의와 함께 다룬 것은 현대의 전자 민주주의가 포퓰리즘과 연결될 가능성이 매우 높다고 보았기 때문이다.

정치적 포퓰리즘은 지역에 따라 다양한 형태로 전개되었지만 대체로 다음과 같은 특성을 갖는다고 할 수 있다. 첫째로, 그것은 안정된 시기에는 등장하지 못하며 사회 정치적 위기가 고조되었을 때 나타난다. 위기가 닥쳤을 때 포퓰리스트들은 불안한 대중을 동원하여 정치 세력화한다.

둘째로, 그것은 핵심적 가치를 결여하고 있다. 다른 이데올로기들이 자유와 평등, 사회정의 같은 가치들을 암묵적이든 명시적이든 주장하고 있는 데 반해, 포퓰리즘에는 그런 것이 없다. 오직 대중과 그의 주장은 정당하다는 논리만이 있을 뿐이다. 우리가 포퓰리즘에서 때때로 극우의 매카시즘이나 파시즘을, 때로는 극좌의 볼세비즘이나 모택동(毛澤東)의 홍위병을 연상하는 것은 이 때문이다.

셋째로, 이것은 대의제 정치에 대해 적대적인 태도를 취한다. 포퓰리즘은 기존의 제도를 신뢰하지 않는다. 지혜는 대중 속에 있고, 정치적 제도는 대중의 의지와 일치하는 한에서만 타당하다고 보기 때문이다.

이런 포퓰리즘은 쉴즈가 말한 바와 같이 오랜 기간 특권화된 지배 계급의 질서에 대한 대중의 분노가 있는 곳에서는 어디에나 존재한다고 할 수 있다. 말하자면 그것은 권력과 재산, 문화를 독점해 온 기득권에 대한 평범한 대중들의 반란인 것이다.

그렇지만 포퓰리즘은 왜 부정적으로 평가되어야 하는가? 그것은 대중의 권익을 주장할 뿐인데 무엇이 잘못되었다는 말인가? 왜 우리는 포퓰리즘의 유혹을 뿌리쳐야 하는가?

포퓰리즘이 주장하는 핵심은 대중이 원하는 것이 곧 바로 법이 되고 정책이 되어야 한다는 것이다. 얼핏 보면 이것은 너무나 지당한 주장 같아 보인다. 그렇지만 이런 주장은 '대중'이란 말의 모호성 때문에 곧바로 우리를 혼란에 빠트린다. 누가 대중이란 말인가? 대중의 의견이 언제나 단일하다고 할 수 있을까? 대중이 어떤 주장의 참과 거짓을 구별하는 최후의 심판자란 말인가?

2부의 여러 가지 논문들은 이에 대한 대답을 제공해 줄 것이다.

학술 발표 후, 논문을 완성시켜 주신 여러분께 감사드리며, 이 책이 우리 사회의 민주주의를 한 단계 상승시키는 데 기여할 수 있기를 기대해마지 않는다.

2004년 4월
철학연구회장 이 한 구

차 례

1부 디지털시대와 민주주의

2부 민주주의와 포퓰리즘

디지털시대의 다양한 민주주의와 그 정당성

| 이 한 구 | 성균관대 철학과 |

1. 머리말

우리의 주제는 변화하고 있는 시대적 상황 속에서 우리가 추구하는 민주주의가 어떻게 변화하고 있는지, 그리고 그런 변화된 민주주의는 얼마나 정당한지의 문제를 검토해 보는 일이다. 이를 논의하기 위해서는 먼저 시대적 상황의 변화와 그런 상황 속에서 새롭게 등장한 민주주의의 여러 패러다임에 대한 개괄이 필요할 것이다.

시대적 상황의 변화로서 우리가 의미하는 것은 정보통신 혁명에 의한 변화이다. 정보통신 혁명이 우리의 삶에 엄청난 변화를 몰고 왔다는 것은 우리가 그것을 농업혁명과 산업혁명에 뒤이은 제 3의 혁명이라고 부르는 데서도 분명하게 드러난다.

혁명은 기존의 제도를 바꾸고 생각을 바꾸고 마침내는 우리의 삶의 양식 자체를 바꾼다. 이런 관점에서 보면 그것이 우리의 전통적인 대의 민주주의 제도에 어떤 변화를 가져오고 있을 것이라는 것은 쉽게 추측할 수 있다. 1절에서는 이런 변화를 먼저 검토해 볼 것이다. 그렇지만 변화는 전적으로 기술적인 요인에 의해서만 결정되는 것은 아닐 것이다. 한 제도가 외부의 충격을 받아 변화된다 해도 그런 변화는 그 제도의 취약점을 중심으로 해서 나타날 것이다. 근대 사회의 민주주의는 대의 민주주의이다. 이것은 어떤 문제점을 안고 있는가? 이것이 우리가 2절에서 고찰해 보고자 하는 부분이다.

외부의 충격과 내부의 약점 때문에 다양한 형태의 참여 민주주의, 즉 결사체 민주주의, 심의 민주주의, 전자 민주주의 등이 시도되고 있다. 이들은 대의 민주주의의 보완을 주장하면서 때로는 대의 민주주의에 대한 완전한 대안으로까지 부상하고 있다. 이들의 한계는 어디까지인가? 이들의 정당화의 근거는 무엇인가? 이것이 3절에서 검토할 주제이다. 마지막으로 민주주의의 여러 다양한 형태들, 그 중에서도 특히 전자 민주주의의 위험성을 포퓰리즘(populism)을 통해 점검해 보고자 한다.

2. 정보기술에 의한 민주주의의 변화

'정보사회'라는 말은 이미 생소한 용어가 아니다. 우리는 일상생활 속에서도 정보사회라는 말을 자연스럽게 사용하면서 우리가 사는 이 시대를 정보사회로 규정하거나, 적어도 조만간 대다수의 사회가 정보사회로 변화될 수밖에 없을 것이라는 판단을 내린다. 우리의 일상적인 삶의 세계를 둘러보더라도 정보사회로의 변화는 이제 거역할 수 없는 대세가 되었다는 느낌이 든다. 호모 인포르마티쿠스(homo informaticus)가 호모 파베르(homo faber)를 대체하고 있는 것이다.

넓은 의미에서 정보사회는 사람들의 주요 활동이 정보기술에 기반해서 이루어지는 사회이다. 정보기술은 반도체로 대표되는 소자기술, 컴퓨터로 대표되는 정보처리 기술, 위성통신과 광통신으로 대표되는 통신기술의 복합체라고 할 수 있다. 정보기술의 발달은 일차적으로 극소 전자혁명이라 불리는 반도체 기술에 힘입어 정보의 저장과 처리 능력을 획기적으로 향상시켰다. 여기에 통신기술이 덧붙여져, 정보기술은 종합적으로 정보의 저장, 처리 및 송수신 기술을 의미하기에 이르렀다.

정보기술은 엄청난 사회적 대변혁을 초래하고 있으며, 사람들의 삶에 모든 측면에서 압도적이고 포괄적인 영향력을 행사하고 있다. 권력의 측면에서 보면 권력의 대이동과 확산이 일어난다. 농업사회의 권력은 군사력이었고, 산업사회의 권력이 자본이었다면, 정보사회에서는 정보가 권력이 된다.[1] 말하자면 재화의 생산에서 정보나 서비스의 생산으로 산업구조가 재편되면서 사회의 중심적 가치가 자본에서 정보로 이행하는 것이다. 정보의 확산과 더불어 권력의 확산도 일어난다. 정보의 확산은 컴퓨터 기술을 이용한 새로운 정보 유통 방식에 의해 더욱 가속화된다. 컴퓨터 매개 의사소통(computer-mediated-communication)의 발달은 기존의 정보 유통 방식을 완전히 바꾸어 놓았다.[2] 이러한 의사소통의 변화는 면대면 오프라인에서 사이버 공간상의 온라인으로, 일방향에서 쌍방향으로, 수직적에서 수평적으로, 일대일에서 일대일, 일대다, 대대일, 다대다로의 변화로 특징지어진다.

이것은 정치 현상에 어떤 변화를 야기하였는가? 이것은 정치적 청

---

1) A. Toffler, *Powershift*(New York: Bantam Books, 1990), p.178 참조; 이규행 감역, 『권력 이동』(한국경제신문사, 1990).
2) 이를 우리는 다음과 같이 그려볼 수 있다. 참조, 윤성이, "전자 민주주의의 가능성과 한계", 『한국정치학회 추계학술회의집』(1999).

중에 불과했던 유권자들에게 정치적 참여자로 등장할 수 있는 기회를 제공했다. 말하자면 컴퓨터를 이용한 쌍방향 의사소통이 가능해짐으로써 일반 국민들은 직접 정치인이나 정책 담당자에게 질문하고 항의할 수 있을 뿐만 아니라 사이버 카페나 토론방 등을 통해 국가 정책에 관해 여론을 형성할 수 있게 되었으며, 이렇게 형성된 여론은 정치인이나 정책 담당자에게 도저히 무시할 수 없는 압력으로 작용하여 어떤 식으로든 정책에 영향을 끼치기에 이른 것이다. 현대 통신기술은 시민들을 널리 교육시키고 계몽시키며 공공 선에 대한 토론에 그들을 참여시킬 수 있는 수단을 생산해 내고 있으며, 이런 수단에 의해 시민들은 자신들의 의사를 반영시킬 힘을 갖게 되었다.[3] 이것은 사실 엄청난 변혁이라 할 수 있다. 대의 민주주의하에서는 주기적으로 배우들을 선발할 때만을 제외하고는 구경꾼으로 머물러야 했던 관객들이 기존의 배우들을 제치고 새로운 배우들로 등장한 것이다. 토플러는 그의 『제3 파도의 정치』에서 제3 파도의 유권자들은 인터넷을 중심으로 한 새로운 전자공동체를 형성할 것이며, 이들을 대변하는 정당이 미래를 지

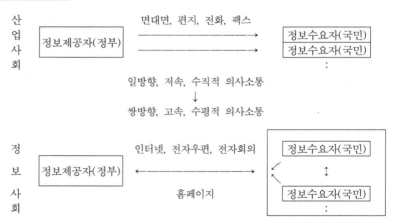

3) C. D. Staton, "Democracy's Quantum Leap", *Demos Quartely* No,3(1994), p.31 이하 참조

배할 것으로 보고 있다.4) 나이스빗도 『대변혁』에서 사회구조의 원리가 위계적인 피라미드형의 구조에서 수평적 네트워크형의 구조로 전환되어 간다고 보면서, 이에 따라 정치 모형에서도 대의 민주주의에서 참여 민주주의로 변화되어 갈 것으로 예상한다.5)

이러한 주장의 이면에는 정보기술이 민주주의의 장애 요소들을 제거할 수 있다는 신념이 깔려 있다. 그렇다면 정보기술은 민주주의를 가로막는 어떤 장애 요소들을 제거한다는 말인가? 첫째로 시공의 장벽을 제거한다. 전통적인 방식으로는 정치적 의제를 토론하거나 결정하기 위해 많은 사람들이 한자리에 모일 수도 없었고 또 함께 동시적으로 토론할 수도 없었다. 그렇지만 쌍방향 통신망으로 연결된 디지털 시대에서는 이러한 제약이 거의 사라졌다고 할 수 있다. 둘째로 정보의 확산을 가능하게 한다. 디지털시대는 정보의 분배가 광범위하게 이루어지는 시대이다. 광범위한 네트워크의 사용을 통해서 누구나 정보에 쉽게 접근할 수 있고 정보의 획득비용은 획기적으로 감소한다. 그 결과 개인들의 정치 수준은 향상되고, 정보의 부족이나 조직적 문제 때문에 이익 집단화되기 어려웠던 많은 집단들이 정치과정에 적극적으로 참여하게 될 가능성이 높아졌다.

이런 관점에서 보면 민주주의는 대의제가 아니면 실현될 수 없다는 이론은 성립되지 않는다. 정보기술의 발달이 직접 민주주의의 실현을 가로막던 장소와 시간의 문제와 정보의 독점 문제를 해결해 줄 수 있기 때문이다.6) 전자기술이 초래할 결과를 긍정적으로 평가하는 사람

---

4) Alvin and Heidi Toffler, *The Politics of the Third Wave*(Atlanta: Truner Pub. Inc., 1994); 이규행 감역, 『제 3 물결의 정치』(한국경제신문사, 1994), 9장 참조.
5) John Naisbitt, *Megatrends*(NewYork: Warner Books, 1982), p.175 참조.
6) 마스다도 그의 『정보 사회』에서 정보사회에서는 참여 민주주의의 가능성이 매우 높다고 지적하면서 시민들의 참여가 불가능했던 대의제의 기술적 난점들이

들은 정치과정이란 본질적으로 거대한 화상회의가 될 것이며, 선거전은 입후보, 선전가, 논평가, 정치적 행동집단 및 유권자간의 수개월에 걸친 디지털 상의 의사소통이 될 것이고, 정보혁명은 일반 시민들에게 새로운 정치적 참여와 개입의 시대를 열어주는 열쇠가 될 것으로 예측한다.

3. 대의 민주주의의 문제점들

우리가 프랑시스 후쿠야마의 논제, 자유 민주주의(liberal democracy)가 인류 역사가 추구해 온 최후의 정부형태라는 논제에 동의하지 않는다고 할지라도, 현대가 민주주의의 시대라는 데에 반대할 사람은 거의 없을 것이다. 민주주의에 대한 대안적 여러 정치체제들, 예컨대 중앙 집권화된 군주정체, 세습 귀족정체, 소수 국민의 배타적 참정권에 기초한 과두정체들은 그 정통성을 상실했고, 반민주주의적인 정부제도들, 공산주의, 파시즘, 나치즘들은 대규모 전쟁의 결과로 사라지거나 경쟁에서 도태되었다. 후진 사회에서 유행처럼 번졌던 군사독재 체제도 정책적 실패들로 인해 퇴조하고 말았다. 이런 역사적 사실에서 보면 20세기는 민주주의가 다른 여러 정치체제들과의 경쟁에서 압도적으로 성공을 거둔 시대였다고 할 수 있다.[7]

전자기술의 혁명에 의해 해소되었다고 해석한다. 참조, Yoneiji Masuda, *The Information Society*(Tokyo: Institute for Information Society, 1980), p.101 이하 참조; J. C. R. Licklider, "Computers and Government", M, Dertougos & J. Moses(eds.), *The Computer Age: A Twenty Year View*(Cambridge: The MIT Press, 1979), p.114 이하 참조.

7) Robert A. Dahl, *On Democracy*(Yale University Press, 1998); 김왕석 외 역, 『민주주의』(동명사, 1999), p.15 참조.

시민이라는 의미의 데모스(demos)와 통치라는 의미의 크라토스(kra-tos)로부터 시민이 지배하는 정치체제라는 데모크라찌아(democratia/democracy)를 만들어낸 사람들은 그리스 아테네인들이다. 아테네에서 데모스라는 단어는 모든 아테네인을 의미하지만 때로는 보통사람이나 심지어 가난한 사람들을 지칭하는 것이었다. 그러므로 데모크라시는 모든 아테네인들에 의한 아테네의 통치이면서, 동시에 보통사람이나 가난한 사람들에 의한 아테네의 통치를 의미하는 것이었다. 아테네 민주주의의 가장 중심이 되는 것은 모든 시민이 참여할 자격을 갖고 있는 민회(assembly)였다. 민회는 중요한 안건을 다수결로 처리하고, 소수의 중요 관리들을 추천제로 선출했다. 역사가의 연구에 의하면, 보통 시민들은 정부의 가장 중요한 통치관으로 선출될 기회를 생애에 한 번은 가졌다고 한다.

아테네 민주주의는 직접 민주주의였다. 물론 모든 구성원이 정치에 참여한 것은 아니지만, 참정권을 가진 시민들은 광장에 모여 중요한 정책들을 결정하고, 정치적 사안들을 처리했다. 그렇지만 근대 국가 하에서는 국가의 방대한 영토와 인구 때문에 아테네식의 직접 민주주의는 불가능했고, 대표자를 뽑아 의사를 결정하는 대의 민주주의를 고안할 수밖에 없었다.

대의제 민주주의가 갖고 있는 여러 장점에도 불구하고, 대의제 민주주의는 많은 사람들에 의해 비판받아 왔다. 애로우(K. Arrow)는 대의 민주주의에서 대표자를 선출하기 위해 실시하는 다수결 투표에 대해서 다음과 같은 의문을 제기한다.[8] 즉 투표가 시민의 의사를 대변하기 위해서는 여러 선호 중에서 반드시 우열을 가릴 수 있어야 하고(집합적 합리성의 조건), 집단적 복지의 극대화가 선택되어야 하고(파레토

---

8) Kenneth Arrow, *Social Choice and Individual Values*(New Haven & London: Yale University Press, 1963), p.85 참조.

최적), 시민들의 선택은 상호의존성이 없이 독립적이어야 하며(무관한 대안으로부터의 독립성), 어느 누구의 선호도 지배적이어서는 안 된다는(비독재성) 공리적인 조건들이 충족되어야 한다. 그렇지만 이런 공리들을 동시에 충족시키는 어떠한 투표제도도 존재하지 않기 때문에, 최소한 한 가지 조건은 포기해야 한다는 것이다.

대의 민주주의의 치명적인 약점으로는 다음과 같은 세 가지를 들 수 있다.[9]

첫째, 시민의 진정한 대표자를 선출하기가 어렵다. 이 문제는 통상 '대표의 실패' 문제라 불리는데, 시민의 대표로 선출된 사람이 시민의 권익을 대표하지 않고 자신의 이익에 따라 행위함으로써 발생하는 문제이다. 대표로 선출된 자들이 전문성의 부족 때문에 혹은 도덕성의 결여로 시민들의 다양한 욕구를 효과적으로 대변하지 못한다.

둘째, 시민의 정치적 소외문제이다. 전통적인 대의 민주주의 하에서는 시민의 역할이란 대표의 선출에 한정된다. 일정한 기간마다 행해지는 선출권의 행사 외에, 시민들의 정책 참여는 불가능하다. 뿐만 아니라 잘못된 정책들에 대한 책임을 추궁하는 일도 어려워진다. 시민들이 할 수 있는 일이란 정부가 수행한 정책들의 묶음에 대해서만 심판을 내릴 수 있기 때문이다.

셋째, 공동선의 개념이 실종될 수 있다. 대의 민주주의의 의사 결정 방식은 기본적으로 '다수결의 원리'이다. 말하자면 다수가 지배하는 것이 정당화되는 원리이다. 그렇지만 다수의 의사가 반드시 옳은 것도 아니며, 공동체 전체의 선을 추구하는 것도 아니다. 그 결과 대의 민주주의는 공공적 이성에 의해 공동선을 추구하는 과정이 아닌 개인들 간의 이익 균형을 추구하는 선호 집합적 민주주의가[10] 되며, 특수 집

---

9) 임혁백, "밀레니엄 시대의 민주주의 대안: 심의 민주주의", 『계간 사상』(1999) 참조.

단의 이익을 제어하고 공동체의 공익을 추구하는 공론의 장은 사라질 가능성이 높다.

대의 민주주의가 갖고 있는 이런 문제점을 해결하기 위해 가장 먼저 생각할 수 있는 길은 시민들이 주기적으로 대표자를 뽑는 일 이외에 직접 정치과정에 참여하는 것이다. 이런 참여를 통해 시민들은 계속 정치의 주권자 위치를 유지하면서 빗나가는 대표자들을 감시하고, 공동선을 추구할 수 있다. 우리는 이를 통상 참여 민주주의(partici-patory democracy)라 부른다. 참여가 어떤 방식으로 이루어지느냐에 따라 참여 민주주의는 결사체 민주주의(associative democracy), 심의 민주주의(delibrative democracy), 전자 민주주의(electronic democracy) 등으로 분화되어 나타난다. 특히 최근에는 전자 민주주의가 전통적인 대의 민주주의를 완전히 대체할 수 있다는 주장까지 나오고 있다.

4. 민주주의의 새로운 패러다임들

(1) 참여 민주주의 : 이것은 전체 공동체의 중요한 의제 설정이나 정책 결정에 대다수의 시민들이 좀더 직접적인 형태로 참여하는 형태의 민주주의이다.

참여 민주주의는 1960년대 후반 신좌파 운동의 모토로서 제창된 것으로 생활정치에 대한 욕구가 증대함에 따라 관심의 대상이 된 후 디지털시대가 되면서 다양한 모습으로 나타나고 있다. 페이트맨(Carole Pateman), 바버(Benjamin Barber), 맥퍼슨(C. B. Macpherson) 등은 대

---

10) Jon Elster, "The Market and Forum: Three Varieties of Political Theory", in Jon Elster and A. Hylland(eds.), *Foundations of Social Choice Theory* (Cambridge: Cambridge University Press, 1986) 참조.

의 민주주의가 민주주의를 정치 엘리트를 선출하는 절차로 축소시키고 있다고 비판하면서 '시민의 지배'라는 민주주의의 본령으로 돌아갈 수 있도록 참여를 조직화하고 확대해야 한다고 주장한다. 이들은 대중의 정치참여가 정치체제 전반의 타락과 정치적 불안정을 초래할 것이라는 주장에 동의하지 않는다.

페이트맨은 그의 『참여와 민주주의』에서 루소, 존 스튜어트 밀, 콜 등을 대표적인 고전적 참여 이론가로 규정한다.[11] 루소의 참여는 다음과 같이 설명할 수 있다. 첫째로 참여는 교육적 기능을 갖는다. 루소의 이상적인 체제는 참여를 통해 책임 있는 정치적 활동을 발전시키도록 고안된 것이다. 이런 참여의 과정에서 각 개인들은 '각자'라는 낱말이 자기 자신에게 적용되어야 함을 배운다. 즉 개개인들은 만약 다른 사람으로부터 협력을 얻으려면, 그 자신의 당면한 개인적 이익보다는 좀더 광범한 문제들을 고려해야 함을 알게 된다. 그리고 공공의 이익과 개인의 이익이 연관되어 있다는 것을 알게 된다. 둘째로 참여는 사람들로 하여금 공동체의 법에 복종하도록 만든다. 즉, 참여를 통해 개인들은 집단적 결정을 더욱 쉽게 수용한다. 셋째로 참여는 통합적 기능을 갖는다. 즉, 그것은 개개인들로 하여금 그들이 자신들의 공동체에 소속되어 있다는 느낌을 고조시킨다. 의사결정에 대한 참여의 경험은 개인들에게 그의 사회에 대한 애착을 갖게 하고 그 사회를 진정한 공동체로 발전하게끔 노력하게 한다.

루소의 이런 주장은 결국 시민들이 정치에 직접 참여함으로써 공동선을 배우고 법에 복종하며, 공동체의 발전에 노력하게 된다는 것이다.

존 스튜어트 밀 역시 능동적이고 공공심을 갖춘 유형의 성격이 육

---

11) Carole Pateman, *Participation and democracyic Theory*, 권오진·김민식 역, 『참여와 민주주의』(서당, 1986), p.45 이하 참조.

성되는 것은 오직 참여적인 제도의 맥락 안에서만 가능하다고 본다. 밀은 특히 시민들이 지방자치에 참여하는 것이 중요하다는 것을 강조하면서, 거대한 국가의 개개인들이 거대한 사회의 정부에 효과적으로 참여할 수 있기 위해서는 참여가 지방적 수준에서 조정되고 발전되어야만 한다고 말한다.

콜의 이론은 결사체(associations)에 관한 이론이다.[12] 그에 의하면 사회는 그 구성원들의 의지에 의해 결속된 결사체들의 복합물이다. 만약 개인들이 자치적이 되기 위해서는 그가 구성원으로 속해 있는 결사체의 의사결정에 자유롭게 참여해야 할 뿐만 아니라 결사체 자체가 자유로워야 한다. 콜은 현존하는 형태의 대의 민주주의가 두 가지 이유 때문에 잘못된 대의제라는 판단을 내린다. 첫째로 기능의 원리가 간과되었다. 이 때문에 한 개인이 한정된 어떤 기능을 대표하는 대신에 전체로서 그리고 모든 목적을 위해서 대표되는 것이 가능하다고 잘못 상정되었다. 둘째는 현존하는 의회제도 하에서 유권자는 그의 대의원에 대한 진정한 선택권도 없고, 통제도 할 수 없다. 현존의 대의제는 평범한 사람들에게는 다른 사람이 그를 통치하도록 하는 일 이외에 다른 아무것도 아니다.[13] 반면에 직능대표 체제는 평범한 사람들이 직접적으로 관계하고 있는 사회 각 분야의 운영에 그들이 계속적으로 참여하는 것을 의미한다.

현대 민주주의에서는 결사체 참여 여부와는 관계없이 사회적·정치적 활동 양식에서 변화가 일어나고 있다. 말하자면 투표, 로비활동, 이익집단의 활동처럼 대의 기구를 통해 문제를 해결하려는 전통적인 행위보다는 여론에 직접 호소하거나 대의 기구에 강력한 의지를 전달하기 위해 직접 행동에 나서는 경우가 많아지고 있다. 직접 행동에는 비

---

12) G. D. H. Cole, *Guied Socialism Restated*(1920), p.12.
13) C. Pateman, 『참여와 민주주의』, p.64 참조.

합법적 시위, 점거, 가해 및 폭력행사까지도 포함된다.[14)

참여 민주주의의 핵심은 자율성에 있다. 자율성이란 개인이 자신의 뜻에 따라 자신의 삶을 결정할 수 있음을 의미한다. 말하자면 다른 사람의 의지에 복종하는 것이 아니라 자신의 의지대로 하는 것이다. 개인의 자율성이 실현되기 위해서는 대표자에게 결정권을 위임하는 것으로 끝나지 않고, 어떤 방식으로든 정책의 심의나 결정과정에 참여할 권리를 가져야 한다. 이런 관점에서 참여 민주주의자들은 민주주의의 이상을 여전히 고대 그리스의 직접 민주주의에서 찾는다.

참여의 범위와 한계는 어디까지인가? 참여는 대의 민주주의를 보완하는 선에서 멈추어야 할 것인가, 아니면 대의 민주주의를 대체할 때까지 확대되어야 할 것인가? 맥퍼슨은 작은 영역들, 즉 직장 차원이나 기업 차원에서의 참여를 주장하지만 국가적 수준에서는 어떤 종류의 대의 제도가 존재해야 된다고 주장하는 반면, 바버는 모든 국민이 정책 결정과 집행까지 관여하는 직접 민주주의 제도를 제안한다.

시민의 정치참여가 시민권의 발휘이고, 시민 자율성의 확대라는 것은 부인할 수 없는 사실이다. 그렇지만 과도한 참여는 사회적으로 최적의 결과를 낳지 않을 수도 있다.[15) 특히 시민사회가 공공적 이성을 발휘할 만큼 성숙되지 않은 상황에서 극단적 주장을 펴는 소규모 집단들의 극성스런 참여는 사회를 분열로 몰아갈 수도 있다. 참여 민주주의가 진전될수록 정치가 대표성이 없는 극단적 참여주의자들의 수중에 떨어질 가능성은 커진다. 동시에 포퓰리즘의 위험도 커진다.

---

14) 오현철, "시민 참여 유형의 변화와 의미", 『시민사회와 NGO』(2003, 창간호), p.59 참조.

15) Theda Skopol & Morris P. Fiorina, "Making Sense of the Civic Engagement Debate", Theda Skopol&Morris. P. Fiorina(eds.), *Civic Engagement in American Democracy*(Brookings Institution Press, 1999), p.14 참조.

(2) 결사체 민주주의 : 이것은 결사체들의 자치에 기초한 참여 민주주의의 한 형태이다. 결사체란 국가와 시장 사이에 존재하는 시민사회의 여러 중간 조직으로서, 자발적·자치적인 시민단체들이다. 결사체 민주주의는, 이런 결사체들이 국가가 감당하기 힘들지만 시장에 맡길 수도 없는 영역의 문제들을 국가를 대신해서 해결할 수 있다고 보고, 이들에게 최대한이 자치권과 문제해결의 권한을 부여하고자 하는 민주주의다.

허스터(Paul Hirst)는 1980년대 중반 전통적인 길드 사회주의(guild socialism)와 1920년대의 정치적 다원주의 이론을 확장시켜 결사체 민주주의를 주장했다.[16] 그는 결사체주의가 개인과 국가 간의 관계를 다루는 유용한 방식이 될 수 있다는 인식 하에 다원주의의 경제적 측면과 길드이념을 유지하면서도 현대의 정치체제에 그 모델을 적응할 수 있도록 결사체주의를 확장시켰다. 허스트에 의하면, 국가는 결사체에 대해 최대한의 자율성을 보장해 주어야 하며, 이런 결사체가 하는 역할은 국가에 대해 그들 회원들의 이익을 알리고 그것을 대변할 뿐만 아니라, 실질적인 통치에서도 어떤 역할을 맡아야 한다. 즉 결사체들은 중앙 정부의 중요한 기능들을 위임받아 행사하며, 특히 서비스 제공에서는 중요한 역할을 행사해야 한다. 코헨(John Cohen)과 로저스(Joel Rogers)는 결사체들을 문제 해결자(problem solvers)로 보고, 공공 정책을 형성하는 데 도움을 줄 뿐만 아니라 그것을 집행하는 데도 도움을 줄 수 있다고 본다.[17] 슈미트(Philippe Schmitter)는 조건을 갖

---

16) 결사체 민주주의에 대해서는 다음을 참조할 것.
   Paul Hirst and Veit Bader, *Associative Democracy: The Real Third Way* (London: Frank Cass, 2001); Mark E. Warren, *Democracy and Association* (Princeton University Press, 2001); Joshua Cohen and Joel Rogers, *Associations and Democracy*(London and New York: Verso, 1995).

17) Michael Saward(ed.), *Democratic Innovtaion: Delibration, representation and*

춘 결사체들에 준 공적 지위(semi-public status)[18]를 부여한다. 단체들이 준 공적 지위를 부여받기 위해서는 가장 중요한 두 조건, 내부적으로 민주적인 구조를 가져야만 되고, 비영리적 성격을 갖추어야 한다.[19]

결사체 민주주의는 시민사회의 성장과 연관이 깊다. 근대의 산물인 시민사회는 원래 정치 공동체인 국가와 확연히 구별되는 공간이 아니었다. 말하자면 18세기까지 유럽에서는 그리스의 폴리스, 로마의 공화정의 전통에 따라, "개인들간의 관계가 법에 의해 규제되며, 개인들이 공적 활동에 적극적으로 참여하는 계몽된 시민들이 함께 만든 정치사회"였다. 19세기에 들어와서 헤겔(G. Hegel)은 시민사회를 가족과 국가 사이에 존재하는 제3의 영역으로 규정하면서, 국가에 직접적으로 종속하지 않고 시민법의 규제를 받는 사적 시장 경제, 기업, 복지기구들을 시민사회에 귀속시켰다. 이리하여 헤겔의 시민사회는 이기적인 상업적 시민(bourgeoisie)과 공적 덕성을 갖춘 시민(citoyen)을 모두 포괄하는 것이었고, 시민사회는 항상 욕구의 투쟁장으로 변할 수 있기

association(London & New York: Routledge, 2000), p.164.

18) 앞의 책, p.165.

19) 결사체 민주주의 역할은 다음과 같이 그려질 수 있다. Michael Saward(ed.), _Democratic Innovation_, p.173 참조.

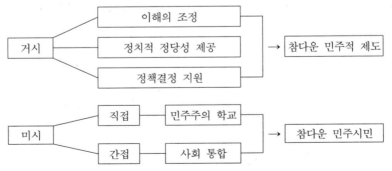

때문에 최고의 공적 권위를 가진 국가에 의해 감독되어야 했다.

헤겔과는 달리 시민사회를 보다 더 긍정적인 측면에서 정립한 사상가는 몽테스키외와 토크빌이다.[20] 몽테스키외의 시민사회는 기본적으로 국가에 대한 자유의 확보 차원에서 출발한 것이다. 그는 조직되지 않은 개인들은 국가에 대해 발언하거나 반대할 수 없기 때문에 시민들이 자유를 확보하기 위해서는 결사체들을 조직할 필요가 있다고 보았다. 이 결사체들의 사회가 바로 시민사회이다.

몽테뉴의 시민사회 개념을 물려받은 토크빌의 시민사회는 교회, 학교, 독서 클럽, 신문, 전문 직업 단체, 스포츠 단체, 여가 단체 등의 자발적 자치적 시민 결사체들을 의미한다. 현대의 시민사회 이론가들은 토크빌의 시민사회 개념을 더욱 극단화시켜 재생산의 기구인 기업은 시민사회로부터 제외시켜 시민사회를 더욱 공적인 사회로 격상시킨다. 슈미트(P. Schmitter)는 시민사회를 다음과 같이 정의한다. "시민사회는 공적 기관(국가)과 생산과 재생산을 위한 사적 단위(기업과 가족)로부터 상대적으로 자율적인, 자발적으로 조직된 중간 매개 집단들이다."[21] 이런 관점에서 보면, 시민사회는 기본적으로 비국가, 비시장, 비가족, 비개인적 공간의 영역에서 활동하는 중간매개 결사체들의 영역이라고 할 수 있다. 현대의 시민사회 이론가들은 시민사회가 국가의 감독이나 지배를 받아야 할 필요가 없다고 본다.[22] 시민사회의 독자성을 확보하기 위해 이들은 헤겔의 시민사회의 구성원에서 이기적인 상

---

20) 임혁백, 『세계화 시대의 민주주의』(나남출판, 2000), p.322 참조.

21) Philippe Schmitter, "Civil Society East and West", Larry Diamond 외(ed.), *Consolidating Third Wave Democracies: Themes and Perspectives*(Baltimore: Johns Hopkins University Press), p.240.

22) 시민사회에 대한 좀더 철학적인 논의를 위해서는 J. Habermas, *Faktizität und Geltung*(Frankfurt am Main: Suhrkamp, 1992); 한상진 외 역, 『사실성과 타당성』(나남출판, 2000), 8장 시민사회와 정치적 공론장 참조.

업적 시민은 제외시키고 공적 덕성을 갖춘 시민만을 남긴다.

그렇지만 시민사회를 국가와 대등한 위치로까지 격상시킴이 과연 정당화될 수 있을까? 자유는 국가에 의해서만 보호되는 것이 아닐까? 현실적으로 존재하는 시민사회는 여전히 의견들의 대립과 이해의 격렬한 반목이 존재하는 영역이다. 공적 문제에 대해 때로는 설득력 있는 어떤 공론이 형성되기도 하지만 많은 경우 의견의 일치란 사실상 불가능하다. 이것은 시민단체들이 언제나 공공적 이성(public reason)만을 행사하는 것은 아니라는 것을 의미한다. 시민사회는 완전히 공공적 이성의 사회라기보다는, 헤겔이 설명한 것과 같이, 사익과 공익의 추구가 혼재하는 장으로 판단된다. 이런 관점에서 보면 시민사회의 한계는 곧 결사체 민주주의의 한계가 될 것이다.

(3) 심의 민주주의 : 이것은 자유롭고 평등한 시민들의 심의가 정책과 자치의 바탕이 되어야 한다고 보는 이론이다. 이 모델은 지난 10여 년 간 드라이젝(John S. Dryzek), 피쉬킨(James S. Fishkin), 루스킨(Robert C. Luskin) 등에 의해 민주주의의 새로운 모델로서 활발하게 논의되어 왔다.

이 모델은 대의 민주주의가 갖고 있는 선호 집합적 특성의 문제점에 대한 인식에서 제기된 것이다. 대의 민주주의에서는 대의 기구의 결정이 자동적으로 정당화되는 것으로 해석되지만, 많은 경우 대표들은 문제에 대한 개선된 해결책이나 일관성과 효율성에 관한 심각한 논의도 없이 그들간의 흥정에 의해 결정하려 한다. 이때 대의 민주주의는 흥정 민주주의(bargaining democracy)로 귀착할 가능성이 높다. 심의 민주주의는 바로 이런 현상을 비판한다.

심의 민주주의 이론에서 보면, 민주주의는 머리 숫자 이상의 어떤 것이다. 민주주의는 평등하고 포용적인 기초 위에서 이루어지는 토론을 전제하는 것이며, 이런 토론에 의해, 참가자들은 문제에 대한 인식을 심화시키고, 다른 사람들의 이해를 알게 되고, 공적인 일에서 어떤 역할을 맡아야 할 것인지 확신하게 된다. 심의 민주주의의 의사 결정 과정은 선호의 집합과 선택이 아니라, 심의에 바탕을 둔다.

심의 민주주의의 제도적 장치로는 심의 투표(deliberative polls), 시민 배심원 제도(citizens' juries) 등이 제안되었다. 심의에서 규모의 문제를 해결하는 고전적 방식은 추천에 의해 — 현대에는 무작위 표본조사에 의해 — 선출된 심의의 소세계(deliberative microcosm)였다. 이를 간단히 요약하면 다음과 같이 설명된다: 무작위 표본조사에 의해 선출된 소수의 사람들이 함께 모여 공적인 문제에 대해 심도 있는 심의에 돌입한다. 이때 필요한 정보들은 모두 제공된다. 이런 심의의 과정을 끝낸 후 사람들의 의견은 처음과는 많이 달라져 있다. 특히 자신의 입장에서만 문제를 바라보던 태도에서 공공의 입장에서 문제를 바라보는 쪽으로 태도의 변화가 일어난다. 말하자면 심의에 참가한 사람들은 공공적 이성에 입각해서 사물을 판단하게 된 것이다. 그리고 바로 이런 판단이 무사공평한 공론이며, 이것에 기초해서 정책이 결정되어야만 한다.

이런 심의는 롤즈(John Rawls)와 하버마스(Jürgen Habermas)가 그들의 정치철학에서 행한 두 개의 유명한 사유 실험과 같은 인식론적 기초 위에 서 있는 것으로 판단된다. 롤즈는 철학이나 종교를 달리하는 다원적 사회에 적용되는 정의의 원리를 도출하기 위해 '무지의 장막'(veil of ignorance)이라는 전략을 쓴다. 이것은 사람들의 사회적·자연적 여건이라는 우연성의 결과를 무효화시키는 방법이다. 무지의 장막에 의해 제한되는 지식은 ① 각자는 자신의 사회적 지위나 계층을 모르며, ② 자신의 천부적 자산과 능력, 지성, 체력 등에 대한 분배상의 행운을 알지 못하며, ③ 비관적이거나 낙관적인 경향과 같은 자신의 심리적 특징도 모르며, ④ 자신이 속한 사회의 특수한 사정도 모르며, ⑤ 자신이 어떤 세대에 속해 있는지도 알지 못한다.[23] 이런 무지의 장막에 의해 원초적 입장에 참여한 당사자들은 공정한 정의의 원칙에 도달하게 된다.

이와 비슷한 맥락에서 하버마스는 이상적 담론 상황을 제안한다. 그의 주장에 따르면 우리가 의견의 일치를 보지 못하는 것은 이상적 담론 상황을 만들지 못했기 때문이다. 이상적 담론 상황만 주어진다면 의견의 수렴은 어렵지 않다. 그는 담론적 논증을 위한 규칙들로서 다음 세 가지를 제시한다.[24]

1) 말하고 행위하는 능력을 지닌 모든 화자는 담론에 참여하는 것이 허용된다.

2) a. 모든 사람은 그것이 무엇이든지 간에 어떤 주장에 대해서든 이의를 제기하는 것이 허용된다. b. 모든 사람은 그것이 무엇이든지 간에 담론에 어떤 주장을 도입하는 것이 허용된다. c. 모든 사람은 자신의 태도들, 욕구들, 그리고 요구들을 표현하는 것이 허용된다.

3) 화자는 1)과 2)에서 진술된 것으로서의 그의 권리들을 발휘함에 있어서 내적인 혹은 외적인 강제에 의해서 방해받지 않아야 한다.

하버마스의 이런 논증적 규칙들은 이상적 담론 상황을 표현하고 있다. 이것은 어느 정도까지는 현실적으로 이루어지는 논증들의 실제적인 전제조건이기도 하지만, 엄격히 말한다면 현실적인 담론들을 비판

---

23) John Rawls, *A Theory of Justice*(Cambridege: The Belkmap Press of Harvard Univ. Press, 1971), p.137.

24) Habermas, J., *Moral Consciousness And Communicative Action*, trans. C. Lenhardt And S. Nicholsen(Cambridge: MIT Press, 1990), p.89.

할 수 있는 규제적 이념으로 작동하는 반사실적 상황이다.25) 이런 사유 실험들은 우리가 어떻게 하면 공공 선을 추구하는 공공적 이성에 도달할 수 있는가를 보여주는 탁월한 실험들이다. 이런 시도들은 적어도 현재까지는 가장 합리적인 민주주의의 변혁으로 판단된다. 그렇지만 이러한 과정들이 우리에게 과연 공공적 이성을 보장해 준다고 할 수 있을까? 심의 민주주의자들이 주장하는 심의는 아마도 롤즈가 말한 무지의 장막 속에서 그리고 하버마스가 말한 이상적 담론상황에서 진행될 수도 있을 것이다. 그렇지만 심의가 우리를 반드시 공공적 이성으로 안내해 준다는 것을 보증해 주지 못한다. 같은 문제에 대해서도 심의의 횟수에 따라, 심의하는 집단이 바뀜에 따라 의견이 달라질 수 있다는 사실이 심의에 대한 우리의 의혹을 증폭시킨다.

이런 이론적인 측면 이외에도 심의 민주주의는 현실적인 문제점을 안고 있다. 그것은 심의가 정책과 연관된 이론적 논증과 반논증에 몰입하는 것을 의미한다면 보통 유권자들의 무관심과 비참여를 조장할지도 모른다는 점이다. 그렇게 되면 우리는 다시 심의할 수 있는 엘리트와 심의를 포기하는 대중 사이에서 엘리트에 의존해야 하는 문제에 부딪친다.

(4) 전자 민주주의 : 이것은 전자기술의 적극적 사용을 통하여 시민의 정치 참여가 일상화된 민주주의이다.26)

전자 민주주의라는 말은 1970년대부터 테드 베커(Ted Becker)를 비롯한 많은 정치학자들이 사용해 왔지만, 관심의 대상으로 떠오른 것은 극히 최근의 일이다. 미국의 경우에는 1992년 대통령 선거가 전자 민

---

25) 홍성우, "원초적 입장과 이상적 담화상황", 『범한 철학』, 16권, 1998.
26) John Naisbitt, *Megatrends*(New York: Warner Communication Company, 1982); 박재두 역, 『탈산업 사회의 새조류』(법문사, 1982), pp.153~156 참조.

주주의의 대중화가 이루어진 원년이라 할 수 있고, 우리나라의 경우에
는 2003년 대통령 선거가 전자 민주주의의 실질적인 출발점이라고 할
수 있다. 1992년 미국 대통령 후보의 한 사람이었던 로스 페로(Ross
Perot)는 전자타운 홀 미팅(Electronic Town Hall Meeting)을 다음과
같이 제안했다. "나는 국민들과 한 가지 정책 이슈를 놓고 이야기할
수 있는 시민회관을 전자 공간상에 만들고 싶다. 우리는 이 자리에서
국민들에게 상세한 정책 브리핑을 하게 될 것이고 국민들로부터는 많
은 반응을 얻게 될 것이다. 물론 의회 역시 국민들이 무엇을 원하는지
알게 될 것이다."

전자 민주주의를 긍정적으로 평가하는 입장 중에서도 전자 민주주
의에 대한 해석은 크게 두 갈래로 나누어진다. 하나는 전자 민주주의
가 대의 민주주의를 대체할 수 있는 직접 민주주의이거나 적어도 반
(半) 직접 민주주의라는 것이며, 다른 하나는 전자 민주주의가 대의
민주주의를 대체할 수 있는 것은 아니지만, 대의 민주주의 체제를 활
성화시키고 그 문제점들을 상당 부분 제거할 수 있다는 것이다. 전자
의 입장을 대표하는 이론가들로는 테드 베커, 앨빈 토플러, 존 나이스
빗 등을 들 수 있고, 후자를 주장하는 이론가로는 아터튼(C. Arterton),
로돈(K. C. Laudon), 다일(R. Dahl) 등을 들 수 있다.27) 베커는 전자
국민투표가 대의 민주주의를 대체하는 전자 민주주의를 실현시킬 수
있을 것으로 본다. 즉, 전자 민주주의는 전자기술을 대의 민주주의의
실행에 도움이 되도록 활용하는 제도가 아니라, 민주주의의 핵심인 투
표권이 사안별로 직접 행사되는 제도라는 것이다. 그러므로 베커는 전
자 투표 시스템을 가장 중요시하면서, 전통적인 시민 회의의 전자적

---

27) 전자 민주주의에 관한 자세한 논의에 대해서는 金炯昕, "정보화 사회의 도전
　　과 한국 전자 민주주의의 가능성에 관한 연구"(경남대학교 박사학위논문,
　　1998)를 참조할 것.

형태인 전자 시민 회의를 전자 민주주의의 모형으로 제시한다. 베커와 비슷하게 스나이더도 새로운 정보기술들은 시민들이 정치과정에 직접 참여할 수 있는 기회와 의욕을 확대시킨다고 본다. 그렇지만 주민 회의를 강조한 베커와는 달리 전국적인 무기명 국민투표(ballot referendum)를 선호한다.28)

토플러는 그의 저서 『권력 이동』에서 새로운 권력구조로서 권력-모자이크(Power-Mosaic) 이론을 제안한다: 모자이크란 갖가지 색깔의 돌, 유리, 따위의 작은 조각들을 하나의 전체로 짜 맞추는 것을 의미한다. 우리들은 여러 성당에서 모자이크로 된 벽 위에서 성자들의 행렬 장면을 볼 수 있다. 이를 다시 평면인 딱딱한 벽에 그려진 것이 아니라 움직이는 모자이크로서 단층을 이룬 여러 장의 투명한 패널 위에서 앞뒤로 서로 겹치고 서로 연결되며, 색과 형태가 계속 혼합되어 대조를 이루고 변화하는 모자이크가 있다고 상상해 본다. 우리는 지금 소수의 중앙 조직이 지배하는 권력 집중적 위계체제가 아니라 이런 다차원적인 모자이크형 권력을 향해 나아가고 있다.29) 그는 또 『제 3의 파도』에서 21세기의 민주주의는 반(半) 직접 민주주의가 될 수밖에 없다고 단언한다. "내일의 정치 체제를 쌓기 위한 제 2의 골조는 반 직접 민주주의라는 원리라고 할 수밖에 없다. 선출된 대표자에 의존하는 상황에서 자기들 자신이 대표가 되는 상황으로의 전환이다. 결국 간접 대표와 직접 대표의 쌍방을 받아들인 것이 반 직접 민주주의이다."30) 1970년대부터 미국인들은 국민투표와 국민발의의 횟수를 늘리기 시작했으며, 최근 캘리포니아 주지사에 대한 국민 소환까지 실행한 것은 정치적 결정 과정에 시민들이 적극적으로 참여를 하게 되었다는

---

28) 같은 논문, p.39 참조.
29) 앨빈 토플러, 『권력 이동』(한국경제신문사, 1990), p.278 참조.
30) 앨빈 토플러, 『제 3의 물결』, 장문평 역(청목 서적, 1988), p.256 참조.

것을 의미한다고 할 수 있다.

다른 한편으로 아터튼은 전자 투표의 가능성을 인정하면서도 이를 통해 우리가 직접 민주주의로 갈 수 있는 가능성을 거부한다.[31] 국민이 기술에 의해 정치 권한을 위임받게 될 것이라는 미사여구는 버려야 하며, 전자 민주주의는 민주주의를 개선시켜 줄 수는 있지만 근본적으로 변혁시킬 수는 없고, 이상적으로 완성할 수도 없다는 것이다. 아터튼은 민주주의란 신속한 결정이 아니라 서로 다른 의견을 조율하고 해결방안을 고민하는 심의에 기반하고 있기 때문에, 결정에 속도를 강조하는 전자 국민투표를 맹신하는 것은 정치를 컴퓨터게임 같은 것으로 만들어버릴 수 있다고 경고한다.

전체적으로 볼 때 전자기술은 민주주의에 어떤 기여를 한 것은 틀림없어 보인다. 정보가 권력인 정보사회에서 전자기술은 정보의 유통을 용이하게 했고, 그 결과 민주주의의 근간인 권력의 분산을 가능하게 했기 때문이다. 그렇지만 전자기술의 발달이 민주주의의 근본 문제들을 해결해 줄 수 있다고 생각되지는 않는다. 민주주의가 갖고 있는 문제 중의 가장 중요한 것은 다수결의 원칙이다. 그렇지만 실제로 존재하는 인구집단 사이에 일관된 다수란 존재하지 않으며, 의제 설정이나 사안별 투표에서 번갈아 나타나는 순환적 다수(cycling majorities)[32]만이 존재할 뿐인데, 이들이 항상 공동선을 추구하는 것은 아니다. 루소에 있어서도 공동선을 추구하는 일반의지(general will)와 개별적 의지의 총체인 전체 의지(total will)는 구별되며, 전체 의지가 언제나 공

---

31) Christopher Arterton, *Teledemocracy: Can Technology Protect Democracy?* (Newbury Park: SAGE, 1987); 한백 연구재단 편역, 『텔레데모크라시: 21세기 정보화 시대의 혁명』(서울: 거름, 1994), 1장 참조.

32) Iain Mclean, *Democracy and the New Technology*(Cambridge: Polity Press, 1989), p.80 이하 참조.

동선을 추구하는 것은 아니었다. 다수의 지배를 추구하지만 공동선을 추구하는 일관된 다수가 존재하지 않는다는 문제를 전자 민주주의라 해서 해결해 주지는 못한다. 전자 민주주의는 오히려 민주주의 발전에 악영향을 미칠 수도 있다. 마이클 왈쩌(M. Walzer)는 다음과 같이 주장한다. "현대 기술은 극히 중요한 의제에 관해 버튼만 누르는 국민투표들을 만들어낼지도 모른다. 시민들은 거실에서 혼자 앉아 텔레비전을 보면서 단순히 자신의 배우자하고만 토론하고 그들의 개인적인 투표 기계의 손잡이를 당길지도 모른다. 이것은 권력의 행사가 아니다. 이것은 또 하나의 가치 박탈이며 의사결정을 공유하는 방법으로서 가장 치명적이며 중요한 타락이라 생각한다."[33]

우리를 더욱 긴장시키는 점은 전자 민주주의가 민주주의의 타락 형태인 중우 정치를 초래할 가능성이다. 전자 민주주의를 위해 사용되는 기술들이 오히려 권력자들의 이해에 봉사하고 그들의 권력을 강화시키는 데 사용될 수도 있다. 그러므로 전자 민주주의에 대한 논의들은 매우 조심스럽게 다루어져야 한다. 전자 민주주의가 시민의 권력을 증대시켜 줄 것이라는 관념은 환상이거나 조작에 지나지 않을 수도 있다.

5. 포퓰리즘의 위험

우리가 검토해 온 지난 30여 년 간에 걸친 민주주의의 개혁의 역사는 더욱 직접적이고 공적인 협의를 향한 추세였다고 할 수 있다. 간단히 말해 직접 민주주의를 향한 장정이었다. 루소는 『사회계약론』에서 그리스의 직접 민주주의를 옹호하면서 이렇게 주장했다: 유권자들은

---

33) Michael Walzer, *Spheres of Justice*(Oxford: Basil Blackwell, 1985), p.306 이하.

중요하다고 생각하는 문제들을 직접 논의하고 논쟁을 벌일 수 있고, 찬성과 반대 의견을 들은 다음에 결심할 수 있으며, 자신들 앞에 놓인 문제들에 대해 직접 표결할 수 있고, 그리하여 결과적으로는 선거구 주민의 목표나 이익보다는 자신들의 목표나 이익에 더욱 영향을 받을 수 있는 대표자들에게 중요한 결정을 위임할 필요가 없다. 토플러는 직접 민주주의를 선호하는 논증을 다음과 같이 전개한다: 직접 민주주의에 반대하는 이유는 두 가지이다. 첫째로 직접 민주주의는 민중의 일시적·감정적인 반응을 억제하고 유예시키기 어렵다는 것과, 둘째로 당시의 정보 전달력으로는 의견의 집약에 필요한 기술이 부족하다는 것이다. 그렇지만 민중의 반응이 감정 과다에 빠지기 쉽다는 문제는 여러 가지 방법에 의해 극복될 수 있다. 예컨대 직접 선거민에 묻는 국민투표나 그밖의 직접 민주주의의 형태를 밟아 결정된 중요 결의는 실행에 옮기기 전에 냉각기간을 둔다든지, 두 번째의 투표를 행한다든지 하는 방법을 취할 수 있을 것이다. 두 번째 문제는 전자기술이 해결할 것이다.[34]

직접 민주주의는 자율성의 측면에서 보면 대의 민주주의와 비교해서 우월하다고 할 수 있다. 그렇지만 공공적 이성의 획득이라는 측면에서 보면 위험 부담이 더욱 크다고도 할 수 있다. 민중의 감정 과다는 토플러가 주장하는 것과 같이 선거를 두 번 한다고 해서 해결될 성질의 것이 아니다.

대의 민주주의는 직접 민주주의가 불가능하기 때문에 차선책으로 채택한 제도가 아니다. 그것은 직접 민주주의와 같은 차원에서 그 자체의 가치를 갖고 있다. 달의 지적대로 때로는 작은 것이(직접 민주주의) 아름답지만, 때로는 큰 것이(대의 민주주의) 더 낫기도 하다.[35] 밀

---

34) 토플러, 『제 3의 물결』, p.258 참조.
35) Robert A. Dahl, 『민주주의』, p.149 이하.

은 '대의제도'를 '현대의 위대한 발명품'이라고 묘사했다. 이 새로운 발명품은 그리스인들이 불필요할 뿐만 아니라 전혀 바람직하지 않다고 본 정치적 제도, 즉 법률을 제안 할 수 있는 권한을 갖는 대표자들의 선거였다.

대의 민주주의와 비교해서 직접 민주주의는 적어도 한 가지 결정적인 위험 부담을 안고 있다. 그것은 포퓰리즘으로 빠질 수 있는 위험이다. 우리 사회에서도 현재 이런 목소리가 커지고 있다. 우리가 라틴 아메리카화하는 것이 아니냐는 목소리 속에 이런 우려가 담겨 있다.

포퓰리즘(populism)이란 매우 다의적인 개념이다.[36] 이 말은 국민투표(referendum)나 국민발의(initiative), 국민소환(recall) 같은 직접 민주주의의 기술이나 과정을 가리키기도 하고, 아르헨티나 페론(Peron)의 경우에서처럼 어떤 형태의 독재체제를 의미하기도 한다. 그것은 때로는 탁월한 카리스마적 지도자에 의존하기도 하고, 때로는 거대한 대중에 의존하기도 한다. 그것은 위기의 시대에 등장하여, 정치적 개혁을 시도하지만, 오래 지속되지는 못한다.

그것은 크게 농민 대중주의(agrarian populism)와 정치적 대중주의(political populism)로 나눌 수 있다. 농민 대중주의란 농민 대중의 해

---

36) 포퓰리즘 자체가 너무나 다양한 의미를 갖고 있기 때문에 이 말의 적합한 우리말 번역을 찾기란 쉬운 일이 아니다. 요즘 언론에서는 포퓰리즘을 '대중영합주의'라 부르고 어떤 사람들은 '민중주의'라고도 하지만, 나의 생각으로는 '대중주의'라 하는 것이 좋을 것 같다. '대중영합주의'는 의미의 중복이라는 문제를 안고 있고, '민중주의'는 포퓰리즘의 부정적 이미지와 잘 조화되지 않는다. 포퓰리즘의 다양한 의미와 사례들에 대해서는 다음의 책들을 참조해 볼 것. Michael L. Conniff(ed.), *Populism in Latin America*(Tuscaloosa and London: The University of Alabama Press, 1999); Jack Hayward(ed.), *Elitism, Populism, and European Politics*(Oxford: Clarendon Press, 1996); Paul A. Taggart, *The New Populism and the New Politics*(London: Macmillan Press LTD, 1996).

방과 농촌의 공동체 사회를 이상화하는 입장으로 19세기 후반의 미국, 러시아를 중심으로 일어난 운동인 반면,[37] 정치적 대중주의는 대중이 원하는 것이 곧바로 정책이 되어야 한다는 교설로서, 실제로는 1920년대부터 1960년대까지 라틴 아메리카를 중심으로 일어났던 정치 형태이다. 라틴 아메리카의 포퓰리즘은 사이비 좌파 개혁정치가가 한계상황에 직면한 대중을 동원하여 권력을 쟁취하거나 연장시키는 정치 체제라 할 수 있다.[38]

가장 넓은 의미에서 정치적 대중주의의 특징은 다음과 같이 정리해 볼 수 있다.[39]

(1) 그것은 극단적인 위기감의 표현이다.
(2) 그것은 핵심적 가치가 결여된 이데올로기이다.
(3) 그것은 대의제 정치에 대해 적대적이다.

대중주의는 사회정치적 위기가 고조되었을 때 나타난다. 위기가 닥쳤을 때 대중주의자들은 정치화하고 활동을 개시한다. 그들은 정치란 부도덕하고 타락하기 쉽다고 본다. 그러므로 극단적인 상황에서만 정치에 개입하려고 한다.[40]

대중주의는 핵심적인 가치를 결여하고 있다. 그러므로 이것은 진보

---

37) 노재봉, "populism(민중주의) 論考", 『국제문제 연구』, 8호, 1982.

38) 서병훈, "포퓰리즘의 理念的 位相 ― 참여와 개혁의 문제를 중심으로", 『한국 정치학 회보』, Vol.22, No.1, 1988 참조.

39) Paul Taggart, *Populism*(Buckingham, Philoadelphia: Open University Press, 2000), p.2 참조.

40) 대중주의가 정치적 힘으로써 동원의 가능성을 발견하는 것은 바로 대중주의가 적대감을 갖고 바라보는 대의 정치체제 아래에서라는 것은 대단한 이율배반이라고 Taggart는 말한다. Paul Taggart, *Populism*, p.3.

주의자나, 반동주의자의 도구가 될 수 있으며, 민주주의자, 독재자, 좌파, 우파의 도구도 될 수 있다. 다른 이데올로기들이 자유나 평등, 사회정의 같은 가치들에 명시적이든 암묵적이든 초점을 맞추고 있는 데 반해, 대중주의는 그런 것이 없다. 오직 대중만이 있을 뿐이다. 우리가 대중주의에서 때로는 극우의 매카시즘(McCarthyism)이나 파시즘(Fascism)을, 때로는 극좌의 볼셰비즘(Bolshevism)이나 모택동(毛澤東)의 홍위병을 연상하는 것은 이 때문이다.

이 중에서도 대의제 정치에 대한 적대감이 가장 대표적인 특징이 될 것이다. 대중주의는 대의제 정치의 복잡성을 피하고자 하며 단순성과 직접성을 옹호한다. 이들에게는 정당과 의회를 포함하는 대의 정치의 장신구들이 혼란스럽고 불필요하게 복잡하다.[41] 대의제 정치의 제도와 형식과 정형을 거부하면서, 대중주의는 일상 대중의 단순성과 보통 대화를 단순하고 직접적인 구조로 전환시키려고 한다. 대중주의는 기존의 제도를 전혀 신뢰하지 않는다. 지혜는 대중 속에 있고 정치적 제도는 대중의 의지와 일치하는 한에서만, 타당하다고 보기 때문이다.

쉴즈(Edward Shils)는 다음과 같이 말한다. "대중주의는 권력과 재산, 교육과 문화를 독점하면서 오랜 기간 확립되고 특권화된 지배계급의 질서에 대한 대중의 분노가 있는 곳에서는 어디에나 존재한다."[42] 이런 규정에서 보면 대중주의를 이해하는 핵심은 엘리트와 대중의 관계에 있다. 그것은 정치적 기득권에 대한 평범한 대중들의 반란이기도 하다. 대중주의자들은 전문 정치가들을 믿지 않고, 정치 엘리트의 개입 없이 직접적인 대중의 자치를 추구하면서, 좀더 책임 있는 정부를 만들고자 한다.

---

41) Paul Taggart, *Populism*, p.11.
42) E. Shils, *The Torment of Security: The Background and Consequences of American Security Policies*(Glencoe: Free Press), p.100 이하.

국민에 의한 정부(Government by the people)를 만들려는 이들의 의도는 찬양받아 마땅하다. 그리고 이들이 제안한 국민발의, 국민투표, 국민소환과 같은 제도들은 현대 민주주의의 기반이 되었다. 그렇지만 대중주의는 치명적인 문제점을 안고 있다. 대중주의의 문제점은 무엇인가? 그것은 바로 대중을 하나의 통합된 실체로서 의인화시킨 데 있다. 대중이 원하는 것이 정책이 되어야 된다는 대중주의의 핵심 논제에서, 대중은 한 사람의 인격체와 같이 설정되어 있다. 이것은 루소의 일반의지(general will)와 유사하다. 루소의 사회계약은 생명과 의지를 갖고 있는 하나의 도덕적이고 집합적인 몸체(a moral and collective body)를 만들어내는데, 그것이 바로 그 유명한 일반의지이며, 통합된 민중의 의지이며, 주권자이다. 루소나 대중주의자들에 있어서 개인의 자유는 이런 주권자에 참여하는 것이다.

그렇지만 이 일반의지를 우리가 어떻게 알 수 있겠는가? 만약 모든 시민들이 사적인 이익을 일체 추구하지 않고 공공 이익만을 선택한다면 개별 시민들의 선택의 합산이 곧 위대한 인위적 인간인 주권자의 의지일 것이다. 그러나 우리가 만약 조금이라도 사익을 추구한다면 일반의지는 결코 나타나지 않을 것이다. 민심이 천심이라는 이야기는 오래 되었다. 루소는 일반의지란 항상 옳고 사회를 위한 객관적인 선을 구체화시킨다고 주장했다. 대중주의자들은 루소가 일반의지에 부여한 것과 같은 권능을 대중의 여론에다 부여한다.[43] 이것은 저 가공의 인물, 거리의 보통사람, 그의 투표, 그의 목소리에 최종적인 정당성을 부여하는 현대판 신화이다.

그러나 대중의 의견이 단일한 경우란 거의 없다고 해야 할 것이다. 또한 그들이 이야기하는 것이 반드시 현명하고 사려 분별이 있다고

---

43) William H. Riker, *Liberalism Against Populsim*(San Francisco: W.H. Freeman and Company, 1982), p.11.

할 수도 없다. 그들은 옳을 때도 있고 잘못될 때도 있다. 부정에 대한 그들의 판단은 대체로 정확하지만, 복잡한 현실에 대한 판단에서는 종종 서툴다고 하는 편이 나을 것이다. 그것은 선의이긴 하지만 경솔하고 무분별할 수도 있을 것이다. 혹은 선의도 아니고 전혀 분별이 없을 수도 있다. 칼 포퍼가 갈파한 바와 같이 이런 신화의 배후에는 "진리란 명백하다"는 철학이 깔려 있다.44) 이것은 진리란 억압을 받지 않는 한 언제나 스스로 명백하게 나타날 것이라는 교설이다. 그러므로 대중은 억압받지 않는다면 혹은 음모에 휘말리지 않는다면 진리를 볼 수 있고 틀릴 수 없다는 것이다. 이런 진리명백설의 교설은 용인될 수 없다. 그것은 너무나 현실과 맞지 않는다. 힘들고 오랜 탐구의 과정을 거쳐도 진리를 파악하기란 쉬운 일이 아니다.

만약 우리의 논증과 같이 대중이 하나의 목소리로 주장하는 것이 아니라면, 대중이 원하는 것이 정책이 되어야 한다는 대중주의의 논제는 정당화되기 어려울 것이다. 우리는 대중의 목소리를 들을 수 있도록 귀를 열어 두어야 한다. 그 목소리가 우리 사회의 가장 밑바탕에서 나오는 참다운 목소리일 수도 있다. 이런 목소리에 가장 먼저 그리고 가장 비중 있게 귀를 기울이는 것이 민주주의일 것이다. 그렇지만 그 목소리는 다양할 수 있다. 아니 대체로 다양하다고 해야 할 것이다. 이런 다양한 대중의 목소리는 시민사회나 언론이나 지식인 사회의 치열한 논의를 통해 여과되어 구성원 모두가 어느 정도 납득할 수 있는 공론으로 만들어져야 한다. 이때에야 비로소 대중의 소리는 권위를 갖는다. 이런 과정들이 모두 생략되었을 때 이것은 어떤 결과를 초래할 것인가? 대중주의가 공공적 이성을 갖지 못할 때, 다수의 횡포나 극렬소수의 무책임한 전횡으로 혹은 권력자의 도구로 전락될 수도 있다.

---

44) Karl Popper, *Conjectures & Refutation*; 이한구 역, 『추측과 논박 2』(민음사, 2002), p.200 이하 참조.

이때 대중주의는 민주주의의 가장 큰 위협이 된다.

　대중주의의 또 다른 문제는 그것이 제도를 부정한다는 점이다. 그것은 모든 문제를 대중의 소망에 따라 직접적으로 해결하려고 하지, 정당을 구성하고, 정치 강령과 정책을 개발하고 제도를 확립하려고 하지 않는다. 그러므로 그것은 안정적이고 정형화된 정치운동이 아니라 비조직적이고 일관성이 부족한, 다소간 즉흥적인 정치적 몸짓이다. 이러한 태도로는 현대사회의 복잡한 문제들을 해결하기 어려울 것이다.[45] 여기에는 축적된 지혜를 활용하고 공정성을 보장하는 어떤 제도적 장치가 없다. 이것은 합리적인 체제가 아니며, 이때 대중은 우중으로 동원될 수도 있다. 중우정치는 민주주의가 타락한 최악의 형태이다.

---

45) Margaret Canovan, *Populism*(New York and London: Harcount Brace Jova-
novich, 1981), 5장 참조.

1 부
디지털시대와 민주주의

정보화 사회의 불평등구조와 대응 전략

| 박 형 준 | 동아대 사회학과 |

정보화 사회는 어떤 사회구조를 만들고 있는가? 이는 대단히 논쟁적인 주제이다. 많은 정보화론자들은 정보통신혁명이 가져온 경제적 파급효과와 사회적 편익에 초점을 두고 논의를 전개하였다. 이런 논의들에 의하면 정보화 사회는 자동화와 '시간과 공간의 압축', 그리고 의사소통체계의 혁신을 통해 혁명적 사회변동과 문화변동을 가져오는 것으로 평가한다. 하지만 정보화 사회는 단선적으로 진행되지 않는다. 그것은 현대를 구성하는 다원적 체계들에 '효율성의 신화'를 불어넣고, 새로운 의사소통양식과 자기창조적(autopoietic)인 시스템을 만들어내지만, 동시에 새로운 세계 경제의 압력과 사회경제적 정치적 권력의 재편 과정과 맞물려 새로운 불평등구조와 소외구조를 형성하는 경향이 있다.

이로 인해 정보화 사회는 사회적 양극화를 새롭게 심화시킨다는 비판이 줄곧 제기되어 왔다. 이른바 '2대 8의 사회' 또는 '세계의 브라질화'(Beck, 2000) 경향은 이를 지칭한다. 전문직 지식층 또는 상징 분석가를 중심으로 하는 소수의 계층에 부와 권력이 집중되고, 다수는 밀려나는 경향이 확인된다는 것이다. 예컨대 미국의 경우 1986년에서 2000년까지 15년 동안 하위 40% 계층의 실질 소득은 오히려 감소하였음이 증명되었다. 경제의 중심 부문에서 요구하는 취업자의 상대적 규모가 축소되면서 '노동의 서비스화' 경향이 심화되고, 비정규고용 비중의 급진적 확대 등 직업의 불안정성이 높아지는 경향도 뚜렷해지고 있다. 문제는 소수의 전문지식층의 삶도 녹녹치 않다는 것이다. 로버트 라이시가 말하듯이 이들은 '부유한 노예'가 되는 경향이 있다 (Reich, 2002). 이들 역시 매우 강한 경쟁의 압력에 노출되어 있으며, 마치 프로 운동선수처럼 젊은 시절 한철에 모든 결실을 보아야 한다는 압력 하에 이들의 노동시간은 이전보다 훨씬 길어지게 된다. 라이시에 의하면 월스트리트의 젊은 상징 분석가들의 경우 노동시간이 주 70시간을 초과한다는 것이다. 높은 소득을 올린다 하더라도 이들은 일의 노예가 되고 있는 셈이다.

한국사회도 이미 본격적인 정보화 사회에 진입했다. 인터넷 이용률이 세계 최고 수준이며, 자동화의 급진전과 함께 노동과정 및 노동시장의 변화도 큰 폭으로 일어나고 있다. 2000년 현재 65세의 고령인구가 7%를 넘어섰고, 고령인구 비율이 7%에서 14%로 되기까지 프랑스는 115년, 미국은 71년이 걸린 반면, 우리는 단 15년 만에 이루어질 것으로 예상되어 세계에서 가장 빠른 고령화 사회 진입 국가로 평가된다. 아울러 2002년 현재 이혼율이 세계 3위로 올라섰고, 최근 들어 세대간의 문화 격차와 단절 현상도 심화되고 있다. 무엇보다 정보화 사회가 고령화 사회 경향과 가족구조의 변화, 그리고 노동시장의 변화와 맞물려 진행되면서 삶의 패러다임이 큰 틀에서 바뀌고 있다는 데 주목하지 않을 수 없다. 특히 정보화 사회의 양극화 경향과 세대 변화가 맞물리면서 각 세대간에 또는 세대 내에서 계층화 현상이 점점 더 심화되고 있다는 점을 유의해야 한다. 이를 이해하기 위해 방법론적으로 중요한 것은 복합적 접근을 시도하는 것이다. 정보화와 고령화, 문화화, 개인화 추세를 연계 지우고, 그 안에서 직업구조와 노동시장, 가족구조와 세대 변화, 문화 변동, 복지체계 등의 연관성을 심도 있게 이해해야 하는 것이다. 이를 통해서만 정보화 사회에서 사회구조와 삶의 양식은 어떻게 전환되고 있으며, 이에 대한 국가와 시민사회, 그리고 경제사회의 대응과 전략은 어떻게 되어야 할 것인지에 대한 사려 깊은 대안이 나올 수 있다.

이런 배경에서 정보화 사회의 불평등 구조를 추세적으로 이해하고, 이에 대한 대응 전략을 어떻게 세울 것인가에 대한 집중적인 논의가 필요하다. 특히 구조적 추세와 관련하여 다음과 같은 문제들이 핵심적으로 해명될 필요가 있다. 첫째, 한국의 정보화 사회에서 계층구조는 어떤 양상으로 전환되고 있으며, 이에 따른 문제는 무엇인가? 둘째, 한국에서 정보 격차는 어떤 방식으로 진행되고 있으며, 그것이 사회구조에 갖는 함의는 무엇인가? 셋째, 한국에서 고령화 사회는 어떻게 진행되고 있으며, 이에 따른 세대간의 관계와 가족구조의 변동은 어떻게 해석될 수 있는가? 넷째, 한국의 복지체계는 어떤 변화를 가져왔으며, 이것이 사회적 불평등을 줄이는 데 기여하고 있는가?

이런 문제들을 해명하기 위한 첫 걸음으로 한국사회가 정보화 사회에 진입하면서 사회구조, 특히 계층구조가 어떻게 변화하고 있는지, 그리고 이러한 계층구조 변화가 노동시장의 변화나 세대별 삶의 양식에 어떤 영향을 미치고 있는지에 대해 이 글에서는 살펴보고자 한다. 이런 논의를 통해 정보화 사회의 새로운 모순들과 문제들을 드러내고, 2 : 8의 사회 경향을 극복할 수 있는 방안을 큰 틀에서 모색해 보는 것이 이 논문의 목표이다.

1. 계층구조의 변화 — 6계층화 경향

한국의 계층구조는 어떻게 변화하고 있는가? 계층구조의 중앙이 두터워지는 중산층 사회로 가고 있는가, 아니면 2 : 8의 사회로 가고 있는가? 한국사회의 계층구조를 제대로 보기 위해서는 크게 네 가지 지표가 필요한 것으로 보인다. ① 직업구조, ②재산 및 소득(특히 주택), ③교육 수준 및 ④ 문화 향유 수준 등이다.

우선 직업구조의 측면에서 보면 한국사회가 탈산업자본주의의 계층구조로 접근하고 있음을 알 수 있다. 직업구조의 전체적 분포를 보여주는 [표 1]을 보면 상층 지식근로층이 약 20%에 근접하고 있으며, 일반 사무근로자가 13% 수준, 서비스 판매직이 26% 수준이며, 전통적인 육체 근로자층은 33% 수준에 머물고 있다. 직업분류가 바뀐 후 3년간의 통계이기 때문에 아직 전체 추세를 단정하기는 힘들지만 전문직, 사무직, 서비스직이 늘고 있는 데 비해 농림어업과 기능직 근로자는 줄어들고 있음을 볼 수 있다.

소득의 측면에서 보면 소득 10분위 계층 가운데 상층이라 할 수 있는 1분위에서 3분위까지의 계층이 2000년 현재 전체의 15.6% 정도이며, 중간층이라 할 수 있는 4분위에서 7분위까지의 계층이 33.6% 정도이고, 8분위에서 10분위까지의 계층이 50.8%이다. 이는 소득 측면에서 하위층의 비중이 절반 이상을 차지한다는 것을 의미한다. 최하층인 10분위에 속하는 계층도 24.8%에 달한다. 이것은 한국의 소득계층구조가 전형적인 피라미드형 구조를 이루고 있음을 보여준다. 소득불평등을 나타내는 지니계수도 IMF 이후 지속적으로 악화되어 왔다.

한국사회의 불평등을 설명하는 데 놓칠 수 없는 요소가 주택이다. 이 주택은 지역적 공간의 계급적 분할을 나타냄과 동시에 소득의 불평등이 재산의 불평등으로 확대재생산되도록 만드는 중요한 기제이다.

[표 1] 임금근로자의 직업 계층별 구성비

직업분류	2002	2001	2000
의회의원, 고위임직원 및 관리자	2.6	2.4	2.2
전문가	7.1	6.9	6.6
기술공 및 준전문가	9.5	9.6	9.8
전문·기술·행정관리직	19.2	19.0	18.6
사무 종사자	12.7	12.4	11.9
서비스 종사자	12.8	12.6	12.6
판매 종사자	13.3	13.6	13.4
서비스·판매직	26.1	26.2	26.0
농업·임업 및 어업숙련 종사자	8.9	9.4	10.0
기능원 및 관련 기능 종사자	12.2	12.2	12.7
장치·기계조작 및 조립 종사자	10.7	10.8	10.8
단순 노무 종사자	10.2	9.9	10.0
기능·기계조작·조립·단순노무직	33.0	33.0	33.5
계	100	100	100

<분류 주석>

- 2003년 1월에 2000년 인구주택총조사 결과를 토대로 작성된 추계인구의 변경과 연령계층별
  승수의 적용으로 1991년 1월~2002년 12월까지의 자료가 변경되었음.
- 한국표준직업분류 5차개정(2000년) 기준
- 전문·기술·행정관리직 = 의회의원, 고위임직원 및 관리자(0) + 전문가(1) + 기술공 및 준
  전문가(2)
- 서비스·판매직 = 서비스 종사자(4) + 판매 종사자(5)
- 기능·기계조작·조립·단순노무직 = 기능원 및 관련 기능 종사자(7) + 장치·기계조작 및
  조립 종사자(8) + 단순 노무 종사자(9)

사회자본 및 문화자본을 의미하는 교육수준 및 문화향유 수준 역시
계층의 분화와 차이를 볼 수 있는 중요한 지표이다. 지식근로층의 경
우 대부분 대졸 이상이고 이들의 높은 소득수준에 연계되어 이른바
문화적·사회적 장에서의 '구별짓기'가 활발히 일어나고 있다.

[표 2] 한국사회의 계층구조

계 층	주요 특성	추정 구성비
최상층	소득 1분위층, 기업소유 및 최고경영자, 고소득 전문가, 60평 이상의 주택 소유자	5% 내외
전문 지식근로층 (상층)	전문직 종사자, 소득 2분위 3분위층, 40평 이상 60평 이하 주택, 대졸 이상의 교육	15% 내외
지식근로층 (중간 상층)	사무직, 서비스 판매직 일부(자영업 포함), 기능직 일부, 소득 4분위, 5분위층, 25평 이상 40평 이하 주택	15% 내외
중간 하층	사무직 서비스 판매직 일부(자영업 포함), 기능직 일부 등, 소득 6분위 7분위층, 국민주택 이하 규모	25% 내외
하층	육체근로자, 단순노무직, 소득 8분위 9분위층, 주택 미소유층	25% 내외
최하층	단순노무직, 근로능력상실층, 기초생활보장제 수급 대상자 등	15% 내외

이상의 논의를 종합하면 한국사회의 계층구조는 개략적으로 [표 2]와 같이 파악될 수 있다.

중앙일보가 한국사회보장학회와 공동으로 조사한 바에 의하면(중앙일보, 2003. 7) 인구의 약 15% 내외를 차지하는 것으로 나타나는 한국의 극빈층이 노동과 가족, 그리고 문화적 공동체로부터 심각한 소외를 경험하고 있다는 사실이 여실히 드러났다. 약 5%의 인구는 기초생활보장수급제도의 지원을 받으면서 살고 있고, 실질적으로 노동의 기회를 갖지 못하고 있다. 노동의 기회를 갖는다 하더라도 정부보조금에 의해 생활하는 것보다 나을 것이 없어 아예 노동을 포기하는 사례도 크게 늘고 있다. 이들보다 더 심각한 것은 여러 가지 이유로 국가로부터 생계보조를 받지 못하지만 극빈층에 속하는 사람들이다. 노동을 하지만 노동의 대가가 최저생계비에 못 미치는 이들은 복지 공동체의 사각지대를 형성하고 있다. 이들은 또한 찌든 가난과 의료보험 혜택에 한계가 있기 때문에 질병의 위협에 더 많이 노출되어 있다. [그림 1]에서 보는 것처럼 빈곤층의 만성질환은 전체 평균의 4배에 이를 정도로 높다.

이들 빈곤층에서 '정상 가족'보다는 '비정상 가족' 유형이 압도적인 것은 어쩌면 당연한 일인지 모른다. 빈곤은 정상적인 가족관계를 원천적으로 불가능하게 하는 조건이 되고 있는 것이다. 빈곤 세대 가운데 여성 가구주 세대가 남성 가구주 세대보다 두 배 반이나 높은 것도 그 자연스런 결과이다. 사회보장학회의 조사에 의하면 극빈층의 68%가 일년에 외식을 한번도 못하는 것으로 나타났고, 하물며 다른 문화생활은 엄두도 못 내고 있다. 가난을 못 이기고 남편마저 가출하자 아이들을 죽이고 자신도 자살한 비정한 어머니 사건은 오늘날 극빈층의 소외감을 극단적으로 표출한 것이라 할 수 있다.

[그림 1] 빈곤층의 만성질환 보유 여부

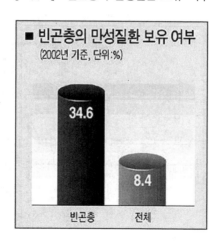

이 극빈층을 한 극단으로 한다면 다른 한 극단에는 최상층이 자리한다. 이 최상층의 상징은 이른바 '강남'이다. 평당 아파트 가격이 극빈층의 전 재산보다 많은 1천 5백만 원을 넘는 곳, 중고생 자녀의 일인당 월 평균 과외비가 3백만 원을 넘는 곳, 첨단시설과 소비의 측면에서 뉴욕과 도쿄, 파리가 부럽지 않은 세계도시 지역이 강남이다. 지역별 연간소득분포와 아파트 가격 상승률을 보면 서울과 강남이 월등히 높음을 알 수 있다. 강남이라는 공간은 그 자체 한국의 '부르주아 아비투스'를 재생산하는 상징적 장소이다. 최상층 5%는 이 '강남 아비투스'를 모방하거나 재생산하면서 블록을 유지하며, 그 안에서 연줄망을 확대 심화시킴으로써 '구별짓기'를 완성해 간다. 이들이 의식구조와 생활양식, 그리고 행동양식에서 보이는 유사성과 동질성은 다른 어떤 계층보다 높다고 해야 할 것이다.

상층 지식근로자는 사실상 정보화 시대의 '신부르주아지'라 할 만큼 경제적 자본뿐 아니라 사회자본과 문화자본을 지니고 있는 계층이라 할 수 있다. 기업의 임원진을 비롯해 각종 자격증을 가진 전문가 집단이나 연구·조사·설계 종사자 등이 여기에 속한다. 이들은 한국의 엘리트 구조를 재생산해 왔다. 특히 학벌과 지연 등 사회적 연줄망이 이들의 '구별짓기' 전략에서 중요한 기제가 되며, 이들 중 상당수는 최상층과 연계되어 일종의 권력 블록을 형성해 왔다(박형준, 2001). 현재 40대 후반 이상의 세대에서 출신 고등학교가 차지하는 단단한 연줄망은 그 자체 하나의 주요한 사회적 자본으로 구축되고 있다. 지역으로 내려갈수록 이런 경향은 더욱 강화되어, 지역의 이른바 '유지' 구조는 각 지역의 명문 고등학교 연줄망이 핵심적 기능을 한다.

이와는 달리 대졸의 학력을 지니고 있으면서 사무직과 서비스직에 종사하는 광범한 지식근로자 하층이 형성되어 있다. 이들은 상층 지식근로자로 상향 이동을 꿈꾸는 집단이지만, 그 기회의 통로는 점점 좁

[표 3] 지역별 연간소득 분포(2000)와 아파트 가격 상승률(1986-2002)

행정구역(시도)별 가구당 가계수지 (2인 이상 가구)		서울대비 아파트가격 상승률(1986-2002)	
연간소득	3035.9	86.71	-
시부	3117.0	89.02	2.788
시부-광역시	3136.2	89.57	-
군부	2444.0	69.80	-
서울특별시	3501.4	100.00	3.124 3.353(강남)
부산광역시	2726.6	77.87	2.834
대구광역시	2873.0	82.06	2.169
인천광역시	2733.5	78.07	2.984
광주광역시	2831.7	80.87	1.689
대전광역시	2829.4	80.81	1.788
울산광역시	3384.0	96.65	2.115
경기도	3162.0	90.31	-
강원도	2666.0	76.14	1.445(춘천)
충청북도	2640.5	75.41	1.285(청주)
충청남도	2598.1	74.20	1.148(천안)
전라북도	2491.6	71.16	1.078(전주)
전라남도	2738.5	78.21	0.974(목포)
경상북도	2946.1	84.14	1.707(구미)
경상남도	2925.3	83.55	1.864(마산)
제주도	2756.6	78.73	-

자료 : 통계청, 행정구역별 가구당 가계수지(2000) 및 국민은행, 도시주택가격동향조사(2003.2)

[표 4] 종사상의 지위별 분포(%)

연 도 종사상 지위	1995	1996	1997	1998	1999	2000	2001	2002
정규직	58.14	56.81	54.33	53.14	48.45	47.87	49.15	48.39
임시직	27.89	29.60	31.60	32.87	33.60	34.49	34.60	34.45
일용직	13.97	13.59	15.07	13.99	17.96	17.64	16.24	17.16

자료 : 통계청 경제활동인구조사 1995∼2002년

[표 5] 임금근로자의 고용형태별 월평균 및 시간당 임금

고용형태(종사상 지위)	월평균 임금(만 원)	시간당 평균 임금(천 원)
상용직	131.4	6.58
임시직	73.4	4.17
일용직	82.5	5.30

자료 : 한국노동연구원, 한국노동패널 기초분석보고서(IV), 2003, p.133.

[그림 2] 학력별 임금 격차 추이

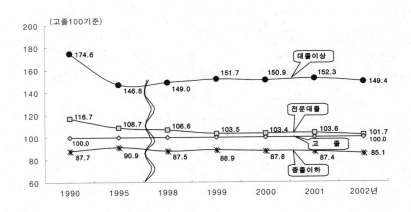

52

아지는 경향이 있다. 일반 중소기업의 사무직·전문직 근로자, 또는 영업·판매·서비스직에 종사하는 다양한 직업군의 사람들이 여기에 속한다. 이들의 소득수준은 대기업 노동자들과 거의 차이가 없거나 오히려 적은 경우도 많다. 이들이 지닌 사회적·문화적 자본도 상층 지식근로자와 차별화되는 경향이 있다. 이른바 '주류권'으로 진입한 소수의 엘리트들과 그렇지 못한 다수 사이에 격차가 확대되는 것이다.

최상층과 전문지식 근로층 아래에 다양한 계층과 집단이 자리한다. 최상층과 극빈층을 제외한 사람들 모두를 중산층이라 한다면 우리나라의 중산층은 대단히 넓은 것으로 오해될 소지도 있다. 하지만 사정은 그리 단순하지 않다. 한국의 소득불평등도(지니계수)는 통계청의 『도시가계조사』에 따르면, 외환위기 이전인 1995~1997년에 0.284, 0.291, 0.283, 외환위기 이후인 1998~2000년에 0.316, 0.320, 0.317, 그리고 2001년에 0.319로 외환위기 전후로 높아진 상황이다(통계청, 2001). 하지만 1인 가구를 제외하면 1995년 3.0에서 2000년 3.53으로 그 격차가 더 벌어짐을 알 수 있다(유경준·김대일, 2002). 또한 중산층이 감소한 경우는 대체로 중간층 가구(소득 중간값의 70~150%) 비율이 감소를 반영하고 있고, 이때 상류층의 확대가 동반되는 경향이 존재한다는 것은 소득분포의 양극화가 진행되고 있다는 사실을 암시하는 것이다. 특히 중간층 하층에서 극빈층과 경계선 상에 있는 집단 또는 경계선은 아니더라도 '생활의 빈곤'을 절실히 느끼는 상대적 빈곤층이 크게 늘어나고 있음은 주목해야 한다.

이와 관련하여 전통적인 노동자계급 내에서 형성되고 있는 이중 노동시장 또는 삼중 노동시장화 경향도 과소평가할 수 없다. 이미 노동자계급이라고 해서 다 같은 처지에 있는 사람들이 아니라는 것은 잘 알려져 있다. 연봉 5천만 원을 받는 대기업 정규 노동자와 연봉 1천 5백만 원을 채우기가 힘든 비정규직 노동자의 격차를 단순한 양적 차이라고 보기는 힘들다. [표 4]와 [표 5], 그리고 [그림 2]는 비정규직의 비중이 지속적으로 늘고 있다는 것과 종사상 지위와 학력에 따른 임금 격차가 줄어들지 않고 오히려 확대되고 있음을 보여주고 있다. 1980년대까지만 하더라도 우리나라에서 이중 노동시장을 발견하기는 쉽지 않았다. 하지만 지금은 뚜렷한 이중 노동시장, 나아가 삼중 노동시장의 형성이 발견되고 있다. 이미 2000년 정이환 교수의 연구("노동시장 불평등과 조직 내 불평등", 『한국사회학』, 36집 6호)에 따르면 대기업과 중소기업, 정규직과 비정규직, 성에 따른 노동자 내의 격차는 확대일로를 걸어왔다. 봉급 생활자가 전체 경제활동인구의 70%를 육박하는 지금 노동자와 비노동자의 격차보다 계층론적으로 중요한 의미를 지니는 것은 노동자 내의 계층화 현상이다. 여기에 학력 차이에 의한 계층화도 [그림 2]에서 보는 것처럼 여전히 줄어들고 있지 않다. 사무직 근로자와 대기업의 육체 근로자 사이의 격차는 크게 줄어든 반면, 오히려 대기업과 중소기업, 대졸자와 고졸 이하, 남성과 여성의 전체적인 차이는 구조화되는 경향이 있다. 특히 정규직과 비정규직의 차이가 커지면서, 비정규직에 저학력 여성 노동자층이 몰리는 경향도 발견된다.

이와 함께 노동시장에서의 여성 진출의 확대가 양적으로는 이루어지지만 질적으로는 남녀차별의 구조가 지속될 개연성이 높다는 점도 지적되어야 한다. 한국의 노동시장은 앞으로 10여 년 간 구조적 수급 불일치를 겪을 가능성이 매우 높다. 고령 인구가 급격히 증대하면서 청년노동력에 대한 전체적 수요는 크게 늘겠지만, 청년노동력의 경우 대부분 전문대졸 이상의 학력을 지니게 되기 때문에 사회적으로 필요한 노동력의 구조에서 보면 지나치게 상위 부분으로 몰리게 될 가능성이 높다. 따라서 전체적으로 노동력이 부족함에도 불구하고 수요와 공급이 불일치하는 현상이 심화될 수 있는 것이다. 지금도 중소기업은 인력난에 허덕이고, 청년 실업은 확대되는 구조적 불일치가 확인되는데 이것이 심화될 소지가 큰 것이다. 특히 저임금 저생산성 부문에서 노동력 부족이 심각해질 것인데, 여기에 여성노동력이 투입되는 비중이 커질 수 있다. 따라서 저임금 저생산성 부문의 수요 초과를 저임금 해소와 생산성 향상으로 연결되지 못한다면, 한국의 노동시장은 구조적 불일치와 노동시장의 분절화 경향을 해소하기 힘들 것이다.

　이상에서 본 것처럼 한국사회는 크게 6개의 계층으로 분화되고 있다. 특히 이 6개의 계층 가운데 최상층과 전문지식인층을 상층 계급으로 본다면 일반근로자층을 중심으로 한 중간상층과 하층을 중간 계급으로, 그 아래를 하층 계급으로 분류할 수도 있다. 양극화는 단선적으로 진행되는 것이 아니라 상층 계급과 중간 계급의 격차, 그리고 중간 계급과 하층 계급의 격차가 커지는 방식으로 진행될 개연성이 높다. 특히 하층 계급의 삶의 조건이 상대적으로 더욱 어려워지고 중간하층이 하층으로 전락할 위험이 상존한다면 이를 양극화 경향으로 평가할 수 있을 것이다. 계급 사이의 구별짓기는 단순히 경제적 지위나 소득으로만 설명할 수 없다. 소득과 생활 수준의 양적인 차이만이 아니라 사회의식, 사회적 연줄망, 소통양식에서의 차별화로 나타남으로써 사회적 거리와 이질성을 높인다는 점을 주목해야 할 것이다.

2. 세대, 가족, 계층의 연관성

　'아시아 자본주의'의 특징 중 하나로 꼽혀 온 것이 경제를 떠받치는 가족 인프라의 견고함이었다. 특히 한국은 강한 가족주의를 바탕으로 하는 국가로 정평이 나 있다. 여기서 가족은 높은 교육열을 바탕으로 우수한 노동력을 재생산하는 기본 단위이다. 또한 가족 내의 결속력과

공동운명체 정신에 입각해 국가의 미흡한 복지체계를 보완하는 가족
복지체계가 형성되어 왔다. 부모가 자녀를 위해 희생을 무릅쓰고, 자
녀는 부모를 공양한다는 가치관은 쉽게 흔들리지 않을 전통으로 자리
잡은 듯했다.

하지만 최근 이 전통에 균열을 야기하는 현상들이 나타나고 있다.
우선은 이혼율의 급증이다. 2002년만 해도 이혼하는 가족이 15만 쌍
인 데 비해, 새로 결혼한 쌍은 7만 쌍에 불과해 두 배 이상에 달했다.
정확한 통계는 잡히지 않고 있지만 우리나라의 이혼율이 20%를 넘는
다는 보고도 나오고 있고, 이혼율 세계 3위로 보고되고 있다. 이것은
확고한 정상 가족의 기반이 흔들린다는 것을 의미한다. 비정상 가족의
경우 가족 내 유대관계가 현저히 떨어질 수밖에 없고, 특히 자녀 세대
의 부모 세대에 대한 의무감도 크게 약화될 수밖에 없다. 하지만 이러
한 결속과 의무감의 약화는 비단 비정상가족의 문제만은 아니다.

[표 6] 이혼건수와 이혼율

연 도	이혼건수(건)	이혼율(천 명당)
1991	49,205	1.1
1992	53,539	1.2
1993	59,313	1.3
1994	65,015	1.5
1995	68,279	1.5
1996	79,895	1.7
1997	91,159	2.0
1998	116,727	2.5
1999	118,014	2.5
2000	119,982	2.5
2001	135,014	2.8
2001	145,324	3.0

자료 : 통계청 인구동태조사

[표 7] 1990년대 이후 고령 인구의 세대별 분포 (단위: %, %p)

	1990	2000	65~69세	70~79세	80세이상	구성비증감
계	100.0	100.0	100.0	100.0	100.0	-
1세대가구	16.9	28.7	35.5	27.5	12.8	11.8
2세대가구	23.4	23.9	27.3	19.9	26.5	0.5
3세대가구	47.6	29.9	22.7	32.8	41.8	-17.7
4세대이상가구	2.0	0.9	0.5	0.5	3.3	-1.1
1인가구	8.9	16.2	13.7	18.9	15.0	7.3
비혈연가구	0.7	0.4	0.4	0.5	0.5	-0.3

자료 : 통계청, 인구주택총조사보고서, 각년도

　자녀 세대의 부모 세대에 대한 의무감은 크게 떨어지고 있다. 그 이유는 여러 가지이다. 우선은 전통적인 대가족제도가 거의 완전히 무너짐으로써 부모와 자녀가 분리된 가족으로 생활하고 있고, 이 공간적 분리가 심리적 분리로 이어지고 있다. [표 7]에서 보듯이 노인 인구 가운데 1인 가족 또는 1세대 가족의 비중은 1990년 들어 급속히 늘고 있다. 1세대 가구의 경우 1990년에 16.9%에서 2000년에는 28.7%로 늘고 있고, 1인 가구의 경우에도 8.9%에서 16.2%로 거의 배증하였다. 부모와 자녀 간에 만나는 횟수가 크게 줄어들고, 부모 세대의 자녀 세대에 대한 의존심도 크게 약화되고 있다. 또한 자녀들의 생활이 부모를 부양하거나 부모와의 친밀한 관계의 밀도를 높일 만큼 여유롭지 못하다는 것도 가족유대가 약해지는 원인이 된다. 청년들의 취업 연령이 점점 늦추어지고 있고, 그와 함께 결혼 연령도 늦추어지는 경향이 뚜렷이 나타나고 있다. 맞벌이를 하지 않고서는 생활이 힘든 경우가 많기 때문에 정규직이든 비정규직이든 함께 일해 생활을 영위하는 경우가 많아지고 있다. 이 경우 시부모와 며느리 관계를 축으로 하는 전통적인 가부장제 전통은 형식적으로만 유지될 뿐 며느리에 의한 시부모 공양이라는 내용적 실체는 불분명해진다. 특히 계층적으로 하위 계층으로 내려갈수록 이런 경향은 더욱 심화되는 경향이 있다. 앞에서도 언급했듯이 우리나라에서 빈곤은 가족의 위기와 맞물려 진행된다. 실제로 자녀 세대에 의존해야 할 경제적 필요성이 높은 하위 계층의 경우 상위 계층보다 더 가족관계가 비정상적이거나 호의적이지 못한 경우가 많다.

부모 세대와 자녀 세대의 사회적 거리(social distance)가 멀어지고 있다는 것은 두 세대간의 대화와 소통의 기회가 줄어든다는 것을 의미한다. 사회적으로 장년 세대와 청년 세대 사이의 소통의 결핍은 장년 세대가 가졌던 문화적 행동양식과 사회적 의식이 청년 세대로 전승되지 못하게 함으로써 일종의 문화적 격차가 생겨나도록 만든다. 바꾸어 말하면 세대간의 친밀한 만남과 의사소통의 빈도가 높을수록 문화적 격차와 사회적 의식의 세대간 차이는 적어진다고 말할 수 있다. 우리 사회에서 지금의 50대 이상의 세대는 그들 자신이 부모 세대를 부양했던 세대이고, 부모 세대의 유교적 문화 전통을 거의 고스란히 전승받은 세대이다. 아울러 그들은 전쟁의 비참한 기억과 충격을 딛고 개발 시대의 역동적인 경제 발전을 주도한 세대이다. 그들의 의식 속에는 강한 반공주의와 성장주의, 그리고 강인한 노동윤리가 배어 있다. 반면에 지금의 30대 이하 세대는 민주화의 세례를 받은 세대이고 본격적인 '개인화'의 문화적 추세 속에서 성장한 세대이다. 이들에게는 가부장제의 수직적 위계에 대해서도 거부감이 있을 뿐 아니라 윗세대에 의해 형성된 기성의 질서가 수직적 권력으로 자신들에게 부과되는 것을 거부하는 경향도 포착된다. 또한 이들은 욕망은 커져 있지만, 경쟁은 심화되고 기회는 제약되는 정보화 세계화 시대의 압력을 크게 받는 세대이다. 자신이 원하는 직장을 구하기가 과거보다 어려워졌고,

평생 직장도 보장되지 않는다. 본격적인 '복수(複數)의 인생 시대'를 살아야 하는데 그를 위한 사회적 인프라는 갖추어져 있지 않고, 젊은 세대 자신의 자각도 깊지 않다. 이것이 2030세대의 기성세대에 대한 저항감과 탈주 심리를 부추기는 원인이 된다.

이런 이들의 문화적 저항성이 정치적으로 표출된 것이 2003년 대선이었다. 노무현 후보의 '기성 질서에 대한 자유로운 투사'의 이미지와 젊은 세대의 기성세대 주도의 질서에 대한 무의식적 반감이 친화력을 가질 수 있었던 것이다. 기존 질서의 '고리타분함'에 대한 인터넷 세대의 싫증과 '촛불'과 '돼지저금통'으로 집약되는 노무현의 정치적 상징성이 만날 수 있었던 것이다. 이것이 역대 어느 선거에서도 볼 수 없었던 세대간 뚜렷한 투표 성향의 차이로 나타났던 것이다. 이런 맥락에서 지난 대선에서 인터넷을 매개로 한 젊은 층의 압도적 노무현 지지 현상은 젊은 세대의 정치적 진보성이 표출된 것이라기보다는 세대의 단절을 상징적으로 알려주는 일종의 문화적 저항의 표출이라고 해석하는 것이 적절하지 않을까?

어쨌든 이러한 세대간 문화적·정치적 단절 경향은 고령화 사회를 전망할 때 매우 우려되는 현상이다. 이미 30대의 출산율이 세계에서 가장 낮은 수준이고, 40~50대의 연령층 비중이 대단히 높은 우리나라의 경우 다른 어떤 나라보다 고령화 사회가 빨리 진행될 것으로 예상되고 있다. 2003명 현재 생산 인구 8.6명당 노인 1인을 부양해야 하는데, 이것이 2020년에는 4.7명당 1명으로 줄어들 것으로 예상되며, 2003년 현재 유아 인구 100명당 노인 인구가 41명이지만, 2020년에는 187명으로 역전될 것으로 예상된다. 이런 급속한 고령화 추세에도 불구하고 오히려 세대간의 단절이 심화되는 경향은 더욱 심각한 사회적 문제들을 야기할 가능성이 높다. 국가가 고령화 인구를 모두 부양할 수 없는 바에야 다양한 형태의 사회복지와 가족복지를 활성화할 필요가 있는데 이를 위해서는 세대간의 연대가 전제가 된다. 실제로 일자리를 놓고도 세대간 경쟁이 심화될 소지가 있고, 각종 연금을 비롯해 복지체제의 운영에서도 젊은 사람일수록 상대적 혜택을 적게 입게 될 가능성이 크기 때문에 세대의 정치적·문화적 단절은 이른바 사회 통합을 생활 세계의 수준에서 가로막는 가장 주요한 요인으로 작용할 가능성이 크다. 따라서 세대간의 격차와 단절을 심화시키는 것이 아니라 세대간의 신뢰와 상호 인정, 그리고 포용을 촉진하는 정치적·문화적 전략을 개발하고 실행하는 것이 시급히 요구된다.

요컨대 계층화 현상이 각 세대를 가로질러 진행되고 있다는 점을 주목해야 한다. 즉, 각 연령대 안에서의 불평등 현상이 심화되고 있다는 것이다. '자유의 아이들'인 청년 세대 안에서 자신의 욕구 수준에 맞는 취업 기회를 갖는 사람들은 지극히 소수이다. 다수의 청년들은 자신들의 욕구 수준에 못 미치는 직장에서 일하거나, 취업 준비를 위해 자발적 실업을 선택하고 있다. 욕구에 맞지 않은 직업을 갖는 사람

[그림 3] 노령화지수와 노년 부양비의 증가폭

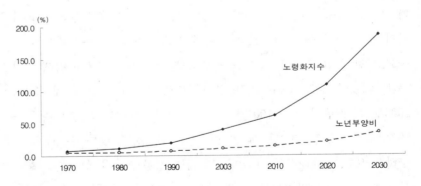

자료 : 통계청, 2003 고령자 통계

들은 오래 한 직장에 다니지 못하고, 잦은 직업이동을 경험하게 된다. 중년 세대의 경우에도 상층과 지식근로층을 제외하면 조기 퇴직의 압력과 폭증하는 교육비, 가족의 위기 등으로 이른바 '중년의 위기'(middle life crisis)를 겪고 있는 사람들이 늘고 있다. 조기 퇴직의 경향은 대단히 빠르게 진행되어 [그림 4]에서 보는 것처럼 50대 초반에 직장에서 살아남을 확률이 47.5%이고 50대 후반이 되면 28.8%로 급속히 저하함을 알 수 있다.

이른바 '젊은 노인들'의 비중이 점점 높아지는 노인 세대의 경우 계층별 격차는 노인의 삶의 질에서 심각한 격차로 나타난다. 일자리를 갖는 노인들은 점점 더 주변적인 일자리로 내몰리는 반면(박경숙, 2002), 다수의 노인들은 일의 기회가 아예 주어지지 않거나 문화 생활의 질이 악화되는 경험을 하고 있다.

[그림 4] 남성 근로자의 연령대별 직장 생존율

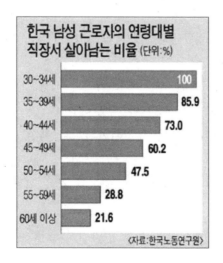

4. 2 : 8의 사회에 대한 대응 전략 — 기본 방향의 설정

이상의 논의를 토대로 우리는 정보화 사회의 불평등이 세대와 계층을 가로질러 진행됨을 알 수 있다. 사회 전체적으로도 계층적 격차가 커지고 있지만, 세대간의 격차도 커지고 있다. 계층 불평등과 세대 불평등이 별개로 움직이는 것이 아니라, 이런 불평등은 각 세대 내에서의 불평등으로 연결된다. 즉, 노인 세대 내의 불평등, 중년 세대 내의 불평등, 그리고 청년 세대 내의 불평등이 어떤 양상으로 전개되는지에 대해서도 주목해야 하는 것이다.

이런 맥락에서 2 : 8의 사회 경향에 대한 대응 전략은 먼저 기본 관점을 정립할 필요가 있다. 무엇보다 노동시장의 구조적 불균형을 비롯하여 중산층의 하향화 현상 또는 각 세대별 불평등의 심화 현상은 일시적인 대책에 의해 바로잡힐 가능성이 별로 없다는 점이다. 즉, 그것은 세계화, 정보화를 매개로 한 구조적 경향으로 이해해야 하는 것이다. 특히 글로벌 시장의 맥락에서 전문 지식근로층에 대한 높은 요구와 '더 적고 더 유연한 인력 체계'에 대한 요구는 시장 논리에 의해서만 이 문제가 해결될 수 없다는 것을 시사한다. 정치적 차원의 중요성이 강조되는 것은 이런 맥락이다. 국가와 시장, 시민사회의 각 행위주체들이 향후 10년 또는 20년을 전망하면서 노동시장의 구조적 불균형과 2대 8의 사회 경향을 국가적·사회적 핵심 어젠다로 설정하고 이를 해결하기 위해 새로운 사회적 책임과 그에 기초한 사회 협약을 추구해야 하는 것이다. 이를 위해 다음과 같은 접근법을 취할 필요가 있다.

첫째, 단순한 분배주의적 관점이 아니라 불평등의 완화 및 해소를 국가 경쟁력 강화와 연계 지운다는 관점이다. 이런 관점은 이미 '생산적 복지'나 '일하는 복지' 개념을 통해 우리나라에도 소개된 바 있으나 실질적으로 구현되지는 못했다. 실제로 현재의 불평등 구조는 우리 사회의 성장 잠재력을 구조적으로 약화시키는 경향을 안고 있다. 고학력 청년 노동력의 활용도 저하, 중년 노동력의 조기 퇴장, 노년 노동력의 주변 노동력화 현상 등은 모두 이런 성장 잠재력의 약화와 관련된다. 따라서 각 세대별로 기업 부문 뿐 아니라 국가 부문과 시민사회 부문에서의 노동의 기회를 확충하고, 노동시장의 불균형을 시정하여 적정 노동력의 수급체계를 구축하는 방향으로 대응 전략을 마련해야 한다. 물론 노동 및 생활능력을 상실한 인구층에 대해서는 사회안전망 구축이라는 차원에서 국가가 생계를 지원해야 한다.

둘째, 단수의 인생에서 복수의 인생으로의 전환이라고 하는 삶의 패러다임 전환에 대한 대응의 관점이다. 인생을 60으로 기준으로 사는 것과 80을 기준으로 사는 것은 가히 혁명적인 변화이다. 학교 교육 이후 약 50년 이상의 시간을 어떻게 관리하고 자아 실현을 도모할 것인지에 대한 '삶의 자기 계획'의 중요성이 커지고, 이를 지원하는 사회적 인프라가 구축되어야 한다. 특히 삶의 자립 능력을 중시하고, 기회의 구조가 단일한 개선으로 한정되는 것이 아니라 복수의 개선을 통해 다양한 방식으로 주어지는 사회를 만든다는 관점이 요구되는 것이다. 물론 이를 위해서는 이 시대를 사는 시민들의 의식 개혁이 함께 이루어져야 한다. 평생 직장 개념의 직업의식을 전환할 필요가 있고, '제 2의 직업'에 대한 의식을 삶의 윤리적 차원에 대한 인식의 확대와 연결되는 사회적 책임의식의 혁명이 일어나야 한다. 특히 기업 차원에서도 '사회적 책임을 다하는 기업'이 궁극적으로 성공할 수 있는 기업이라는 모델이 정립되어야 한다.

셋째, 국가와 시민사회, 그리고 경제사회의 연계 전략과 노동·교육·가족·복지·문화·여성 등 복합 정책적 접근이 요구된다고 하는 관점이다. 경제적·사회적·문화적 개선을 따라 진행되는 양극화 경향은 어떤 한 분야의 전략이나 정책을 통해 제어하기가 힘들다. 따라서 이들 복합 전략과 복합 정책의 패키지를 통해 문제를 해결하려는 노력이 필요하다.

넷째, 삶의 윤리적 차원과 심미적 차원을 고양시키는 관점이 요구된다. 삶의 윤리적 차원의 고양이란 더불어 사는 사회에 대한 자각적 의식이 확대되도록 하는 것을 의미한다. 자원봉사의 확대와 '타인에 대한 보살핌' 의식의 확산을 꼽을 수 있다. 삶의 심미적 차원의 고양이란 제한된 물질적 자원의 한계 내에서 자신의 삶의 즐겁고 아름답게 구성할 수 있는 능력이 고양되는 것을 의미한다. 예컨대 고소득자가 '골프'를 침으로써 얻는 즐거움과 저소득자가 '등산'을 하면서 얻는 즐거움은 개인의 주관적 만족도에서 차이가 나지 않을 수 있고 때로는 바뀔 수 있는 것이다. 각 세대나 각 계층이 자신의 상황에 조응하는 사회적·문화적 자원들을 동원하여 자신의 삶의 질과 행복도를 높이도록 자극하고 유도하는 환경이 조성되어야 한다. 의식 개혁과 문화 개혁은 이 차원에서도 필수적이다.

이런 관점에 입각해 가용한 전략과 정책을 [표 8]에서 정리해 보았다. 특히 이 가운데 중요한 몇 가지 전략에 대해서만 설명해 보기로 하자. 중장기적 추세에서 한국의 노동시장은 지금보다 불안정성을 보일 개연성이 높다. 정규직의 상대적 축소를 비롯해 노동시장의 구조적 불일치 경향은 심화될 것이다. 이런 상황에서 노동시장의 안정성을 높이고, 직업 기회를 다원화하기 위해서는 지속적인 경제 발전이 전제되어야 함은 물론이다. 하지만 시장 섹터에서 새로운 고용을 창출하는 것은 기본적인 한계가 있기 때문에 국가와 시민사회, 경제사회가 연대하여 사회적 공공성을 갖는 일자리를 전략적으로 창출해 나가야 한다. 정부와 기업이 할 수 없는 공공의 일들을 제 3섹터 또는 시민노동 섹터로 불리는 영역에서 담당하고, 여기에서 일자리를 창출해 내야 하는

[표 8] 2 : 8의 사회 극복을 위한 세대와 계층 전략

분야	전략 및 정책	기본개념
노동·직업	시민노동기금 창설과 사회적 일자리 창출, 퇴직전문가 재취업 지원, 점진적 은퇴, 가교 고용, 직업정보시스템의 고도화(직업지도의 작성 등), 비정규직 처우 개선, 노사정 합의에 의한 임금기준제도의 도입	'노동 시 장 의 구조적 불일치' 축소, 제2의 직업
교육	산업수요와 교육제도의 연계 강화(대학 기업 연계 프로그램 창설과 교과과정의 개편), 저소득층을 위한 특별직업교육원 평생교육원 창설, 지역별 평생학습체제의 구축, 주문형 직업훈련제도의 도입, 노년/여성 정보화 교육의 확대	평생학습체제 구축, 산학연계
여성	동단위 일하는 여성을 위한 공공보육시설의 확보, 기업규별 보육시설의 의무화, 여성차별적 임금 제도의 개선, 모성보호제도의 강화, 주부자원봉사제도의 강화	'보육을 책임지는 나라'
복지	공공근로사업의 '일하는 복지 제도'로의 전환, 준빈곤층에 대한 의료보험 및 고용 보험확대, 기초생활수급제도의 점진적 확대, 연복지체계의 강화, 복지에 대한 지역 책임의 확대, 고령자 준자원봉사제도의 창설과 지원, 고령자 생활설계지원센터의 지역별 설립.	일하는 복지
문화	문화관리사 제도의 도입(지역 단위 대학 연계), 문화해설사 등 준문화자원봉사제도의 활성화, 지역자치센터와 문화센터의 문화공동체 구축 전략, 지역별 시니어 클럽 구성.	삶의 심미화
환경	환경자원봉사제도의 활성화(환경파수꾼 등) 환경보존사 제도의 창설(숲가꾸기 등 공원 조성 준자원봉사, 리사이클링 교육 등 담당)	인간의 자연화

것이다. 이를 위해서는 시민노동기금을 장기 계획을 잡아 설립하고, 여기서 각종 NGO를 비롯해 시민노동섹터에 포함될 수 있는 기관들을 지원하도록 해야 한다. 노동시장의 구조적 불일치를 극복하기 위한 직업지도의 작성과 여기에 토대를 둔 대학 교과과정의 개편도 필요하다. 은퇴한 전문가들을 광범하게 활용할 수 있는 시니어 노동 뱅크 등도 생각할 수 있다. 평생학습체제를 실질화하는 것은 정보화 사회에 필수적이다. 특히 장년 이상의 세대를 위한 정보화 교육의 확대 실시와 지역별 고령노동력 활용계획을 수립하고 이를 산학정 연계를 통해 실현해야 한다. 청년 실업 완화를 위한 주문형 직업훈련체 제도도 활성화할 필요가 있을 것이다.

여성 분야에서 가장 중요한 것은 보육을 책임지는 나라라는 관점이다. 여성의 경제활동 참가율을 높임과 동시에 출산율을 일정 수준 유지하는 것이 성장잠재력을 강화하기 위해서나 노동시장에서의 여성 권익 신장을 위해서나 필수적이다. 이와 아울러 모성보호제도를 강화하고, 육아를 위한 휴가제도를 확대 강화하는 것이 필요하다. 이에 대해 기업 측에서도 단기적인 이익보다는 장기적 이익이라는 관점에서 전향적으로 수용하는 자세가 필요하다.

복지는 포용적 복지 또는 일하는 복지 체제로 전환해야 한다. 노동능력이 없는 빈곤층에는 기본 생활을 보장하되, 노동능력이 있는 사람들은 취업을 위한 개인의 노력에 상응하는 복지 수혜를 주도록 해야 한다. 아울러 전통적인 가족복지제도를 새로운 연(椽)복지체제로 전환하기 위해 세대간 연대를 강화하는 정책적 문화적 프로그램을 마련해야 한다.

문화와 환경의 차원에서는 각 세대가 삶의 질을 높이는 방향으로 문화체험과 향유 기회를 가질 수 있도록 하고 여기에 기초해서 정서적·문화적 공동체를 지역별로 구축하는 방향으로 전략과 정책이 마런되어야 한다. 각 문화센터와 문화시설을 운영할 기획력과 문화경영 능력을 갖춘 인재를 육성하는 문화관리사 제도를 도입할 필요가 있다. 아울러 각 문화센터와 주민자치센터, 그리고 문화 NGO들이 지역문화 공동체를 활성화할 수 있도록 유도해야 한다.

환경 분야에서도 지역 환경 가꾸기를 위한 공공 활동을 조직화해야 한다. 예를 들어 환경보존사 제도의 신설이나 환경파수꾼 제도를 시민 노동 섹터로 흡수하는 방안을 모색해야 한다.

참고문헌

금재호 외. 2002. "비정규근로자의 근로 실태". 한국노동연구원.
김영순. 1999. "제 3의 길 위의 복지국가: 블레어 정부의 '일을 위한 복지' 프로그램".『한국정치학회보』33집 4호.
김종길. 2001. "패러독스의 도전과 정책 과정에서의 패러독스 활용 전략". 『한국 사회학』35집 3호.
민경국. 1996.『진화냐 창조냐』. 한국경제연구원.
박경숙. 2002.『고령화 사회, 이미 진행된 미래』. 의암출판사.
박재규. 1998. "한국의 경제발전과 국가의 역할 변화".『한국사회학』32.
박형준. 1999.『네트워크형 시스템론 구축을 위한 시론 ― 이론구조와 활용 방안』. LG 카뮤토피아연구소.
박형준. 2001.『성찰적 시민사회와 시민운동』. 의암출판.
서울대학교 사회발전연구소. 1997.『한국 역사와 개혁정치』. 서울대학교 출판부.
송호근(편). 2001.『세계화와 복지국가 ― 사회정책의 대전환』. 나남출판.
유경준·김대일. 2002. "외환위기 이후 소득분배구조변화와 재분배정책효과 분석". KDI 연구보고서.

이경태. 1998. 『산업강국에의 길』. 산업연구원.

장상환. 1998. "김대중 정권 경제 정책의 성격과 전망". 『경제와 사회』 38.

장지연. 2002. "고령화 시대의 노동시장과 고용정책". 한국노동연구원.

정인수·금재호 외. 2002. "기업내부노동시장의 변화". 한국노동연구원.

최병선. 2000. "자생적 질서와 한국 사회". *Emerge* 10.

하이에크, 프리드리히 A. 1990. 민경국 역. 『자본주의냐, 사회주의냐』. 문예
출판사.

히로야키, 이타미. 1997. 『일본의 컴퓨터 산업』. 한국전자통신연구원.

神野直彦. 1998. 『システムノ改革ノ政治經濟學』. 岩波書店.

Anderson, Perry. 1979. *Lineages of the Absolutist Sate*. London. Verso.

Beck, Urlich. 1998. *Die Erfindung des Politichen*. (문순홍 역. 『정치의 재
발견』. 거름.)

Beck, Urlicch. 2000. *Shone Neue Arbeitwelt*. (홍윤기 역. 『아름답고 새로운
노동세계』. 생각의 나무.)

Beck, U. & Giddens, A. & Lash, S. 1994. *Reflexive Modernization:
Politics, Tradition and Aesthetics in the Modern Social Order*. (임현
진·정일준 역. 『성찰적 근대화』. 한울.)

Bellah, R. & Madisen, R. *Habits of the World: Individualism and
Commitment in American Life. Berkely*. University of California Press.

Bourdieu, Pierre. 1984. *Distinction*. London: Routledge.

Castells, M. 1998. *The Information Age: Economy, Society, and Culture.
End of Millenium* Vol 3. London: Blackwell Publishers.

Cooke, P. & Morgan, K. 1993. "The Network Paradigm: New Departures
in Coporate and Regional Development". *Society and Space* 2.

Drucker, Peter. 1997. *The Post Capitalist Society*. New York: Leighco
Press.

Evans. P., Reuschemeyer, D. & Schopol, T. 1985. Bringing the State Back
In. New York: Cambridge University Press.

Evans. Peter. 1989. "Predatory, developmental and Other Apparatuses: A Comparative Political Economy Perspective on the Third World State". *Sociological Forum* 4.

Evans, Peter. 1995. *Embedded Autonomy: States and Industrial Transformation*. Princeton: Princeton University Press.

Frankel, Borris. 1996. *The Post Industrial Utopians*. (김용규 박선권 역. 『탈산업사회의 이상과 현실』. 일신사.)

Giddens, Antony. 1990. *The Consquences of Modernity*. London: Routledge.

Giddens, Antony. 1994. *Beyond Left and Right*. Oxford: Blackwell Publishers.

Giddens, Antony. 1998. *The Third Way: The Renewal of Social Democracy*. (한상진 · 박찬욱 역. 『제 3의 길』. 생각의 나무.)

Glyn. Andrew. 1995. "Social Democracy and Full Employment". Discussion Paper.

Held, David. 2000. "The Changing Contours of Political Community: Rethinking Democracy in the Context of Globalization". Holden(ed). *Global Democracy*.

Hirst, P. & Thompson, G. 1996. *Globalization in Question*. Cambride: Polity Press.

Hirst, P. & Thompson, G. 2000. "Global Myth and National Policy" in Holden, Barry(ed.). *Global Democracy*.

Holden, Barry(ed.). 2000. *Global Democracy: Key Debates*. London: Routledge.

Jessop, Bob. 1999. "Narrating the Future of National Economy and the National State: Remarks on Remapping Regulation and Reinventing Governance". Steinmetz, George(ed.). *Sate/Culture: State Formation after the Cultural Turn*. Ithaca: Cornell University Press.

Johnson, Chalmers. 1995. *Japan: Who Governs?: The Rise of The*

Developmental State in East Asia. New York: Norton.

Kwan, C.H. 1994. *Economic Interdependence in the Asia-Pacific Region*. London: Routledge.

Lasch, C. 1978. *The Culture of Marcissism*. New York: Norton.

Luhman, Niklas. 1981. *Politische Theorie im Wohlfahrtsstaat*. (김종길 역. 『복지국가의 정치이론』. 일신사.)

Luhman, Niklas. 1982. *The Differentiation of Society*. New York: Columbia University Press.

Luhman, Niklas. 1985. *Systems Theory*. Stanford: Stanford University Press.

Mann, Michael. 1988. *States, War and Capitalism*. Oxford: Oxford University Press.

Mann, Michael, 1993. *The Sources of Social Power*. Vol2. Cambridge: Cambridge University Press.

Mann, Michael. 1995. "As the Twentieth Century Ages". *New Left Review* 214.

Offe. Klaus. 1991. "Welfare State against Democracy". *Politics and Society* 7.

Reich, Robert. 1993. *The Work of Nations: Preparing Ourselves for 21st-Century Capitalism*. New York: Alfred A. Knopf, Inc.

Reich, Robert. 2002. *I'll Be Short*. Gimm Young Publishers.

Sccpol, Theda. 1979. *States and Social Revolutions*. New York: Cambridge University Press.

Shaw, Martin. 1997. "The State of Globalization: Towards a Theory of State Transfomation". *Review of International Political Economy* 4.

Steinmetz, George. 1999. *State/Culture; State-Formation after the Cultural Turn*. Ithaca: Cornell University Press.

Thurow, Lester. 1999. *Building Wealth*. New York: Thinking Publishing.

UNDP, 1997. Governance for sustainable human development: A UNDP policy document. United Nations Development Program.

Vogel, Steven. 1996. Freer *Markets, More Rules: Regualtory Reform in Advanced Industrial Countries*. Ithaca: Cornell University Press.

Wade, Robert. 1996. "Globalization and its Limits: Reports of the Death of the National Economy are Greatly Exaggerated". Berger, S. & Dore, R. *National Diversity and Global Capitalism*. Ithaca: Cornell University Press.

Weiss, Linda. 1998. *The Myth of the Powerless State: Governing the Economy in a Global Era*. London: Polity.

Ziegler, J. Nicholas. 1995. "Institutions, Elites, and Technological Change in France and Germany". *World Politics* 47.

Zysman, John. 1983. *Governments, Markets and Growth: Financial Systems and the Politics of Industrial Change*. Ithaca: Cornell University Press.

디지털시대의 토의민주주의

| 이 동 수 | 경희대 NGO대학원 |

1. 서 론

근대 민주주의가 발생과 더불어 발전을 거듭했던 비결 중 하나는 인민주권(popular sovereignty)과 대의제(representative government)를 두 축으로 사용한 데 있다고 볼 수 있다. 민주주의는 '인민의 지배'(rule by the people)를 원칙으로 한다. 하지만 근대 민주주의는 이런 이상을 실질적으로 구현하기 위해, 한편으로 주권 혹은 권리(right)는 인민에게 있으되 다른 한편 그 권리를 보호하고 보장하기 위한 구체적 권한으로서의 권력(power)은 주권의 대리인에게 위임시키는 대의제를 채택하였다. 요컨대 권력의 근원은 인민으로부터 나오지만 그 권력의 직접적인 행사는 선거를 통해 인민의 위임을 받은 정부와 의회에게 주어진다는 것이다.

그러나 20세기 후반 이후 더욱 다양한 선호, 이해관계, 의견이 표출되는 탈근대·탈산업 시대로 접어듦에 따라, 대의제는 점차 그 권위를 상실하게 되었다. 왜냐하면 대의제가 더 이상 다양한 욕구와 의사를 반영하여 대리하지 못함으로써 시민의 불만을 고조시켰으며, 정부의 입장에서도 불만스런 시민을 대상으로 해서는 더 이상 효과적인 국정을 수행할 수 없게 되었기 때문이다. 따라서 오늘날 대의민주주의 (representative democracy)는 정당성(legitimacy)과 효율성(efficiency) 모두에 있어서 한계에 도달했다고 볼 수 있다.

대의제의 문제점을 해결하기 위해서는 직접민주주의의 요소를 도입할 필요가 있다. 하지만 이미 거대하고 복잡해진 현대사회에서 고대 아테네와 같은 직접민주주의(direct democracy)를 다시 반복하는 것은 불가능하다. 그러므로 좀더 현실적인 해결책은 대의민주주의에 대한 대안적인 성격을 가지면서 또한 그것을 완전히 대체하는 것이 아니라 보완해 주는 성격을 지닌 참여민주주의(participatory democracy)를 수립하는 것이다. 참여민주주의란 시민들이 정치과정에 관심을 갖고 직접 참여함으로써 민주주의가 활성화되는 것을 목표로 삼는다.

이때 참여의 핵심은 참여를 통해 자신의 의견과 이해관계를 표출하고 또 그것을 관철시키는 데 있는 것이 아니라, 하버마스(Jürgen Habermas)가 지적하는 바와 같이 그 과정 속에서 공동의 합의를 이끌어내도록 토의하는 데 있다. 토의(deliberation)란 단순한 토론(debate)이나 의견교환(discussion)과는 달리, 개인적인 이해관계와 의견들이 더 높은 차원의 것으로 합의(consensus)되고 통합(integration)에 이르는 것을 지향하는 의사소통이다. 즉 토의란 대화, 토론, 설득 등을 통해 개인들이 자신의 의견과 선호를 계속 변화시켜 가면서 합의된 집합적 의견을 만들어가는 과정인 것이다.

흔히 디지털미디어의 발전이 토의민주주의(deliberative democracy)를 실현시키는 데 공헌할 것이라고 기대되고 있다. 디지털(또는 인터넷)은 인쇄문화의 대중성을 갖고 있으면서 동시에 정보유통과 소비의 난점을 해소시켜 줌으로써 의사소통을 혁신적으로 개혁시킬 수 있는 방법으로 평가된다. 그리하여 디지털기술의 발달이 단순히 민주주의를 전자민주주의(electronic democracy)로 전화시켜 편의성을 제공해 줄 뿐만 아니라, 의사소통에 대한 시간적·공간적 제약을 해제시켜 주고 전자매체가 제공하는 토론장을 통해 공적 토론을 가능케 하여 민주주의의 지평을 확장시켜 준다는 것이다.

다른 한편 이러한 낙관적인 견해와는 달리, 디지털미디어의 한계와 폐해를 지적하면서 비관적인 전망을 내놓는 경우도 있다. 실제 인터넷 상에서는 진지한 토론보다 욕설과 비방 또는 일방적인 자기의사 표시가 난무하고 있다. 정보화가 진전된 것은 사실이지만 현재와 같이 질적 성숙이 이루어지지 않은 채 양적 팽창만 범람하는 상황에서는, 대중들이 무비판적으로 자신의 정치적 주장만 강화할 뿐이어서 토의민주주의 대신 대중민주주의(mass democracy)를 초래할 위험이 있다는 것이다.

그러나 위와 같은 낙관적 또는 비관적 태도는 모두 디지털미디어를 도구로서만 파악하고 이를 이용한 정보화가 현실정치에 미치는 영향만을 분석하고 있을 뿐이다. 이와 달리 맥루한(Marshall McLuhan)의 지적처럼 미디어를 하나의 도구로서가 아니라 인간의 인식변화와 근본적인 사유방식의 전환을 가져오는 존재로 파악할 때, 디지털시대의 도래와 토의민주주의의 상관관계를 좀더 심층적으로 이해할 수 있다. 즉 디지털시대의 토의민주주의 문제를 단순히 정보의 확대나 대중적 참여의 증대의 수준에서가 아니라, 근본적인 사유방식의 변화와 이에 상응하는 정치체제의 변화의 관계 속에서 파악하는 것이 더 필요한 것이다.

이 글은 이러한 문제의식 아래, 먼저 토의민주주의가 등장하는 배경 및 그 특성에 대해 알아보고, 토의민주주의를 도구로서의 디지털미디어와 연관시켜 이해하는 태도들에 대해 살펴본 후, 인식변화로서의 디지털미디어가 토의민주주의에 어떤 영향을 미치는지에 대해 검토해 보고자 한다.

2. 토의민주주의의 등장

앞서 언급한 바와 같이, 오늘날 대의민주주의에 문제가 있다는 데에는 대체로 의견을 같이한다. 먼저 바버(Benjamin Barber)에 의하면, 대의제에 입각한 근대 자유민주주의(liberal democracy)는 인민의 권리를 보장해 주지도 못한 채 시민들로 하여금 정치에 무관심하고 비행동주의적인 태도를 갖도록 만들었을 뿐이다. 자유민주주의는 아나키스트적(anarchist), 현실주의적(realist), 최소주의적(minimalist) 경향을 갖고 있는 체제로서, 이런 사회에서는 정치권력이 소수에 집중되어 권위주의적 과두체제를 초래하게 된다. 따라서 자유민주주의는 더 이상 민주주의적 이상을 지켜낼 수 없는 '약한 민주주의'(weak democracy)에 불과하다는 것이다.[1]

한편 아나키스트인 볼프(R. P. Wolff)는 대의제 속에서 시민들은 자신의 의사를 근본적으로 대의시킬 수 없다고 본다. 시민들은 항상 적은 수의 후보자 중에서 선택해야 하며, 투표에 들어가기 전에 이미 자신의 의사를 이 후보자들 사이에서 타협해야 하기 때문이다.[2] 또한 선

---

1) Benjamin Barber, *Strong Democracy: Participatory Politics for a New Age* (Berkeley: University of California Press, 1984), pp.3~25.
2) R. P. Wolff, 임흥순 역, 『아나키즘: 국가권력을 넘어서』(서울: 책세상, 2001), pp.74~75.

거 후에는 시민들의 의사가 무시되고 당선자가 자신의 권력을 바탕으로 권위적이고 위계적으로 통치하기 때문에, 국가를 비롯한 모든 권력적 조직과 요소는 사라져야 하며, 그 대신 시민들이 자율적으로 자신의 삶을 영위할 수 있는 자율공동체를 수립해야 한다는 것이다.

또한 엘스터(Jon Elster)는 현대의 대의민주주의가 일종의 선호집합적 민주주의로서 분산적 경쟁을 통해 갈등하는 사적인 이기적 이익간의 균형을 추구하는 시장민주주의(market democracy)에 지나지 않는다고 비판한다. 주어진 선호간의 균형을 추구하는 '시장의 정치'는 공동체가 추구해야 할 공동선을 형성하려는 '광장의 정치'를 메마르게 할 뿐이다. 흔히 대의제의 운영원리라고 일컬어지는 다수결의 원칙도 합리적 선택을 위한 것이라기보다는 소수의 의견을 무시하고 다수의 의견을 전체의 의견으로 정당화시킴으로써 오히려 민주적 공동체의 분열과 해체를 초래하게 될 뿐이다.[3]

그렇다고 해서 다시 고대 아테네와 같이 직접민주주의로 회귀하는 것은 이미 거대하고 복잡해진 현대사회에서는 불가능하다. 그래서 더욱 현실적으로 대의민주주의를 수정하면서 직접민주주의적 요소를 가미한 것이 바로 참여민주주의(participatory democracy)이다. 이것이 직접민주주의와 다른 점은 시민들이 직접 공직을 맡는다거나 정치적 권력을 행사할 수 있도록 하지는 않는다는 데 있다. 즉 참여민주주의에서의 참여의 범위는 정치과정에 참여하여 의견을 제시하고 정책을 제안하며 제한적으로 정책결정에 영향력을 행사하는 것에 국한된다. 이러한 참여의 결과 시민들은 정치과정을 통제할(control) 수 있게 되고, 정치과정에의 참여를 통해 정치에 무관심한 근대적 개인을 진정한 시

---

3) Jon Elster, "The Market and Forum: Three Varieties of Political Theory", in Jon Elster and A. Hylland(eds.), *Foundations of Social Choice Theory* (Cambridge: Cambridge University Press, 1986).

민으로 전화시키는 교육적(educational) 효과를 가지며, 또한 이러한 과정을 거쳐 결정된 정책을 정당한(legitimate) 것으로 받아들임으로써 정책의 집행력을 높이게 된다.

따라서 오늘날 대의민주주의는 참여민주주의를 지향한다. 그런데 필자는 여기서 참여의 의미를 어디에 두느냐에 따라 '협치(governance)적 참여'와 '토의적 참여'로 나누어질 수 있다고 본다. 먼저 협치적 참여란 효율적이지 못한 정부의 기능을 민간부문이 보완해 주기를 기대하면서 정부가 시민을 정책과정에 참여시키는 것을 의미한다. 원래 거버넌스란 국가의 통치능력이 줄어든 반면 통치요구는 점차 높아지는 상황 속에서 발생하는 문제점들을 극복하기 위해 등장한 것으로서, 대의민주주의에서 강조되었던 국가와 시민사회의 명백한 분리와 시민사회의 위임을 받은 국가의 통치라는 관점을 폐기하고, 국가와 시민사회의 관계를 상호적인 방식으로 새롭게 규정하고자 하는 개념이다.4) 이때 국가는 비국가·비공공단체들을 통치체계에 영입하고 그 권한을 분권화시킨다. 즉 공공문제 해결을 예전과 같이 국가라고 하는 제도적 장치에만 전적으로 의존하는 것이 아니라, 다양한 민간조직과 중간 매개조직들 간의 연결망에 의거하여 협의적인 정책결정을 하는 것이다. 요컨대 국가에게 주어졌던 기능들이 사회로 흡인되고 시민사회의 다양한 조직들이 정부의 정책과정에 참여하는 일종의 결사체 민주주의(associative democracy)를 수립하는 것을 의미한다.

그러나 필자가 보기에, 이러한 참여는 단지 행정적·정책적 참여에 불과하지 정치적 참여는 아니라고 여겨진다. 과거 대의제에서는 시민이 자신의 권리를 실현하기 위해 대의정부에 권한을 위임했다고 한다면, 오늘날 거버넌스에서는 정부가 담당해야 할 공공서비스 제공의 기

---

4) Paul Hirst, "Democracy and Governance", in Jon Pierre(ed.), *Debating Governance*(Oxford: OUP, 2000), p.21.

능을 오히려 시민들에게 위탁하여 수행하게 하는 측면이 있다. 이런 참여는 정부의 필요에 의해서 정부가 담당해야 할 행정적 기능을 시민에게 위탁하여 수행하는 행정적 행위로서의 참여에 불과하며, 참여가 갖는 또 다른 차원인 정치적 목표나 가치에 대한 성찰적 기능과 참여를 통한 정치적 인간으로서의 성숙 내지 자아실현의 의미는 퇴색되어 버리기 쉽다. 즉 협치적 참여는 시민의 참여를 확대시키고 권한을 이양한다는 점에서는 긍정적인 면이 있으나, 그 이면에는 참여행위를 현존 질서를 유지하면서 행정을 원활하게 하기 위한 수단적 행위로 제한시킬 위험이 있는 것이다.

따라서 참여가 단순히 행정적 참여뿐만 아니라 진정한 의미의 정치적 참여로 되기 위해서는, 무엇보다도 시민들의 정치의식이 반영될 수 있는 토의적 참여로의 질적 성숙이 요청된다. 즉 참여의 핵심은 그것을 통해 공공서비스를 제공한다는 행정의 효율성을 제고시키는 데 있는 것이 아니라, 시민들이 각자 자신의 의견을 표출하고 그것을 토의를 통해 자신의 개인적인 입장을 수정하면서 공동선 혹은 공동체의 규범을 합의하는 행위 즉 공공의견(public opinion)을 이끌어내는 행위에 있는 것이다. 요컨대 참여의 본질적 의미는 '행정적 참여'나 '정책적 참여'에 있다기보다는 '정치적 참여'에 있다고 할 수 있다.

특히 하버마스는 시민의 정치참여를 의사소통적 권력을 바탕으로 공론장을 형성하여 공공의견에 합의하고 그것을 법으로 제정하는 일을 수행하는 행위라고 본다. 먼저 하버마스는 '국가와 사회의 분리'(the separation of the state and society)[5] 원칙 아래, 체계(system)로서의 국가영역과 공론장(public sphere)으로서의 시민사회 영역을 구분한다.

---

5) Jürgen Habermas, *Between Facts and Norms: Contributions to a Discourse Theory of Law and Democracy*, tr. William Rehg(Cambridge: The MIT Press, 1996), p.174.

전자는 법을 집행하고 정책을 수행하는 데 필요한 도구적 이성(instrumental reason)에 따르는 영역으로서 자신의 목적달성을 위해 요구되는 강제력이 포함된 행정적 권력(administrative power)을 지니고 있다. 반면 후자는 생활세계에 살고 있는 시민들이 자신의 주관적 의견들(subjective opinions)을 표출하고 그것을 토론과 토의를 거쳐 상호이해와 합의를 이루어 공공의견(public opinion)으로 만들어감으로써 법과 사회의 규범을 형성해 가는 과정을 뜻한다. 이때 시민들의 참여 행위는 '의사소통적 권력'(communicative power)을 형성하며, 이 권력은 국가의 행정적 권력의 남용에 저항하면서 합의된 공공의견을 법으로 제정하여 국가행정이 근거해야 할 규범으로 삼도록 하는 힘을 의미한다.6) 요컨대 하버마스에게 있어서 정치참여란 토의적 참여, 즉 행정과 정책의 집행적 차원이 아니라 집행될 정책이 가져야 할 규범성을 만들어가는 과정에의 참여를 일컫는다.

이러한 참여가 이루어지는 공간이 바로 공론장이다. 정치적 참여란 의사소통적 구조인 공론장에 참여하여 자신의 의견을 개진하고 토의를 거쳐 상호주관적으로 공공의견을 형성하는 데 참여하는 것이다. 그리고 체계로서의 국가는 이러한 공공의견의 집행을 제도화시키는 것으로서 공론장에서 합의된 공공의견을 잘 수행하는 것이 자신의 임무이다. 따라서 하버마스는 국가와 시민사회의 관계가 기능적으로 분리되어 있으면서 행정적 권력과 의사소통적 권력이 '상호균형'(balancing)7)을 이루어야 한다고 본다.8) 그리고 이와 같이 생활세계를 비롯

---

6) *Ibid.*, p.361.

7) *Ibid.*, p.173.

8) 하버마스에 있어서 행정적 권력과 의사소통적 권력 간의 균형에 대한 좀더 자세한 설명은, 이동수, "하버마스에 있어서 두 권력", 『정치사상연구』, 제5집 (2001)을 참조.

하여 국가와 공론장의 영역이 각각 균형을 유지할 때에만, 개인, 시민사회, 국가를 아우르는 사회통합이 가능해진다는 것이다.

3. 도구로서의 디지털미디어와 토의민주주의

오늘날 디지털미디어 특히 인터넷은 우리 삶에 커다란 변화를 초래하였다. 정치도 예외는 아니다. 인터넷을 통해 더 빠르게, 더 값싸게, 더 다양하게 정보를 얻을 수 있게 됨으로써, 시민들은 정치에 관해 더 많은 정보를 갖게 되었고 이를 바탕으로 정치적인 일에 더욱 참여적이고 능동적인 행위자가 되었다.

이와 같은 상황은 시민들의 정치참여를 용이하게 한다는 점에서 우리로 하여금 참여민주주의의 수립을 더욱 기대하게 만든다. 그로스만(L. Grossman)은 이런 기술의 변화가 고대 그리스의 고전적 민주주의, 근대의 대의민주주의에 이어 전자민주주의라는 제 3의 민주주의 시대를 가져올 것이라고 예측한다.[9] 그리고 디제라티(digerati)들은 인터넷에 접속하는 것이 평등, 권능, 그리고 안락의 새로운 세계를 열어 줄 것이라고 전망하면서 디지털미디어가 민주주의 발전에 기여하리라는 낙관적인 견해를 펼치고 있다.

좀더 구체적으로 첫째, 인터넷의 발달은 정보의 생산·유통·소비와 관련된 거래비용을 축소시킴으로써, 정치·정책·정부에 관한 정보를 시민들로 하여금 손쉽게 접근할 수 있게 해주며, 그 결과 정보에 대한 국가의 독점권이 소멸되고 과거에 국가가 독점했던 정치적·경제적·사회적 정보가 궁극적으로 시민들에게 공개될 것이라고 예측한

---

9) Lawrence K. Grossman, *The Electronic Republic: Reshaping Democracy in America*(New York: Viking, 1995).

다. 따라서 시민들은 국정 전반에 걸쳐 적극적인 정치적 역할을 하게되고, 시민들의 권한은 더욱 강화된다는 것이다.

둘째, 시민과 정부 사이의 상호작용이 상당할 정도로 증가할 것이라고 예견한다. 이러한 상호작용은 시민과 공직자들 간의 효과적인 대화를 가능케 함으로써 국가정책에 관한 활발한 토론과 폭넓은 여론수렴이 가능해질 것이라고 본다. 그리고 공공정책 결정에 있어서 일반 시민들의 역할과 영향력이 강화됨으로써 과거에는 불가능했던 일반 시민들의 정책결정 과정에의 참여도 가능해진다고 주장한다.

셋째, 인터넷은 전자게시판, 리스트서버, E-mail, 채팅룸 등을 통해 시민들 사이의 커뮤니케이션을 증대시킬 것이라고 기대한다. 특히 기존의 권력체계에서 소외되었던 다양한 행위자와 집단들이 자신의 의견을 표출하고, 사회적인 이슈가 될만한 쟁점을 제기하며, 토론에 아무런 제한 없이 참여할 수 있게 됨으로써 토론과 토의를 활성화하고 사회적 공론을 형성하는 데 기여한다는 것이다.

이와 같이 인터넷의 긍정적 역할을 강조하는 사이버 낙관주의자들은 인터넷의 정치적 활용이 시민들의 더 많은 정치정보 습득, 개선된 정치토론, 의사결정에 있어서 시민참여, 정부의 책임성 증대 등에 기여할 것이라고 전망한다.

그러나 이런 낙관적 예측에도 불구하고 정치에 있어서 인터넷으로 인한 혁명적 변화는 아직까지 그렇게 두드러져 보이지 않는다. 인터넷 활용이 증가하기 시작한지 상당한 시간이 흘렀음에도 불구하고, 디제라티들이 주장하는 시민들의 정치참여 확산, 정부의 투명성(transparency), 책임성(responsibility) 및 반응성(responsiveness)의 제고, 소외되거나 소수인 집단들의 영향력 강화 등과 같은 민주주의 발전의 지표가 뚜렷이 나타났다고는 볼 수 없다.[10] 이러한 현실은 다음과 같은 비관적 견해를 불러일으킨다.

먼저 인터넷의 발달로 인해 시민사회가 권력을 감시할 수 있는 가능성이 높아진 반면, 기존의 권력이 사회를 감시할 수 있는 능력은 이보다 더 증대되었다고 지적된다. 예컨대 오웰(G. Orwell)의『1984』의 모습이나, 벤담(J. Bentham)의 '원형감옥'(Panopticon)의 구상이 기술적으로 충분히 가능해졌다는 것이다. 이것은 현재의 권력관계와도 밀접한 연관이 있는데, 인터넷이라는 발달된 매체는 소외되고 무력한 시민들보다는 권력을 갖고 있는 정부나 기존의 정치인들이 더욱 잘 활용할 수 있다는 것이다. 레즈닉(David Resnick)은 사이버 공간이 현실세계의 정치·경제의 모습을 그대로 반영하는 구조로 형성될 것이라고 보면서, 사이버 공간은 현실세계와 같은 양상의 부와 권력, 정치적 영향력을 둘러싼 상호갈등이 빚어지는 또 다른 공간에 지나지 않는다고 설파한다.[11]

둘째, 인터넷을 통한 정치참여는 너무 이상적인 시민을 전제로 삼고 있기 때문에 비현실적이라는 것이다. 이상적인 시민은 정치 전반에 관련된 정보를 검색하고 습득할 뿐만 아니라 자신의 의견을 표현하는 수단으로 인터넷을 사용한다고 가정된다. 그러한 이상적 시민은 자신의 의견을 공식적으로 표현하고 정책에 실질적인 영향력을 행사하기 위해 인터넷을 사용한다. 하지만 이런 시민은 상당한 교육을 받았으며 이미 자신의 사회적·정치적 견해를 갖고 있고, 의견개진을 통해 자신의 이해관계를 개선하려는 의지를 갖고 있는, 즉 정치적으로 이미 활성화된 사람이다. 따라서 인터넷은 정치적으로 무관심하고 소극적인 계층의 정치참여를 유도한다기보다는 이미 정치적으로 적극적인 중상

10) 윤성이, "인터넷의 정치적 영향력",『사회이론』, 제20호(2001), p.39.

11) David Resnick, "Politics on the Internet: The Normalization of Cyberspace", in Chris Toulouse and Timothy W. Luke(eds.), *The Politics of Cyberspace* (London: Routledge, 1998), p.50.

류계층의 목소리를 더욱 크게 해주는 결과를 가져올 뿐이며 일반 대중의 정치에 대한 관심과 참여를 제고하리라고는 보이지 않는다.

셋째, 정보화가 진전된 것은 사실이지만 현재와 같이 걸러지지 않은 정보가 범람하고 대중여론이 여과되지 않은 채 정치과정에 무수히 투입되고 있기 때문에 진정한 정보화가 달성되었는지는 의문이다. 오히려 정보의 무분별한 범람은 대중의 판단력을 흐리게 하고, 이런 대중이 자신의 정치적 주장을 강화함에 따라 정치는 오히려 대중민주주의 혹은 대중정치로 타락하는 경향을 보인다. 특히 익명성에 바탕하여 사이버 공간에서 벌어지고 있는 저질적인 상호비방과 무책임한 정치공세 등은 시민들이 현실 공간에서 만나 결론에 이를 때까지 토론하고 문제를 해결하는 것과 같은 사려 깊은 상호작용을 만들어내지 못하고 있으며, 오히려 가볍고 경박한 잡담이 사이버 공간을 지배함에 따라 사려 깊은 대화와 토론이 이루어질 기회를 차단하고 있는 것이다.

이상에서 우리는 디지털미디어가 참여민주주의 발전에 영향을 미치는 데 대해 낙관적인 견해와 비관적인 견해가 모두 존재한다는 사실에 대해 알아보았다. 두 견해 모두 일리 있는 주장들이다. 그러나 이러한 낙관론과 비관론 모두에 공통적인 것인 도구적 의미의 정보화가 현실정치에 미치는 영향만 분석하고 있다는 점이다. 즉 인터넷을 정치참여의 확대를 위한 하나의 도구로만 이해하고 있는 것이다.

하지만 인터넷을 도구적 측면에서만 파악하다 보면, 인터넷이라는 새로운 매체가 정치참여나 사회생활 전반에 미치는 영향을 올바로 평가할 수 없다. 기껏해야 기존의 다른 매체들보다 효율성이 좋다는 정도로밖에 인터넷의 장점을 파악하지 못한다. 혹은 기존의 권력관계를 유지하는 데 있어서 효율적이라거나 기존의 권력에 대항하는 데 있어서 효과적이라는 식으로밖에 인식하지 못한다.

이런 상황에서는 디지털시대의 도래가 토의민주주의 수립에 어떤 영향을 미치는지에 대한 심층적 분석이 불가능하다. 이미 앞의 열거에서 느낄 수 있었듯이, 낙관적 견해와 비관적 견해 모두 토론과 토의를 아직 구분하고 있지 못하며 행정적·정책적 참여와 정치적 참여 또한 구분하고 있지 못하다. 필자가 보기엔 낙관적 견해는 인터넷의 발달이 도구적 측면에서 토론과 행정적·정책적 참여의 확대를 가져올 수 있다는 점에서 낙관적인 판단을 내리고 있으며, 반면 비관적 견해는 토의와 정치적 참여의 측면에서는 비관적이라고 생각하고 있는 것 같다.

4. 인식변화로서의 디지털미디어와 토의민주주의

디지털미디어를 단순히 도구로 간주하지 않고 인식변화를 초래하는 힘을 갖고 있는 것으로 상정할 때, 우리는 디지털미디어와 토의민주주의의 관계를 다른 차원에서 살펴볼 수 있다. 이 절에서는 맥루한의 미디어론에 입각하여 매체변동에 따른 인간의 사유방식의 변화와 이에 상응하는 정치체제의 변화 가능성에 대해 알아보고자 한다.

먼저 맥루한은 "미디어란 곧 메시지"[12]라고 말하면서 미디어를 단순히 도구로 보는 견해에 반대한다. 미디어란 인간 감각이 확장되어 외화된 것으로서, 우리의 경험과 지식을 용이하게 운반하고 그것을 우리가 최대한 사용할 수 있는 형식으로 축적하도록 가능케 해주는 존재이다. 즉 미디어는 인간의 감각을 의식적 경험 속에서 감각내용을 끝없이 번역하면서 우리의 의식을 지배하고 있는 것이다. 맥루한은 이것을 "미디어가 지닌 구조화하는 힘"[13]이라고 부른다.

---

12) Marshall McLuhan, *Understanding Media: The Extensions of Man*(Cambridge: The MIT Press, 1964), p.7.

13) Marshall McLuhan, *The Gutenberg Galaxy: The Making of Typographic Man*

인간의 감각에는 다섯 가지 감각, 즉 촉각, 미각, 후각, 청각, 시각이 있다.[14] 이 감각들은 미디어를 통해 확장되어 우리 인식의 바탕을 이룬다. 이때 합리적인 인식이란 합리성의 라틴어 어원인 ratio(비율)에서 보여주는 것처럼, 감각들간의 비율적 균형을 이루는 것을 뜻한다.[15] 이것은 감각들이 집합적으로 상호작용해야 한다는 것을 의미하며, 이런 상호균형적 인식 때문에 인간은 다른 동물보다 우월한 존재가 될 수 있다. 요컨대 미디어란 오감을 확장시켜 상호작용시킴으로써 인간으로 하여금 더 합리적인 인식을 가능케 해주는 존재인 것이다.

인류가 발견한 미디어의 변화과정은 어떤 감각이 더 확장되어 주된 인식방법이 되었는가와 관련이 있다. 맥루한은 미디어의 변화에 따라 인류의 역사가 변화했다고 보고, 역사를 '음성언어의 시대', '문자의 시대', '금속활자의 시대', '전기전자 매체의 시대' 등 4단계로 나눈다.

먼저 고대 호머적 세계는 음성언어의 시대 즉 청각이 주된 감각이었던 시대였다. 청각은 시각에 비해 더 다원적이고 복합적인 감각이며, 청각적인 소리는 시각적인 문자와 달리 분절되거나 관찰될 수 없는 보다 더 실존적인 감각이다. 따라서 음성언어를 근간으로 하는 구술문화에서는 나와 공동체의 분리, 사고와 행동의 분리, 행위와 텍스트의 분리, 주체와 객체의 분리 등이 이루어지지 않으며, 소리나는 순간 전후좌우에서 동시에 들리고 발음되는 순간 총체적으로 나타났다

(Toronto: University of Toronto Press, 1962), pp.216~218.

14) 맥루한은 옹(Walter Ong)을 좇아 촉각-미각-후각-청각-시각 순으로 감각을 서열화한다. 여기서 오른쪽으로 진행될수록 그 감각은 자연 즉 육체와 멀어진다. 반대로 오른편에서 왼쪽으로 갈수록 그 감각은 인간과 더 친밀한 감각기관이다. 다시 말하면, 촉각이 가장 원초적이고 친숙한 감각이고 시각은 가장 비인간적인 감각이라는 것이다. Marshall McLuhan, *The Gutenberg Galaxy*, pp. 136~137.

15) Marshall McLuhan, *Understanding Media*, pp.67, 105.

가 사라질 뿐이다.[16] 요컨대 음성언어의 시대의 인식은 실존적이며 총체적이었던 것이다. 이런 구술문화가 주를 이루는 사회에서는 공동체가 중요해진다. 사람들은 말을 하고 듣기 위해 함께 모이며, 열정과 신비감을 토대로 공동참여를 한다. 그리하여 사회에는 부족화(tribalization) 현상이 나타난다. 이러한 부족사회에서는 공동체 전체가 하나를 이루며, 지배형태도 공동체 전체를 아우르는 군주제가 주가 된다.

문자의 발명은 인간의 감각인식에 커다란 변화를 가져왔다. 문자는 커뮤니케이션의 주된 역할을 귀로부터 눈으로 바꾸어놓았다. 이때 언어는 읽고 쓰는 능력을 요구하기 때문에 여러 감각들 중에서 눈을 가장 중요한 위치에 올려놓는다. 즉 문자는 눈의 연장으로 작용하며, 이처럼 시각적 인식을 중요시하는 미디어는 인간을 소리, 신체적 접촉, 즉각적 반응 등으로부터 멀어지게 만든다. 그 결과 인간은 내성적이고 이성적이며 개인적인 존재로 변화되고, 이른바 탈부족화(detribalization) 현상이 생긴다. 또한 문자언어로 쓰인 글들은 글줄을 따라 내용을 이해하기 때문에, 구술문화에서 이루어지는 동시적이고 통시적인 사유보다는 순차적(sequential) · 선형적(linear) · 논리적(logical) 사고를 선호하게 된다.[17]

특히 구텐베르크의 인쇄술 발명은 구술문화를 급속히 몰락시키고 문자문화를 폭발적으로 팽창시키는 역할을 하였다. 인간이 책을 통해 처음으로 자기 혼자서 읽고 생각할 수 있게 됨으로써 개인주의가 싹트게 되었다. 또 새롭게 탄생된 개인들은 각자의 관점을 만들어 그것

---

16) 임상원 · 이윤진, "마샬 맥루한의 미디어론: 이론과 사상 —『구텐베르크 은하계』를 중심으로", 『한국언론학보』, 제46-4호(2002 가을), p.299.

17) 김정탁, "라스웰과 맥루한을 넘어서: 효과 · 미디어 패러다임에서 상징적 교환 패러다임으로", 『한국언론학보』, 제43-5호(1999 가을), p.129.

에 정당성을 부여하는 이데올로기를 탄생시켰다.[18] 그 결과 인쇄술의 발달은 개인을 사회의 바탕으로 삼는 근대 자유민주주의를 성립하는 데 결정적인 역할을 하였다.[19]

한편 20세기에 접어들면서 전자를 이용한 새로운 매체가 등장한다. 맥루한은 영상과 소리를 동시에 제시해 주는 영상전자 매체, 특히 텔레비전은 청각과 시각을 결합함으로써 통일된 하나의 인식을 끌어내는 데 도움을 준다고 본다. 즉 텔레비전의 시청각 정보는 눈과 귀를 동시에 사용하여 한꺼번에 받아들여진다는 것이다. 이는 원시부족사회를 결합시켰던 힘인 총체적 감각을 되살려 지구 전체를 하나의 부족사회인 지구촌(global village) 사회로 다시 되돌려 놓으며, 이른바 재부족화(retribalization) 현상을 초래한다.

전자매체가 더욱 발달된 형태가 디지털미디어이다. 인터넷으로 대변되는 디지털미디어라는 단일 매체는 기존의 모든 종류의 미디어들을 흡수·통합한다. 디지털 정보에 기반한 인터넷 방송은 더 이상 전통적 의미에서의 방송이 아니며 인터넷 신문도 뉴스페이퍼가 아니다. 텍스트, 동영상, 이미지, 사운드 등 모든 형태의 정보를 융합해서 재현할 수 있는 웹에서는 방송과 인쇄매체를 구별한다는 것 자체가 무의

---

18) Marshall McLuhan, *The Gutenberg Galaxy*, p.218.

19) 하버마스는 인쇄술의 발달이 다른 의미에서 근대 민주주의를 성립시키는 데 공헌하였다고 본다. 그에 의하면, 인쇄기술에 힘입어 대량생산된 신문은 누구나 읽을 수 있는 일반적 접근가능성과 일상적 규칙성에 근거한 새로운 형태의 뉴스를 보급함으로써 사람들로 하여금 "나 말고도 다른 많은 사람들 역시 내가 오늘 본 뉴스를 접했을 것"이라는 '너 역시 가정'(you-too assumption)을 하도록 만들었으며, 이에 따라 자신이 언어공동체에 기반한 하나의 사회, 즉 근대국가의 구성원이라는 관념을 갖게 만들었다. Jürgen Habermas, *The Structural Transformation of the Public Sphere: An Inquiry into a Category of Bourgeios Society*, trs. T. Burger and F. Lawrence(Cambridge: The MIT Press, 1989), p.16.

미하다. 또한 소리와 영상을 전자의 속도로 전송함으로써 아무런 제한 없이 거의 모든 사회 구성원들에게 즉각적으로 파고들어 그들 모두를 하나의 공동체 구성원으로 전환시킨다.

그러나 인터넷 시대의 지구촌 사회는 고대의 공동체와는 그 성격을 달리 한다. 별로 복잡하지 않고 미분화상태였던 고대사회에서는 청각에 바탕한 실존적이고 총체적인 구술문화가 지배하면서 일종의 '공감각'(synesthesia)을 통해 전체 사회가 공통성을 갖는 사회를 이루고 따라서 군주 일인에 의한 단일한 지배가 가능할 수 있었다. 하지만 인터넷 시대의 지구촌에서는 사회가 고도로 분화되고 복잡화되었으며, 한 개인이 습득하는 정보량은 전체 정보에 비해 턱없이 부족하고, 개인화된 인간들이 부분적인 자신의 견해를 앞세우면서 자신의 사고체계를 이미 형성하고 있기 때문에 과거와 같은 단일한 공동체가 형성되기는 어려워졌다.

달리 말하면, 현대인들은 인터넷상에서 동시에 함께 공동체를 이루어 모이지만, 고대에서와 같이 단일적인 공동체를 지향하거나 단일적인 공감각을 형성하기보다는, 근대를 통해 이미 개별화된 개인들이 자신의 의견과 의사를 표시하고 그것을 교류하는 공간을 형성한다. 따라서 현대의 지구촌 사회에서는 하나의 단일한 주장이나 감정이 형성되고 단일한 지배체제 수립을 선호하는 것이 아니라, 개별적인 존재들의 특수성이 함께 발현되고 그 특수성이 인정되면서도 동시에 공존하는 공동체를 수립하게 된다. 요컨대 고대사회가 청각에 기초한 실존적인 총체성을 통해 하나의 단일체를 형성할 수 있는 인식이 지배하던 사회였다고 한다면, 디지털시대는 청각과 시각 등 여러 감각들이 동시에 인식작용에 영향을 미치면서 공동체 형성을 용이하게 하면서도 그 구성원인 개인들이 자신의 개별성을 보존하기를 원하는 사회인 것이다. 그런 점에서 디지털미디어 시대에는 다원적 공동체의 재부족화가 나타난다.

그런데 이러한 디지털미디어의 활성화가 토의에 긍정적인 역할을 할 것인지는 아직 분명해 보이지 않는다. 왜냐하면 다원적 공동체 속에서는 이미 규정된 개별적 의견이나 의사가 너무 강해 보이기 때문이다. 즉 다원적 공동체 사회에서는 디지털미디어가 개별화된 주관적 의사와 의견을 표출하고 그것을 교환시키는 데 도움을 주지만, 개별적인 의견들이 수준 높은 토의 과정을 거쳐 자신의 의견과 선호를 바꾸면서까지 공적 의견에 합의에 이르는 토의를 심도 있게 진행시킬 수 있을지는 미지수인 것이다.

하지만 분명한 사실은 디지털미디어가 탈부족화된 개인에 근거했던 예전의 자유민주주의와 달리 개별적 의견들을 재부족화 현상을 거쳐 전지구적으로 모이게 하는 역할은 하고 있다는 점이다. 즉 디지털미디어 덕분에 개인들은 다시금 공동체의 필요성을 느끼고 능동적으로 공동체를 구성하는 일을 하고 있는 것이다. 다만 이 개인들의 자기이익과 자기견해가 너무 강하게 규정되어 있기 때문에 공통된 합의에까지는 아직 이르지 못하고 있는 것이다.

5. 결 론

이상의 논의를 요약하면 다음과 같다. 첫째, 근대 대의민주주의가 한계에 다다름으로 해서 오늘날 참여민주주의의 필요성이 대두되고 있다. 둘째, 이때 참여란 단순히 행정적 요구나 정책적 필요성에 의해 제기되는 거버넌스적 참여의 측면보다는 정치적 참여 즉 시민들이 공공의견을 만들어내는 규범적 차원을 갖는 토의가 실질적으로 이루어질 수 있는 참여를 의미한다. 셋째, 디지털미디어의 등장이 이러한 토의민주주의 발달에 기여하리라는 전망에 대한 기존의 낙관적 또는 비관적 태도는 디지털미디어를 단지 도구적 측면에서만 바라본 것에 지나지 않는다. 그러므로 넷째, 더욱 심층적으로 둘 사이의 관계를 살펴보기 위해서는 매체변화가 의식변화를 초래한다는 맥루한의 미디어론에 주목할 필요가 있다. 그 결과 다섯째, 디지털미디어의 발달은 시민들의 재부족화를 초래하지만 자기의사와 자기이익이 확고한 개인들은 토론의 장에서 자기주장과 의사교환엔 도움을 줄지언정 공동의 합의를 이루는 토의를 진작시킨다고까지 말하기는 어렵다.

그런 점에서 오늘날 우리 사회에서 이루어지고 있는 참여와 토의민주주의에 관한 논의는 핵심을 비껴가고 있다. 우선 대의민주주의의 한계를 참여민주주의를 통해 극복하려는 점은 충분히 그 타당성이 인정된다. 하지만 거버넌스적 입장에서 참여를 단순히 행정적·정책적 참여에 국한시키는 것은 일반인들에게 정부의 기능을 분담시키는 것에 지나지 않으며, 또 이를 위해 정부의 권한을 일부 민간부문에 양도한다손 치더라도 그것이 일반인들을 시민으로 성숙시킬 수 있는지는 의문이다. 즉 민간부문이 이양된 권한을 갖더라도 그것을 집단적 이해들의 타협을 위한 수단으로 써버릴 위험이 상존하는 것이다.

오히려 현 상태에서 더욱 필요한 참여는 대리를 믿지 못하여 자신이 직접 자기의견과 자기이익을 표출하기 위한 참여가 아니라, 개별화된 개인들이 자기의견과 자기이익을 넘어서서 생각할 수 있도록 공동체의 규범을 세우고 공동체가 집행하는 정책이 그 규범성에 근거함으로써 정당하고 효율적으로 집행될 수 있도록 만드는 참여이다. 이러한 참여를 통해서만이 이기적 개인들이 정치적 가치와 규범을 창출하는 성숙한 시민으로 거듭날 수 있으며, 이때에만 개인적 혹은 기껏해야 당파적 이해에 따라서만 움직이는 기존의 '정치꾼의 정치'(politics)를 대신하여 '시민들의 정치'(the political)가 가능해질 수 있는 것이다.

둘째, 디지털미디어의 발달이 과연 이러한 토의민주주의를 실현하는 데 얼마만큼 공헌할 수 있는지는 좀더 지켜봐야 할 것 같다. 인터넷을 통해서 이기적·개별적 개인들이 서로 자신의 의견을 표출하고 교환하면서 일종의 다원적 공동체가 형성된 것은 사실이다. 그리고 이곳에서 욕설과 상호비방, 무책임한 언동들이 난무하고 있지만, 그 반면 토론의 장이 형성되고 있는 것도 사실이다. 그러나 좀더 수준 높은 토의를 할 수 있기 위해서는 타인과의 의사소통뿐만 아니라 혼자서 독서하며 사유하는 시간이 요구된다. 즉 토의(deliberation)는 개인적 사색(thinking)과 타인과의 의사소통(communication)을 동시에 필요로 하는 것이다. 왜냐하면 혼자서 사색하는 성찰의 시간이 없다면 계속 자신의 입장을 견지하거나 아니면 타인의 의견에 그냥 동조하게 되기가 쉽기 때문이다.

그런 점에서 디지털미디어가 토론장을 제공해 주는 것은 토의를 위한 필요조건이기는 하지만 충분조건은 아니다. 오히려 인터넷에 중독된 사람들이 자신만의 사색의 시간을 갖지 못함으로써 자신의 의견을 성찰하고 발전적으로 수정할 수 있는 여지를 막아버릴 수도 있다. 따라서 디지털미디어가 토의민주주의에 미치는 영향은 그것이 의사소통뿐만 아니라 개인적 성찰에 얼마만큼 기여할 수 있는가에 달려 있다고도 할 수 있다.

참고문헌

강정인. 1998. 『세계화, 정보화, 그리고 민주주의』. 서울: 문학과지성사.
김석준 외. 2000. 『뉴거버넌스 연구』. 서울: 대영문화사.
김정탁. 1999. "라스웰과 맥루한을 넘어서: 효과·미디어 패러다임에서 상징적 교환 패러다임으로". 『한국언론학보』 제43-5호(1999 가을).

김주환. 2001. "디지털 문화와 몸의 중요성". 『사회이론』 제20호.

윤성이. 2001. "인터넷의 정치적 영향력". 『사회이론』 제20호.

이동수. 2001. "하버마스에 있어서 두 권력". 『정치사상연구』 제5집.

임상원·이윤진. 2002. "마샬 맥루한의 미디어론: 이론과 사상―『구텐베르크 은하계』를 중심으로". 『한국언론학보』 제46-4호(2002 가을).

장춘익 외. 1996. 『하버마스의 사상: 주요 주제와 쟁점들』. 서울: 나남.

정호근 외. 1997. 『하버마스: 이성적 사회의 기획, 그 논리와 윤리』. 서울: 나남.

Barber, Benjamin. 1984. *Strong Democracy: Participatory Politics for a New Age*. Berkeley: University of California Press.

Elster, Jon. 1986. "The Market and Forum: Three Varieties of Political Theory". In Jon Elster and A. Hylland eds. *Foundations of Social Choice Theory*. Cambridge: Cambridge University Press.

Grossman, Lawrence K. 1995. *The Electronic Republic: Reshaping Democracy in America*. New York: Viking.

Habermas, Jürgen. 1989. *The Structural Transformation of the Public Sphere: An Inquiry into a Category of Bourgeios Society*. Trs. T. Burger and F. Lawrence. Cambridge: The MIT Press.

Habermas, Jürgen. 1996. *Between Facts and Norms: Contributions to a Discourse Theory of Law and Democracy*. Tr. William Rehg. Cambridge: The MIT Press.

Hirst, Paul. 2000. "Democracy and Governance". In Jon Pierre ed. *Debating Governance*. Oxford: OUP.

McLuhan, Marshall. 1962. *The Gutenberg Galaxy: The Making of Typographic Man*. Toronto: University of Toronto Press.

McLuhan, Marshall. 1964. *Understanding Media: The Extensions of Man*. Cambridge: The MIT Press.

Ong, Walter J. 1982. *Orality and literacy: The Technologizing of the Word*. New York: Metuen.

Resnick, David. 1998. "Politics on the Internet: The Normalization of Cyberspace". In Chris Toulouse and Timothy W. Luke eds. *The Politics of Cyberspace*. London: Routledge.

Wolff, R. P. 임홍순 역. 2001. 『아나키즘: 국가권력을 넘어서』. 서울: 책세상.

디지털시대의 정치 동학(動學): 21세기 한국의 진보와 보수 *

| 윤 평 중 | 한신대 철학과 |

1. 서설: 정치란 무엇인가

인간의 모둠살이가 시작된 이후 오랫동안 실천적으로 연속선상에 놓여 있었던 정치와 윤리가 각기 독자적 지평으로 이전되기 시작한 근대 이후, 정치의 탈규범화 현상은 시간의 흐름과 함께 갈수록 가속화되어 왔다.1) 장구한 합리화/근대화과정의 논리적 결말이기도 한 '정치철학의 종언' 테제가 현대 실증주의자들에 의해 고취된 것은 전혀 놀랄 만한 일이 아니었다. 그러나 현실과 당위의 재접합을 모색하려는 정치철학적 질문들이 정치적 동물인 인간의 의미지평으로부터 결코 완전히 삭제될 수 없다는 것도 엄연한 사실이다. 정치 없는 시대에 정

* 이 논문은 2003년도 한신대학교 교수특별연구비 지원으로 작성된 것이다.

1) 근현대 정치의 탈규범화 과정에 대한 전반적 해설과 정리로는 이진우, 『탈이데올로기시대의 정치철학』(문예출판사, 1993), pp.13~51 참조.

치의 의미를 다시 묻는 다음과 같은 질문들의 긴박함과 중요성은 갈수록 그 강도를 더해 갈 수밖에 없는 것이다.

예컨대 정보화와 신자유주의적 세계화가 강제하는 경제 논리의 압도적 보편화 앞에서 정치가 설 자리는 어디인가? 단일제국이 견인하는 불평등하고 부정의한 세계체제 속에서 '정치적인 것'이 그 타당성을 주장할 수 있는가? 사려와 실천을 요구하는 정치가 발빠르고 실용 지향적인 행정으로 급속히 대체되어 가는 전지구적 경향은 과연 역전될 수 없는 것일까? 음모와 술수로 점철된 권력게임이 성숙한 삶의 비전이라는 정치의 본령을 거의 완전히 파괴해 버린 한국적 현실정치의 지평에서 정치의 본질에 대해 성찰하는 것이 과연 어떤 현실적 의의를 지니는 것인가?

정치공학이 압도하는 한국적 현실권력정치의 맥락에서 정치과잉과 정치과소 현상은 한 동전의 양면이라 할 수 있다. 바꿔 말하면 정치공동체의 긴급한 현안에 대한 공공적 협의나 비전 제시 대신 사적 결사로 전락한 당파들의 파쟁과 이합집산으로 지새우는 제도정치권에 대한 총체적 환멸이 야기한 정치혐오/무관심과, 그런 권력 메커니즘을 전 국민이 오랫동안 사회적으로 학습한 결과 한국의 생활세계와 체계의 모든 면에서 관철되고 있는 정치공학적 관심과 책략의 일반화는 결국 한국정치를 특징짓는 정치의 빈곤으로부터 발원하는 것이다.

나아가 '정치적인 것'의 본질과 실제에 관한 논술은 바람직하고 이성적인 정체(政體) 지향성에 대한 성찰을 불가피하게 한다. 여기서의 분석은 오랜 군사독재를 극복하고 산업화와 민주화라는 두 마리 토끼를 다 잡은 것으로 국제사회에서 상찬받기도 하는 한국 민주주의에 대한 반성에 초점을 맞춘다. 즉 민주화 이후의 민주주의로 명명되기도 하는 한국정치의 딜레마적 상황에 대한 철학적이고 급진적인 재조명을 시도한다는 것이다.[2]

이런 논의에 입각해 정보화 물결의 최신 형태인 디지털 혁명이 갖는 복합적 의미에 대한 입체적 해명도 비로소 가능해질 것이다. 사이버민주주의나 전자공론장의 순기능만을 부각시키는 낙관론이나, 빅브라더가 제어하는 새로운 형태의 중우정치에 대한 비관론 모두 디지털화라는 역동적 사태 진전의 단면만을 부각시킨 단선적 논리라는 점이 입증될 것이다.

나아가 한국적 제도정치의 틀을 근본적으로 규정한 분단과 전쟁의 구조 속에서 진보/보수 논의가 공소해질 수밖에 없었던 정황이 지적된 뒤, 진보/보수 담론의 재정향이 시도된다. 역동적으로 변화하는 한국사회에서 진보/보수의 개념틀을 유용하게 재구성할 수 있는 유망한 방안으로 진보/보수 담론의 탈실체화 작업이 실행된다. 이는 상투적인 진보/보수의 주의(主義)화가 빠질 수밖에 없는 함정에서 벗어나 그 개념을 역동적으로 재조정하는 방식으로 이루어진다. 마지막으로 나는 21세기 한국정치를 이해하는 키워드로 제시된 정치의 동력학화(動力學化)가 구체적으로 급진자유주의의 방향으로 정위(定位)될 수 있음을 주장하려 한다.

전체적으로 이 글은 정치철학과 사회과학적 탐구지평을 혼융시키는 방식으로 쓰여졌다. 동시에 나는 정치 일반에 대한 보편적 성찰이 한국정치라는 구체적 무대와 생산적이고 유의미한 방식으로 매개될 수 있음을 입증하려 한다. 이런 지향은 정보혁명과 디지털시대로의 본격적 도입이 정치에 대해 갖는 의미에 대한 분석에 있어서도 일관되게 관철된다. 그 결과 진보/보수의 위치잡기와 관련된 작금의 혼란상황도

---

2) 사회과학적 분석의 좋은 예는 최장집, 『민주화 이후의 민주주의』(후마니타스, 2002) 참조. 최장집은 수평적 정권교체로 상징되는 절차적 민주주의의 진전에도 불구하고 민주화 이후 한국사회가 나빠졌다고 주장한다(같은 책, p.5). 그 이유는 한국민주주의를 옥죄는 보수주의적 틀 때문이라고 그는 첨언한다.

훨씬 일관된 방식으로 정리될 수 있을 것이다. 그리하여 계몽과 해방의 정치담론과 실천이 갖는 의미가 보편적이고 구체적인 지평 위에서 함께 형상화될 수 있을 것이다.

2. '정치적인 것'의 독자성과 통합성

냉전시대 미소의 세계분할 정책에 의해 미국 산하 자유민주주의 진영 가운데 일종의 쇼윈도로서 편입된 한국이지만, 오늘날 한국인들은 스스로 자유민주주의 체제하에 살고 있다는 사실을 추호도 의심하지 않는다. 이것은 군사독재 시절이나 1980년대 후반까지도 체제 정당성에 대한 회의가 광범위하게 퍼져 있었던 것과는 놀랍도록 대조되는 상황이다.3) 또 오늘날 자유민주주의가 우리 사회에 뿌리를 깊게 내렸다는 사실의 반영이기도 할 것이다.

자유민주주의에서 정치는 제한입헌정부와 법치주의 제도를 한 축으로 삼고 관용과 협의의 정신을 다른 축으로 삼아 실행된다. 주기적으로 국정 대표자들을 선임하는 각종 자유선거, 정당제도, 현안의 공적 조정과 정책적 타협, 풀뿌리 비정부기구활동의 활성화, 투명하고 경쟁적인 시장제도의 전면화 등은 활력 있는 자유민주주의의 특징이라 할 수 있을 것이다. 그렇다면 이런 정치사회적 제도가 일반화되고 정치적 활동이 끊임없이 지속되는 상황에도 불구하고 '정치의 종언'을 외치는 것이 어느 정도의 설득력을 갖는지 의문이 제기될 수도 있다.4)

---

3) 남한사회를 변혁시키려는 좌파적 운동정치의 동력이 극대화된 1980년대를 이해영은 '혁명의 시대'라고 부른다. 이해영 편, 『1980년대: 혁명의 시대』(새로운 세상, 1999) 참조.

4) 정치의 종언이라는 말은 현대 민주주의 정치의 왜곡과 형해화를 지칭하기 위

우리 사회의 경우 형식적 정치민주화의 괄목할 만한 진전에도 불구하고 내용적 민주화는 아직 빈곤하고 동시에 사회경제적 민주화도 뚜렷한 지체 현상을 보이거나 오히려 후퇴하고 있다. 한국민주주의의 문제에 지속적 관심을 기울여온 대표적 사회과학자들인 최장집과 조희연은 그 대표적 이유로서 정치사회(정당 및 국가기구)의 시민사회로부터의 소외와 구조화된 노동배제, 그리고 기형적으로 왜소화된 제도정치가 민주화의 동력이 되어 온 운동정치를 효과적으로 금지하거나 선택적으로만 포섭했기 때문이라고 설명한다.5)

한국 현대정치사에서 최초로 수평적 정권교체를 이룬 김대중 정부는 민주화의 진전 및 햇볕정책 등의 성과에도 불구하고 정권 핵심부의 부패와 소수정부의 한계를 넘지 못한 채 고전했다. 이와 비교해서도 노무현 정부는 시작과 거의 동시에 그 자신의 대통령 당선을 가능하게 한 정치민주화와 사회다원화의 제물이 되고 있다는 생각이 들 정도로 취약하고 혼란스럽다.

사태를 헤쳐나갈 수 있는 정치적 리더십도 거의 보여주지 못하면서 국정이 표류하고 있는 작금의 상황은 한국민주주의의 일대위기라 할 만하다. 참여정부의 출범 자체가 한국현대사의 오랜 고난과 민주화의 열망 위에서 극적으로 가능했다는 것을 돌이켜보면 노무현 정부 순항 여부가 한국민주주의 성패의 분수령이 될 것이라는 사실에는 의문의

해 보그스에 의해 구사되었다. C. Boggs, *The End of Politics*(N.Y.: The Guilford Press, 2000), Preface, viii.

5) 최장집, 앞의 책, p.190 및 p.198. 이는 정치이론의 일반화와 한국민주주의의 정체성 연구를 모범적으로 연계시킨 그의 선행연구 작업의 연장선상에 놓여 있다. 예컨대 최장집의 『한국민주주의의 이론』(한길사, 1993)과 『한국민주주의의 조건과 전망』(나남, 1996) 참조. 또한 조희연 편, 『한국민주주의와 사회운동의 동학』(나눔의 집, 2001), p.14. 또 조희연, 『한국의 민주주의와 사회운동』(당대, 1998)도 참고하라.

여지가 없다. 민주화의 흐름 자체가 역전될 수 없다는 믿음은 역사적으로 결코 검증된 바 없는 소박한 가정이기 때문이다.

이 지점에서 민주공화정의 자율적 통합성을 가능하게 할 정치의 부활은 중차대한 의미를 갖는다. 일대 궁경(窮境)에 처한 한국정치의 실상에 대한 철학적 해석의 실마리는 '정치적인 것'의 개념에서 발견된다.6) 1930년대 프로이센 바이마르 공화국의 대혼란 속에서 자유민주주의의 필수 요소인 자유주의와 의회주의의 근본적 허점을 파고 들어간 슈미트는 자유주의와 의회주의가 정치적인 것의 엄중함을 망각한 채 정치를 파당들의 사적 이해관계 충돌의 장으로 희화화시키고 있다고 비난했다. 여기서 우리는 나치 부역자, 그리고 위선적 기회주의자라는 슈미트의 실존적 이력이 법과 정치의 관계에 대한 그의 근원적 통찰을 가리지 않도록 주의해야 한다.

국가개념 자체가 정치적인 것에 의존하며, 정치적인 것의 개념은 적과 동지의 구별로부터 출발한다고 슈미트는 주장하는데,7) 잘 알려진 것처럼 여기서의 적은 개인적 차원을 지칭하지 않으며 투쟁상대 전체로서의 공적(公敵)을 뜻한다. 결국 생사를 건 싸움을 불가피한 것으로 상정하는 우적관계의 구별은 국가라는 정치적 실체와 정치적인 것의 개념 자체를 촉발시키는 근본원리인 것이다. 슈미트가 보기에 자유주의는 적과 동지의 구별로부터 나오는 정치의 주권성을 부정한 채 '윤리학과 경제학'의 극점 사이에서 불안하게 표류하고 있을 뿐이다.8) 이

---

6) 여기서 논의의 단초는 자유주의와 의회주의의 잠재적 반(反)민주성에 주목했던 반동사상가 칼 슈미트의 법이론에 의해 제시된다. 나는 아래의 논문에서 슈미트의 논점을 자세히 분석한 바 있다. 윤평중, "'정치적인 것'의 이념과 공론장", 『철학연구』, 제53집(철학연구회, 2001 여름), pp.305~325. 특히 pp. 309~314을 볼 것.

7) Carl Schmitt, *Political Theology*(MIT Press, 1985), p.13 및 칼 슈미트, 김효전 역, 『정치적인 것의 개념』(법문사, 1992), pp.31~33.

것이 바로 바이마르 공화국 위기의 철학적 본질이라는 것이다.

모든 합리적 규칙과 이성적 논증의 경계를 넘어서 예외(비상사태)를 선포할 수 있는 주권성의 권화인 국가(또는 최고영도자)의 결단에서 정치의 실존적 특성이 유감 없이 발휘된다고 보는 슈미트의 결단주의적 정치신학은 시대착오적 몽매주의의 전형으로 자유민주주의자들에 의해 타기되어 왔다.9) 그러나 슈미트 이론의 중핵은, 모든 법질서의 시원(始原)에 정치가 자리하고 있으며 정치의 단초는 외침과 내란으로부터 특정한 정치체(the body politic)를 보위하는 데 있다는 핵심명제로 집약된다. 즉 정치신학의 발단 자체가 국가존립의 근본근거에 대한 철학적 설명이라는 점을 자유주의자들이 간과하고 있는 것이다. 바꿔 말하면 국가의 정치적 실존 없이 헌법이 있을 수 없으며, 정치적 통일성으로부터 배태된 국가주권 없이 민주주의의 실험도 불가능하다는 것이다.

이런 관점에서 보자면 노무현 대통령의 재신임 국민투표 제안은 실정법적 위헌의 소지 외에도 주권을 보전하고 공화국의 질서를 보위하는 정치적 통일성을 (직접)민주주의의 이름으로 침식시키는 무책임한 처사가 아닐 수 없다. 참여민주주의를 정권 자체의 기치로 내건 노무현 정부의 또 다른 약점은 서로 근원적 긴장관계를 맺을 수밖에 없는 민주주의적 인민주권과, 특정한 정치공동체를 존속가능하게 하는 정치적 통합성의 보존 가운데서 후자에 대한 적절한 고려 없이 전자만을 일방적으로 강조함으로써 한국 민주공화정의 질서를 해체시키는 데서

---

8) 칼 슈미트, 『정치적인 것의 개념』, pp.84~85.

9) C. Mouffe(ed.), *The Challenge of Carl Schmitt*(Verso, 1999), p.3. 슈미트를 쉽게 희화화하거나 전면비판의 상대로 삼는 자유민주주의적 경향에 대항해 슈미트 이론이 자유주의적 법질서의 근간에 대해 던지는 심중한 철학적 질문에 대한 천착은 위 논문집과 함께 W. E. Scheuerman, *C. Schmitt: The End of Law*(Oxford: Rowman & Littlefield, 1999) 참조.

찾아진다.

정치의 독자성에 관한 슈미트의 입론은 결과적 파탄과 관계없이 지금도 여전히 의미심장한 것이다. 왜냐하면 정치의 자율성으로부터 비롯되는 국가의 공적 성격이 끊임없이 위협받고 있는 것이 오늘의 현실이기 때문이다. 자신을 베니토 세리노(Benito Cereno)에 비유함으로써 스스로의 나치 부역을 합리화시키려 한 슈미트지만, 그러나 그는 법을 정치로 대변되는 권력질서의 블랙홀 속으로 완전히 빨아들임으로써 궁극적으로 난파할 수밖에 없었다.10) 슈미트의 결정적 한계는 모든 정치체를 가능케 하는 정치적 통일성의 원칙과, 정치체를 정당화할 인민주권 사이의 내재적 갈등을 극단화시켜 정치적 통합의 미명 아래 민주주의를 파시즘의 동반자로 변형시킨 데 있다. 그러나 3절에서 정치의 디지털화와 연관해 다시 다루겠지만 이는 슈미트에게만 해당되는 우발적 사태가 아니라 인민주권론과 직접민주주의에 내재해 있는 근원적 역설과도 관련이 있다.

따라서 정치의 독자성이라는 지평 위에서 정치적 통합성과 민주주의적 요구 사이의 유기적 조화를 지향하는 작업은 현대 정치철학의 최대과제 가운데 하나로 떠오른다. 지난 수십 년간 구미 정치철학의 대표 논쟁이었던 자유주의-공동체주의 논쟁의 구도도 이 맥락에서 재해석되어야 한다. 롤즈가 『정의론』에서 시도한 포괄적 철학-도덕적 교설의 과도한 부담을 벗어버리고 정치적인 것의 영역으로 정의론의 지평을 애써 축소한 『정치적 자유주의』의 기획에 대한 평가로부터 이 쟁점에 대한 추가적 논의의 실마리를 풀어가 보기로 하자.11)

---

10) 베니토 세리노는 허먼 멜빌(Herman Melville)의 동명 소설 속에 나오는 주인공 선장으로서 반란을 일으킨 흑인노예들의 추대로 어쩔 수 없이 해적선 선장이 된 인물이다. 슈미트, "구원은 옥중에서", 『유럽법학의 상태』(교육과학사, 1994)와 W. E. Scheuerman, *C. Schmitt*, p.4 참조.

『정의론』에 대해 쏟아진 공동체주의적 비판, 즉 롤즈의 기획이 공동체의 중요성과 정치적 실천의 정치체 구성역할을 무시하고 있다는 지적은 적절치 않다. 왜냐하면 정치적 자유주의는 합리적 선택이론의 전제를 극복하기 때문이다. 정의의 원리를 낳는 원초적 입장의 공정성은 무지의 베일과 상호무관심성의 가정에 의해 보장된다. 이렇게 해서 도출된 정의의 두 원리는 평등주의적 자유주의의 정점이며 민주주의의 핵심을 담아내는 모델일 수 있지만,[12] 우리의 시각에서는 정치적 통합을 이끌어내는 필요조건에 지나지 않는다.

그렇다면 결락된 충분조건을 어디서 찾을 수 있는가? 여기서 우리는 원초적 입장을 설명하는 데 있어 추가적으로 도입된 합리성(rationality)과 합당성(reasonableness) 개념의 구별에 주목할 필요가 있다. 원초적 입장 속에 있는 이들이 자신의 이익을 합리적으로 추구하는 것이 합리성인 데 비해 합당성은 원초적 입장 자체가 어떻게 설립되어야 하는지를 따지는 호혜성의 지평에 주목한다. 여기서 롤즈는 합당성이 합리성보다 선차적이라고 규정한다.[13]

변덕스러울 수도 있는 잠정협정(modus vivendi) 차원을 넘어 『정의론』에서 시사된 시민적 우정의 연대가 입헌민주주의의 안정성과 지속성에 대한 시민들의 자발적 승인으로 전화될 때 정치적 통합과 민주주의 사이의 갈등은 그만큼 감소하게 될 것이다. 이 지점에서 롤즈의 기획은 슈미트의 정치신학보다 우월하다. 왜냐하면 현대사회에서 우리가 결코 포기할 수 없는 다원주의와 차이에 대한 관용이 정치의 본질

---

11) 나는 아래 논문에서 정의론과 정치적 자유주의를 주요 매개체로 삼아 현대민주주의에 대한 철학적 성찰을 시도한 바 있다. 윤평중, "탈현대의 정치철학", 『철학』, 제56집(한국철학회, 1998 가을), pp.305∼332. 특히 pp.315∼320에서 정치적 자유주의의 의의와 한계가 집중적으로 분석된다.

12) J. Rawls, *A Theory of Justice*(Harvard University Press, 1971), p.60.

13) J. Rawls, *Political Liberalism*(Columbia University Press, 1993), pp.48∼54.

로서 제시되고, 또한 공론영역의 존재이유가 정치의 재생이라는 맥락에서 확보될 수 있기 때문이다. 바꿔 말하면, 민주주의의 동력을 극대화시키면서 동시에 정치적 통합성의 여지도 제고시킬 수 있는 실천강령을 정치적 자유주의가 제공하고 있는 것이다.

그러나 다른 한편 정치적 자유주의의 기획은 슈미트의 정치신학에서 추가로 우리가 추출할 수 있는 교훈인, 정치적인 것의 필수적 구성요소인 갈등과 적대에 대한 감수성의 축소를 불가피하게 동반한다.14) 흥미로운 사실은 '이성의 공적 사용'이라는 롤즈의 참여민주주의 기제가 현재진행형의 기획으로 설정되어 있지 않기 때문에 정치적 자유의 자율성이 현상유지의 논리로 점차 퇴락해 갈 수 있다는 하버마스의 롤즈 비판15)의 합리적 핵심도 오히려 하버마스 자신의 철학적 기획에게로 같이 돌려져야 마땅하다는 것이다.

환언하면 권리 지향의 자유민주주의와, 참여와 평등을 앞세우는 인민주권적 공화정의 이념이 심의민주주의에서처럼 정치적 자유주의의 구도 안에서도 유의미한 방식으로 통합되고 있지만 그 통합은 결국 정치의 근원에 놓여 있는 적대를 축소시킴으로써 비로소 이루어질 수 있었기 때문이다. 이것은 어쩌면 현대민주주의 정치가 체제 안정성과 재생산을 위해 불가피하게 정치적인 것의 경계를 제한해야만 하는 본

---

14) 이런 맥락에서 정치적 자유주의를 정치를 결여한 정치철학이라고 명명한 무페의 비판에는 경청할 만한 가치가 있다. C. Mouffe, *The Return of the Political* (Verso, 1993), p.49 참조. 그러나 이는 정치철학적 규범이론의 지평을 항상적으로 흘러넘치는 현실정치(Realpolitik)의 동학과, 정치철학적 요구가 불가피하게 빚어내는 불협화음의 소산일 수도 있다. 여기서 우리는 모든 형태의 규범이론의 본질적 한계를 본다.

15) J. Habermas, "Reconciliation through the public use of Reason: Remarks on J. Rawls's Political Liberalism", *The Journal of Philosophy*, Vol. XCII, No. 3, March 1995, pp.110~111 참조.

원적 역설을 반영하는지도 모른다. 따라서 하버마스와 롤즈의 이성정
치의 이념은 모두 정치신학에 대한 반대항으로 설정될 수 있는 것이
다.

　정치적인 것의 독자성과 통합성을 나름대로 천착한 아렌트의 활동
유형론도 자유민주주의 정치철학의 심화와 한국정치담론에 대한 급진
적 반성을 위해 반드시 딛고 넘어가야 할 징검다리라 할 수 있다. 인
간 신체의 생물학적 과정에 조응하는 생존활동(labor), 그리고 자연환
경과는 상이한 인공세계를 만드는 제작행위인 생산활동(work)의 두
차원과 질적으로 차별화되는 인간활동(action)은 모든 인간이 평등하
면서도 각자 개성을 갖는다는 존재론적 복수성(multiplicity)으로부터
도출된다.16) 인간이 말과 행동을 통해 노동이나 제작의 공간과는 전혀
다른 정치적인 것의 지평을 창발적으로 생성한다고 아렌트는 주장한
다. 그 결과 창출되는 정치체는 정치적인 것이 민주적 조직으로 형상
화되는 창조적이고 역동적인 과정을 지칭한다.

　근대 이후 다양하게 산포된 정치이념의 차이를 거의 무화시키는 기
술문명과 지구자본주의야말로 노동과 제작을 행위보다 선차화하는 총
체적 세계소외의 징표라고 역설하는 아렌트의 정치존재론은 근대 특
유의 현상인 ‘사회의 등장’을 정치망각사의 절정으로까지 간주한다. 정
치를 미학적 자기실현, 그리고 자유와 가능성의 예술로서 이해하고 인
식과 도덕영역에서의 객관적인 진리추구와는 차별화시킨 아렌트의 정
치 이념에는 깊은 감성적 울림이 있음을 부인할 수 없다.17) 그러나 복
고주의의 혐의를 일단 논외로 한다고 하더라도, 승인투쟁이나 지배/피

---

16) H. Arendt, *The Human Condition*(University of Chicago Press, 1958), pp.7～
　9에서 일단 활동유형론의 시론이 제시되고 자세한 분석은 chapter 3～5에서
　개진된다.

17) H. Arendt, *On Revolution*(Penguin, 1962), pp.53～54.

지배, 권력과 강제, 이해관계의 조정 등의 필수적 정치행위들이 아렌트적 정치이념으로부터는 전(前)정치적이거나 비(非)정치적인 것으로 삭제되어야 한다는 딜레마는 여전히 해결되지 않은 채 남는다.

아렌트적 정치자율성/자기충족성 테제가 범주적으로 지지되기는 쉽지 않은 일이다. 그럼에도 불구하고 아렌트의 입론은 오늘날 형식화되거나 형해화되고 있는 자유민주주의 제도정치의 하잘 것 없는 천박함과 일면성을 통렬히 고발하는 거울이 아닐 수 없다. 현실정치가 소시민들을 감동시키고 고양시키는 극적 순간들이 부재하다는 데에 대한 궁극적 반성을 아렌트의 미학적 엘리트주의가 촉발시킨다는 사실을 과소평가할 필요는 없을 것이다. 그러나 결국 일상적 생활정치와 대중적 해방정치로 접합되지 못하는 아렌트식 엘리트주의는 좌초될 가능성이 크다. 이런 현실적 한계에도 불구하고 아렌트의 정치이론에는 정치적인 것의 독자성과 통합성에 대한 정치적 상상력을 최대로 확장시키는 미덕이 있다.

3. 디지털시대 정치의 구조변화와 전자공론장

치자와 피치자의 궁극적 동일성을 원칙으로 하는 민주주의는 정치철학의 지당한 규범적 요청이지만, 그것이 논리적으로 극단화될 때 국가가 설 자리는 없다. 주권국가가 상징하는 정치체의 통합성과 통일성이 전제되지 않는 민주주의는 중우정치와 포퓰리스트적 선동정치의 위험 앞에 곧바로 노출되기 마련이다. 디지털 혁명의 가장 큰 정치적 가능성으로서 상찬되는 디지털 직접민주주의의 철학적 한계도 바로 이 부분에서 발견된다. 역으로 민주적 참여 없이 획득되는 어떤 형태의 정치적 통합도 공허할 뿐이며 정치적 동물의 실천적 직관에 위배

된다.

정보혁명의 최신 단계인 디지털화는 자연스럽게 정치적인 것의 구조변화로 이어진다. 디지털 혁명이 지닌 정치적 함축 중에서 가장 흥미로운 현상은, 민주주의의 근대적 수정양태인 자유민주주의의 출현 이래 불가능하다고 여겨져 온 직접민주주의의 가능성과 타당성에 대한 논쟁이 다시 활성화되고 있다는 사실이다. 이는 결국 정치란 무엇인가라는 문제설정 위에서 지속적으로 탐색되어 온 민주주의적 인민주권과 정치적 통합성 테제 사이의 내재적/창조적 긴장관계에 대한 분석과 상호 선(善)순환관계로 서로 연결된다.

디지털화된 정보가 정보기술, 그리고 통신기술과 매개되어 자유자재로 구사됨으로써 삶의 형태나 주체화 방식, 그리고 소통방식이 혁명적으로 바뀌고 있다는 것은 주지의 사실이다. 여기서 우리가 e-politics를 '인터넷을 중심으로 전개되는 정치'라고 정의하고, 전자민주주의를 '디지털 혁명이 다양한 정치주체들 사이의 소통과 권력배분에 개입함으로써 이루어지는 민주주의'라고 규정한다면 전자민주주의는 이폴리틱스를 포용한다고 할 수 있다. 결국 여기서 핵심은 전자민주주의가 인민주권론의 현실화를 얼마나 가능케 하는지의 여부일 것이다.

전 세계에서도 유례를 찾기 어려울 정도로 신속하고 광범위한 디지털 혁명이 한국사회에 끼친 영향은 여러 실증적 자료들에 의해 입증되고 있다. 단적인 예로서 인구비율로 세계 최고수준인 네티즌들이 정치에 접근하는 방식의 변화는 2000년 4·13총선에서 낙천낙선 운동으로 점화되었고 2002년 대선에서 '노사모' 운동으로 폭발한 바 있다. 국가관료기구나 보수정당들의 변화가 이폴리틱스의 흐름에 의해 일정 부분 강제되고 있는 것도 사실이다. 이보다 중요한 것은 현대민주주의 정치의 지표인 공공성(publicness)과 연결된 공론장의 새로운 구조변화를 전자민주주의가 촉발하고 있다는 데서 발견된다.[18]

106

복합적 전자미디어의 확산이 배태한 공론장의 구조변화는 이중적 함축을 지닌다. 왜냐하면 일방향적 소통의 흐름(중심에서 주변으로, 위에서 아래로)을 드러낼 때 매스미디어가 사회적 통제의 효율성을 강화하지만 동시에 커뮤니케이션 구조 자체에 해방적 잠재력이라는 평형추가 내재하기 때문이다.[19] 전자민주주의의 가장 큰 특색이 이런 해방적 잠재력에 있다고 흔히 지적된다. 일반적으로 네티즌들도 사이버공간 뒤에 있는 기술적 힘이 어떻게 우리의 사회공간을 변화시키는가에 주의를 기울이는 사이버 리터러시를 충족시킬 것으로 기대된다.[20] 또한 인터넷 정보매체 양식의 보편화 현상이 일대다(一對多)에서 다대다(多對多)로의 커뮤니케이션 방식전환과 동행한다. 그 결과 출현하는 전자공론장은 공공성의 지역-공간적 한계를 혁파하고, 비대칭적이고 비대화적이었던 과거의 공공성을 대칭적이고 담론적인 공공성으로 전화시킨다.

오프라인 미디어의 거대화, 독과점화, 상업화, 탈공론장화라는 현상은 세계적 추세이며, 미국언론의 대 이라크사태 보도에서도 그 역기능

---

18) 주지하다시피 근현대 민주주의의 설립과 관련된 공론장의 구조변화에 대한 학제적 연구의 효시는 하버마스에 의해 이루어졌다. 국가와 시민사회를 매개하는 독자적 공간으로 상정된 공론장은 처음 문예적 공론장으로부터 시작해 정치적 공론장으로 발전하였고, 이런 부르주아 공론장이 자유민주주의를 실제로 뿌리내린 주동력이었다. 그러나 후기 산업사회에 이르러 공론장이 '재봉건화' 됨으로써 비판적 공중이 무력한 대중으로 파편화되고 있다고 하버마스는 진단한다. J. Habermas, *The Structural Transformation of the Public Sphere*(The MIT Press, 1989), pp.142, 231. 하버마스식으로 얘기하면, 제도언론의 독과점이 초래한 한국공론장의 재봉건화를 극복할 수 있는 단초를 전자공론장에서 찾을 수 있을 것이다.

19) J. Habermas, *The Theory of Communicative Action*, Vol. 2(Beacon Press, 1987), p.184.

20) 로라 구락, 『거미줄에 걸린 웹』(코기토, 2002), p.196. 원저는 L. Gurak, *Navigating the Internet with Awareness*(Yale University Press, 2001).

이 극적으로 입증되고 있다. 1980년대 이후 한국 정치민주화 과정의 최대 수혜자가 보통 시민들이 아니라 강력한 권력집단으로 자리를 굳힌 제도언론이라는 사실[21]을 감안하면 전자공론장의 출현은 일단 한국민주주의의 활성화에 대해서도 의미심장한 희망의 싹을 보여준다. 즉 의제형성의 길이 다기화되고, 시민의 정치참여가 촉진되며 전자공론장과 현실공론장이 상호작용할 개연성이 원리적 문맥에서 제고된다는 것이다. 이는 민주주의의 실현과 정치체의 통합성 확보에 필수적인, 직접적이면서도 쌍방향적이고 다면적인 정치참여가 '흐름의 장'으로서 현대정치체 안에 구조화된다는 사실을 뜻한다.[22]

나아가 이는 기본적으로 정치사회의 실천형태가 국민투표, 국민발안, 지역공동체로의 권한위임 등의 차원으로 다면화·실질화되면서 유권자/네티즌들이 심의민주주의의 정치주체로 활발하게 재형성될 수 있는 가능성을 의미한다.[23] 대의민주주의 하에서 무력하기만 했던 개별 시민이 전자공론장의 직접적 참여자가 되어 자유롭게 정보를 수·발신하고 의제를 형성함으로써 적극적 정치주체로 자신을 재정립시킬 수 있다는 것이다. 만약 이런 기획이 성공적으로 진행될 수 있다면 민주주의와 정치적 통일성을 동시에 담보해 낼, 즉 '어디에나 분포하며, 지속적으로 가치부여되고, 실시간으로 조정되며, 역량의 실제적 동원이 가능한 집단지성'이 창출될 수도 있을 것이다.[24]

---

21) 오늘날 국가기관과 맞먹는 수준으로까지 과대팽창한 한국언론이 의제를 형성하고 변형시키는 과정을 통해 준국가적 권력을 행사하는 과정에 대한 실증적 연구로는 박승관·장경섭, 『언론권력과 의제동학』(커뮤니케이션북스, 2001)을 보라.

22) M. Castells, *The Information Age, Vol. 1: The Rise of the Network Society* (Blackwell, 1997), p.376.

23) B. R. Barber, "Three Scenarios for the Future of Technology and Strong Democracy", *Political Science Quarterly*, 113, 1999, pp.573~581 참조.

그러나 이런 가능성은 한국사회에서의 현실적 가능성[25]과 별개로 정치철학적 난점도 동시에 안고 있다. 왜냐하면 전자민주주의가 형상화시킬 디지털 정치의 원형이 온라인 직접민주주의로 구체화될 때 중요한 국가현안을 국민이 직접 심의-결정해야 한다는 주장이 논리적으로 불가피하게 도출되기 때문이다. 이는 시민들이 필요로 하는 것(공공의 이익)과 필요하다고 생각하는 것(공론) 사이의 자동적 일치를 전제하므로 그 자체 지극히 소박한 입론이거나, 아니면 오히려 매우 위험한 정치적 결과를 초래할 수도 있는 것으로 생각된다.

예컨대 일반화된 전자공론장에서 항시적으로 작동되는 국민투표와 국민발의를 통해 중요한 정치적 결정이 내려져야 한다면 대의제가 더 이상 필요치 않게 되며 상설 여론조사기관만 남게 될 것이다.[26] 그 결과 국정수행과 여론조사가 투명하게 일치된다. 그러나 이는 정치적 동물인 인간이 결코 포기할 수 없는 아렌트적 복수성과 현대정치에서 결코 삭제될 수 없는 다원주의의 대전제를 위협하며 존 스튜어트 밀이 그렇게도 우려했던 다수의 전제를 상설화시킬 개연성이 있다.[27] 이를 우리는 모든 정치의 국민투표화라 명명할 수 있을지 모른다.

정치를 온라인 국민투표로 환원시켜도 된다는 생각에는 정치주체

---

24) 피에르 레비, 『집단지성: 사이버공간의 인류학을 위하여』(문학과지성사, 2002), p.38. 원저는 P. Levy, *L'Intelligence Collective*(1994).

25) 높은 기대치에도 불구하고 한국의 전자공론장을 현실공론장의 대체공간이나 경쟁세력으로 간주하기에는 시기상조다. 오히려 전자공론장이 현실공론장의 목소리를 수동적으로 재생산하거나, 요새 진행되고 있는 것처럼 급속한 파편화의 길을 가고 있는 것이 대부분이다. 이에 대한 실증적 연구로는 백선기, 『정치담론과 인터넷』(커뮤니케이션북스, 2003), p.319 참조.

26) 테드 할스테드·마이클 린드, 『정치의 미래』(바다, 2001), p.151 참조. 원저는 T. Halstead & M. Lind, *The Radical Center: The Future of Politics*(2001).

27) J. S. Mill, *On Liberty and Other Writings*, ed. S. Collini(Cambridge University Press, 1989), p.8.

가운데 특정한 국가 현안에 대해 장기간 지속적으로 공감하면서 시민적 충성을 바치는 다수가 존재한다는 낙관론이 자리한다. 그러나 현대 정치에 고유한 유동성과 활력은 이 전제를 위협하는 경우가 대부분이며, 역동적인 한국정치의 경우에는 더더욱 그렇다. 민주화 이후 우리 대선과 총선의 패턴에서는 유권자 과반수가 지지하는 정당이나 후보자가 나온 경우도 드물었고, 시민들이 그때 그때의 정황과 현안의 성격에 따라 급격히 이합집산하면서 박빙의 차이로 승자가 탄생하는 경우가 대부분이었다. 이는 다수결에 의한 결정이라는 한국정치의 실제가 산술적으로는 맞지만 정치내용적으로는 구조적 약점을 안고 있음을 웅변하는 사례인 것이다.

전자민주주의와 온라인 직접민주주의가 동일시될 때 발생하게 될 최악의 사태는 위임독재가 직접민주주의의 이름 아래 탄생하는 경우일 것이다. 극단적인 경우 대통령과 국민을 매개하는 중간 대의기제 없이 모든 현안에서 대통령이 온라인 국민투표로 국민의 위임을 받았다고 자임할 경우, 대통령에 대한 반대는 '전자일반의지'에 대한 반대로 정죄될 것이다. 노무현 정부가 때이른 정권위기를 돌파하기 위해 내놓은 재신임 국민투표의 위험성을 여기서 상기하게 된다면 과연 지나친 비약이 될 것인가? 이 지점에서 우리는 자연스럽게 루소 정치사상의 현대적 의의에 대해 착목하게 된다.

논란 많은 루소의 인민주권론의 합리적 핵심도 모든 형태의 대의민주주의 제도에 내재된 본질적 모순에 대한 고발로 판독되어야 한다. 행동하는 일반의지인 주권이 대의될 수도 없고 분화되어서도 안 된다는 루소의 선언은,[28] 주권을 대표자들에게 위임한 유권자가 '선거 하루 전날만 자유로운' 대의민주주의의 비민주성을 꼬집기 위한 것이다.

---

28) J.-J. Rousseau, *The Social Contract and Discourse on the Origin of Inequality*, ed. L. G. Crocker(Pocket Books, 1967), pp.20~30.

그러나 루소의 이런 원론적 통찰은, 현실정치의 지평에서 출현할 수밖에 없는 권력주체 형성과정, 그리고 주권의 정당성과 타당성에 대해 침묵함으로써 미완성의 것으로 남았고, 오히려 일반의지를 참칭한 현실권력의 정당화 작업에 악용되기 일쑤였다.

철학적으로 더욱 흥미로운 사실은, 결코 오류일 수 없는 일반의지의 성격 때문에 '일반의지를 거부하는 자는 자유롭도록 강제될 것'이라는 루소식 결론이 불가피하다는 것이다.29) 여기서 전체주의적 민주주의의 싹이 이미 예비되고 있는 것이다. 이는 디지털시대 전자민주주의와 전자공론장의 메시지가 축복과 함께 재앙 앞에도 활짝 열려 있다는 사실을 웅변하는 사태라고 할 수 있다.30) 결국 대의민주주의제는 직접민주주의에 의해 보완될 수 있을 뿐 극복될 수는 없는 것이다.

4. 결어: 진보-보수의 조정과 21세기 한국의 정치동학

민주주의와 정치적 통합성 사이의 본질적 길항을 메울 수 있는 정치주체의 형성문제는 정치적인 것 안에 고유한 형태로 내재해 있기도 하지만, 전자민주주의의 도래로 다시 주목되는 긴박한 정치철학적 논제가 되었다. 비생산적이었던 진보주의-보수주의 논쟁이 이런 시각에서 재조명될 때 일정한 돌파구가 가능할 것으로 생각된다. 여기서 시도되는 진보-보수 논쟁 틀 자체의 전환 작업은 이미 충분히 이루어진

---

29) *Ibid.*, p.22.

30) 전자민주주의의 이런 중층적 동학을 인지하고 그것이 새로운 대중독재로 전락할 수 있다는 개연성을 경계하면서도 그 열려진 가능성을 입체적 공론조사 (deliberative poll)의 형태로 구체화시킨 대표적인 시도로는 J. S. Fishikin, *Democracy and Deliberation*(Yale University Press, 1991)이 있다. 여기서는 피시킨, 『민주주의와 공론조사』(이대출판부, 2003) 참조.

개념적 지도 그리기의 선행 성과들, 즉 보수-진보 틀의 계보학적 재구성들을 전제로 삼고 진행된다.[31]

한국의 정치지평에서는 견실한 보수주의도 부재하고 제대로 된 진보주의도 찾기 어렵다는 명백한 역사적 사실에 근거해 일단 나는 진보-보수라는 용어를 잠정적으로 사용하려고 한다. 바꿔 말하면 분단체제와 반공규율사회가 강제적으로 부과한 틀 때문에 보수는 우파고 진보는 좌파라는 통상적 이념공식 자체가 작동될 수 없는 정치적 결빙(結氷)상황이 논의의 단초가 된다.[32] 이는 한반도 분단체제가 해체되고 명시적인 해빙의 조짐이 보이거나, 체계적 정치철학에 입각한 이념정당이 실질적 정치집합주체로서 자리잡지 않는 한 진보주의-보수주의를 유의미한 정치담론으로 쓰기 어렵다는 인식의 소산이다.

그렇다면 진보-보수 담론은 어떠한가? 그것은 제한적으로, 그리고 잠정적으로만 유효하다. 왜냐하면 특정한 주의(主義)라는 이념의 틀이 소거되면 진보-보수 구도가 메타담론적 세계관이나 역사관의 수준으로 이행하기 때문이다. 만약 이것이 사실이라면, 진보는 모든 종류의 억압-차별-배제-착취를 반대하고 혁파하고자 하는 태도이자 행동양식으로 정의될 수 있으며, 보수는 진보의 그런 주장에 원칙적으로 반대하지는 않지만 그런 부정적 현상들도 역사의 전승물이고 엄연한 현실이기 때문에 점진적이고 부분적인 방식으로 개선해야 한다는 태도이자 행위양태로 규정되는 것이다.

이는 정치철학적 이념이 전제되지 않는 진보-보수 담론은 탈명사화,

---

31) 대표적으로 사회와 철학연구회 편, 『진보와 보수』(이학사, 2002)와 김병국 외 4인 공저, 『한국의 보수주의』(인간사랑, 1999)를 들 수 있다.

32) 홍윤기는 좌파나 우파가 아니라 좌익, 또는 우익이라는 용어가 더 적합한 한반도의 이데올로기적 동면상황의 단초를 일본제국주의의 사상탄압조치에서 찾고 있다. 홍윤기, "민주적 공론장에서의 담론적 실천으로서 '진보-보수-관계'의 작동과 그 한국적 상황", 사회와 철학연구회 편, 『진보와 보수』, p.27.

탈실체화되어 형용사적이거나 동사적으로만 사용되어야 한다는 것을 의미한다. 이런 개념조정은 정치적인 것의 지평에 항상적으로 내재하는 갈등과 적대가 실체적 명사로서의 정치의 경계를 계속 붕괴시키고 균열시키는 현상에 조응한다. 나아가 정치주체가 특정 상황의 자동적 소산이거나 고정된 장소에 실체적으로 귀속된다는 믿음이 별 설득력이 없다는 사실을 반영한다. 이는 현대정치의 장(場)을 조형하는 단일하고 정연한 정치주체의 그림이 폐기되고, 사안과 맥락에 따라 역할이 역동적으로 수정되는 잠정적 결사체로서의 정치주체가 과정적으로 형성된다는 것을 뜻한다.

해방 이후 완강하고 성공적인 방식으로 자신들의 지배구조를 계속 재생산하고 있는 기회주의적-권력만능적-천민주의적 지배블록이 엄존하는 상황에서 이 같은 정치주체의 개념 재조정이 진보의 어이없는 무장해제로 이어지지는 않을까라는 우려가 제기될 수 있을 것이다. 그러나 진보적 정치주체의 조정 작업은 철저히 한국적 상황의 산물임을 염두에 둘 필요가 있다. 바꿔 말하면 진영론적인 사고가 팽배해 있고 실체론적 편가르기가 일상과 체계의 전 영역을 잠식하고 있는 정황에 대한 치료적 효과를 염두에 둔 시도인 것이다.

진보-보수 담론이 태도이자 행동양식임을 입증하는 몇 가지 실례를 들어보자. 예컨대 북한에 대해 유화적 태도를 취하면 진보이고 비판적 입장을 택하면 보수라는 구도는 지극히 단선적인 몽매주의에 불과하다. 한반도에서 엄연히 실재하고 있는 주권국가적 실체들 사이에 더 이상의 전쟁이 없어야 한다는 대전제를 수용한다는 전제 위에서 우리는 사안에 따라 진보적인 태도를 취할 수 있으며, 보수적인 행동을 할 수도 있는 것이다.[33] 또한 대기업 노동자들의 극한 투쟁에 지지를 보

---

33) 송두율 교수 처리문제를 둘러싼 논란에서 그의 처벌을 주장하면 보수 또는 시대착오적 극우이고, 원천적 무죄를 주장하면 진보라 할 수 있는가? 내재적 접

내야만 진보라 할 수 있는지도 의문이다. 한국사회가 노동배제적으로 짜여 있다고 해서 자동적으로 그들을 지지해야 한다면 훨씬 열악한 노동환경을 감수하고 있는 중소기업 근로자나 아예 일자리 자체를 찾을 수 없는 사람들의 처지를 설명하기가 쉽지 않을 것이다.

민주주의의 정당성이 왜곡되지 않고 정치적 통합성의 미명 아래 인민주권이 훼손되지 않는 한국적 길은 과연 어떤 모습을 하고 있을까? 인민주권을 형해화시키지 않으면서 정치체의 통일성을 확보해 내는 정치주체는 어떻게 형성될 수 있을까? 이런 긴박한 질문들에 대면해서 나는 급진자유주의의 정치철학을 한 강령으로 제시하려 한다. 급진자유주의는 역사적 자유주의의 전통을 의미심장한 것으로 보지만 소유적 개인주의의 교리는 거부한다. 한국적 상황에서 정치적 개인의 확립이 중요한 과제라고 믿지만 개인의 선차성을 존재론적으로 독해하는 것에는 반대한다. 나아가 급진자유주의는 좋음에 대한 옳음의 우선성 테제가 절차적 합리성, 법치주의, 그리고 사회정의의 수립이라는 절박한 과제로 우리 앞에 놓여 있다는 사실을 역설한다.[34]

특히 급진자유주의는 신자유주의를 자유주의의 왜곡이라고 규탄한다. 나아가 루소나 맑스에 의해 시도된 비자유주의적 민주주의의 모든 시도들이 실패할 수밖에 없었다는 사실(史實)에 유념하며, 정치적인 것의 이념을 온전히 담아내려는 민주공화정의 기획도 자유주의라는

근법의 학문적 타당성에 대한 논의와는 별개로, 그는 북한노동당에 입당함으로써 대한민국의 주권성을 정치적으로 부인하였다. 이것은 국가보안법이라는 악법의 존재와도 분리되어 논의되어야 할 상황이라고 나는 본다. 송교수의 사상의 자유는 존중되어야겠지만, 그가 한국인으로 활동하기를 원한다면 자신의 정치적 실천에 대해 명쾌히 해명해야 마땅하다.

34) 급진자유주의에 대한 정치철학적 문맥에서의 위치 짓기에 대해서는 윤평중, "공동체주의 윤리비판 — 급진자유주의의 관점에서", 『철학』, 제76집(한국철학회, 2003 가을), pp.233~261 참조.

중간과정을 결코 삭제해서는 안 된다고 주장한다. 결국 급진자유주의는 확립되고 정식화된 이념체계라기보다는 살아 있는 한국 자유민주주의의 현실과 역동적으로 대결하는 가운데서 비로소 창출되는 정치동학(動學)인 것이다.

전자민주주의 : 사이버나라와 절차적 협치사회 *

| 이 상 훈 | 대진대 철학과 |

1. 들어가는 말

단일 국가나 사회를 넘어서는 네트워크가 사회구조의 기능 방식과 인간 행위에 결정적으로 영향을 미친다는 신념이 오늘날 네티즌의 기본 사고라면, 이런 의미에서 최초의 근대적 네티즌은 마르크스였다고 말할 수 있을 것이다. 불분명하고 가변적인 경계를 가진 봉건적 장원경제 집합체와는 달리, 17세기 말 이후 등장한 민족국가가 자원동원과 정치권력의 행사에서 인위적 국경을 민족정체성의 담론으로 강력히 활용하던 당시, 마르크스는 엉뚱하게도 '만국의 노동자여 단결하라'며 시대착오적 네트워크를 제안한 것이다.

마르크스가 이런 착각(?)을 일으킨 이유는 자본주의 사회경제의 동

* 이 논문은 2002년도 학술진흥재단의 지원에 의하여 연구되었음(KRF-2002-042-A00020).

학에 대한 그의 일정한 믿음 때문이었다. 기술적 생산수단의 보편적 적용과 이윤을 추구하는 자본의 논리 자체가 국경의 틀을 넘어서며, 여기에 이런 사회적 재생산 기재에 대한 '정보와 지식을 공유'할 경우, 오늘날 활동적인 네티즌처럼, 정치적으로 동원될 수 있는 일단의 조직체가 인위적으로 구성될 수 있다고 보았던 것이다. 이후 유럽의 노동대중이 사회주의의 이념에 따르기보다 각국의 국기 아래 전쟁터로 나아가는 것을 보면서, 참담하게 마르크스는 프랑스 내전에 대한 새로운 분석을 시작하고 혁명과 전쟁에 대한 이해를 통해 자신의 사고틀을 교정하고자 노력했다.

디지털시대를 논위하면서, 그것도 현실 사회주의의 거의 완벽한 몰락 이후 마르크스를 언급하는 것은 넌센스일 것이다. 그러나 졸고가 의도하는 바는, 마르크스의 사유와 그 실패의 교훈에서 디지털 혁명이후 등장하고 있다는 협치사회(governance)의 특성과 가능성 및 문제점에 대한 이해를 구하는 실마리를 찾는 데 있다. 마르크스는 정치적 결사체와 같은 당시로서는 새로운 미디어가 민주주의의 완성태인 협치사회를 만들 수 있는 가능성을 믿었고, 그래서 프롤레타리아 당에 대한 지나친 집착을 표했던 것이다. 오늘날 똑같은 기대와 희망이 디지털 미디어에 기초해 나타나고 있다. 새로운 디지털 협치사회의 가능성이 이른바 정보통신기술 즉, ICTs(Information and Communication Technologies)를 매개로 촉발되고 있는 것이다.

디지털 협치사회란 시간 공간 초월적인 사이버스페이스가 주축이되어 재구성되는 현실사회이다. 즉, 컴퓨터와 인터넷에 의해 구성되는 새로운 공공영역으로서 지역적인 경계나 물리적인 속성을 벗어나 영원히 사용할 수 있으며, 특정한 권위에 지배당함이 없이 참여자들이 자발적으로 상호작용하는 공간이다. 이런 의미에서 디지털 협치사회는 개인과 정부 그리고 사회제도들 사이의 권력관계를 규정하는 새로운 패러다임이다.[1] 근대적인 민족국가는 첨단 정보통신기술로 초래된 사이버스페이스와 이에 영향받은 경제적 세계화의 물결에 의해 그 근본 틀이 흔들리고 있다. 근대 국가에서의 사회계급이나 가부장적 권위, 그리고 민족적 구성요소들이 해체되면서 이제는 하러웨이의 지적처럼 물리적 종속으로부터의 해방과 초월의 순간을 맞게 된 것이다.[2]

토플러가 일찍이 역설했듯이, 디지털 혁명에 기초하고 있는 정보통신기술은 총체적인 사회변화를 초래하고 있다.[3] 비록 산업혁명이 근대의 탄생에 결정적인 역할을 했지만, 이런 아날로그적 기술은 어디까지나 응용과학 내지 산업화된 기술적 장치에 불과했다. 반면에 최근의 디지털 기술은 비단 산업이나 기계, 경제에만 영향을 미치는 것이 아니라 지식정보를 가공하고 사회적 의사소통기재에 개입하며, 문화적 오브제와 인간의 사회활동 및 생명활동에까지 변화를 초래함으로써 그 수준을 달리하고 있다. 그래서 디지털 혁명은 단순히 생명까지를 공학의 대상으로 삼는 기술의 문제가 아니라, 현대에 대한 메타서사를 바꾸는 차원의 문제이며, 따라서 철학의 근본문제 한가운데 서 있다고 말할 수 있을 것이다.

그러므로 졸고는 정보화 사회로의 총체적 변화에서 중요한 한 계기를 이루는 협치사회의 가능성을 다음 세 가지 관심에서 고찰해 보고자 한다. 우선, 권력의 탈구조화와 구조의 탈권력화가 가능하게 되는 사회존재론적 기초에서의 변화를 간략히 정리하고, 둘째, '사이버나라' 개념을 통해 탈근대적인 협치사회의 몇 가지 특징을 새로운 사회관계

---

1) Brian D. Loader(ed.), *The Governance of Cyberspace*(London and New York: Routledge, 1997), pp.1~2 참조.

2) Donna Haraway, "A Manifesto for Cyborg: Science, Technology, and Socialist Feminism in the 1980s", *Socialist Review*, No. 80(1985), p.66.

3) 토플러는 『제 3의 물결』(1980)에서 1만 년 전의 농업혁명, 200년 전 산업혁명과 함께 지금의 정보와 디지털혁명을 새로운 제 3의 혁명으로 제시하고 있다.

들에 초점을 맞추어 고찰할 것이다. 셋째, 이런 협치적 사이버나라의 가능성과는 반대로 정보통신기술을 근대적인 위계적 사회관계를 강화하고 감시와 처벌을 체계적으로 도입하기 위해 사용할 수 있는 위험성에 대해 비판적인 고찰을 진행할 것이다.

2. 협치사회의 사회존재론적 기초

역설적이기는 하지만, 현대 정치철학의 이론 속에서는 개인이 직접 개입되지 않는 민주주의에 대한 달콤한 유혹이 유포되고 있다. 이른바 대의민주주의가 그것이다. 그러나 대의민주주의의 역사는 숱한 시련과 시행착오로 점철되어 왔으며, 진정한 정치참여를 요구하는 시민들의 관심과는 무관하게 복종과 희생을 강요하는 기득권 이해보장제도 정도로 물러나고 말았다. 말하자면 민주사회가 절대국가적인 통치사회로 전락하고 만 것이다. 이런 이유로 시민이 국가를 감시하고 견제하는 절차와 장치에 대한 필요성이 상당한 고조되는 가운데 디지털 혁명이 사회변화에 개입하기 시작하였다.

협치사회의 가능성은 디지털 정보통신기술에 의해 구성되는 사회의 재조직화에 기반한다. 이런 사회의 재조직화를 이해하기 위해서는 웹스터(F. Webster)가 제안한 '개체화'(individuation)와 '개인성'(individuality)을 구별하는 것이 유용하다. 웹스터에 따르면, 개체화란 "모든 개개인이 이름, 생일, 주소, 취직 경력, 학력, 그리고 취향에 따른 생활양식 등 단일한 기록으로 확인될 수 있게 알려져 있는 상황을 지칭한다." 반면에 개인성이란 "많은 논자들이 사회적 조직화의 증가와 그에 따른 감시에 의해 위협받고 있다고 믿고 있는 것인데, 사람이 자신의 운명을 책임지고 삶에 대한 진정한 선택과 통제를 하는 것에 대한 것이다."4)

쉽게 말해서, 개체화란 개인에 대한 정보 자료에 해당하며, 개인성이란 이런 정보자료가 지시하고 있는 인격체로서의 개인을 일컫는다. 개체화는 개인에 대한 파악과 감시 그리고 정보 수집 활동에 의해 증대되는 반면, 개인성은 그렇게 구성된 사회조직 내에서의 자유에 관심을 둔다. 따라서 일정 정도 개체화는 개인성을 보호하고 촉진시키는 데 긍정적이지만, 어느 시점에서는 또한 갈등을 예상할 수 있다. 즉 개체화와 개인성은 결합되어 있지만, 전자의 지나친 증가는 후자에 대한 제약과 감소로 나타날 수 있는 것이다. 이로부터 비롯하는 문제점은 4절에서 다루기로 하고, 일단 먼저 개체화가 개인성을 확장하는 측면을 고찰하기로 하자.

사이버 공간은 탈체현(disembodiment)과 익명성을 토대로 개인성을 실험할 수 있는 무한대의 기회를 제공하며, 아울러 탈권위적인 쌍방향 커뮤니케이션을 엶으로써 사회적 피드백을 초시간적으로 가능하게 한다. 디지털 정보통신망을 이용한 멀티커뮤니케이션은 '월드컵의 대중 응원'과 '미군장갑차 여중생 치사 사건' 등 사회적 이슈들에 대한 담론 시대를 새롭게 열었다. 물론 디지털 문화가, 절제되지 않은 비판이나 분노, 혐오, 인신공격 등을 여과 없이 통과시키는 탈금제 효과(disinhibition effect)로 인해 부작용을 수반하기도 하지만, 이런 부정적 현상들에 대한 비판적 견제 작용 역시 성숙해지고 있다. 인터넷 게시판이나 뉴스 그룹 등 누구에게나 참여가 허용되는 사이버 공간은 다양한 관심사와 의견이 교환되는 장으로 자리잡고 있으며, 네티즌들은 현실 공간에서는 구현할 수 없는 이 상상의 세계 속에서 자신들의 존재 의미를 확인하게 하는 관심들을 같이 나누고 있다. 그래서 디지털 공

---

4) Frank Webster, *Theories of the Information Society*(London and New York: Routledge, 2002), pp.206~207.

간이 개인성의 새로운 사회존재론적 지평을 열어가고 있는 측면이 좀 더 깊은 인간 이해 차원에서 찾아져야 한다.

사실 디지털 문화는[5] 의미와 합리성, 그리고 체계에 기초하고 있는 근대적인 인지패러다임에 심각한 변화를 초래하고 있는 것으로 보인다. 디지털화된 경험으로부터 생겨나는 상상력과 이해의 구조들은 이성의 추상적이고 객관적인 도식을 넘어서 가며, 상상력을 탈체계적으로 구조화하고 있다. 전통적으로 이성이 권력의 구조화에 기여했다면 상상력은 탈구조적 차원에서 개인성을 표현하는 기호이다. 해석학에서는 역사이성이나 이해 지평, 그리고 선이해 등을 강조함으로써 이성의 다원적이고 상대적인 차원을 주목했던 바 있지만, 이것이 탈권력적인 구조를 확산하는 상상력을 주목하는 단계로까지 나아가지는 않았다. 졸고는 서구철학에서 전통적으로 무시되거나 평가절하되었던 이 상상력의 차원이 디지털 문화 속에서 재구성되는 현상을 '디지털 영상도식' 과 '테크노철학'이라는 개념을 제안하면서 좀더 체계적으로 살펴보고자 한다.[6]

흔히들 가상 곧, 시뮬레이션을 컴퓨터와 프로그램의 차원에서 이해한다. 그러나 이렇게 이해된 시뮬레이션은 이진 논리에 기초한 수학적

---

5) 디지털 문화란 신호처리와 매체 영역에서 이루어진 과학기술혁명에 의해 야기된 새로운 의사소통양식 및 생활양식을 일컫는 말이다. 즉, 의사소통체계와 구조에서의 기술적 변화로 초래된 새로운 인지체계 및 행위양식, 그리고 그 기저에 놓인 변화된 가치관 및 세계관을 포괄적으로 일컬어 디지털 문화로 총칭할 수 있는 것이다. 이를 좀더 도식적으로 정리하면, 디지털 문화란 <디지털 기술 + 새로운 의사소통양식 + 탈근대적 생활양식>의 종합으로 이해할 수 있다. 이에 대한 좀더 자세한 설명은 졸고, "디지털 문화와 종교교육", 한국종교교육학회, 『종교교육학연구』, 제17권 참조.

6) 이런 의미에서의 테크노철학 개념을 처음 제안한 글은 졸고, "Techno-philosophy in the New Millennium", *Science and Human Values in Asia Today* (서울: UNESCO APPEND, 2001)에서이다.

연산체계와 이에 기능하는 기계적 작동장치의 종합에 불과하며, 이것은 플라톤 이래 전통적으로 이해되어 온 이성과 기술과학 영역의 사태들이다. 따라서 역설적으로 컴퓨터와 시뮬레이션을 새로운 차원으로 고양시키는 것은 오히려 가상을 통해 확장된 인간의 지각 경험과 상상력이라고 말해야 옳을 것이다. 다시 말해, 탈육화된 가상적 디지털 문화가 오히려 지각의 상호작용과 신체의 반복적 운동을 확장하는 가운데 인간의 상상력을 자극하고 있는 것이다. 이런 관점에서 위노그라트(T. Winograd)는 컴퓨터 프로그램의 설계 자체부터가 기술적인 문제라기보다 벌써 일종의 '존재론적' 디자인에 해당함을 강조하며, 컴퓨터 프로그램을 '재현'(representation)의 맥락 내에서 바라본다.[7]

철학의 역사에서 상상력에 대한 평가는 엇갈린다. 일찍이 플라톤은 『국가』에서 진리에 대한 선분의 비유를 통해 상상력(eikasia)을 대상에 대한 어떤 참된 지식도 제공하지 못하는 인식의 가장 낮은 형태로 폄하했다.[8] 반면에 아리스토텔레스는 상상력(phantasia)을 판단과 구별하면서 좀더 적극적으로 감각과 사유를 매개하는 기능으로 간주한다. 다시 말해, 상상력은 감각에 의존하지만 또한 사유를 가능하게 하는 우리의 능력이라는 것이다.[9] 플라톤적 전통 속에서의 상상력은 이론적 인식에 부적합한 자연적인 기능이나 기예였다면, 아리스토텔레스에서는 모든 추론적 사고에 불가결한 편재적인 작용이다.

근세에 들어 칸트는 이런 두 가지 전통을 통합하는 차원에서, 상상력이 어떻게 창조적일 수 있는가 하는 문제와 객관적 경험을 구성하

---

7) T. Winograd & F. Flores, *Understanding Computers and Cognition: A New Foundation for Design*(New York: Addison-Wesley Publishing Company Inc., 1986), pp.83~90 및 163 참조.

8) Plato, *Republic*, 509c 참조.

9) Aristotle, *De Anima*, 3권 3장, 427b 참조.

는 데 어떤 역할을 하는지를 종합해 규명한다.[10] 칸트의 결론은 대체로 이렇다. 우선, 추상적인 우리의 정신구조가 감각 지각의 내용과 연결될 수 있기 위해서는 '제 3의 어떤 것'이 필요하며, 이것이 시간 안에서 이루어지는 상상력의 도식화 작용이다. 칸트는 시간을 모든 인식에 앞서는 순수하고 형식적인 내감의 선험적 구조로 파악한다. 모든 인식은 시간 안에서 일어나며, 시간성의 구조에 따른다. 상상력은 이 시간 안에서 표상들을 정돈하는 도식화 작용을 한다는 것이다. 도식은 개념이나 구체적 관념과 다르다. 관념은 감각 경험과 연관된 마음의 상이고, 개념은 어떤 사물이 그 개념에 속하기 위해 가져야 하는 특성을 명시하는 추상적 규칙이다. 그래서 상상력의 도식화 작용은 한편으로는 관념 또는 감각 대상을, 다른 한편으로는 추상적 개념을 매개한다. 그러므로 상상력은 초월적 규정이자 경험적 규정으로서 우리 경험에 질서를 세우는 작용을 한다. 이런 차원의 상상력은 모든 인지 활동의 기초이다.

그런데 상상력에는 이를 넘어서는 창조적 차원도 있다. 칸트는 정신이 감각을 통해 받아들인 지각 내용을 조직화하는 개념 활동만으로 단순히 고정되지 않음을 간파했다. 때로 정신은 새로운 질서를 찾고 의미를 생성하기 위해 표상들을 반성하는 창조적 활동을 수행한다. 이런 정신의 능력을 그는 개념과 연관된 규정적 판단력과는 달리 『판단력 비판』에서 '반성적 판단력'이라 이름한다. 반성은, 정신이 표상들을

---

10) 이를 위해 칸트는 상상력을 네 가지로 구분한다. ① 재생적 상상력(reproduktive Einbildungskraft), ② 산출적(produktive) 상상력, ③ 도식성(Schematismus) ④ 반성적(reflexive) 상상력이 그것이다. 칸트의 상상력에 대한 좀더 자세한 논의는 M. Johnson, *The Body in the Mind: The Bodily Basis of Meaning, Imagination, and Reason*, 노양진 역, 『마음속의 몸』(철학과현실사, 2000), 제6장 참조. 졸고에서는 칸트의 '영상도식' 개념에 대한 존슨의 이해를 수용해 이를 디지털 문화에 확대 적용시키고자 했다.

조직화하는 가능한 방식들을 찾아 다양한 표상들을 조작하는 상상적 활동이다. 따라서 반성적 판단력에는 자동적으로 경험에 적용되는 이미 주어진 개념이 없다. 반성적 상상력은, 만약 지성이 참으로 개념적 규칙들로 판단을 통제하고 있다면 그랬을 것처럼, 자유롭게 그러나 개념의 인도 없이 작용한다.

칸트는 상상력이 이처럼 규칙의 지배를 받지 않으면서도 지성의 구조에 합치하는 것을 '합목적성'(Zweckmäßigkeit)이라고 표현한다.[11] 다시 말해, 확정적 목적 없는 합목적성이 존재한다는 것이다. 어떤 것의 아름다움을 판단하는 개념적 규칙은 없지만, 우리는 그 대상의 형식적 특성들을 상상적으로 반성함으로써 그 대상을 경험하고 모종의 인식적 조화를 찾는 것이 보편적으로 가능하다는 것이다. 말하자면 비판이 가능하며 따라서 자의적이 아닌 규칙 없는 합리성이 존재하며, 이것이 상상력의 구조라고 보았던 것이다.

졸고는 이런 칸트의 상상력에 대한 이해를 디지털화된 탈권력적 개인성의 구성 과정으로 확장하고자 한다. 이를 위해 상상력의 기술적 과정을 분석하는 프로이트의 논의를 결합시킬 필요가 있다. 상상력은 한편으로 프로이트나 라캉이 꿈의 분석에서 활용했던 은유나 환유 구조를 특징으로 한다.[12] 물론 이때 은유나 환유란 언어적 표현 양식을 넘어서 어떤 종류의 경험 유형을 다른 형태의 경험 영역에 투사할 수 있도록 하는 광범위한 이해의 한 유형을 일컫는 말이다. 프로이트에 의하면 꿈의 과정은 디지털 상상력을 이해하는 데 시사적인 네 가지

---

11) 같은 책, p.295 참조.

12) 프로이트와 융은 서로간의 이론적 차이에도 불구하고, 꿈이 무의식의 과정을 관찰하는 데 매우 중요한 계기를 이룬다고 본다. S. Freud, "The Unconscious", in *SESF*, Vol. XIV(London: The Hogarth Press, 1957), p.187. Carl G. Jung, "Approaching the Unconscious", in Carl G. Jung et al.(eds.), *Man and His Symbols*(London: Aldus Books, 1964) 참조.

특징 즉, '압축'(condensation)과 '환치'(displacement), '형상적 재현'(representation in plastic form), 그리고 '재교정'(secondary revision)의 단계를 거친다.13)

꿈의 과정에서 압축이란, 현실 경험에서는 묶일 수 없는 사물의 요소들을 하나로 통합하여 복합적인 상을 구성하는 상상력의 창조적 작업에 해당한다. 또한 환치란 환상 또는 치환(replacement)의 방법을 통해 꿈의 요소들을 변형하거나 재정돈하는 과정을 말한다. 세 번째 것에 앞서 재교정을 먼저 살피면, 이것은 이렇게 뒤죽박죽인 꿈의 단편들을 다소간 정합적인 형태로 탈서사화하는 과정을 말한다. 아날로그적 자료를 디지털화하는 데도 압축과 치환 및 패키지화된 바이트를 재구성하는 과정은 재현되지만, 정작 디지털 문화와 무의식과정을 연관 지워주는 더 큰 특징은 가상화로 특징되는 세 번째 형상적 단계로 보인다.

형상적 재현은 언어나 사고의 요소들을 영상으로 변환시키는 단계이다. 이 과정을 통해 사고와 감각적 인상 사이의 원래 관계가 회복된다. 프로이트에 따르면, "이제 우리의 사고는 원래 그런 종류의 감각 영상(sensory images)으로부터 발생한다. 즉, 첫 번째의 질료적이고 예비적인 단계는 감각 인상(sense impression)이며, 더 적절히 말한다면 바로 그런 인상들에 대한 기억적 영상(Mnemic images) 단계이다. 이 과정 다음에야 언어가 이 영상들에 부가되며 또한 이 언어들이 다시금 묶여 사고가 이루어지는 것이다."14) 말하자면, 사고의 기초는 언어나 감각 지각이 아니라 오히려 그런 감각적 인상과 언어를 매개하면서도 제 3의 중간에 위치하는 상상적 영상화 단계인 것이다. 이 형상

13) S. Freud, "Introductory Lectures on Psychoanalysis", in *SESF*, Vol. XV (London: The Hogarth Press, 1961), Chap. XI 참조.
14) *Ibid.*, pp.180~181.

적 재현 단계를 통해서야 꿈은 현실 속에서, 감각에 대한 사유의 우월성으로 도착되어 나타나는 것을 전복시켜 준다.

칸트의 도식을 상기하게 하는 형상적 재현은 인상에 대한 영상을 묶어내는 과정이며, 이 속에서 한편으로는 언어, 그리고 다른 한편으로는 지각 및 감각 인상을 현실과는 전혀 다른 방식으로 매개한다. 그런데 이런 특징은 디지털 영상 문화에서도 나타난다. 디지털 문화는 의식과 언어에 기초하던 담론의 질서를 지우면서 기호들을 새롭게 영상적으로 재현해 낸다. 물론 이때의 영상적 재현은 오히려 가상적 실현(virtual reality)이라 말해야 더 적합할 수 있다. 왜냐하면 문자나 기호의 현실적 맥락을 지우고 그 자리에 디지털 기술로 변형되고 압축된 영상이 대체하기 때문이다. 말하자면, 디지털 기술이 꿈에서 이루어지는 은유와 환유의 무의식 과정을 대신하는 것이다. 이렇게 기술이 우리의 의식 과정에 들어와 우리의 인지와 상상 작용을 매개하는 것을 좇고는 디지털 상상력이 발휘되는 영상도식, 곧 디지털 영상도식이라 이름 붙이기로 하겠다.

디지털 영상도식은 우리의 사고와 지각 경험의 총체를 기술적 가능성과 결합시켜 정합적이고 질서정연한 이해의 세계로 인도한다. 우리는 이미 단순한 아날로그 형태의 꿈이 아니라 디지털 상상력을 통해 물리적이고 신체적인 경험에서 비롯하는 수많은 지각 형태들을 이해 가능한 인지 구조들로 변형시키며, 그 위에서 추상적인 이해를 구성한다. 이런 의미에서 디지털 영상도식은 이러저러한 자의적이고 환상적인 투사와는 전혀 다른 차원의 인식이다. 또한 나아가 디지털 문화 속에서의 인식 패러다임은 여기에 그치지 않고, 신체적 운동과 지각적 상호작용을 반성적 상상력의 통합적 힘으로 묶음으로써 창조적 인식, 아니 인식을 시뮬레이션한다. 이런 한에서 탈구조적 인식과 탈권력화된 개인성의 기초를 마련한다.

디지털 상상력은 우리 경험 안에서 공간과 시간에 대한 지각적 이해를 바이트와 네트워크라는 사이버스페이스로 이끌어 올리며, 환경과의 상호작용 속에서 선개념적이고 비명제적인 종합 도식을 구성해 낸다. 디지털 영상도식은 결코 자의적이지 않으며, 우리의 신체적 기능과 경험의 다른 측면들 그리고 기술적 구현 가능성에 의해 고도로 제약을 받는다. 따라서 디지털 영상도식은 인간의 기초 지각과 운동 기능성, 정서 능력, 언어구조, 사회역사적 가치관 그리고 첨단 기술의 방향성과 통제력에 의해 전체적으로 재구성된다. 디지털 영상도식은 신체적 존재로서의 인간과 언어적 존재로서의 사회적 자아, 그리고 은유와 환유로 확장되는 탈자아적 존재를 통합하는 면에서 개인성을 탈구조적으로 해방한다.

디지털 영상도식은 지식정보사회 속에서 의미체계를 구성하고 추상화의 모든 단계에서 추론과 반성 및 종합의 사고 패턴을 제공한다. 그래서 이는 분절화되고 탈육화된 디지털 공간 속에서 다시금 의미와 이해의 상상적 구조를 탄생시키며, 동시에 어떻게 이성과 상상력이 디지털 기술과 문화를 통해 몸과 마음속에서 결합할 수 있는지를 보여준다. 그리고 이런 디지털 영상도식에 의한 새로운 인지 패러다임 및 사이버 존재의 개인성을 규명하고자 하는 철학이 테크노철학인 것이다.

테크노철학은 철학 일반이나 기술철학과 다르다. 왜냐하면 기존의 철학 일반이 논리나 담론의 세계에 주목하고 대체로 객관주의적 인식 패러다임을 틀 지운다면, 테크노철학은 객관성에 창조적 상상력을 연관짓는 면에서, 즉 디지털 영상도식을 인식과 실천의 주요 패러다임이자 개인성의 새로운 특성으로 이해하는 면에서 다르다. 또한 하이데거의 기술에 대한 문제제기 이후 이어지는 기술철학은 대체로 실체적 관점이나 도구주의적 관점 아니면 다원주의적 입장에 머무른다.[15] 반면 테크노철학은 기술적 가능성이 가상이라는 이름으로 우리의 상상력과 존재방식에 미치는 영향과 이를 통해 펼쳐지는 협치사회의 가능성을 마저 고찰하고자 한다. 다시 말해 이제 디지털 기술은 인간의 무의식을 확장하며, 이 과정에서 기계와 인간의 영상적 결합으로서의 시뮬레이션 곧 가상의 협치사회를 열고 있는 것이다.

3. 사이버나라: 절차적 협치사회

오래 전 아테네의 민주주의가 고대 세계 전체를 통틀어서도 매우 독특한 것이었음은 잘 알려져 있다. 연구 문헌들에 따르면, 수메르의 길가메시 전설에 엿보이는 '원시민주주의'를 별도로 한다면 그 편린조차 찾아볼 수 없거니와, 로마에서도 공화국 말기에 민주정치로의 이행이 시도되었지만 결국 실패로 돌아가고 말았던 것이다.16) 비록 소크라테스와 플라톤 그리고 아리스토텔레스가 민주주의를 문제삼지 않은 것은 아니지만 어쨌든 그들은 이런 민주주의 형태를 포함하여 다양한 정치적 시도가 가능한 가장 완벽한 형태의 사회를 폴리스(polis)라고 생각했다.

고대 정치철학자들은 이 폴리스가 국가의 여러 형태 가운데 하나임을 잘 알고 있었다. 그들은 이미 소아시아 지역에 흩어져 무리를 이루고 있는 여러 종족에 대해서도 알고 있었으며, 페르시아 제국과 같은 거대 국가에 대해서도 알고 있었다. 이런 다양한 정치적 결사체 가운데 폴리스를 그들이 선호했던 이유는 아마도, 종족 단위에서는 높은

---

15) 기존의 기술철학과 테크노철학이라는 개념과의 차이에 대한 상론은 졸고, "Techno-philosophy in the New Millennium"(서울: UNESCO APPEND, 2001) 참조.

16) 양병우, 『아테네 민주정치사』(서울대학교 출판부, 1990), pp.1~5 참조.

문명을 발달시킬 능력이 결여되며 반면에 매우 큰 사회는 자유로운 사회가 될 수 없다는 믿음 때문이었던 것으로 보인다. 이런 고전적 폴리스 개념을 우리말로 번역할 때 가장 자연스러운 말은 국가나 도시 또는 사회가 아니라 '나라'인 것 같다. 우리가 '나라가 위태롭다'고 말할 때의 나라는 국가와 사회에 대한 구별을 전제하지 않으며 또한 기능적으로 독립적이지 못한 도시를 연상하지 않는다.

이런 의미를 살려 우리는 디지털 협치사회를 '사이버나라'라고 부르기로 하자. 즉, 사이버나라는 구성원들이 참여를 통해 민주적 자기지배를 이룰 수 있는 이념형으로서 그 자체 독립 단위가 될 수 있는 커뮤니티를 말하며, 규모에서는 작은 동호인 모임 형태로부터 미래의 전자정부 내지 세계정부 단위까지가 이론적으로 가능하다. 사이버나라는 현대 자유주의 정치철학이 기본 이념으로 삼아왔던 권리와 절차적 정의가 가장 자연스레 보장될 수 있는 계약사회이다. 다시 말해, 사이버나라가 근대국가와 다른 두 가지 점은 직접참여의 확대와 또한 이런 참여를 통해 동시에 발생하는 계약적 평등관계의 유목적(遊牧的) 재현이다.

먼저, 직접참여라는 특성을 살펴보기 위해 조금 우회하기로 하자. 민주주의의 통시적 역사에 대한 고전적 분석에서 로버트 달은 대의제도에 기초한 근대적 정치질서가 민주주의의 두 번째 형태로서 이는 첫 번째 형태인 고대 그리스 도시국가의 민주주의의 한계를 축소한 측면과 확장시킨 면을 각각 가짐을 분석한 바 있다.[17] 다시 말해 대의제도는 제한된 데모스로 된 소규모 도시라는 민주적 단위의 규모와 관련된 구조적 제약을 무너뜨린 반면, 한 결사체 내에 동일한 권리를 갖는 데모스가 모여 토론하고 투표하는 직접적 참여 형태를 포기하였

---

17) Robert A. Dahl, *Democracy and Its Critics*, 조기제 역, 『민주주의와 그 비판자들』(문학과지성사, 1999), pp.592~594 참조.

다는 것이다. 새로운 대의제도는 도시국가의 주기적 질병이었던 무수한 소규모 독립적 지방 사이의 폭력적 갈등을, 공통적으로 집행가능한 법 체계를 통해 조정하는 계기를 맞게 된다. 아울러 이를 통해, 공통의 법 체계와 제도 속에 살고 동등한 권리들을 광범위하게 누리는 사람들의 수가 사실상 모든 성인들로 확대된다. 다시 말해 통치권이 소수로부터 다수에게로 이전된 것이다.[18] 달은 정당에 기초한 이런 근대적 대의민주주의 형태를 이상화시키지 않고 냉정히 '폴리아키'(poly-archy)라고 평가한다.

그런데 놀라운 것은 정보사회에 들어, 오늘날 일반화되어 있는 이런 폴리아키에서, 도시국가로부터 민족국가로의 진행에서 볼 수 있었던 그런 극적인 변화가 다시 한번 시작되고 있는 점이다. 즉, 폴리아키가 지닌 관료제와 과두제를 넘어 구성원들에게 참여와 자유, 권력을 분배하는 세 번째 형태의 민주주의가 민족국가의 틀을 넘어 구성되고 있는 것이다. 다시 말해 정보사회에 들어, 정책 엘리트와 데모스 사이의 차이가 완화될 수 있는 기술적 가능성이 열리고 있는 것이다.

원거리 통신에 의해 사실상 모든 시민들은 공적 쟁점에 관한 정보에 대해 거의 즉각적으로 그들에게 적절한 형태(인쇄물, 토론, 극화, 희화 등)와 수준(예컨대 전문가에서 초보자 수준까지)으로 접근 가능하다. 원거리 통신은 또한 모든 시민에게 공적 쟁점에 대한 정보에 의거하여 의문을 제기할 기회를 주었다. 원거리 통신의 송수신 체계는 시민들이 전문가, 정책 작성자, 동료 시민들과의 토론에 참여할

---

18) 『자유론』을 쓴 지 얼마 안 있어 발간된 『대의 정부론』을 통해 밀은, 무엇이 최상의 정부형태인가를 반문하면서 그것은 실제에 있어서 대의민주주의라고 결론짓는다. 그리고 이 대의민주주의가 자유로운 정부가 되기 위해서는 참정권의 확대가 중요함을 강조한다. J. S. Mill, *Utilitarianism, Liberty, Representative Government*(London: Dent, 1962), p.211 참조.

수 있게 하였다.[19]

　물론 기술적 혁신이 참여민주주의로 직접 연결되는 것은 아니며, 앞절에서 협치사회의 존재론적 기초를 먼저 고찰한 이유도 여기에 있다. 첨단 기술이 정책 엘리트들의 집단 이해를 조작하는 도구로 전락하지 않기 위해서는 '깨어 있는 비판적 대중'이 살아나야 하며, 이는 첨단 정보기술의 가능성을 개인성의 해방으로 통합하는 디지털 영상도식에 기초한 탈권력적 개인을 통해 구성된다. 비록 전체 데모스 규모까지는 아니라 하더라도, 이 깨어 있는 비판적 대중은 달의 예상처럼 가상적인 '소인구 집단'(minipopulus)을 구성하여 쟁점 의제들에 대한 위원회 조사나 정책 결정 과정에 참여할 수 있다. 데모스가 어떤 정책이 그들이 추구하는 목표를 달성하게 할 가능성이 가장 높은가를 결정함에 있어 이용 가능한 최선의 지식을 얻을 수 있다면, 소인구 집단의 의견은 데모스 자신의 의견일 것이다. 이 단계가 사이버나라 곧 협치사회인 것이다.

　그럼 이제 사이버나라의 두 번째 특성인 계약적 평등관계의 유목적 재현에 대해 고찰하기로 하자. 자유와 평등을 이념으로 삼는 민주주의는 역설적으로 반역의 역사이다. 왈쩌의 지적처럼, "글자 그대로 이해된 평등이란 배반을 위해 숙성된 이념이다. 이 이념에 충직한 사람들조차 그들이 평등을 지향하는 운동을 조직하자마자 그리고 권력, 직위 및 영향력을 서로 분배하자마자 바로 평등을 배반한다."[20] 그런데 이

---

19) Robert A. Dahl, 앞의 책, pp.628~629. 달은 근대적인 폴리아키를 다시 3단계로 구분하여, 대의제도를 만들어내던 폴리아키 1단계와, 공공문제 해결에 전문지식을 동원한 폴리아키 2단계, 그리고 졸고에서 사이버나라 개념을 통해 그리고 있는 대중참여의 폴리아키 3단계로 규정한다.

20) M. Walzer, *Sphere of Justice*, 정원섭 역, 『정의와 다원적 평등』(철학과현실사, 1999), p.15.

런 평등에 의해 숙성되는 배반을 막자면, 또한 일찍이 근대민주주의의 산파였던 밀이나 토크빌이 우려했던 '다수의 횡포'(tyranny of the majority)로 귀착될 또 다른 우려가 있다.21) 평등의 이런 역설을 해결하고자 노력했던 사람이 롤즈였지만, 사이버나라에서는 이 문제가 더 용이하게 완화될 수 있다.

로크 이래 사회계약론적 전통은 권리를 사회적 합의의 산물로 파악한다. 또한 잘 알려져 있다시피 롤즈는 완전한 절차적 정의와 불완전한 절차적 정의 및 순수절차적 정의를 구별하면서 이 세 번째 유형을 계약론적 방법과 결합시키면 가장 정의로운 자유민주주의체제를 구성할 수 있다고 주장한 바 있다.22) 정의의 두 원칙 곧, 평등한 자유의 원칙과 차등원칙을 제안한 롤즈의 논의가 사이버나라의 규범적 가능성을 여는 데 도움이 되는 이유는 그가 처리하고자 했던 문제 때문이다. 롤즈 주장의 장점은 순수절차적 정의를 취할 경우 정의의 요구를 충족시키기 위해 특정 개인의 무한히 다양한 욕망이나 변화하는 상대적 처지를 추적할 필요가 없고, 단지 "자신의 이익 증진에 관심을 가진 자유롭고 합리적인 사람들"과 이들의 "평등한 최초의 입장"만 가상 될 따름인 점이다. 전통적인 사회계약론의 '자연상태'를 고도로 추상화한 롤즈의 '원초적 입장'은 '무지의 베일'을 특성으로 하며, 가상적이면서도 하이퍼리얼한 면에서 사이버나라의 구성원칙과 매우 유사하다.23)

---

21) Norberto Bobbio, *Liberalism and Democracy*, 황주홍 역, 『자유주의와 민주주의』(문학과지성사, 1992), p.64 참조.

22) 현대 서구정의론은 정의의 기본 개념을 '응분'(desert)에서 '권리'(entitlement)로, '정의로운 결과'에서 '정의로운 절차'로 바꾸고 있다. 황경식, "존 롤즈의 정의론", 서울대 사회정의연구실천모임 편, 『현대사회와 과학문명』, pp.52~66 참조.

23) 롤즈는 칸트 역시 원초적 합의가 가상적임을 분명히 했다고 밝히면서, 자신의 원초적 입장도 "순수한 가상적 상황"임을 강조한다. 존 롤즈, 황경식 역, 『사

롤즈가 원초적 입장에 무지의 베일을 씌운 이유는 정의롭지 못한 불평등을 야기하는 자의적인 두 요소를 걸러내기 위해서였다. 이 두 요소란 자연적 우연과 사회적 우연을 말한다. 즉, "아무도 타고난 우연의 결과나 사회적 여건의 우연성으로 인해 유리하거나 불리해지지 않는"[24] 상황을 만들기 위해서이다. 개개인의 지능과 건강, 사교성, 관심과 취미까지가 대체로 자연적 소질로서 이로 인한 불평등을 정의의 관점에서 용인하기는 어렵다. 그런데 이런 불평등을 증폭시키는 것이 교육과 제도 등 사회적 우연이다. 따라서 정의의 관점에서 볼 때 자연적 우연과 사회적 우연을 최소화시키는 것은 매우 중요하고 적절한 조치이다. 사이버나라에서는 이와 같은 문제들이 자연스레 약화되는 면에서 정의의 지반이 확장된다.

사이버나라는 로그-인(log-in)에서 시작한다. 그러나 이 말의 의미가 이때까지 철학적으로 분석된 적은 없다. 컴퓨터와 인터넷이라는 일정한 기술적 장치와 프로그램 및 행위자를 전제로 이루어지는 로그인은 정체성과 지위, 토지나 자본, 권력과 종교로부터 독립된 사이버나라로의 진입을 뜻한다. 사이버나라의 성원권은 권력이나 영예, 신분이나 신의 은총, 인척관계와 사랑, 지식, 부, 그리고 신체적 조건이나 특질과 무관하다. 여기서는 개인적 정체성이나 사회적 정체성이 증발하며, ID와 닉네임, 아바타(Avatar)[25] 등을 통해 새로운 전자적 정체성이 누

회정의론』(서울: 서광사, 1990), p.33 참조.

24) 같은 책, p.34.

25) 아바타란 분신(分身), 화신(化身)을 뜻하는 말로, 사이버 공간에서 사용자의 역할을 대신하는 애니메이션 캐릭터를 지칭한다. 원래 아바타는 내려오다, 통과하다라는 의미의 산스크리트어 'Ava'와 아래, 땅이란 뜻인 'Terr'의 합성어라고 한다. 인터넷 시대가 열리면서 3차원이나 가상현실게임 또는 웹에서의 채팅 등에서 자기 자신을 나타내는 그래픽 아이콘을 가리키며, 따라서 아바타는 그래픽 위주의 가상사회에서 자신을 대표하는 가상육체라고 할 수 있다.

구에게나 공평하게 자유의사에 따라 할당되는 원초적 상황이 유목적으로 재현된다. 이런 의미에서 로그인은 전자적 정체성들 사이의 수많은 대칭적·비대칭적 상호작용에서 평등의 원칙을 시연하는 첫 번째 절차적 관문이다.

로그인은 면대면 만남과 신체적 신호를 끄는 순간이며, 동일성이 가정되었던 자아가 판단중지되는 순간이다. 이런 특징은 익명성이 일반화됨으로서 만들어진다.26) 물론 전통사회에서도 익명성은 특화된 기호나 상징으로 개별화된 존재은폐 기능을 해왔다. 그러나 전자시대 들어 이루어진 익명성의 일반화는 탈육화된 공간과 비동기적 시간의 흐름에 대한 선호를 뜻하며, 따라서 물리적 공간 제약과 불가역적인 시간 제약을 넘어서는 특성을 갖는다. 예를 들어, 신용사회가 자리잡고 있는 이른바 선진국들에서는 아직도 이름과 전화번호, 주소를 묻는 것이 관행화되어 있다. 그러나 인터넷 환경에 훨씬 빨리 적응하고 있는 우리 사회의 경우, 인터넷 커뮤니티에서 실제 이름보다는 아이디나 닉네임을 요구하며 실제 주소보다는 메일 주소를 선호한다. 다시 말해 사이버나라에서의 익명성은 그 자체가 네트워크 속에서의 한 노드이기를 희망하며, 그럴 때에만 존재할 수 있는 유동적 실체이다. 이런 의미에서 보편화된 익명성은 누구에게도 탁월한 구체적 특권을 부여하지 않으며, 따라서 탈자연적·탈사회적 집합행위를 통한 새로운 협치적 평등사회의 구현을 가능하게 만든다. 그러므로 익명성은 디지털 협치사회에서 은폐를 통한 존재 비은폐를 행하는 두 번째 절차적 과정이라 볼 수 있다.

---

http://kin.naver.com 참조.

26) 사이버나라에서 새롭게 구성되는 사회관계의 특징으로는 이런 익명성 외에도 가상성과 초월성, 개방성 등이 있다. 이들에 대한 논의는 졸고, "디지털 문화와 종교교육", 한국종교교육학회, 『종교교육학연구』, 제17권 참조.

4. 빅 브라더?

하이데거가 "기술에 대한 물음"에서 일찍이 지적했듯이, 기술에 대한 태도에 따라 지식정보사회에 대한 평가도 엇갈릴 수밖에 없다. 잘 알려져 있듯이, 토플러나 네이스빗, 네그로폰테 등 기술적 낙관론자들은 디지털 혁명 이후의 지식정보사회가 거대담론과 체계가 지배하던 근대사회와는 질적으로 다른 사회이며, 규모의 축소와 탈중앙집중화 및 사회적 공간의 개인화 과정을 초래함을 강조한다. 반면에 기술과 기술의 결정성에 대해 비판하는 엘륄(Jacques Ellul) 같은 논자들은 오히려 새로운 형태의 거대 체계 및 중앙집중화 그리고 개인적 공간의 분해에 주목한다.[27] 위기가 곧 기회이듯이, 기술 자체도 항상 양가적이다.

디지털 정보통신기술의 획기적 발전은 정치적 의사결정과정에 시민의 직접적인 참여를 가능하게 하며 개인성을 확장해 주는 면에서 민주주의를 강화시켜 주기도 하지만, 반면에 기술은 위로부터의 통제나 감시에 영향을 받기 쉽기 때문에 오히려 민주주의를 위협할 수도 있다. 유사한 방식으로 뉴미디어는 물리적 시간 공간을 초월해 협치적으로 상호작용하는 인간관계와 사회관계의 장을 여는 면에서 자유를 증대시킬 수도 있지만, 또한 오히려 개체화된 정보 자료에 대한 중앙통제를 가능하게 함으로써 개인을 감시받는 소비자로 묶어둘 위험도 있다. 자유의 확대와 프라이버시의 침해가 동시에 가능한 것이다.

사실 사이버나라 곧, 디지털 협치사회 개념은 그 말 자체가 이미 사이버스페이스를 통한 자유롭고 평등한 공공영역의 강화에 대한 기대를 담고 있다. 그리고 이는 20세기 후반 들어 자본주의 체제의 강화와

---

27) Jacques Ellul, *The Technological Society*, trans. John Wilkinson(New York: Vintage, 1964), pp.18~22 참조.

더불어 나타난 공공영역의 위기를 극복하고자 하는 노력의 연장선 위에 서 있다. 다시 말해, 그 이름이 '합의 공학'(engineering of consent)이든 광고나 설득이든 간에, 어쨌든 여론을 조작하고 사회 통제를 유지하려는 기업이나 국가 행정조직의 관심에 반해, 소비중심사회 속에서도 민주주의의 성장을 이끌어 내고자 하는 것이 사이버나라에 대한 관심으로 표출되는 것이다. 그렇기에 사이버나라에 대한 논의는 그 과제와 위험성에 대한 진지한 우려를 통해 균형 잡힐 필요가 있다. 이런 비판적 성찰 가운데 하나가 공공영역의 쇠퇴에 관한 하버마스의 주장일 것이다.

잘 알려져 있듯이 하버마스는『공공영역의 구조적 변동: 부르주아 사회의 범주에 대한 탐구』라는 오래 전의 책을 통해 18, 19세기 영국에서 자본주의의 확산으로 부르주아 공공영역이 출현하였으며, 그후 20세기 중반에서 말기 사이에 이 공공영역이 쇠퇴일로에 접어들었음을 비판한 바 있다. 즉, 하버마스는 부르주아 사회 초기에 정치적 공공영역의 형성이 제약이나 구속이 없는 의사소통 상황을 조성함으로써 이상적인 형태의 민주적 의사소통체계로 기능하였다고 보았다. 따라서 그는 '부르주아적 공공영역'을 역사적이면서도 규범적인 이상적 담화상황의 모델로 삼으며, 또한 자본주의 체제가 점차 공고화됨에 따라 이 공론 영역이 원래의 비판적 기능을 상실하고 오히려 조직화된 관료국가체제를 옹호하는 이데올로기의 기능으로 전환되는 점을 비판한다.[28]

---

28) 이것을 그는 "정치적 공공영역의 재봉건화"라고 규정하면서 이런 현상은 경제와 정치에 대한 국가 개입이 증대하는 후기자본주의에서 심화되고 있다고 분석한다. J. Habermas, *Strukturwandel der Öffentlichkeit*(Berlin: Luchterhand, 1962), ss.273~274 참조. 물론 공공영역의 재봉건화는 생활세계의 내부식민지화 현상과 밀접하게 관련된다.

하버마스의 관점을 취할 경우, 지식정보사회는 디지털 기술을 바탕으로 공공영역을 강력히 재봉건화시킬 위험성이 있다. 다시 말해, 초국적 미디어 복합체는 거대 자본과 광고, 그리고 전세계적인 네트워크를 동원해 민족국가를 해체하는 가운데 개인생활이라는 미시적 영역까지 통제의 촉수를 내리고 있다. 생활세계의 재식민화를 이루고자 하는 거대 자본은 대중의 비판적 사유능력과 상상력을 획일화시키며 공공영역의 공간을 최소화할 우려가 있는 것이다. 특히 라디오와 텔레비전, 공공도서관 같은 공공서비스 제도마저 시장지향적이고 상업적인 형태로 조직되고 운영 관리되는 경향은, 객관적 정보의 제공과 활발한 토론을 통해 참여 대중을 만들어내는 방향에 분명 역행한다. 지식의 상품화와 공공서비스 기관의 상업화 및 광고지향적 미디어의 폭증, 정보포장과 검열 및 협박이 훨씬 교묘하게 진행될 수 있는 것이다.

하버마스의 비판은 대체로 제1세대 매스미디어에 기초한 것이기는 해도, 쌍방향성을 취하는 뉴미디어에서도 여전히 문제는 있다. 최근 들어 자연적 생태환경 뿐 아니라 사회적 생태환경의 위기를 논하는 경우가 늘고 있는데, 이들의 비판에 따르면 뉴미디어는 면대면 커뮤니케이션의 질을 저하 또는 약화시키거나 심지어 파괴하고 있을 뿐만 아니라, 일터에서의 인간관계를 더욱 형식화시키고 있다.[29] 또한 지식정보사회의 참여 정도에 따라 사회적 평등 역시 심각한 위기에 처할 수 있다. 특히 기술의 복잡성과 비용은 기존의 사회적 불평등을 심화시키거나 심지어 지식정보사회에 적응하지 못하는 '부적격자'(misfits) 집단을 양산한다. 기술과 분배 사이의 연관이 높아지면서, 기술의 복

---

29) H. Kubicek, "Telematische Integration: Zurück in die Sozialstructuren des Früh-Kapitalismus?", in W. Steinmüller(ed.), *Verdatet und Vernetzt Sozialökologische Handlungsspielraume in der Informationsgesellschaft*(Frankfurt: Fischer, 1998) 참조.

잡성이 증대될수록 이에 쉽게 접근할 수 있는 집단이 누리는 혜택이 커지고 그렇지 못한 경우는 불이익이 증대되는 것이다.

이런 비판적인 관점에서 볼 때, 정보는 진리기준이 적용되지도 않고 반성적인 사유의 영역도 아니다. 따라서 근세적인 관점에서 보면 지식도 인식도 아니며, 또한 몰역사적이고, 나아가 인간의 영적인 측면까지를 통제하려는 음험한 시도를 노골적으로 드러낸다. 다시 말해 디지털 세계의 정보는 비역사적이며 무준거적이고 반초월적이다. 이런 이유로 종종 디지털 사회를 기술지배와 전자감시 그리고 무분별한 인간복제의 혐오스럽고 두려운 빅 브라더(Big brother) 사회로 영상화한다.

그러나 공공 영역이 초국적 자본과 정부기관의 선전과 조작, 그리고 광고에 의해 위축되고 있다는 비판을 유념하더라도 다른 한편, 정보기술이 시민사회의 확장과 민주적 토의 및 참여의 새로운 가능성을 여는 측면이라든지, 정부와 가정 그리고 정책결정 사이에 직접적 개입을 가능하게 하는 측면 등을 무시할 수는 없다. 원격통신과 전자게시판, 이메일 등은 전통적으로 지배적 권력을 누렸던 국가와 초국적 미디어 복합체 그리고 당리당략에 묶인 정당 조직들에 대항하고 있다. 비록 이로 인한 변화가 기득권의 폭력적 위세를 막아낼 수 있겠는가가 미지수이기는 해도, 짧은 지식정보사회의 연륜에 비해 결코 늦은 속도의 성장 또한 아니라고 생각한다. 여기서 이제 새로운 사회적 선택의 길이 열리고 있는 것이다.

다시 한번 마르크스로 돌아가자. 그가 『공산당선언』에서 능력에 따라 일하고 필요에 따라 분배하는 사회를 그릴 때 전제로 삼았던 것은 생산력의 충분한 발전과 그에 상응하는 생산관계 및 사회관계의 출현이었다. 여기서 마르크스가 생각했던 충분히 발전한 생산관계와 사회관계란 아마도 이윤율 하락 법칙을 극복하는 창조적 효율성과 그리고 왜곡되거나 훼절되지 않을 수 있는 쌍방향적인 대화가 가능한 사회

제도를 뜻했던 것 같다. 물론 디지털 기술이 이를 당위적으로 보장하는 것은 아니지만, 앞절에서 고찰했듯이, 21세기 사이보그형으로 진화하는 우리 인간이 스스로의 개인성을 디지털 영상도식을 통해 발휘하고, 이를 비판적인 테크노철학의 세계관을 통해 정치적으로 네트워크화 시키고자 한다면, 마르크스가 예기한 사회주의는 역사상 어느 시대보다 더 실현가능성이 높은 현재적 가상사회일 수 있다고 생각한다.

만약 데카르트가 새 천년에 서울에서 부활한다면, 아마도 그는 이렇게 말할 것이다. "나는 접속한다, 고로 나는 존재한다."(ego conecto, ergo sum.) www.descartes.philosophy.cyber라는 홈페이지를 찾아가면, 3D 동영상으로 구성된 『성찰』이 펼쳐지면서, "사이버스페이스의 현존과 사이보그의 영혼 및 육체에 관한 성찰"이 시뮬레이션될 것이다. 실제로 행해지지 않고 행해지며, 있지 않고 있는 영역이 가상현실이다. 즉, 가상현실이란 어딘가에 '있는 것'이 물리적 현존을 요구하지 않고, 무언가를 '하는 것'이 그 체계 바깥에는 어떤 변화도 일으키지 않는 세계이다. 다시 말해 가상세계는 현실을 덤의 세계로 전락시키지 않으면서도 새로운 선택의 절차적 합의 사회를 구현할 수 있다. 이런 의미에서 20세기 후반 유행했던 포스트주의가 실재라는 용어에 부여된 확실성을 훼손하였다면, 가상현실은 그것을 존치함과 동시에 재생산한다. 디지털시대는 이렇게 가상성과 초월성에 기초해 압축과 변형 그리고 재구성의 새로운 사회를 열고 있는 것이다.

"정보화 사회의 불평등구조와 대응 전략"에 대한 논평

| 김 종 길 | 덕성여대 사회학과 |

1) 이 연구의 학문적 기여

이 논문은 정보화 사회에서의 불평등 발생 메커니즘을 심층적·다원적으로 분석할 뿐만 아니라 이와 관련한 거시사회적 변화 트렌드를 일목요연하게 조망하고 있으며, 이로부터 총체적인 대응 방안을 제시하고 있다. 특히 최근 데이터를 분석하고 재구성하여 현재 한국사회의 계층구조 밑그림을 명쾌하고 설득력 있게 그려내고 있어 계층문제를 연구하는 사람들에게 많은 시사와 교훈을 주고 있다.

뿐만 아니라 오늘날 한국사회에서 불평등 전선을 가로지르는 복잡한 지형과 변인들(성, 계층, 연령 등)을 추출하여 총체적 분석을 시도한 후 '패키지' 방식의 해법을 제시하고 있는 점도 필자의 학문적 실험정신이 드러나는 흥미 있는 도전으로 평가해 마땅하다고 본다.

방법론적으로 흥미 있고 유익한 점은 이른바 '복합적' 방법론을 적용하고 있다는 점이다. 한국사회에서의 불평등 현상의 심화과정을 분석하는 기본 방법으로 단일원인-단일결과라는 단순인과론(monocausality)의 방식이 아니라 복합인과론의 방식을 채택한 후 이를 계층구조의 분석에 적용하고 있으며, 불평등 문제에 대한 정책적 대응도 패키지 프로그램의 형태로 제시하고 있다. 전반적으로 이 글은 필자의 분명한 주장과 한국사회의 불평등구조에 대한 실증적 자료, 그 배경에 대한 예리하고 통찰력 있는 분석, 통합적 조망이 잘 결합되어 정책적 제언에 녹아들어 있는 역작으로 평가할 수 있다.

2) 연속론적 입장과 단절론적 입장의 혼재

다소 낡은 구분 틀이긴 하나 정보사회의 성격을 둘러싼 기존의 논의구조는 크게 단절론과 연속론으로 대별된다. 정보사회를 자본주의 산업사회와 질적으로 구분된다는 단절론은 정보사회의 미래를 낙관하며, 정보화로 인해 자본주의 사회의 제반 문제와 모순(따라서 불평등 문제)이 해결될 수 있다고 본다. 이에 비해 정보사회를 산업자본주의 사회의 연장선상에서 파악하는 연속론(정보자본주의)은 불평등 현상과 같은 자본주의 사회의 대표적인 문제가 '정보자본주의' 사회에서 해결되기는커녕 확대 재생산될 것으로 본다.

그런데 정보화 사회를 보는 필자의 입장은 단절론과 연속론이 혼재되어 있는 느낌이다. 새로운 사회유형으로서의 정보화 사회라는 개념을 고수하는 동시에(그런 점에서 단절론) 산업사회에서 이월된 불평등이 더욱 심화되고 있다고 결론을 맺고(그런 점에서 연속론) 있다는 점에서 그러하다.

3) 구체적으로 정보화의 어떤 측면이 한국사회의 불평등을 심화시키는가?

이 글이 '정보화 사회에서의 불평등구조와 대응 전략'을 모색하고 있음에도 불구하고 정보화가 다양한 유형의 불평등을 심화시키는 과정(이른바 정보화의 불평등 심화 효과)에 대한 설명은 다소 미흡하다.

논평자가 보기에, 한국사회에서 정보화의 진전과 불평등의 심화 현상 간에는 어느 정도 상관관계는 존재하지만, 인과관계를 설정하기에는 보다 더 구체적인 실증적 검토와 좀더 심화된 논의가 필요하다고 본다. 오히려 최근 불평등 현상의 심화는 일차적으로 정보화의 결과라기보다는 IMF 경제위기의 부정적 효과(또는 글로벌화)가 누적되어 나타난 결과로 볼 수 있는 측면도 있다.

4) 오늘날 한국사회의 불평등 심화 현상은 지나친 정보화로 인한 것인가, 아니면 정보화가 성숙되지 못해서 일어나는 결과인가?

필자는 한국사회의 계층구조를 제대로 파악하기 위해서는 직업구조, 재산 및 소득(특히 주택), 교육 수준 및 문화 향유 수준 등 네 가지 지표가 중요하다고 지적한다. 이에 따르면, 직업구조의 측면에서 보면 한국 사회가 탈산업자본주의의 계층구조로 접근하고 있지만 소득 측면에서는 불평등이 더욱 심화되고 있다. 그렇다면 필자는 탈산업사회(정보화사회)가 산업사회보다 구조적으로 더 불평등한 사회로 보는지, 그 원인이 일차적으로 정보화의 효과에 있다고 보는지가 궁금하다.

정보사회와 관련한 기존의 논의를 종합하면, 정보화로 인해 사양산업(굴뚝산업) 또는 사라지는 직업이 양산되지만, 다른 한편으로 이는 새로이 창출되는 유망한 직업으로 인해 상쇄된다는 정보사회론의 입장이 우세하다. 이런 관점에서 볼 때, 오늘날 한국사회에서 불평등이 더욱 심화된다면, 이는 정보화의 결과로 볼 수도 있지만 역으로 한국사회가 아직 성숙정보화 단계에 이르지 못했다는 것으로 추론할 수도 있다.

5) 계층과 세대 개념의 재검토

이 글은 불평등 구조의 복잡화를 초래하는 변수의 하나로 세대격차 문제에 주목하고 있는데, 그 핵심 내용은 불평등의 전선이 계층뿐만 아니라 세대를 관통하고 있다는 것이다. 그런데 세대격차와 불평등(계층구조)의 심화는 질적으로 구분되어야 한다고 본다. 세대격차는 다양성의 측면에서 다루어질 수 있는 반면, 계층격차는 결핍의 차원에서 다루어지는 문제이기 때문이다.

세대와 관련하여 필자는 세대간 격차와 세대 내 격차가 동시에 진행되고 있다고 역설하고 있는데, 이처럼 세대 내 그리고 세대간에 격차가 심화되고 있다면 굳이 불평등 심화를 설명하는 변수로 세대 준거를 도입하는 것은 의미가 적다고 본다. 논평자가 보기에, 세대격차와 소통단절은 불평등의 차원보다는 세대간 문화적 차이에서 기인하는 측면이 강하다.

6) 복합정책적 접근의 실효성 문제

필자는 불평등 문제의 해법으로 국가와 시민사회, 경제사회의 연계전략과 노동, 교육, 가족, 복지, 문화, 여성 등 복합정책적 접근이 요구된다고 주장하고 있다. 일반적으로 복합정책적 접근이 올바르게 입안되고 효과적으로 집행되기 위해서는 무엇보다도 정치부문의 전략적 지도력 발휘가 중요하다. 그런데 한국사회의 정치, 행정 현실이 이를 가능하게 하는 구조인지가 의문이다. 오늘날 한국사회에 만연한 정치불신, 행정부문이나 지역간 '칸막이주의', 갈등의 심화 현상은 복합정책 패키지의 이상과 현실 간 괴리를 극명하게 보여주고 있다.

"디지털시대의 토의민주주의"에 대한 논평

| 김 대 영 | 민주사회정책연구원 |

　한국사회는 세계적으로 모범적인 민주화 과정을 밟아왔다. 오랜 왕
조국가와 일제강점기를 거친 후 불과 50여 년 간의 짧은 공화국 경험
에도 불구하고, 절차적 민주주의가 정착되어 선거에 의해 실질적으로
정권이 교체되었고 정권교체의 가능성에 대한 국민의 신념도 확고하
다. 많은 서구 정치학자들이 주장하는 정치적 게임의 룰이 정립된 것
이다. 그럼에도 불구하고 우리나라의 민주주의를 바라볼 때 뭔가 좀
빠진 것처럼 느껴질 때가 많다. 아마도 이동수 교수(이하 필자)가 강
조하는 토의민주주의가 그것인 모양이다.

　필자는 여러 가지 민주주의 개념을 사용하여 우리에게 진정으로 필
요한 것이 무엇인지 분명하게 개념정리를 해준다. 그의 논문 안에서
는, 대의민주주의와 직접민주주의, 또 대의민주주의의 한계를 극복하
는 참여민주주의, 그리고 참여민주주의의 두 가지 방식으로서 제시되
는 결사체 민주주의와 토의민주주의, 나아가 토의민주주의가 잘못된
방식으로 빠질 경우 나타날 우려가 있는 대중민주주의 등이 잘 정리
되어 있다. 이것만 잘 이해해도 우리의 지적 사고는 풍성해진다.

　그런데 필자는 더 나아가서 디지털미디어가 토의민주주의에 어떤

영향을 줄지에 대해 낙관론과 비관론의 양론을 설명한 후, 이에 입각해서 디지털미디어가 토의민주주의를 위한 "필요조건이기는 하지만 충분조건은 아니다"고 결론을 내린다. 이와 같은 논지는 디지털미디어를 정치와 연관시켜 다시 한번 깊이 생각할 수 있는 좋은 계기를 제공한다.

특히 필자의 논문은 맥루한의 논지에 따라 미디어의 변화에 따라 인류의 역사가 변화했다고 보는 독특한 시각을 제시함으로써 디지털미디어에 대한 이해의 폭을 대폭 확장시킨다. 고대사회의 미디어인 음성언어가 부족사회를 만들었으며, 문자의 발명을 통한 논리적 사고의 확대와 개인주의로 말미암은 자유민주주의의 등장, TV로 대표되는 영상전자매체가 청각과 시각을 통일함으로써 지구촌 시대를 열었다는 것이다. 필자는 디지털미디어를 영상전자매체의 발달된 형태로서 인식한다. 인터넷으로 대변되는 디지털미디어는 기존의 모든 종류의 미디어들을 흡수 통합함으로써 지구상의 거의 모든 사회 구성원들에게 즉각적으로 파고들어 그들 모두를 하나의 공동체 구성원으로 전환시키는 힘을 갖는다. 그러나 동시에 디지털미디어로 인해 정보의 총량이 급속도로 증가함으로써 서로 접하는 정보가 다르기 때문에 공동체 구성원간에 동일한 인식에 도달하기는 어렵다는 것이 필자의 판단이다. 이 때문에 필자는 참여민주주의와 디지털미디어의 상관관계를 지나치게 강조하는 견해에 의문을 제기한다.

이와 같은 필자의 논지는 거시적 맥락에서 볼 때 매우 타당성 있는 것으로 보인다. 그러나, 한국사회와 연관시킬 때에는 약간의 불만이 생긴다. 한국사회에서 본격적으로 디지털미디어가 정치에 영향을 미치기 이전의 상황과 그 이후의 상황이 갖는 차이가 좀더 강조될 필요성이 있다. 역사에서 가정처럼 무의미한 일도 없지만, "디지털미디어가 없는 상황에서 노무현 후보가 대통령에 당선될 수 있었을까"라고 가

정해 보았을 때 "그렇지 않다"는 생각이 들기 때문이다. 디지털미디어
는 한국의 정치지형을 크게 변화시켰다. 비록 디제라티들처럼 인터넷
에 접속하는 것이 그 자체만으로 평등하고 편안한 새로운 세계를 열
어 줄 것으로 전망하지는 않더라도, 많은 사람들이 인터넷에 접속할
수 있다는 것 자체가 엘리트 중심의 정치구조를 뒤흔들고 있는 것이
한국정치의 실상이다.

　물론 필자가 강조하는 바와 같이 대중민주주의의 우려를 불식시켜
야만 하는 과제가 우리에게 던져져 있다는 데에 깊이 공감한다. 그런
데 문제는, 어떻게 네티즌에게 성찰의 계기를 제공할 것인가 하는 점
이다. 대통령 권력까지 창출한 저 당당한 사람들에게 "너 자신을 알
라"는 소크라테스의 금언을 실감나게 할 수 있는 방법은 무엇일까? 디
지털미디어를 통한 소크라테스식 대화법이 가능한 것인지, 아니면 대
면(face to face) 접촉만이 여전히 성찰의 왕도인지 판단이 잘 서지 않
는다.

　과거 방식의 정당정치만으로 실현되는 대의민주주의에 더 이상 만
족할 수 없는 시대가 도래했음은 분명하다. 이것이 과연 맥루한이 강
조하는 전자매체의 통합성으로부터 연유된 것인지 아니면 하버마스가
강조하는 시민사회의 연대성으로부터 연유된 것인지는 분명히 알 수
는 없지만, 디지털미디어와 시민사회의 정치행위 간에는 상호관계가
존재하는 것으로 보인다. 시민사회의 정치행위가 중요한 역할을 담당
해온 한국정치사의 연장선상에서 디지털미디어의 역할은 더욱 부각된
다.

　한국의 민주주의는 해방 후 지금까지 시민사회의 정치행위와 별개
로 이해할 수 없다. 정당정치를 비롯한 제도정치가 독재의 시녀 노릇
을 할 때에 시민사회의 운동정치가 민주주의를 국민 속에서 확산시켜
왔고, 민주화 이후에도 시민사회는 민주주의의 내용을 끊임없이 채워

가고 있다. 특히 민주적 사회통합의 방식에 익숙하지 못한 제도정치권이 민주화 과정에서 갈피를 잡지 못할 때, 한국의 시민사회는 민주적 질서와 제도를 앞서 개척했다. 그 결과 시민사회는 제도정치에 대한 영향력을 확대할 수 있었다. 현재까지도 정치적 대표기능이 취약한 정당을 대신해서 한국의 시민사회는 부분적으로 대표기능까지 담당하고 있는 실정이다.

이와 같은 정치사적 조건 속에서 등장한 디지털미디어는, 상대적으로 친화력이 강한 시민사회의 정치적 역할을 비약적으로 제고함으로써 마침내 정권의 향방에까지 영향력을 행사하는 토대가 되고 말았다. 짧은 역사에도 불구하고 인터넷 신문이 영향력 있는 10대 매체 안에 들게 된 것은 디지털매체와 시민사회의 결합으로 말미암은 정치적 영향력의 증폭 때문이다. 디지털미디어의 영향력 확대는 한국정치에서 시민사회의 정치적 역할을 변화시켰고 기존의 역할을 비약적으로 확대했다. 여기에서 중요한 것은 정치적 영향력의 확대가 초래할 수 있는 결과이고, 민주주의의 심화와 성숙의 결과로 이끌어가기 위한 지식인들의 목적의식적인 노력의 방향이다.

지금 이 순간 디지털미디어가 그로 말미암아 더욱 그 영향력을 확대한 시민사회의 정치행위를 대중민주주의 쪽으로 이끌어가고 있는지, 아니면 토의민주주의 쪽으로 이끌어가고 있는지, 면밀히 검토할 필요가 있다. 물론 우리의 노력 여하에 따라 그 방향은 달라질 수 있지만, 앞으로의 대응을 위해서라도 현재적 추세에 관한 정밀 진단이 절실하게 필요한 시점에서 이와 같은 논문이 발표된 것은 다행스러운 일이라고 할 수 있겠다.

"디지털시대의 정치 동학: 21세기 한국의 진보와 보수"에 대한 논평

| 김 선 욱 | 숭실대 철학과 |

1. 필자는 오랜 기간 동안 정치철학의 여러 문제들을 다루어 오면서 강단에서만이 아니라 사회적 실천의 영역에서도 자신의 목소리를 키워왔다. 정치, 사회 사상가의 입장에서 현실의 문제를 학문적 논의의 맥락에서 논하여, 시대를 위한 최선의 제안을 찾는 것은 어쩌면 의무에 속하는 일이라고 할 수 있을 것이다. 이 논문은 세계와 한국의 정치적 현실에 대한 염려를 여러 학자들의 이론적 논의와 맥락을 이으면서 한국 민주주의에 대한 반성과 제언을 구체적으로 시도하고 있다. 칼 슈미트와 존 롤스, 위르겐 하버마스, 한나 아렌트, 장 자크 루소 등 비교적 논평자에게 친숙한 이름들을 이론적 지침으로 제시하는 가운데, 필자는 구체적으로는 디지털 혁명이 한국 상황에서 갖는 의미를 분석하고, 진보/보수 담론의 재정향을 시도하며, 나아가 한국 정치가 따라야 할 급진자유주의의 정치철학의 강령을 제시한다. 논평자는 필자의 논의를 따라 논의구조를 드러내면서 필자의 주장 내용을 적시해 보도록 하겠다.

2. 이 논문에서 필자는 세계 정치와 한국의 정치의 절망적인 현실을

토로한다. 그리고 이 문제들의 요체에 대한 이해와 대안 제시는 정치, 정치적인 것의 개념에 대한 검토를 통해 가능하다고 필자는 주장한다. 그래서 '정치적인 것'(das Politisch)의 특성을 설명하는 칼 슈미트와 더불어 논의를 시작한다.

(1) 칼 슈미트의 '결단주의적 정치신학'의 중핵은 "모든 법질서의 시원에 정치가 자리하고 있으며 정치의 단초는 외침과 내란으로부터 특정한 정치체를 보위하는 데 있다." 헌법이나 민주주의 등이 존재하기 위해서는 우선 정치체의 실존, 정치적 통일성을 유지하는 국가주권의 존재가 필수적이라는 점을 필자는 지적한다. 여기에 필자는 노무현 대통령의 재신임 국민투표 제안을 언급하면서 이는 "주권을 보전하고 공화국의 질서를 보위하는 정치적 통일성을 (직접) 민주주의의 이름으로 침식시키는 무책임한 처사"라고 비판한다. 정치공동체의 존속을 가능하게 하는 정치적 통합성의 보존과 민주주의적 인민주권 사이에는 '근원적 긴장관계'가 존재한다는 것이 슈미트의 이론인데, 노대통령의 제안은 전자에 대한 고려 없이 후자만을 일방적으로 강조하여 결국 한국 민주공화정의 질서를 해체시킨다는 것이다.

그런데 슈미트의 이론이 갖는 문제점으로 필자는 바로 이 '근원적 긴장관계'를 "극단화시켜 정치적 통합의 미명 아래 민주주의를 파시즘의 동반자로 변형시킨 데 있다"는 점을 지적한다. 양자 사이에는 조화가 어느 정도 필요한데, 이 점에 대한 기여를 존 롤스의 사상에서 찾는다. 롤스는 시민의 자발적 동의를 통해 입헌민주주의의 안정성과 지속성을 승인하여 정치적 통합과 민주주의의 갈등을 감소시키는 원리를 제시한다고 설명하면서, 이 점에서 롤스의 기획이 슈미트의 정치신학보다 우월하다고 평가한다. 그럼에도 불구하고 롤스의 기획은 슈미트가 주는 '교훈'인 "정치적인 것의 필수적 구성요소인 갈등과 적대에 대한 감수성의 축소를 불가피하게 동반"하는 한계가 있다고 지적한다. 이러한 평가에 부연하여 필자는 "자유민주주의와 … 인민주권적 공화정의 이념이 … (롤스의) 정치적 자유주의의 구도 안에서도 유의미한 방식으로 통합되고 있지만 그 통합은 정치의 근원에 놓여 있는 적대를 축소시킴으로써" 이룩되고, 이것은 "현대민주주의 정치가 체제 안정성과 재생산을 위해 불가피하게 정치적인 것의 경계를 제한해야만 하는 본원적 역설을 반영"한다고 이해한다. (우선 우리는 이러한 논의에서 필자가 슈미트의 우적이론[Freund-Feind Theorie]을 정치의 핵심으로 비판 없이 수용하고 있음을 지적해야 한다.)

이 지점에서 필자는 아렌트를 등장시키는데, 그 이유는 아렌트 사상이 "자유민주주의 정치철학의 심화와 한국 정치담론에 대한 급진적 반성을 위해 반드시 딛고 넘어가야 할 징검다리"이기 때문이라고 한다. 그런데 왜 그런지는 분명히 서술되지 않고 있다. 그러나 아렌트에 대한 필자의 평가는 분명하다. 아렌트의 정치사상을 "미학적 엘리트주의"로 해석하는 필자는 아렌트의 사상이 "일상적 생활정치와 대중적 해방정치로 접합되지 못하"기 때문에 좌초될 가능성이 크다고 비판한다.

(2) 이상의 이론적 논의를 바탕으로 필자는 3절에서 디지털시대를 연 한국의 정치의 현실과 미래를 진단한다. 이 논의의 모두에 필자는 민주주의는 반드시 "주권국가가 상징하는 정치체의 통합성과 통일성이 전제"되어야 한다는 점을 분명히 한다. 그렇지 않으면 민주주의는 중우정치와 포퓰리스트적 선동정치의 위험에 빠지기 때문이라고 한다. 이를 지표로 디지털 혁명이 한국의 정치에 끼친, 또는 끼칠 영향을 분석한다.

전자민주주의는 다 대 다의 소통방식을 바탕으로 지역의 한계를 극복하고 대칭적이고 담론적인 공동성을 확보해 준다는 점에 그 장점이 있다. 의제 형성의 길이 다기화되고, 시민의 정치참여가 촉진되고, 유권자/네티즌들이 심의민주주의의 정치주체로 활발하게 재형성될 수 있는 가능성도 있다. 그러나 이러한 희망적인 가능성 외에도 심각한 난점이 있음을 필자는 지적한다. "모든 중요한 국가현안을 국민이 **직접** 심의-**결정**해야 한다는 주장이 논리적으로 불가피하게 도출"된다는 점을 지적하면서 결국 "**모든 형태의** 대의제가 더 이상 필요치 않게 되며 상설 여론조사 기관만 남게 될 것"이라는 부정적 전망을 필자는 제시한다. (이상에서 강조는 논평자의 것임.)

이상의 부정적 전망은 "정치를 온라인 국민투표로 환원시켜도 된다는 생각"을 가능하게 하고, 이러한 "전자민주주의와 온라인 직접민주주의가 동일시될 때" 최악의 경우 "위임독재가 직접민주주의의 이름 아래 탄생하는 경우"가 발생하게 될 것이라고 우려한다. 이는 마치 대통령이 자신의 의지를 루소가 말하는 '일반의지'로 간주하게 될 것이며, "대통령에 대한 반대는 '전자일반의지'에 대한 반대로 정죄될 것"이라고 한다. 이러한 논의의 끝에 필자는 노무현 대통령의 재신임 국민투표를 다시 거론하면서 그 위험성이 여기에 있다고 해설한다.

루소의 일반의지 사상이 현실의 독재적 권력의 정당화 작업에 악용되어 온 점을 지적하는 필자의 주장은, "디지털시대 전자민주주의와 전자공론장의 메시지가 축복과 함께 재앙 앞에도 활짝 열려 있다는 사실을 웅변"하며, 여기에 이 장의 결론이 되는 "대의민주주제는 직접민주주의에 의해 보완될 수 있을 뿐 극복될 수는 없는 것이다"라는 말을 덧붙인다.

(3) 이 논문의 결론에서 필자는 이상의 논의를 바탕으로 급진자유주의를 제시한다. 이를 위해 우선 진보-보수 개념에 대한 논의가 이루어진다.

필자는 진보주의-보수주의 담론은 그것이 정치철학적 이념, 주의(主義) 연관성 때문에 우리의 상황에서는 유의미한 논의가 되기 어려우므로, 진보-보수라는 탈실체화되어 형용사적으로 또는 그 역동성을 살릴 수 있는 방식으로 사용할 것을 주장한다. (사실 진보나 보수는 특정 이데올로기를 지칭하지 않고 태도를 지칭하기 때문에, 예를 들어 자유주의가 19세기 유럽의 맥락에서는 진보사상이지만 오늘의 미국에서는 보수사상이 된다는 점을 상기할 때 필자의 주장은 받아들이기에 어려움이 있는 주장은 아니다.) 이런 제안을 통해 필자는 진보와 보수라는 개념을 특정 조직 및 그들의 주장과 연관하여 이해할 것이 아니라 사안에 따라 형용사적으로 붙일 수 있는 개념을 활용할 수 있어야 하며, 그의 예로 송두율 교수 문제와 대기업 노동자들의 극한투쟁 등을 사용하고 있다. 그런데 "사안에 따라 진보적인 태도를 취할 수도 있으며, 보수적인 행동을 할 수도 있"기 위해서는 어떤 전제가 필요한데 이는 "한반도에서 엄연히 실재하고 있는 주권국가적 실체들 사이에 더 이상의 전쟁이 없어야 한다"는 것으로, 이러한 "대전제를 수용한다는 전제 위에서" 우리는 사안별 태도 수립이 가능하다고 필자는 주장한다.

필자가 제시하는 것은 급진자유주의이다. 이 급진자유주의가 필요한 '긴박한 질문'은 "민주주의의 정당성이 왜곡되지 않고 정치적 통합성의 미명 아래 인민주권이 훼손되지 않는 한국적 길"이 무엇이며, "인민주권을 형해화시키지 않으면서 정치체의 통일성을 확보해 내는 정치주체의 형성"이 어떻게 가능한가라는 것이다. 필자가 제시하는 급진자유주의의 정치철학은 "확립되고 정식화된 이념체계라기보다는 살아 있는 한국 자유민주주의의 현실과 역동적으로 대결하는 가운데서 비로소 창출되는 정치동학"이라고 요약된다.

3. 한국 사회가 바람직한 방향으로 나가기 위해서는 정치개혁이 가

장 우선되어야 한다고 생각하며, 오늘의 정쟁 이면에 있는 변화와 수구의 필사적 갈등을 흥미 있게 지켜보고 있는 논평자의 입장에서는 이 논문이 정말 여러 가지를 생각하게 해주는 좋은 사고의 재료라고 생각되었다. 이 논문의 핵심적 주장과 결론에 대체로 동의하면서, 또 필자가 바라보고 있는 바람직한 사회의 이상을 어느 정도 공유하면서, 아래에서는 필자의 의견을 더 개진해 주기를 바라는 점들에 대해 언급해 보겠다. 이 논문의 가장 큰 난점은 기획의 폭에 비해 진술의 공간, 즉 논문 한 편이 갖는 제한이 턱없이 부족하다는 점에 있다고 보기 때문이다.

(1) 우선 필자는 이 논문의 전체에 걸쳐 슈미트의 이론을 일관된 지침으로 삼고 있다. 정치공동체의 존속을 가능하게 하는 정치적 통합성의 보존과 민주주의적 인민주권 사이의 '근원적 긴장관계' 이론, 정치적인 것의 근본 원리로서의 우적관계론 등이 그것이다. 그런데 이 이론들에 대한 정당화가 이 논문에서 이루어지고 있다고 보기는 어렵다. 따라서 필자는 이 정당화가 어떻게 이루어지는지를 설명해 주어야 한다.

논평자는 슈미트의 이론이 막스 베버의 권력 개념과 동일한 맥락에서 19세기 이래 존재해 온 권력정치 이념을 벗어나지 못한 것으로 이해하고 있다. 그의 정치적인 것의 개념도 정치의 본질을 잘 포착하였다기보다는 근대적 정치이해의 틀을 전혀 벗어나지 못하고 있다고 본다. 한나 아렌트와 셀든 울린, 무페 등이 정치적인 것(the political)의 개념을 중심으로 정치철학을 전개해 나갔을 때 그 근본적 관심은 슈미트와는 많이 다르며, 이 사실만으로도 우리는 슈미트의 이론을 상대화시킬 수 있다. 즉 슈미트의 이론은 그 자체로서 정당한 것으로 간주될 수 없다.

논평자는 슈미트의 문제가 존 롤스나 하버마스의 이론을 통해 충분히 해결된다고 생각하는데, 필자는 이들을 단지 슈미트 이론의 '반대항'으로만 간주하고 있다. 이러한 논법은 부당하지 않은가 생각된다.

(2) 필자의 롤스 해석도 과연 얼마나 정당화될 수 있을지 궁금하다. 더욱이 롤스의 '원초적 입장'과 '무지의 베일' 개념이 필자가 언급하고 있는 것처럼 과연 옹호될 수 있는지, 또 정치적 통합의 필요조건을 가능케 하는 전제가 되는지 등의 문제에 대해서는 수많은 이견이 있어 왔다. 물론 이 점을 문제삼으려면 필자가 각주에 언급한 1998년의 논문을 중심으로 해야 하겠지만, 그렇다 하더라도 이 논문에서 롤스에 대해 진술한 방식은 지나치게 일방적인 느낌을 지울 수 없다.

(3) 더욱이 슈미트가 보위해야 한다고 생각한 정치체가 정부를 말하는 것인지, 국가를 말하는 것인지에 대한 설명이 필요하다. 우리의 역사에서 수많은 민주화 투쟁 세력의 반정부 활동이 반국가 활동이라는 낙인을 받고 '빨갱이'로 탄압받았던 사실을 상기할 필요가 있다. 북한에 대한 적극적인 고려와 관계의 문제가 민주화 운동의 핵심사항으로 간주되었던 것이 바로 그 맥락이었다. 북한에 대해서 과연 우적관계를 어떻게 적용시킬 것인지도 문제이다.

또한 필자가 이 맥락에서 적용하려는 오늘의 정치현실에서도 문제는 간단치 않다. 이제는 과거와 달리, 군사력, 지방색 등을 바탕으로 제왕적 권위를 누렸던 대통령이 군림하던 시대는 지났고, 절대 다수의 야당이 의회를 점령하여 제왕적 권력을 행사하는 시대가 되었다. (본의 아니게 노무현 대통령의 편에서 본다면) 이러한 한국의 현실을 비추어볼 때 노무현 대통령의 재신임 국민투표 제안은 필자의 지적과는 정반대로 국가 행정을 담당할 정치의 주체를 위협하는 의회의 제왕적 권력에 맞서 스스로의 실존적 존립을 위해 취할 수 있는 유일한 대안이 아닐까 생각해 보았다.

(4) 앞서 언급한 것처럼 이 논문에서 필자의 아렌트 논의가 갖는 중요성과 지위가 명확하지 않다. 더욱이 아렌트에 대해 필자가 '심미적 결단주의'로 해석한 부분은 결코 동의할 수 없다. 이 부분은 거의 모든 아렌트 학자라도 마찬가지일 것이다. 아렌트의『인간의 조건』이 때로 이러한 해석을 유발하기도 하지만,『칸트 정치철학 강의』에 이르는 아렌트 사상 전반을 보면 심미적 결단주의가 내포한 '정치의 미학화' 테제나 상대주의의 가능성은 아렌트에게 나타나지 않는다. 아렌트는 칸트의 미학이론을 정치에 이용하기는 했어도, 정치를 미학화하지는 않았다.

또한 필자가 "승인투쟁이나 지배/피지배, 권력과 강제, 이해관계의 저정 등의 필수적 정치 행위들이 아렌트적 정치 이념으로부터는 전(前)정치적이거나 비(非)정치적인 것으로 삭제되어야 한다는 딜레마"가 아렌트에게 있다는 주장도 전혀 동의할 수 없다. 승인투쟁은 정치의 분투적 정신(agonal spirit) 개념으로, 지배/피지배 문제와 권력/강제의 문제는 그의「폭력론」과 권력 개념에서 정치의 핵심적 문제들 가운데서 논의되고 있다. 경제적 이해관계의 문제는 아렌트의 개념 구분법에 따르면 정치적인 문제가 아니라 사회적인 문제이며, 이것이 비정치적인 것이라고 한 것은 필자가 옳다. 그러나 그래서 아렌트가 이를 '삭제되어야' 하는 것으로 간주하였다는 것은 전혀 옳지 않다. 오히려 이해관계의 문제가 근대에 들어와 정치를 왜소화하고 소멸시키는 역할을 하였으므로, 이러한 상황을 명확하게 인식하는 것이 아렌트의 정치이론의 핵심이 된다. (그밖에 사소한 표현상의 문제이겠지만, action을 '인간활동'이라고 한 부분은 오해의 소지가 있다. labor와 work도

역시 인간의 활동이며 인간의 삶에 있어서 필수불가결의 요소로 아렌트는 간주하기 때문이다. 단 action은 인간만이 할 수 있는 특징적 요소라는 점에서 다른 활동들과 차별화된다.)

(5) "일상적 생활정치와 대중적 해방정치로 접합되지 못하는 아렌트식 엘리트주의는 좌초될 가능성이 크다"는 아렌트의 비판은 한 가지 반론과 한 가지의 의문을 낳는다. 반론은 아렌트의 정치사상은 결코 엘리트주의가 아니라는 것이다. 의문은, 그렇다면 민주주의적일 수 있는 형태의 엘리트주의가 존재한다는 말인가?

아렌트는 정치 행위자가 평범한 사람들이 공유할 수 없는 자질을 가진 엘리트라고 보지 않았다. 다만 시민들의 집단행위(action-in-concert)를 통해 표현된 의사를 법제화하는 엘리트들은 필요하다고 하였는데, 이들은 공적으로 합의된 의견을 법제화하는 전문가일 뿐 특정한 정치적 자질을 가진 존재로 간주되지는 않는다. 만일 필자가 의도하는 (또는 했을지도 모르는) 정치적 엘리트가 대의민주주의를 구성하는 대표들이라면, 그래서 시민의 대표로서 숙의를 수행하는 존재들이라면 모르겠지만, 다른 엘리트주의를 의미하는 것이라면 민주주의적 사고방식으로는 곤란할 것이라고 본다.

(6) 디지털시대의 긍정적 측면과 부정적 측면에 대한 필자의 설명은 충분히 동의할 만한 것으로 본다. 그런데, 필자가 우려하는 부분은 앞서 2-(2)의 요약의 강조 표시가 함축하는 것처럼 너무나 강한 주장으로 이루어져서, 그러한 우려가 현실로서 나타날 것이라고는 생각하기 어렵지 않은가라는 느낌을 갖게 된다. 그러나 필자의 결론, 즉 직접민주주의가 대의민주주의 제도를 보완하는 차원에서 이용될 수 있다는 점은 전적으로 동의한다. 사실, 한나 아렌트의 정치사상은 바로 이러

한 점에서 요긴할 수 있는 참여민주주의의 구조를 제시한다. 이 구조에 따르면 자발적으로 형성된 시민단체는 기존의 대의민주주의 체제가 순기능하도록 자리매김된다(졸저, 『정치와 진리』, 4장; 『한나 아렌트 정치판단이론』, 7장 참조). 이런 점에서 논평자는 필자가 의도한 자유민주주의 정치철학의 심화에 아렌트가 상당한 기여를 할 것으로 본다.

(7) 필자가 마지막에 제시한 급진자유주의가 무엇을 말하는지 불분명하다. 필자는 제시하고 있는 것을 급진자유주의의 강령이라고 하는데, 과연 그것이 강령이 될 수 있는지, 즉 급진자유주의의 목적과 이념, 실천 지침이 되고 있는지 의문이다. 그리고 필자의 생각으로는 급진자유주의의 이념이 이렇게 논문의 말미에서가 아니라, 이 논문 전반에 걸쳐 제시된 문제의식과 관련하여 사유의 실험을 통해 그 정당성을 검증해야 할 것으로 보인다. 물론 필자가 다른 논문에서 이러한 문제를 해결하고 있다고 보이지만, 이 논문에서 이 부분이 충분히 보충되지 않으면 이 논문의 완결성의 문제는 여전히 남게 될 것이다.

논평자로 하여금 많은 생각을 유발하고, 특히 구체적인 한국 정치현실의 문제를 이론적 전통과 연관성 속에서 사유를 하도록 인도한 필자에게 다시금 감사를 드린다.

"전자민주주의: 사이버나라와 절차적 협치사회"에 대한 논평

| 선 우 현 | 청주교대 윤리교육과 |

  1. 이상훈 교수(이하 필자)의 논문은 그간 뉴미디어와 사이버스페이스, 테크노철학과 사이버공동체 등 '사이버 관련 주제'들에 관한 필자의 지속적이며 일관된 탐구과정의 일환으로 이루어진 것으로, 우리 철학계에서 이제껏 제대로 다루어지지 않았던 분야에 관한 흥미롭고 의미 있는 글로서 평가받을 수 있다.

  이 글에서 필자는 무엇보다, '정보통신기술'(Informations and Communication Technologies)을 매개로 촉발되고 있는 '디지털 협치사회'의 가능성과 그것이 결과하게 될 긍정적 사회상에 초점을 맞추어, 장차 사이버스페이스에서 구현될 '사이버나라' 즉 '절차적 협치사회'의 구체적 모습을 제시해 보여주고자 한다.

  2. 논평자는 이러한 필자의 문제의식과 그에 기초하여 추진되고 있는 이론기획의 취지와 방향에 대해 '원칙적으로' 공감하고 지지를 보낸다.

  하지만 그럼에도 이 글 속에는, 필자가 개진하고자 하는 입장과 주장을 선뜻 수용하기에는 다소간 주저하게 만드는 몇 가지 요인들이 자리하고 있다. — 물론 여기에는 논평자의 한계에 기인한 면도 적지 않을 것이다. 이러한 사실을 고려하면서, 본 논평문은 필자의 주장이 더욱 설득력 있게 전달되는 데 걸림돌이 되고 있는 몇 가지 이론적 모호함과 불명료함을 해소하는 데 주력하기 위해, 필자의 입장에 '의도적으로' 엉겨붙어 시비를 걸어봄으로써 어설픈 형태이나마 쟁점을 부각시켜 보고자 한다.

3. 이 글에서 필자는 장차 도래할 사이버나라(절차적 협치사회)의 구현 가능성과 그 윤곽을 논하는 가운데, 그러한 사회의 긍정적 실태 못지 않게 부정적 양상까지 균형적으로 성찰하고 있다. 이처럼 필자의 글은 논평자에 의해 제기될 수 있는 비판적 사항까지 미리 고려하여 작성되었다는 점에서, 본 논평문이 끼여들어 이론적 딴지를 걸어볼 여지는 상당 정도 축소될 수밖에 없어 보인다. 그런 까닭에 논평자는, 필자가 보다 더 우호적이며 낙관적으로 그리고 있는 '절차적 협치사회'의 긍정적 양태에 한정하여 필자가 혹시라도 간과하거나 놓치고 있는 부분이 무엇인가에 초점을 맞추어 필자의 입장에 대해 논평해 보고자 한다.

4. 필자의 주장에 따르면 "사이버나라는 구성원들이 참여를 통해 민주적 자기지배를 이룰 수 있는 이념형으로서 그 자체 독립 단위가 될 수 있는 커뮤니티"를 말하며 "현대 자유주의의 정치철학이 기본 이념으로 삼아 왔던 권리와 절차적 정의가 가장 자연스레 보장될 수 있는 계약사회"이다. 아울러 사이버나라가 근대국가와 다른 두 가지 근본 특징은 "직접참여의 확대"와 이러한 참여를 통해 동시에 발생하는 "계약적 평등관계의 유목적 재현"이다. 나아가 이러한 특징을 지닌 디지털 협치사회의 실현에 대한 기대와 희망은 디지털 미디어에 기초해

나타나고 있으며 정보통신기술을 매개로 촉발되고 있다고 필자는 주장하고 있다.

5. 하지만 논평자가 보기에 보다 더 중요한 것은 — '참여민주주의'가 확고히 정착된 — '이념형으로서의 사이버나라'의 구현을 위한 배경조건으로서의 새로운 디지털 환경이나 사이버스페이스 혹은 사이버문화나 장(場)이 아니라, 그러한 전제조건 하에서 절차적 협치사회가 실제로 구현되게끔 만드는 구체적인 '실천방안'이다. 왜냐하면 가령, 진정한 의미에서의 사이버나라의 실현은, 단지 기술혁신을 통해 '모든 시민들이 공적 쟁점에 관한 정보에 대해 거의 즉각적으로 그들에게 적절한 형태와 수준으로의 접근이 가능한 것'과 같은 배경적 조건만으로는 충분하지 않다고 생각되기 때문이다.

물론 이에 대해 필자는, 사이버나라가 참된 참여민주주의로 이어지기 위해서는 "깨어 있는 비판적 대중이 살아나야 하며, 이는 첨단정보기술의 가능성을 개인성(individuality)의 해방으로 통합하는 디지털 영상도식에 기초한 탈권력적 개인을 통해 구성된다"고 주장하고 있기는 하다.

(1) 하지만 문제는, '깨어 있는 비판적 대중'에 대한 이러한 주장이 당위적으로 요청되는 것임에도 불구하고 과연 그러한 대중이 현실적으로 확보 가능한가이다. 알다시피 오늘의 현실은, 정치에 대한 개별 시민들의 관심과 참여가 현저히 줄어들고 있으며 동시에 사회 전반에 걸쳐 '탈정치화'와 '정치적 무관심'이 가속화되고 있음을 보여주고 있다. 특정 연예인의 일거수 일투족에 대해서는 지대한 관심을 보이는 네티즌들의 경우에도, 자신이 몸담고 살고 있는 사회공동체나 국가적 차원의 정치적·경제적 문제나 현안에 관해서는 마치 자신과는 상관

없는 일인 양 지나쳐버리는 경우가 허다하다. 각자의 이해관계와 밀접히 맞물려 있는 경우에나 그나마 관심을 보이고 있을 뿐이다.

상황이 이럴진대 — 맑스가 『고타강령비판』에서 내걸었던 '능력에 따라 일하고 필요에 따라 분배하는 사회'와 같은 — 참여민주주의에 기초한 인간해방 사회를 추구하려는 의도에서 이루어진 필자의 글에 담긴 문제의식이 어느 정도까지 일반시민들의 의식수준에 침투해 들어갈 수 있을지는 다소간 회의적이다. 개인 이기주의로 치닫고 있는 현재의 상황에서, 비판적 대중은 사회구조의 변환과 더불어 '자동적으로' 형성되는 것은 아니며 그러한 형성을 위해서는 그들에게 디지털 협치사회의 (민주적·정치적) 절차과정에 자발적이며 능동적으로 참여토록 유도하는 '강한 동기부여'와 '참여의지'가 주어져야 한다. 요컨대 혁명적 기술혁신과 정보화를 통해 재구조화된 사이버 사회 속에서도 참여민주주의의 실현을 위한 핵심과제는, '정치적·사회적 현실에 관한 지속적인 관심과 비판의식을 갖고 자발적이고 적극적으로 참여하는 비판적 대중을 확보해 내는 과제'인 셈이다. 이것이 현실적으로 어떻게 가능할 수 있는가에 대한 좀더 설득력 있는 논변이, 필자의 글에서는 단지 단편적이며 부분적으로 개진되고 있을 뿐이다.

(2) 물론 필자는 첨단정보기술의 가능성을 개인성의 해방으로 통합하는 디지털 영상도식에 기초한 탈권력적 개인을 통해 그러한 비판적 대중이 구성될 수 있다는 대안적 입장을 제시하고 있다. 하지만 그러한 필자의 생각과 구상은 전반적으로 불투명하고 불명료해 보인다. 더욱이 탈권력적 개인이 형성될 수 있다고 해도 그러한 개인은 '개체화' (individuation)로 인해 축적된 정보자료를 악용하여 국가기구 등이 자신을 통제, 감시하는 부정적·구속적 사태에 저항하고 그러한 간섭과 지배로부터 벗어나려는 '소극적 자유인'에 머물 뿐, 자신의 정치적 권

리와 자유를 좀더 적극적으로 관철하고 실현하려는, 그에 따라 사회공동의 이익과 사회정의, 참된 민주주의와 인간해방에 적극적 관심을 갖고 현실에 주동적으로 참여하려는 '적극적 자유인'의 수준까지 이르지 못하고 있다. 이를 위해서는 또 다른 계기나 이론적 장치가 필요한 것으로 보인다.

(3) 또한 그러한 자각된 개인들로 구성된 비판적 대중이 형성되어 있을 경우에도, 그러한 깨어 있는 대중이 정치적 현실의 모순과 문제점을 인식하고 자각했다고 해서 이것이 자동적으로 사회적 실천으로 이어지는 것은 아니라는 점도 유의할 필요가 있다. 이는 앞서도 언급한 바와 같이, 사회공동의 현안 해결이나 시민운동, 혹은 실천적 변혁운동에 능동적으로 참여하기 위해서는 이론적 차원에서의 비판적 의식(인식) 뿐 아니라 그러한 인식이 실천으로 이어질 수 있도록 작용하는 동기부여와 참여의지 등의 또 다른 계기들의 도입이 요청됨을 말해 준다. 그런 한에서 논평자는, 이 대목에 관한 한 필자의 좀더 명확한 입장 표명과 대안의 적극적 제시가 있어야 될 것이라고 생각한다.

6. 다음으로, 전통적인 사회계약론의 '자연상태'를 고도로 추상화한 롤즈의 '원초적 입장'이 가상적이면서 하이퍼리얼(hyperreal)한 면에서 사이버나라의 '구성원칙'과 대단히 유사하며, 그런 한에서 롤즈가 해결하고자 시도했던 '평등의 역설'이 사이버나라에서 좀더 용이하게 해결될 수 있다고 보는 필자의 주장이 과연 수용될 수 있는 것인가의 문제 또한 중요한 논란거리이다.

(1) 이와 관련하여 필자는 '무지의 베일'을 핵심 조건으로 삼고 있는 원초적 입장과 '로그인'(log-in)에서 시작하는 사이버나라의 구성원칙,

양자가 매우 유사하다는 점을 강조하면서, 우연적 요인(자연적 우연과 사회적 우연)을 배제하고 더 공정하고 정의로운 사회를 추구하고자 했던 롤즈의 이론 기획이, 필자가 내세운 사이버나라 즉 디지털 협치사회에서는 실제로 실현될 수 있는 것인 양 강력하게 피력하고 있다. (혹은 로그인에서 시작하는 사이버나라의 구성원칙이, 절차적 공정성에 기초한 보다 더 정의로운 사회나 참여민주주의의 구현을 위한 토대와 환경에 다름 아닌 것처럼 주장하고 있다.)

(2) 하지만 양자간에 밀접한 유사성이 있다는 필자의 주장에도 불구하고, 가령 '무지의 베일'과 '로그인'(또는 '보편적 익명성')은 단지 '외견상으로만' 유사하게 비칠 뿐 '실상에' 있어서는 현격한 질적 차이를 갖고 있다고 논평자는 생각한다. 무엇보다 다른 점은, 원초적 입장에서 무지의 베일을 쓴 협상 참여자들은 상대방은 물론 각자 자신의 자연적 능력이나 사회적 지위 등에 관해 알 수 없지만, 익명성을 특징으로 한 사이버나라에서는 상대방에 관한 정보는 알 수 없지만 자신의 정보에 관해서는 완벽하게 알고 있다는 점이다.

이에 따라 원초적 입장과 사이버나라에서는 — 다양한 절차적 과정에서 이루어지는 — 선택과 결정이 전혀 다른 방식으로 이루어진다. 먼저, 롤즈의 원초적 입장에서는 보다 더 정의로운 인간사회를 구성할 기본적 정의원칙을 선택·확정하는 과정에서, 한편으로 자신의 이익을 최우선적으로 고려하면서도, 다른 한편 더욱 신중하고 보수적인 선택, 특히 무지의 베일을 벗었을 때 자신의 자연적 능력이나 사회적 지위가 가장 열악한 상태에 놓여 있을 수 있다는 전제 하에 '최소 수혜자'에게 가장 유리한 방식으로 사회적 불평등이 허용되고 이익이 돌아가도록 하는 그러한 정의원칙을 선택하는 방식으로 절차적 합의과정이 이루어진다.

이에 비해 보편적 익명성에 기초한 사이버나라에서는 특정 정책이나 사안, 문제에 대한 반응이나 선택, 결정 과정이 철저하게 개별 성원들 자신에게 유리한 방식으로 이루어질 가능성이 매우 크다. 다시 말해 원초적 입장에서는 '합리적'(rational)일 뿐 아니라 '합당한'(reasonable) 선택과 결정이 이루어질 수 있지만, 로그인에서 시작되는 사이버나라에서는 전적으로 자기중심적 이해관계에 기초한 '합리적·도구적' 선택이 주류를 이룰 가능성이 크다.

요컨대 사이버나라에서처럼, 익명성이 보장되어 상대방의 현실적 조건을 모르는 상황에서는 보다 더 자기중심적이며 이해관계의 극대화 관점에서 결정하고 선택됨으로써 애초의 의도와 달리 부정적인 사태로 이어질 개연성이 매우 높다. 이런 점에서 필자가 밝히고 있는 "보편화된 익명성은 누구에게도 탁월한 구체적 특권을 부여하지 않으며, 따라서 탈자연적·탈사회적 집합행위를 통한 새로운 협치적 평등사회의 구현을 가능하게 만든다"는 낙관적 전망이 과연 그대로 사이버나라에서 현실화될 수 있는가에 대해, 논평자로서는 자못 의구심을 갖지 않을 수 없다.

2부

민주주의와 포퓰리즘

라틴아메리카의 경제적 포퓰리즘 : 정치경제학적 접근

| 김 우 택 | 한림대 경제학과 |

1. 머리말

포퓰리즘은 20세기 라틴아메리카 정치를 형성하고 지배한 중요한 현상으로 동시에 라틴아메리카 경제의 변화를 설명하는 중요한 요인이기도 하다. 이는 정치운동으로서의 포퓰리즘에 역동성을 제공하는 수단들이 주로 경제사회 영역의 정책들이기 때문이다. 포퓰리즘을 하나의 정치적 현상으로 접근할 때 정치학자들의 관심은 지지계층, 리더십, 조직과 리더십의 유형, 정당의 이데올로기와 프로그램 등에 초점이 모아진다. 그러나 포퓰리즘이 20세기 후반 라틴아메리카 인들의 삶에 어떻게 영향을 미쳤는가를 이해하기 위해서는 경제변수로 관심을 돌릴 필요가 있다. 20세기 라틴아메리카 각국의 경제사에 반복 등장하는 외환위기와 초(超)인플레이션이라는 경제불안의 악순환이 포퓰리스트 정권들의 거시경제정책과 무관하지 않기 때문이다.

그러나 라틴아메리카의 경제문제를 포퓰리즘과 연관하여 고찰한 경제학 분야의 기존 연구는 드물다. 경제학 문헌 데이터베이스에서 찾을 수 있었던 것은 NBER 공동연구 프로젝트의 결과물인 돈부쉬와 에드워즈(Dornbusch and Edwards, 1991), 이 책에 대한 코멘트 격인 브레세르 뻬레이라와 달라꽈(Bresser Pereira and Dall'Aqua, 1991), 그리고 좌파의 기치를 내건 학술지에 실린 빌라스(Vilas, 1992~1993)가 전부였다. 그나마 위안이라면 전자가 정통 주류경제학자들의 시각을 보여주는 반면 후자는 비주류의 시각이라는 것이다.

　포퓰리즘이라는 용어를, 좀 과장하자면, "무책임한 경제정책을 의미하는 별명"(DiTella, 1997, p.188) 정도로 사용하는 돈부쉬와 에드워즈에는 국별 사례분석이 아닌 라틴아메리카 전체의 경제적 포퓰리즘을 서로 다른 각도에서 분석하는 두 개의 논문, 즉 카우프만과 스털링스(Kaufman and Stallings), 까르도조와 헬위지(Cardoso and Helwege)가 실려 있다. 카우프만과 스털링스는 왜 라틴아메리카에 경제적 포퓰리즘이 등장했으며 또 자주 반복되는가에 대한 답을 찾는 요인분석을 통해 사회·경제·정치적 결정요인들을 제시했다. 한편 까르도조와 헬위지는 포퓰리스트 경제정책의 두 축이라 할 수 있는 소득재분배정책과 수입대체산업화 정책의 공과를 분석한다. 이를 위해 그들은 고전적 포퓰리즘과 그 이후의 경제적 포퓰리즘을 구분한다. 그렇다고 이 둘간의 관계를 분석하는 것은 아니다. 상기 두 논문에서 다루지 않은 채 남겨놓은 바로 이 부분이 본 논문의 주제이다. 고전적 포퓰리즘이 경제적 포퓰리즘에, 즉 포퓰리즘 리바이벌, 그 빈도 및 강도에 얼마나 영향을 미쳤는지, 만일 영향을 미쳤다면 어떤 요인이 어떤 경로를 통해 작용하는지 등을 고찰해 보고자 한다. 이 관계가 중요한 것은 이를 고려치 않은 채 분석한 포퓰리스트 정책의 성과가 달라질 수 있다는 데 있다.

2. 포퓰리즘1)의 개념

포퓰리즘에 관한 중요한 연구들은 예외 없이 그 개념의 모호성을 지적하는 것으로 시작하며, 그 개념과 범주를 명확히 하는 것 자체가 중요한 연구목적의 일부가 되기도 한다. 문제는 그 개념의 모호성에 그치는 것이 아니다. 알고 보면 사람마다 서로 다른 현상을 염두에 두고 포퓰리즘이라는 용어를 사용한다는 사실이다. 전문 연구자들의 경우에도 각자의 이념적 배경이나 전공분야의 차이, 관심 대상 지역 등에 따라 포퓰리즘을 달리 생각하고 있음을 발견하게 된다.

타가트(Taggart, 2000)는 포퓰리즘 연구의 접근방법에 따른 세 가지 유형의 개념정의가 존재함을 지적한다. 맥락상(contextual)의 정의, 보편적(universal) 정의, 다양성을 인정하는(variegated) 정의가 그것이다. 특정 사례의 역사적 연구, 보편성을 추구하는 사회과학자들의 연구, 광범위한 종합적 연구과정에서 필연적으로 발견하게 되는 개별 사례들의 차이들은 서로 다른 개념정의에 이르게 만든다는 것이다. 1950년대 미국의 매카시즘을 연구한 실스(Shils, 1956)에서 포퓰리즘의 맥락상의 정의를 만나게 되며, 마르크시즘의 계급환원주의에 대비되는 포퓰리즘의 이론화를 시도한 라클라우(Laclau, 1977)에서 보편적 정의의 예를 보게 된다. 그에게 "포퓰리즘은 기존의 이데올로기나 체제에 반대하여 지배계급의 한 분파가 국민에게 직접 호소하면서 일으키는 운동"(Dix, 1985, p.178에서 재인용)일 뿐이다. 포퓰리즘의 개념이 본

---

1) populism이 우리 학계에서 민중주의라는 용어로 널리 사용되고 있으나, 이 번역은 "이 운동사조에서의 주체는 리더십이며 민중은 수단적 객체의 존재 이상이 되지 못한다"(김병국 외, 1991, p.155)는 한계 뿐 아니라 그 수단적 객체로서의 지지세력에 대해서조차 오해를 초래한다는 이유 때문에 외래어를 그대로 사용하기로 했다.

질적으로 상이한 일련의 운동으로부터 일반화된 결과이기 때문에 그 유용성이 의심되는 지극히 단순한 정의에 이르게 된 것이다. 한편 포퓰리즘을 세 가지 농업 포퓰리즘과 네 가지 정치적 포퓰리즘의 일곱 가지 타입으로 분류한 카노반(Canovan, 1981)에서 다양성을 포괄하는 접근의 예를 보게 된다. 카노반은 이 일곱 가지 포퓰리즘의 공통점은 "대중에의 직접호소와 엘리트에 대한 불신"뿐으로 포퓰리즘은 공통의 핵심이 결여된 다양한 현상을 포괄하기 때문에 그 복잡성을 다루는 유일한 방법은 그녀가 행한 유형분류라는 결론이다.

이제 본고의 제목이 그냥 포퓰리즘이 아니고 왜 수식어가 필요한지를 보자. 라틴아메리카로 한정하는 것은 그리스 시대 아테네 민주주의에 나타났던 포퓰리즘적 경향, 19세기 미국이나 러시아에서 일어났던 농업과 관련된 정치운동들, 혹은 20세기 유럽과 아프리카 등지에서 볼 수 있었던 것들과는 구분되는 다른 성격의 포퓰리즘이기 때문이다. 라틴아메리카의 포퓰리즘을 유럽의 경험과 비교 분석한 디테이야는 "포퓰리즘은 노동계급과 농민의 지지에, 즉 아직 자율적으로 조직화되지 못한 대중 동원에 기초하며, 반 현상유지 이데올로기에 물든 사회 중간 및 상층 계층에 뿌리를 둔 엘리트에 의해 주도되는 또 이들 지지 대중과 주도 엘리트 간의 연계가 한 지도자의 개인적 카리스마에 의해 유지되는 정치운동"(DiTella, 1965, 1997)이라며 라틴아메리카 포퓰리즘의 특성이 어느 정도 반영된 정의를 제시하였다.

전통적으로 포퓰리즘을 연구해 온 정치학자들은 포퓰리즘을 정치운동으로 인식해 왔기 때문에 그 정의는 당연히 운동의 배경, 주체, 지지세력 및 운동 방식 등 정치변수에 맞추어진다. 그러나 포퓰리즘의 경제적 측면을 다루자면 포퓰리즘을 경제적 변수들로 다시 정의할 필요가 있다. 경제적이라는 수식어는 경제적 변수들로 정의되는 포퓰리즘이라는 의미인 것이다. 또한 일부 정치학자들의 포퓰리즘 정의가 포괄하는 혁명적 사회주의 운동이나 민주주의적 포퓰리즘과 구별되는, 정권의 정책으로 한정하려는 의도도 있다. 돈부쉬와 에드워즈(Dornbusch and Edwards, 1989)는 "경제성장과 소득분배를 강조하고, 인플레이션과 재정적자의 위험, 대외부문의 제약, 적극적인 비(非)시장적 정책에 대한 경제주체들의 반응을 경시하는 경제정책적 접근"이라고 경제적 포퓰리즘을 정의했다.

민주주의에는 본질적으로 대중주의적 위험이 내재되어 있다. 이는 일찍이 플라톤과 마키아벨리에 의해 지적되었다. 플라톤은 『국가』에서 민주주의를 "대중의 무지와 지도자들의 부정직" 때문에 부패될 수밖에 없는 체제로 묘사하며, 결국에는 "저 많은 철 이른 자유 대신에 가장 힘들고 가장 가혹한 노예들의 종살이로" 즉, 참주정체로 바뀌게 될 것이라 설명했다(Plato, 1997, 8권; 『정략론』, 2권 53).2)

"광범위하게 선거권이 주어져 있는, 선거권이 의의를 갖는 사회에서는, 권력을 추구하는 정당들이 어떤 의미에서든 대중을 통합하려 시도하지 않은 경우는 거의 없으며, 단 하나의 계급에 대해서만 지지를 호소하는 경우도 거의 없다."(Dix, 1985, p.156) 즉, 포퓰리즘의 인기영합주의라는 특징은 필연적으로 계급 통합적 정강을 갖게 하나 이는 정권획득이나 유지를 위한 전략이기 때문에 이념적 일관성이 결여된

---

2) 또 그는 '국가라는 선박'의 비유(Plato, 1997, 제6권, 498a~e)를 통해 민주주의를 풍자하기도 했다. 무지하고 단견인 대중은 귀머거리이며 근시인 거구의 선주로 묘사되었다. 대중을 조종하고 지배하는 부패한 정치인을 대표하는 선원들은 항해가 특별한 기술을 요하는 것이 아니라며 최면제나 술로 또는 그밖의 다른 것으로 선주를 옴짝달싹 못하게 하고 배의 통제권을 점하고 자신들의 이익을 위해 행동한다. 선원들과 선주는 지식이 아니라 의견(여론)에 의해 인도된다. 즉, 민주주의는 참지식에 의해서보다는 단순한 의견에 의해 지배된다는 것이다. 잘 알려진 '동굴의 우화'에서도 동굴 속의 대중들은 빛을 볼 수 없다. 그러므로 의견이라는 암흑으로부터 참지식의 경계로의 여행이 필요한 것이다.

다. 따라서 포퓰리즘을 판정하는 기준으로서의 인기영합주의는 그것이 계급적 혹은 이념적 원리에 우선하는 것인가의 여부를 판단하는 것이다. 인기영합적 계급 통합적 정책은 정권이 상승기에 있을 때에는 선순환적으로 작용하여 모든 계층의 지지를 확보하는 데 기여하나 여건이 불리해질 경우 모든 계층의 지지를 잃게 되기 때문에 사실상 계급 통합적 전략은 줄타기 전략의 성격을 갖는다.[3]

3. 기존 연구

1) 카우프만과 스털링스

이들은 포퓰리즘을 "특정 정치적 목표를 달성하기 위해 고안된 경제정책의 집합"으로 정의했다. 여기서 정치적 목표는 ① 조직화된 노동계층과 중·하층 계급의 지지를 얻는 것, ② 국내 내수시장 지향적인 비즈니스의 지지를 획득하는 것, ③ 농촌 과두지배 계층, 외국기업, 대기업 엘리트 등을 정치적으로 고립시키는 것이며, 이 같은 목적 달성을 위한 경제정책으로는 (1) 국내 수요 진작을 위한 재정적자, (2) 소득재분배를 겨냥한 명목임금 인상과 물가 통제, (3) 인플레이션 억제와 비(非)교역재 부문의 임금 및 이윤 증대를 위한 환율통제 혹은 평가절상 등이다. 이 정의는 정부의 정치 경제적 특성을 기준으로 한 것으로 특정 정책이나 정당의 정강 혹은 정치운동을 대상으로 하고

---

3) 권력유지를 위한 인기영합주의적 접근의 필요성은 마키아벨리도 지적한 바 있다. 『군주론』의 제9장에서 평민의 신분으로 동료시민들의 추대로 권좌에 오른 시민형 군주는 무엇보다도 항상 "민중과 친선관계를 유지하지 않으면 안 된다"고 충고한다.

있지 않다. 또 군사정권 등의 우파 포퓰리즘이나 농촌 중심으로 일어났던 19세기 포퓰리즘 경험들도 배제한다.

이들의 연구목적은 다음과 같은 질문에 대한 답을 구하는 것이다. 왜 포퓰리즘 정책 사이클이 세계 다른 지역보다 라틴아메리카에서 더 자주 발생하였는가? 국가간 포퓰리스트 정책의 강도와 빈도의 차이는 무엇에 의해 결정되는가? 널리 지적되는 포퓰리즘의 부정적 효과에도 불구하고 왜 포퓰리즘은 반복되는가? 정책 사이클의 지속은 무엇으로 설명되며, 학습효과가 있다면 어떤 조건에서 작동하나?

이들은 라틴아메리카 국가들과 다른 지역 국가들과의 차이를 두 종류의 구조적 특성에서 찾는다. 첫째는 극도의 소득과 부의 불균형이고 둘째는 도시 제조업 서비스부문과 1차산품 수출부문 간의 적대적 관계이다. 극도의 소득분배의 불균형은 정부에 대한 재분배정책 채택의 압력으로 작용하나, 이 같은 불균형구조 하에서는 일반적으로 부유층이 과세에 저항할 수 있는 정치적 힘을 갖고 있기 때문에 성장 지향적 수출경제모형 하에서 재분배 압력을 흡수할 수 있는 수단을 갖지 못한 정부는 포퓰리스트 정책을 선택하게 된다는 것이다. 한편 수입대체 공업화냐 1차산품 수출이냐, 라는 맥락에서 발생한 산업부문 간의 적대관계는 포퓰리스트 정책의 도시 중심적 특성을 만든다. 수입대체 공업화가 반드시 포퓰리스트 정책을 요구하는 것은 아니지만 수입대체 공업화 논리를 극단으로 끌고 가면 포퓰리즘에 이르게 된다는 것이다. 국내 수요 확대를 위해 임금을 인상하고 정부지출을 늘리고, 국내 시장 보호를 위해 고관세와 환율 고평가를 선택한다면 바로 경제적 포퓰리즘이 되는 것이다. 그리고 이 정책에 따른 공업화 과정 자체가 이 정책을 지지하는 집단을 창출해 낸다.

이어서 이들은 이 같은 사회구조적 특성이 특정 정치적 행태와 정책선택으로 표출되게 만드는 제도적 메커니즘을 고찰한다. 먼저 정당제도와 포퓰리스트 정책의 국가간 차이와의 관계에 주목한다. 정치인들이 포퓰리즘적, 즉 계급 통합적 반(反)엘리트 연합을 형성할 유인이 정당제도에 따라 달라진다는 것이다. 정부 엘리트들에게 안정된 다수 지지를 제공해 주는 다(多)계층 일당 혹은 양당 제도에서 이 유인은 상대적으로 약한 반면, 어느 정치 엘리트 집단도 안정된 다수 지지를 확보할 수 없는 다당제 하에서나 혹은 대중에 지지기반을 가진 정당이 선거 경쟁에서 제도적으로 배제되곤 하는 사회에서는 이 유인이 강할 수밖에 없다는 것이다. 따라서 이들은 정당제도에 반영된 주된 사회 정치적 간극의 본질이 라틴아메리카 국가간 포퓰리즘적 경향의 차이를 설명하는 제일 중요한 요인으로 간주한다.

그렇다고 정치인들의 행태가 그 지지기반에 의해서만 결정되는 것은 아니며, 정치적 상호작용을 지배하는 규칙 또한 중요하다. 정치체제가 그 중 하나이다. 라틴아메리카의 정치체제를 흔히들 권위주의체제와 민주주의체제로 양분하나, 카우프만과 스털링스는 이에 과도기적 민주체제를 추가했다. 권위주의 정권은 기본적으로 대중의 지지에 의존하는 것이 아닌 만큼 포퓰리즘적 경향을 보일 확률은 낮다. 그러나 권위주의 정권도 집권 말기에 이르면, 예를 들어 민정이양을 앞둔 군사정권은 포퓰리스트 정책을 양산할 가능성도 있다. 과도기적 민주체제 하에서는 유권자들의 기대가 높아지는 한편 제도적 불확실성에서 파생되는 정책 시계의 단기화 등으로 포퓰리즘 경향이 증대될 수밖에 없다. 반면 안정된 민주주의체제 하에서는, 선거에서 승리한 정권은 집권 초기에 수년 후에나 효과가 나타날 인기 없는 정책도 장기적 안목에서 집행할 수 있기 때문에 포퓰리즘 경향은 상대적으로 낮아진다는 것이다.

카우프만과 스털링스가 제기한 또 다른 이슈는 포퓰리즘 주기의 반복과 학습효과에 관한 것이다. 개인이 과거의 경험으로부터 교훈을 얻는 것같이 한 사회도 과거의 경험에서 교훈을 얻을 것으로 기대한다. 라틴아메리카 국가들도 과거의 포퓰리즘 경험에서 교훈을 얻었다면 이는 그 이후 포퓰리즘 재출현의 확률을 낮추어야 한다. 따라서 그 확률이 포퓰리즘 경험의 빈도와 정책실패의 강도의 함수로 가정하는 것은 타당성이 있어 보인다. 그러나 현실은 이를 지지하지 않았다. 즉, 나쁜 정책의 결과가 손실이라는 경험을 반복하다 보면 궁극적으로는 협조적 정책에 동의하게 될 것이며, 또 포퓰리즘 정책의 결과가 나쁘면 나쁠수록 거시경제적 규율을 수용할 가능성이 높아질 것이라는 가설이 그럴 듯해 보이나 실제로는 꼭 그렇지 않다는 것이다.

그렇다면 학습효과를 낮추어 포퓰리즘이 반복되도록 하는 요인은 무엇인가? 카우프만과 스틸링스는 세 가지 요인을 지적한다. 첫째는, 당연한 얘기지만, 위에서 언급했던 같은 정치적 제도적 요인들이 포퓰리즘 재출현의 가능성도 결정한다는 것이다. 둘째로는 포퓰리스트 경제정책의 대안에 대해 어떤 인식을 갖고 있느냐에 달렸다는 것이다. 국제기구나 선진국들이 강조하기 때문에 당연한 대안으로 인식되는 정통경제학적 접근의 단기효과가 포퓰리스트 정책의 수혜자들의 손실로 인식되고 또 그것이 사실인 만큼 그 대안을 받아들일 것으로 기대하기는 어렵게 된다. 셋째는, 포퓰리스트/정통적 접근의 주기가 반복되면서 영합경기 가정이 힘을 얻게 되고 용의자의 딜레마 상황에 처하게 되었다는 것이다. 다시 말하자면 균형재정과 긴축 통화정책을 지지하고 협조하는 것보다 단기적 시각에서 분배의 이득을 추구하는 것이 합리적일 수도 있다는 말이다.

이들은 마지막으로 포퓰리즘 재출현을 어렵게 만드는 변화된 국제적 환경요인들을 설명하고, 네 가지 미래전망 시나리오를 제시한다.

2) 까르도조와 헬위지

카우프만과 스털링스가 채택한 포퓰리즘 정의에는 '정치적 목표'라는 정치적 변수들도 포함되어 있으나, 실제 그들의 사례 분류에서는 그 변수들이 고려되지 않았으며, 오히려 '무책임한 경제정책을 의미하는 별명'이라는 비아냥거림을 듣는 돈부쉬와 에드워즈의 정의에 충실하다는 느낌이었다. 또한 그들은 정치학자들의 전통적 정의를 충족하는 고전적 포퓰리즘과 그렇지 못한 그후의 경제적 포퓰리즘의 경우를 동질적으로 취급한다. 그러나 까르도조와 헬위지(1991)는 이 차이를 논하는 것을 하나의 연구목적으로 삼고 있다.

이들은 라틴아메리카의 포퓰리즘을 전통적으로 아르헨티나의 페론, 브라질의 바르가스, 멕시코의 까르데나스, 페루의 벨라스코 정권들의 정책4)과 관련지어 정의되어 온 고전적 포퓰리즘과 상기한 경제적 포퓰리즘으로 구분한다. 고전적 포퓰리즘은 1차산품 수출경제에 기반을 둔 19세기 기존질서에 반대하며 수입 대체적 공업발전을 지지한 도시 정치운동으로 근로계층과 산업부르주아 간의 연대를 결성하였으며 이들 계층간 반목은 민족주의 이데올로기의 확산을 통해 최소화하였다. 이들이 지목한 고전적 포퓰리즘의 정책성향은 정부개입주의 정책 선호로서 가격 통제, 근로자와 임금 보호, 저(低)곡가 정책, 기간산업의 국유화, 국가에 의한 신용배분과 저금리, 민간산업지원 등이며 이 같은 정책의 추진을 위해서는 예산제약을 무시하곤 했다. 이는 결과적으로 정부부문의 비대화, 탈세를 포함한 부패의 만연, 재정적자 증대와 그에 따른 대외채무 증가, 무역규제와 관련된 수입대체에 따른 해외자

---

4) 페론과 바르가스의 경우 전체 집권기간이 아니라 포퓰리즘 정책을 편 기간인 1946년에서 1949년까지의 페론 정권과 1950년 재집권 이후의 바르가스 정권을 포퓰리즘 시기로 분류한다.

본에의 의존심화, 도시 우선 정책과 자원배분으로 인한 농촌 빈궁화를 가져왔다.

그러나 이 같은 전반적인 실패 때문에 그 이후 1980년까지 라틴아메리카가 경험한 지속성장에서 포퓰리스트 경제정책에 따른 수입대체 공업화가 기여한 성공적 역할을 잊는 경향이 있다는 점도 지적한다. 이들은 1940, 1950년대에 수입대체공업화 이외에 실현 가능한 대안이 있었는지 의문을 제기하며, 1970년대 라틴아메리카를 지배했던 권위주의체제나 사회주의 정권들이 정치적 발전, 경제성장, 사회정의 중 아무 것도 제공하지 못했음도 상기시킨다.

이어서 이들은 돈부쉬와 에드워즈(1989)의 정의에 따른 경제적 포퓰리즘의 경험 사례들을 분석한다. 극도의 소득불평등이 만들어내는 포퓰리스트 경제정책에 대한 수요에 재정적자와 고임금에 의존한 총수요 확대 정책이 문제될 것 없을 정도의 유휴생산설비가 존재한다는 믿음이 뒷받침하면서 포퓰리스트 경제정책이 공급되었다는 것이다. 이들이 분석한 사례들은 각기 상이한 원인에서 포퓰리스트 정책을 추구하게 된 페루의 가르시아, 칠레의 아옌데, 니카라과의 오르테가, 그리고 브라질에서 반복된 경우들이다. 가르시아 정권이 적극적으로 경제적 포퓰리즘을 선택한 것이라면, 브라질에서 반복된 경우들은 필요한 긴축정책을 채택하지 못한, 즉 수동적 의미에서 경제적 포퓰리즘인 셈이다. 아옌데와 오르테가는 사회주의라는 다른 뿌리를 가진 경우이다.[5]

---

5) 아옌데와 오르테가의 사회주의 경험은 정의로만 평가한다면 경제적 포퓰리즘의 범주에 속한다. 이들 정권의 몰락을 가져온 하이퍼 인플레이션의 원인들이 소득재분배와 재정적자라는 경제적 포퓰리즘의 전형이었다. 그러나 이들 정권의 경우 사회주의 혁명이라는 이념적 목표가 분명했으며 따라서 재산권의 불확실성을 증대시킴으로 다(多)계층적 지지기반을 갖지 못했다. 이는 이념적 정향을 가진 사회주의 운동을 포퓰리즘에서 배제해 온 정치학자들의 정의(e.g.

끝으로 이들은, 포퓰리즘의 소득재분배에 대한 강조에도 불구하고, 극빈층은 재분배 정책의 수혜를 받지 못했음을 지적한다. 고전적 포퓰리즘의 소득재분배는 농업과 수출부문으로부터 산업자본가와 도시 정규부문 노동자들에게로이었기 때문에 영세농과 비정규부문 도시빈민들은 정치적으로나 경제적으로 계속 소외되었다는 것이다. 이 점에서는 경제적 포퓰리즘의 경험에서도 마찬가지였다는 결론이다. 이들은 아울러 라틴아메리카에서의 포퓰리즘의 실패가 소득분배의 불균형 해소 노력과 경제적 안정 및 성장 간에는 피할 수 없는 상충관계가 존재한다는 증거가 되는 것은 아니라는 사실도 지적한다.

3) 브레세르 뻬레이라와 달라꽈

이 논문은 라틴아메리카에서는 재정적자를 케인지안 경제정책으로 정당화하는 경향이 있으나, 경제정책에 대한 케인즈의 견해가 결코 재정이완을 지지하는 것이 아니었다는 점을 분명히 하는 동시에, 거시경제적 포퓰리즘이 라틴아메리카 재정위기들의 유일한 설명이 아니라는 주장을 제기한다. 특히 1980년대 라틴아메리카에서 안정화를 어렵게 한 재정불균형과 그 이후 계속해서 건전한 재정정책을 가로막는 요인은 1970년대 권위주의체제 하에서 해외차입에 의존하여 추진된 발전정책과 밀접한 관련이 있으며 그 정책들은 포퓰리스트 정책과는 무관하다는 것이다.

Dix) 뿐 아니라 사회주의 운동을 굳이 배제하지는 않지만 초(超)계층적 지지기반을 필수적 요소로 간주하는 정치학자들의 정의(e.g. DiTella)도 충족시키지 못한다. 따라서 이 같은 케이스를 경제적 포퓰리즘에 포함시키는 것은 논의의 초점을 흐리고 혼란을 가중시킬 우려가 있다.

4) 빌라스

라틴아메리카 포퓰리즘의 '물적 조건'을 논한다는 기본적으로 마르크시즘적 시각에서 출발하는 논문이다. 기본 명제는 낙후된 주변부 자본주의 사회의 특정 발전단계가 포퓰리즘 출현의 토양을 제공하는 결정적 요인이라는 것이다. 드러난 정치적 정책적 측면 뿐 아니라 사회 경제적 원인에 초점을 맞춘다는 의미에서 구조적 접근이다.

빌라스에게 포퓰리즘은 특정 국가정책을 통해 이루려는 자본축적 전략이다. 이 정책목표는 수입대체와 소득분배, 내수 중심의 중소제조업체 진흥, 완전고용, 중산/노동계급의 소비 확대, 농업근대화 등으로 경제 사회문제에 대한 광범위한 정부개입을 전제로 한다. 정부 영역 확대는 사회보장을 수단으로 한 신도시 대중의 정치적 동원과 정부 지원의 노동운동이 그 기초가 된다.

포퓰리스트 경제정책의 혜택을 받은 산업자본가와 지대와 수출수입의 부분적 이전을 강요받은 전통엘리트에 비해 정부는 상대적으로 독립성을 갖게 되었다. 그러나 국제 여건의 변화와 포퓰리스트 전략에서 오는 모순은 불안을 증가시키고, 대부분의 경우 급작스런 몰락으로 이어져 우파정권으로 교체되는 경험을 하게 된다.

4. 고전적 포퓰리즘과 경제적 포퓰리즘의 관계

포퓰리즘 운동의 다양성에 비추어볼 때, 그 모든 사례에 적용되는 보편적 포퓰리즘 이론을 추구하는 것이 사회과학자들의 속성이나 다른 한편 그러한 노력의 유용성에 회의를 표해 온 것도 사실이다. 일반화에 대한 대안적 접근이 카노반이 한 것과 같은 사례들의 유형화일 것이다(e.g. Mouzelis, 1985, p.344). 까르도조와 헬위지도 이런 맥락의 연구이다. 그들은 라틴아메리카의 포퓰리즘을 고전적 포퓰리즘과 경제적 포퓰리즘으로 유형화하고, 이들 서로 다른 시대의 다른 성격의 포퓰리즘 경험을 비교 평가한 것은 그 나름대로 의의가 있다 하겠다.

고전적 포퓰리즘의 경우, 포퓰리스트 경제정책의 두 축 중의 하나인 수입대체 공업화가, 이의 추진을 위해 사용된 정책수단들의 많은 부작용에도 불구하고, 1950년대 이후 라틴아메리카 국가들의 지속성장에 밑거름이 되었다는 긍정적 평가를 받을 수 있는 것은 그 시대적 배경 때문에 가능했던 것이다. 반면 아무런 긍정적 효과를 보여주지 못한 그 이후의 경제적 포퓰리즘과의 차이를 보게 된다.

그러나 이 두 그룹을 구분하는 의의는 카우프만과 스털링스의 포퓰리즘 주기의 반복과 학습효과 분석과 관련해서 더욱 두드러진다. 그들은 포퓰리즘 재출현의 확률(혹은 학습효과)이 포퓰리즘 경험의 빈도와 정책실패의 강도의 함수라는 가정이 현실에 의해 지지되지 못하게 만드는 요인을 세 가지 제시했다. 그 첫 번째 설명은 포퓰리즘의 출현을 결정하는 정치적·제도적 요인들이 포퓰리즘 재출현의 가능성도 결정하기 때문이라는 것이었다. 그러나 문제는 그들이 독립변수로 간주한 정치변수들이 완전히 외생변수가 아니라는 사실이다. 고전적 포퓰리즘의 경험은 정치변수의 엄청난 변화를 수반하였었다는 점에서 경제적 포퓰리즘의 경우와는 차이가 있다.

학습효과에 관한 그들의 가정이 경제변수에 국한하여 고려하면서, 정치변수가 포퓰리즘에 의해 변한다는 사실을 간과했던 것이다. 포퓰리즘이란 그 정의상 조직화되지 못한 대중을 동원해서 정치참여를 유도하는 운동이기 때문에 필연적으로 정당제도와 정치체제에 영향을 미치게 된다. 이때 어떤 방식으로 조직화하였느냐에 따라 이후 포퓰리즘 반복현상에 결정적 요인으로 작용할 수도 그렇지 않을 수도 있는 것이다. 이 점은 고전적 포퓰리즘의 대표적 케이스인 아르헨티나, 브라질, 멕시코 3국의 경우를 비교해 보면 잘 드러난다.

아르헨티나의 페론은 그 자신이 배제적 정당구조를 처음 구축한 것은 아니지만, 정의당이라는 거대조직을 만들어내는 데 성공하여 그 이후 배제적 정당제도 하에서 확고한 배제의 대상을 만들어냈다. 브라질은 바르가스 집권 이전 밀크커피체제로 불리는 안정된 올리가키 지배체제였으며, 이 체제가 대공황이라는 변혁기를 맞으면서 공화파와 연방파의 양대 세력간의 대립구도로 바뀌는 과정에서 그가 등장한 것이다. 그는 페론과는 정반대로 독재 시절 자신의 지지세력을 하나로 조직화하는 정당을 만들지 않음으로써 이후 브라질이 다당제도로 가는 길을 열었다. 멕시코의 까르데나스는 안정된 일당체제 하에서 정권을 물려받아 그 제도를 공고히 한 경우이다.

포퓰리즘 반복에 기여한, 즉 학습효과 방해요인의 두 번째와 관련해서도 고전적 포퓰리즘은 특이한 역할을 보인다. 일반적으로 경제적 포퓰리즘의 주기가 반짝 효과 후의 경제위기라면, 고전적 포퓰리즘에서는 수입대체 공업화의 성과로 그 위기 이후의 장기성장이라는 긍정적 효과의 공을 인정받기 때문에, 사회구성원들이 포퓰리스트 경제정책을 평가할 때 더 이상 용이한 수입대체공업화의 경험을 되풀이할 수 없음에도 불구하고 '잘만 하면' 하는 막연한 기대를 갖게 만드는 역할을 한 것이다.

포퓰리즘 재출현(혹은 반복)의 결정요인은 카우프만과 스털링스가 고려한 포퓰리즘 경험의 빈도와 정책실패의 강도 이외에도 예산제약을 무시하는, 즉 적자재정의 요인이 되는 경제정책들의 제도화 정도, 포퓰리스트 정권 하에서의 지지계층의 조직화 정도, 재분배 정책에의 향수를 유발하는 포퓰리스트 지도자의 카리스마, 포퓰리즘 정권의 집권기간(포퓰리즘의 기간을 정책추진 기간으로만 보는 관행이 있으나 포퓰리즘 출현의 결정요인 중 정당제도나 정치체제는 이 기간과 무관치 않다) 등도 어느 정도 작용할 것으로 기대된다. 그런데 이 변수들을 기준으로 생각해 본다면 근년의 경제적 포퓰리즘의 경험보다는 그 이전의 고전적 포퓰리즘의 경우가 추후 포퓰리즘을 재출현시킬 확률이 높을 것으로 기대된다.

5. 사례: 페론주의

아르헨티나의 페론주의의 출현 배경은 뭉크가 지적했듯이 "영국제국주의에 대한 의존과 경제를 지배했던 농산물 수출기반이 1929년의 대공황으로 인해 난관에 빠지게 된 경제체제의 위기상황"이며(Munck, 1984, p.338), 그들의 지지기반은 "대공황과 제2차 세계대전의 결과로 새로운 세력으로 등장한 산업자본가와 1930, 1940년대에 부에노스아이레스로 이주한 조직화되지 못한 노동자 계층의 연대였다." (Hollander, 1973)

페론은 정치적 입지 마련을 위해 그간 정치에서 소외되었던 노동자 계층을 조직화하고 분배정의를 기치로 내걸면서 기득권 층의 대항세력을 표방하는 분열의 정치를 펼쳤다. 또 "브레이든(당시 미국대사 Spruille Braden)이냐 페론이냐"라는 선거구호를 통해 국민들의 반미감정을 자극하고 민족주의 감정을 부추겨 선거에서 승리했다. 집권 후 페론은 서서히 일인 통치의 독재체제를 구축하였다(박구병, 2003).

버키스트는 페론주의를 민중적이면서 조합주의적인 우익 민족주의 운동으로 규정하나, 홀랜더는 "전통적 해석과는 달리, 페론주의는 파시스트 운동이 아니라 식민수출경제의 저개발국가에서의 부르주아 민족주의 운동"으로 규정한다. 페론주의를 '민족주의에 대한 마르크스주의적 이론의 맥락'에서 고찰한 뭉크(Munck, 1984)는 "고전적 시기 (1946~55)의 페론주의는 민족부르주아의 지도력이 결핍된 민족주의 운동이었으며 강력한 보나파르트적 특징을 지닌 포퓰리즘 운동이었다. … 재집권기(1973~76)의 이 운동은 진보적 요소들을 과도하게 억압 하는 것으로 점철된 반동적 보나파르티즘으로 변했다"고 평가한다.

우리가 페론주의에 관심을 갖는 이유는 이 같은 다양한 평가 때문 만이 아니라, 포퓰리즘 논의에서 페론주의만큼 전형적인 사례로 인정 되는 경우도 없기 때문이다. 사실 위에서 소개한 디테이야의 포퓰리즘 정의는 어떤 의미에서는 페론주의의 특징의 조합이라 할 수 있으며, 카노반의 일곱 타입 중 하나인 '포퓰리스트 독재'도 페론주의를 전형 으로 한 분류이다. 이제 정치운동으로서의 페론주의에 대한 논의는 생 략하고 본고의 관심사항인 경제적 포퓰리즘의 시각에서 페론의 경제 정책을 살펴보자.

[표 1]은 페론 집권기간 중 고전적 포퓰리즘의 시기로 평가받는 1946년에서 1949년까지의 경제통계자료이다. 경제적 포퓰리즘의 정의 들이 모두 통계자료로 확인될 수 있는 것은 아니지만 카우프만과 스 털링스의 세 가지 기준 ─ 재정적자, 소득재분배를 겨냥한 임금인상, 비교역재 부문을 위한 환율통제(평가절상) ─ 중 재정적자를 제외한 나머지 둘은 표에서 바로 확인된다. 실질임금이 4년 사이에 70% 이상 상승하여 노동자 계층으로의 소득재분배가 이루어졌음을 알 수 있고, 같은 기간 동안 실질환율이 30% 정도나 절상되어 농축산물 수출부문 으로부터 도시 노동계급으로의 소득이전을 위한 수단으로서의 환율통 제도 확인할 수 있다. 재정적자에 관한 자료가 없어 알 수는 없지만, 당시는 아직 정부 부문의 비중이 크게 확대되지 않았던 시기였기 때 문에(모든 국가들에서) 오늘날의 기준으로 보아 큰 폭의 재정적자를 기록했으리라고는 기대되지 않는다. 더욱이 장기적으로 재정에 부담이

[표 1]

	GDP 증가율	실질임금 증가율	소비자물가 상승률	외환보유고 /수입	수출/GDP 1946=100	수입/GDP 1946=100	실질환율 1946=100
1946	8.3%	5.7%	17.7%	1.90	100.0	100.0	100.0
1947	13.8%	25.0%	13.5%	0.28	82.4	177.0	101.3
1948	1.1%	23.6%	13.1%	0.17	69.1	179.7	95.8
1949	-4.5%	4.6%	31.1%	0.25	53.6	129.7	71.8

자료 : Diaz Alejandro, 1970; Sachs, 1989, Data Appendix에서 재인용.

되는 사회보장제도들은 도입된 지 얼마 되지 않은 시점이었다. 그러나 인플레이션의 문제를 야기할 정도이었음은 알 수 있다. 1949년에는 경제성장률은 마이너스 4.5%를 기록한 반면 소비자물가 상승률은 30%를 넘어서고 있다.

표의 자료는 페론정부 경제정책의 문제가 대외부문에 있었음도 확인해 준다. GDP에서의 수출비중의 감소와 수입비중의 증대, 이에 따른 외환수요 대비 외환보유고의 감소는 1948년에는 이미 심각한 수준에 이르렀다. 이 같은 결과는 환율정책에 일부 기인하는 것이지만 그 이외에도 정부재원 마련을 위한 수출세 부과나 수입대체공업화 정책과도 무관하지 않다.

페론에게 대중의 지지를 확보해 준 페론주의의 세 가지 핵심 슬로건인 사회정의, 경제적 독립, 정치적 주권은 경제정책 방향설정의 지침이었기 때문에, 임기 중반을 넘어서면서 맞게 되는 경제위기는 바로 이 세 원칙과 관련이 있는 것이다. 사회정의 실현을 위한 소득재분배 정책에 대해서는 이미 언급했지만, 경제적 독립은 수입대체공업화를 추진하고, 국가 기간산업을 국유화하는 정책으로 이어졌으며, 경제와는 무관해 보이는 정치적 주권을 지킨다는 '제 3의 입장'이 미국의 견제로 해외수출시장의 상실로 이어졌기 때문이다. 식민지 시대부터 국제분업체제에 편입되어 있는 경제구조를 가진 나라에서 경제적 독립이라는 정책목표를 설정하여 실질소득의 하락을 예약했던 것이며 이는 당장 현실로 닥쳐왔다. 뿐만 아니라 지지 확보를 위한 정책수단의 제도화는 장기적으로 유지될 수 없는 정부지출구조를 만들어 만성적인 재정적자와 구조적 인플레이션을 불가피하게 만들었고, 페론 스스로 1970년대 재집권기에 그 후유증을 경험하게 된다. 페론주의는 아르헨티나의 정치발전에 필요한 변화를 실현시켰지만 본질적 모순들도 내포하고 있었기 때문에, 포퓰리즘에 기초한 민족주의운동이 '민족사회주의'라 일컬어지는 새로운 것을 창조할 수 있을 것이라는 기대가 환상이었음을 1970년대 중반에 확인한 셈이다(Munck, 1984, p.335).

"1955년에 페론정권이 무너진 이후 아르헨티나 사회는 상호배타적인 두 개의 진영으로 분열되었고, 이들은 상반되는 역사의식과 미래상을 안고 아르헨티나 사회를 혼란의 도가니로 몰아넣었다. 이와 같은 이념적 양극화로 어느 정권도 효과적인 장기정책 수립에 절대적으로 필요한 일치된 국민여론의 형성과 정치적 정통성의 창출을 달성하지 못했다."(Berquist, 1986, p.401)

페론주의가 그 이후 아르헨티나의 경제적 포퓰리즘 재출현에 어떤 영향을 미쳤는지와 관련하여 흥미 있는 역사적 경험이 메넴(Carlos S. Menem)정권의 출현이었다. 외관상으로만 보자면 '세 번째 페론주의 정권'이나 신자유주의 정권이라는 비판을 면치 못하기 때문이다. 메넴 정부의 경제정책 기조가 수출주도형, 국영부문의 민영화, 노동시장의 유연화로 요약될 수 있다는 점에서 신자유주의로 평가될 수도 있다. 그러나 정부재정 건전화라는 핵심이 결여되었다는 사실에 유념해야 한다. 또 이 재정적자 정책이 고전적 포퓰리즘에 뿌리가 있다는 점도 간과해서는 안 된다. 강력한 노조활동과 과도한 사회복지는 정부의 개혁을 필요로 하고 있었으나 정부는 이를 방치하였고 결국에는 경제위기를 초래하였다.[6] 이는 앞의 버퀴스트의 지적이 메넴정권에게도 적용되었음을 의미하며, 결국 메넴정권은 페론의 이름을 빌렸던 만큼 그의 유산청산에 실패하였고 재정적자 정책으로부터 벗어나지 못하는 한계를 드러낸 것이다.

6. 후손이 치르는 대가

라틴아메리카의 고전적 포퓰리즘은 국내산업 보호, 사회복지 확대, 민족주의 등을 표방한 도시 중심의 정치운동으로, 1929년 시작된 대공황이 포퓰리스트 정권 출현의 계기로 작용하였다. 이들은 1차산품 수출경제에 기반을 둔 농촌 지주 중심의 엘리트 과두정치에서 수입대체적 공업화를 배경으로 등장한 도시 산업자본가 및 노동계급으로의 세력중심 이동 과정에서 이 이행을 가속화시키는 역사적 역할을 수행했다.

포퓰리스트 정권들이 남긴 유산은 ① 예산제약을 무시한 경제정책들이 제도화되어 만들어낸 대내 대외적 경제불균형이라는 경제시스템의 내재적 모순, ② 사회 이익집단의 정치조직화로 정치불안을 영속화하는 후손들에게는 무거운 짐이었다. 이 두 가지가 상호작용할 때 전자는 개혁불가능한 과제가 되며, 그들이 경험하고 있는 경제위기의 반복은 당연한 결과가 된다. 그러나 이익집단의 정치조직화의 정도와 방식이 국가에 따라 다르기 때문에 정치불안의 정도와 유산청산으로서의 경제개혁의 속도, 성과 또한 차이가 날 수밖에 없다.

---

6) 까르도조와 헬위지의 경제적 포퓰리즘의 원인에 따른 분류에 수동적인 경우도 포함되었다는 점을 상기하기 바란다.

참고문헌

김병국·서병훈·유석춘·임현진 공편. 1991. 『라틴아메리카의 도전과 좌절: 격동하는 정치사회』. 서울: 나남.

김영철. 2003. "브라질의 정치 실험가, 제뚤리우 바르가스". 『라틴아메리카 현대사와 리더십: 페론에서 산디노까지』(이베로아메리카 연구총서 3). 부산외국어대학교 출판부.

박구병. 2003. "아르헨티나의 풍운아, 후안 도밍고 페론". 『라틴아메리카 현대사와 리더십: 페론에서 산디노까지』(이베로아메리카 연구총서 3). 부산외국어대학교 출판부.

Berquist, Charles. 1986. *Labor in Latin America: Comparative Essays on Chile, Argentina, Venezuela, and Colombia.* Stanford: Stanford University Press.

____. 1986. "노동운동과 페론주의: 아르헨티나의 비극". 『라틴아메리카의 도전과 좌절』. 제13장. (Berquist. 1986. pp.81~190의 축약본.)

Bresser Pereira, Luiz and Fernando Dall'Aqua. 1991. "Economic Populism versus Keynes: reinterpreting budget deficit in Latin America". *Journal of Post Keynesian Economics* 14(1). Fall 1991: 29~38.

Canovan, Margaret. 1981. *Populism.* New York: Harcourt Brace Jovanovich.

Cardoso, Eliana A. and Ann Helwege. 1992. "Populism, Profligacy, and Redistribution". in Dornbusch and Edwards(eds.). pp.45~74.

Dornbusch and Edwards(eds.). 1992. *Latin America's Economy: diversity, trends, and conflicts.* Cambridge, Mass.: The MIT Press.

Diaz-Alejandro, Carlos F. 1970. *Essays on the Economic History of the Argentine Republic.* New Haven: Yale University Press.

Di Tella, Torcuato. 1965. "Populismo y reforma en América Latina". *Desarrollo Económico* 4. 1965: 391~425. English version in *Obsta-*

cles to Change in Latin America, edited by Claudio Veliz. London: Oxford University Press. 1965.

_____. 1997. "Populism into the 21st Century". *Government and Opposition* 32(2). 1997: 187~200.

Dix, Robert H. 1985. "Populism: Authoritarian and Democratic", *Latin American Research Review* 20(2), 1985. "민중주의의 두 유형: 권위주의적 또는 민주주의적".『라틴아메리카의 도전과 좌절』. 제6장.

Dornbusch, R. and S. Edwards. 1989. "The Macroeconomic Populism in Latin America". NBER Working Paper no. 2986. Cambridge, Mass.

_____(eds.). 1991. *The Macroeconomics of Populism in Latin America*. Chicago and London: The University of Chicago Press.

Drake, Paul W. "Comment" on Kaufman, Robert and Barbara Stallings, in Dornbusch and Edwards(eds.). pp.35~40.

Hanke, Lewis and Jane M. Rausch(eds.). 1999. *People and Issues in Latin American History: From Independence to the Present: Sources and Interpretations*. 2nd Edition. Princeton: Marcus Wiener Publishers.

Hollander, Nancy Caro. 1973. "Women: The Forgotten Half of Argentine History". in *Female and Male in Latin America: Essays*. ed. Ann Pescatello. Pittsburgh: University of Pittsburgh. Also in Hanke and Rausch.

Kaufman, Robert and Barbara Stallings. "The Political Economy of Latin American Populism". in Dornbusch and Edwards(eds.). pp.15~34.

Laclau, Ernesto. 1977. *Politics and Ideology in Marxist Theory*. London: NLB.

Machiavelli, Niccolo, 이상두 역. 1993.『군주론·전술론(외)』. 서울: 범우사.

Machiavelli, Niccolo, 황문수 역. 1984.『정략론』. 서울: 학원출판공사.

Mouzelis, Nicos. 1985. "On the Concept of Populism: Populist and

Clientelist Modes of Incorporation in Semiperipheral Polities". *Politics and Society* 14(3). 1985: 329～348.

Munck, Ronald. 1984. *Politics and Dependency in the Third World: The Case of Latin America.* London: Zed. 강문구 · 김형수 역. 1991. 『라틴아메리카 정치경제학』. 서울: 한울아카데미.

Plato, 박종현 역주. 1997. 『플라톤의 국가(정체)』. 서울: 서광사.

Sachs, Jeffrey. 1989. "Social Conflict and Populist Policies in Latin America". NBER Working Paper no. 2897. Cambridge, Mass.

Shils, Edward. 1956. *The Torment of Secracy: The background and consequences of American Secutity Policies.* Glencoe, IL: Free Press.

Taggart, Paul A. 2000. *Populism: Concept in the Social Sciences.* Open University Press.

Vilas, Carlos M. 1992. "Latin American Populism: A Structual Approach". *Science and Society* 56(4). Winter 1992～3: 389～420.

민주화, 신자유주의적 포퓰리즘, 그리고 한국 : 김대중 정권과 노무현 정권을 중심으로

| 김 일 영 | 성균관대 정치외교학과 |

1. 민주화과정에서 신자유주의와 포퓰리즘의 이율배반적 결합

최근 라틴아메리카와 동유럽에서는 기묘한 현상이 관찰되고 있다. 이제까지 서로 결합하기 어렵다고 여겨지던 포퓰리즘(populism)과 신자유주의가 공존하는 역설적인 현상이 나타나고 있는 것이다. 그 결과 몇몇 학자들에 의해 '신자유주의적 포퓰리즘'(neo-liberal populism)이라는 이율배반적 개념의 적용가능성이 조심스럽게 개진되고 있다.[1]

---

1) Denise Dresser, *Neopopulist Solutions to Neoliberal Problems: Mexico's National Solidarity Program*(San Diego: Center for US-Mexican Studies, 1991); Kenneth M. Roberts, "Neoliberalism and the Transformation of Populism in Latin America: The Peruvian Case," *World Politics*, Vol.48, No.1(Oct. 1995), pp.82-116; Kurt Weyland, "Neoliberal Populism in Latin America and Eastern Europe," *Comparative Politics*, Vol.31, No.4(July 1999), pp.379-401.

포퓰리즘과 신자유주의는 양립하기 어렵다는 것이 기존의 통념이었다. 포퓰리즘은 다양한 의미로 쓰였지만, 라틴아메리카에서 그것은 대개 수입대체산업화의 발전단계와 결부되어 사용되었다.[2] 이때 포퓰리즘은 정책면에서 보호주의, 국가개입주의, 재정팽창 등으로 나타났다. 이러한 포퓰리즘은 그후 이 지역에 밀어닥친 외채위기와 관료적 권위주의 정권의 등장 및 안정화 정책(stabilization policy) 때문에 퇴색하고 말았다.[3] 관료적 권위주의 정권이 경제위기를 극복하기 위해 추진한 안정화 정책은 대외개방을 포함한 경제 자유화와 재정억제 등을 핵심으로 하는 신자유주의 정책이었다. 시장 메커니즘에 따른 경제운용을 강조하는 신자유주의가 국가의 인위적 개입을 내세우는 포퓰리즘과 서로 조화되기 어려운 것은 당연했다.

그런데 1990년대 이후 라틴아메리카는 물론이고 사회주의로부터 시장경제로 전환 중인 동유럽 국가들에서 포퓰리스트적인 지도자가 등장해 신자유주의적인 개혁을 추진하는 현상이 일어나고 있다. 페루의 후지모리(Alberto Fujimori), 아르헨티나의 메넴(Carlos Menem), 폴란드의 바웬사(Lech Walesa) 정권 등이 대표적 예로 꼽혔다. 이들은 포퓰리스트적 전술을 구사해 선거에서 이겼으면서도 취임 이후 다수 대

---

2) 라틴아메리카의 포퓰리즘을 특정 시기의 재분배 정책과 결부시켜 생각하는 경향은 오도넬의 관료적 권위주의론 이후에 특히 강해졌다. Guillermo A. O'Donnell, *Modernization and Bureaucratic-Authoritarianism: Studies in South American Politics*(Berkeley: Institute of International Studies, 1973), pp.53-85; Fernando H. Cardoso and Enzo Faletto, *Dependency and Development in Latin America*(Berkeley: University of California Press, 1979), chaps.5, 6.

3) Robert R. Kaufman and Barbara Stallings, "The Political Economy of Latin American Populism," in Rudiger Dornbusch and Sebastian Edwards eds., *The Macroeconomics of Populism in Latin America*(Chicago: University of Chicago Press, 1991), pp.31-32.

중에게 단기적으로는 상당한 불이익을 안겨줄 수 있는 시장개혁을 단행했다. 이러한 구조조정이 가져오는 정치적 어려움 속에서도 이들은 여전히 대중적 지지를 어느 정도 유지했고, 심지어 후지모리와 메넴은 재선되기도 했다.[4]

이러한 신자유주의적 포퓰리즘 현상은 우리에게 두 가지 이론적 문제를 제기하고 있다. 우선 이것은 포퓰리스트적인 정치지도자가 다수 대중에게 불이익을 주는 신자유주의적 구조조정 정책을 시행하면서도 어떻게 대중적 지지를 유지하는가라는 의문을 던지고 있다. 어떤 조건에서 포퓰리스트적 정치와 신자유주의적 경제가 공존가능한가가 문제시되고 있는 것이다. 이러한 문제제기는 포퓰리즘을 과연 특정 시기나 단계의 특정 정책과 연결시키는 것이 과연 옳은가라는 보다 더 일반 이론적인 의문으로 연결된다. 다시 말해 포퓰리즘을 어떻게 개념 정의할 것인가라는 보다 더 근본적인 문제에 직면하게 되는 것이다.

아울러 신자유주의적 포퓰리즘 현상은 민주주의 공고화 이후의 한국 정치에 대해서도 시사하는 바가 적지 않다.[5] 김대중 정권의 출범은 한국 현대사에서 최초의 수평적 정권교체였으며, 1987년 시작된 한국의 민주화가 이행(transition)을 넘어 공고화(consolidation)의 단계로 들어간 신호이기도 했다. 그러나 이때부터 언론계, 학계, 재계, 노동계,

---

4) K. Weyland, "Neoliberal Populism in Latin America and Eastern Europe," p.379.

5) 이런 관점에서 이루어진 연구로는 김일영, "'김대중 모델'의 정체성: '제 3의 길'과 '신자유주의적 민중주의' 사이의 기로에 선 '김대중 모델'," 제23차 아태 평화재단 학술회의(1999. 10. 18) 발표문; 金一榮, "民主化過程における新自由主義とポピュリズムの二律背反的な結合: 金大中政權の改革および太陽政策と政治戰略を中心に," 名古屋大學 CALEシンポジウム(2002. 7. 12.) 발표문; 박기덕, "민주주의 공고화 과정의 경제개혁과 집권세력의 위기극복을 위한 정치전략," 세종연구소 정책연구 2002-9(2002. 8. 12).

시민단체 등으로부터 집권세력에 대해 신자유주의와 포퓰리즘이라는 상반된 비판이 동시에 쏟아졌다. 김대중 정권에 대해 진보진영은 중산층과 서민을 희생시키는 신자유주의 정책을 추종하고 있다고 공격했고, 보수진영은 대중영합적인 포퓰리즘 정책을 통해 경제의 활력을 떨어뜨리고 있다고 몰아세웠다. 이러한 양상은 노무현 정권에 들어서도 별로 달라지지 않았다. 노 정권 역시 진보와 보수 양진영으로부터 신자유주의와 포퓰리즘이라는 상반된 비판에 직면하고 있다.

이 대목에서 우리는 몇 가지 추가적인 의문에 봉착한다. 민주주의 공고화 이후 한국 정치를 설명함에 있어서 우선 포퓰리즘이라는 비판이 과연 타당하며, 더 나아가 신자유주의적 포퓰리즘 개념은 얼마나 유효할지라는 물음이 제기될 수 있다. 이 질문은 앞서 제기한 포퓰리스트적 정치와 신자유주의적 경제가 양립할 수 있는 조건이 한국에서도 관찰되는가의 문제로 모아질 수 있다. 만약 이 개념이 한국 정치를 설명함에 있어서도 어느 정도 유효성을 지닌다면, 우리는 다음과 같이 이어지는 의문에 직면한다. 즉, 민주화 과정에서 신자유주의적 포퓰리즘 현상은 과연 피하기 어려운 함정인지, 만약 그렇지 않다면 이를 회피할 수 있는 전략은 무엇인지 등이 추가적인 문제로 제기되는 것이다.

이 글은 앞에서 제기한 여러 문제들을 김대중 정권과 노무현 정권을 대상으로 하여 살펴보고자 한다. 한국의 민주화가 시작된 것은 1987년부터이고, 이들 두 정권 이전에 노태우 및 김영삼 정권이 있었다. 그런데도 이 글의 범위를 김대중 정권 이후로 잡은 것은 두 가지 이유 때문이다. 첫째는 김대중 정권이 심각한 경제위기 상황에서 등장했다는 점이고, 둘째는 소수파 정권이었다는 점이다. 위기상황은 신자유주의적 개혁에 대한 국민적 합의를 이끌어내는 데 유리하게 작용했으며, 이 점은 노무현 정권으로까지 이어지고 있다. 원내 소수파였다는 점은 김대중 정권으로 하여금 기존의 대의제도를 우회하고 싶은 유혹을 느끼게 만들었으며, 현재의 노무현 정권은 김대중 정권보다 더 소수파라는 점에서 같은 유혹을 더욱 크게 받고 있다고 할 수 있다. 거꾸로 본다면 노태우 및 김영삼 정권은 심각한 경제위기 상황도 아니었고 원내 다수파였다는 점에서 '상대적'으로 신자유주의적 포퓰리즘의 유혹에서 자유로울 수 있었을 것이고, 바로 그 점 때문에 이 글의 연구대상에서 제외되었다.

2. 포퓰리즘 개념과 신자유주의적 포퓰리즘 현상의 등장 조건

1) 포퓰리즘: 민주주의의 그림자

포퓰리즘은 사람마다 용법이 다르고, 특히 언론이나 정치권이 지나치게 편의적으로 사용함으로써 많은 현상을 지칭하면서도 사실은 속 빈 강정 같은 개념(catch-all, but void concept)이 되고 말았다. 그 결과 이 개념이 신발은 있지만 거기에 맞는 발은 어디에도 없는 '신데렐라의 유리구두'같이 되어 버렸다고 비꼬는 학자도 있다.[6] 하지만 모호하고 불완전하다고 이 개념을 버릴 수는 없다. 그럴 경우 우리는 중요한 경험적 실재(實在)를 설명할 수 없게 되기 때문이다.

포퓰리즘 개념은 다양하게 쓰였지만 대개 네 가지로 분류해 볼 수 있다.[7] 첫째, 경제적 관점에서 포퓰리즘을 방만한 재정운용과 관련시

---

6) Yves Mény and Yves Surel, "The Constitutive Ambiguity of Populism," in Yves Mény and Yves Surel eds., *Democracies and the Populist Challenge* (New York: Palgrave, 2002), p.3.

7) 이것은 로버츠와 웨이랜드의 분류를 기초로 필자가 재구성한 것이다. K. M.

키는 시각이다.[8) 이것은 대중소비욕구에 부응 내지 영합하기 위해 정부가 재정팽창적이고 재분배적인 정책들을 무책임할 정도로 시행하는 것을 말한다.

둘째는 역사적·사회학적 관점이다.[9] 이 시각은 포퓰리즘을 산업화 초기 단계에서 전형적으로 나타나는 여러 계급들 사이의 사회정치적 연합을 강조한다. 반드시 그렇지는 않지만 경제적 관점과 역사적·사회학적 관점은 종종 결합되어 사용되기도 한다. 앞서 언급한 라틴아메리카의 경우가 그 대표적 예다. 즉, 수입대체산업화 단계에서 보호주의, 국가개입주의, 재정팽창 등의 정책을 사용한 1930-40년대의 아르헨티나나 브라질을 포퓰리즘이라 칭할 경우가 바로 이에 해당된다.

셋째는 정치적 관점으로서, 이 경우 포퓰리즘은 개인의 캐릭터 (character)에 강하게 의존한다는 의미에서의 인격적 지도자(personalist leaders)가 기존의 정치적 대의제도를 우회하거나 자신의 밑에 종속시킨 상태에서 대중과 맞상대하여 그들을 직접 조종하거나 동원하는 방식을 말한다.[10]

Roberts, "Neoliberalism and the Transformation of Populism in Latin America: The Peruvian Case," pp.84-88; K. Weyland, "Neoliberal Populism in Latin America and Eastern Europe," pp.380-381.

8) Jeffrey Y. Sachs, *Social Conflict and Populist Politics in Latin America*(San Francisco: ICS Press, 1990); R. Dornbusch and S. Edwards, "The Macroeconomics of Populism," in R. Dornbusch and S. Edwards eds., *The Macroeconomics of Populism in Latin America*, pp.7-13.

9) Gino Germani, *Authoritarianism, Fascism, and National Populism*(New Brunswick: Transaction, 1978); Eliana Cardoso and Ann Helwege, "Populism, Profligacy, and Redistribution," in R. Dornbusch and S. Edwards eds., *The Macroeconomics of Populism in Latin America*, pp.46-50.

10) Nicos Mouzelis, "On the Concept of Populism," *Politics and Society*, Vol.14, No.3, 1985; Carlos de la Torre, "The Ambiguous Meanings of Latin American Populism," *Social Research*, 59(Summer 1992), pp.396-399.

마지막은 종합 내지는 절충적 관점이다. 각 관점이 고립되어서는 포퓰리즘 현상을 파악하는 데 한계가 있기 때문에 종합적 시각이 필요하다는 것이 이 입론(立論)의 근거이다. 이 관점은 포퓰리즘의 핵심적 특징으로 다음 다섯 가지를 들고 있다: ① 정치지도자가 개인의 캐릭터에 크게 의존하면서(personalistic) 동시에 가부장적 내지는 온정주의적(paternalistic) 리더십을 보여줌, ② 이질적이면서도 다양한 중하위 사회계급간의 정치적 연합에 의존, ③ 정치지도자가 기존의 정치적 대의제도를 우회하거나 자신의 밑에 종속시킨 상태에서 대중과 직접적인 관계를 맺으려 하며, 그 결과 정치적 동원이 위에서부터 아래로 (top-down) 이루어짐, ④ 잡다한 이데올로기가 혼합되어 있는데, 반엘리트적(anti-elitist)이고 기존질서에 대해 공격적(anti-establishment)이면서 중하층에 영합하는 담론이 지배적임, ⑤ 민중부문의 지지를 끌어내기 위한 물질적 토대를 마련하기 위해 광범위한 재분배 정책을 동원함.[11]

이 글은 포퓰리즘과 같은 복합적인 현상을 설명함에 있어서 종합적 관점의 유용성을 기본적으로 인정하면서도 포퓰리즘 개념을 좀더 역동적이고 유연한 것으로 만들기 위해 몇 가지 수정·보완을 가하고자 한다. 종합적 관점에서 내세우는 다섯 가지 특징 중 앞의 네 가지는 주로 정치적·사회학적 차원인 데 반해 마지막 하나는 경제적 차원과 관련된 것이다. 포퓰리즘 개념을 정태성에서 벗어나 더욱 동태적인 것으로 사용하기 위해서는 우선 이 개념을 특정 시기의 특정 정책과 관

---

11) K. M. Roberts, "Neoliberalism and the Transformation of Populism in Latin America: The Peruvian Case," pp.88-89. 구체적 내용은 조금 다르지만 이념형적 포퓰리즘 개념에 대해서는 Paul Taggart, *Populism*(Buckingham: Open University Press, 2000), pp.10-22; P. Taggart, "Populism and the Pathology of Representative Politics," in Y. Mény and Y. Surel eds., *Democracies and the Populist Challenge*, pp.66-70.

런시키는 경제주의적 시각에서 벗어나야 한다. 다시 말해 포퓰리즘이 반드시 산업화 초기 내지는 수입대체산업화 단계에서의 국가개입주의적 재정팽창 정책과 연계되어야 할 이유는 없다는 것이다. 그러면 그것을 특정 시기는 빼고 특정 정책, 즉 대중영합적 경제운용 정책과 연결시키는 것은 어떤가? 이 역시 포퓰리즘의 정치적 역동성을 간과하고 있다는 점에서 문제가 있다. 포퓰리스트적 지도자들이 대중적 지지를 얻기 위해 재정을 방만하게 운용하면서 재분배에 치중할 가능성이 높은 것은 사실이다. 그러나 어떤 조건 하에서는 그들도 신자유주의적 구조조정 정책을 수행할 수밖에 없으며, 그럴 경우 그들은 정치적 지지를 유지하기 위해 나름대로 기민함을 보여줄 만한 자질과 능력을 지니고 있다. 종합적 관점에서 제시하는 다섯 번째 특징은 바로 이 점을 놓치고 있다. 따라서 이 글은 포퓰리즘을 '정책'의 차원에서 해방시켜 '정치'의 차원으로 올려서 생각할 것을 제안하고자 한다.

정치의 차원에서 볼 때, 포퓰리즘의 특징은 앞의 종합적 관점에서 제시된 네 가지가 적실성이 있어 보인다. 다만 그것은 포퓰리즘의 특징만을 서술하고 있지 그것이 민주주의와 갖는 관계에 대해서는 설명이 부족하다. 민주주의와 포퓰리즘은 서로 어떤 관계에 있으며, 어떤 조건에서 전자가 후자로 타락하는지, 그리고 포퓰리즘은 언제 신자유주의와 친화성을 보이는지 등에 대해 부가적인 설명이 필요하다.

현대 민주주의는 간접, 즉 대의제 민주주의(representative democracy)이다. 대의제 민주주의는 현대 사회의 다양성과 복잡성 때문에 도입되었지만, 그것의 과점(寡占)적 성격과 절차적 성격 때문에 끊임없는 비판에 직면한다. 그 결과 사람들은 직접민주주의의 이상을 동경하게 되는데, 이 과정에서 두 가지 변형체(variants)가 등장한다. 참여민주주의(participatory democracy)[12]와 포퓰리즘[13]이 그것이다.

양자는 모두 대의제 민주주의가 보여주는 절차적 참여의 의례성 내지는 공허함 및 그것이 지닌 엘리트적 속성에 불만을 지닌다. 참여민주주의는 이 문제점을 기존의 대의제도 외에 작업장 수준으로까지 시민의 참여를 확대시키거나 자발적 결사체와 매개집단을 더욱 많이 개발하고 공공영역에서의 교화된 시민들간의 토론과 심의를 통해 결론을 도출하는 방향으로 해결하려고 했다.[14] 반면 포퓰리즘은 지도자와 대중 사이에 무매개적이고 직접적인 관계를 맺음으로써 이 문제를 풀려고 했다. 이 경우 지도자는 개인의 캐릭터에 크게 의존하면서 가부장적 성격을 띠며, 대중[15]은 원자화된 모습을 보여준다. 지도자는 기존의 사회질서나 대의민주주의가 지닌 엘리트적 및 과점적 속성을 공격하면서 대의제도를 우회하거나 자신의 밑에 종속시킨 상태에서 대중과 직접적이고 무매개적 관계를 맺으려 한다.

이렇게 볼 때 포퓰리즘은 민주주의 자체의 대립물이라기보다는 대의제 민주주의의 한계를 극복하려는 두 방향의 시도 중 하나로 볼 수 있다. 다만 참여 민주주의가 좀더 긍정적인 방향에서 그것을 개선하려는 시도라면 포퓰리즘은 상대적으로 부정적인 방향에서의 교정노력이

---

12) 여기서 참여민주주의는 최근 논의되는 심의(deliberative) 민주주의나 결사체 (associative) 민주주의 등을 모두 포괄하는 개념으로 사용되고 있음을 밝힌다.

13) 이 경우 포퓰리즘은 엄밀하게 말하면 포퓰리스트 민주주의(populist democracy) 라고 할 수 있으나, 여기서는 포퓰리즘으로 통칭하겠다. 포퓰리스트 민주주의 개념에 대해서는 Peter Mair, "Populist Democracy vs Party Democracy," in Y. Mény and Y. Surel eds, *Democracies and the Populist Challenge*, pp.88-92.

14) Carole Pateman, *Participation and Democratic Theory*(Cambridge: Cambridge University Press, 1970); Jon Elster ed., *Deliberative Democracy*(Cambridge: Cambridge University Press, 1998); Paul Hirst, *Associative Democracy* (Amherst: The University of Massachusetts Press, 1994).

15) 이런 원자적이고 무매개적인 대중 개념에 대해서는 William Kornhauser, *The Politics of Mass Society*(London: Routledge and Kegan Paul, 1960).

다. 민주주의가 존재하는 한, 그리고 그것이 기술적인 이유 때문에 대의제적 성격을 버리기 어려운 한 포퓰리즘의 가능성은 상존(常存)한다.[16] 이 점에서 포퓰리즘은 '민주주의의 그림자'(a shadow cast by democracy itself)[17]라고 할 수 있다.

이상에서 설명한 대의제 민주주의와 직접민주주의, 참여민주주의, 그리고 포퓰리즘 사이의 관계를 그림으로 나타내면 다음과 같다.

[그림 1] 대의, 참여, 직접 민주주의와 포퓰리즘 사이의 관계

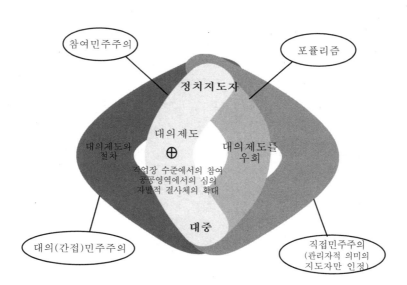

---

16) Yannis Papadopoulos, "Populism, the Democratic Question, and Contemporary Governance," in Y. Mény and Y. Surel eds., *Democracies and the Populist Challenge*, pp.46-50.

17) Margaret Canovan, "Trust the People! Populism and the Two Faces of Democracy," *Political Studies*, Vol.47, No.1, 1999, pp.2-3.

2) 신자유주의적 포퓰리즘 현상의 등장 조건

그러면 정치 차원의 포퓰리즘은 어떤 조건에서 경제정책 차원의 신자유주의와 친화성을 갖는가? 다시 말해 포퓰리스트적 정치와 신자유주의 경제는 언제 공존이 가능한가?

우선 심각한 경제위기를 겪어야 한다.[18] 신자유주의적 포퓰리즘 현상이 관찰되는 라틴아메리카나 동유럽 국가들의 경우 공통적으로 심한 경제위기를 경험했으며, 그 원인은 대개 과도한 국가개입주의— 수입대체산업화나 계획경제 — 로 인한 것이었다. 이러한 위기에 봉착하면 대부분의 정권은 그것을 극복하기 위해 국가주도형 경제의 비효율성을 시정하고 좀더 시장지향적인 개혁정책, 즉 신자유주의 정책을 수행할 수밖에 없다. 이것은 국제통화기금(IMF)이 '워싱턴 컨센서스' (Washington Consensus)[19]에 입각해 구조조정 정책을 강요하는 탓도 있지만 시장지향적 개혁의 불가피성에 대한 사회적 합의가 어느 정도 형성되었기 때문이기도 하다. 어떤 정치지도자가 본래 포퓰리스트적 성향을 지녔어도 이런 상황에서는 신자유주의 정책을 수용할 수밖에 없다. 우선은 정권의 안정과 유지를 위해 이러한 선택을 할 것이고, 더 나아가 그는 이 위기를 잘 극복함으로써 자신의 카리스마를 증명하고 싶어한다는 점에서 오히려 적극적으로 신자유주의적 개혁을 추

---

18) K. M. Roberts, "Neoliberalism and the Transformation of Populism in Latin America: The Peruvian Case," pp.96-97; K. Weyland, "Neoliberal Populism in Latin America and Eastern Europe," pp.393-397.

19) 1990년대 초 IMF, 세계은행, 미국 정부 등에서 일하는 관료와 학자들이 합의한 제3세계 국가들이 시행해야 할 구조조정 조치들을 일컫는 말로서, 정부예산 삭감, 자본시장 자유화, 외환시장 개방, 관세인하, 국가 기간산업 민영화, 외국자본에 의한 국내 우량기업 합병·매수 허용, 정부규제 축소, 재산권 보호 등이 그 내용이다.

진하기도 한다. 포퓰리스트적 정치와 신자유주의 경제정책이라는 서로 어울리기 어려운 두 개념은 이럴 때 상봉하게 된다. 이런 조건에서는 자본이나 노동 같은 사회계층 역시 불만이 있어도 국가적 위기상황이기 때문에 불이익을 감수하고 신자유주의적 개혁 대열에 동참할 수밖에 없다.

한편 이런 정권이 경제위기를 극복하기 위해 신자유주의적 구조조정 정책을 추진했어도 다음 두 경우(중 하나)에 직면하면 그 정권은 다시 대중영합적인 경제정책의 유혹에 빠지기 쉽다. 하나는 정당과 같은 매개조직이 제대로 발달하지 못해 취약한 경우이고, 다른 하나는 정당이 어느 정도 제도화되었어도 정권 자체가 원내에서 소수파의 신세를 면치 못하는 경우이다.[20]

정치지도자는 신자유주의적 개혁의 성공을 통해 자신을 과시하거나 소수파에서 벗어날 수 있는 기반을 마련하고 싶어한다. 그러나 이러한 개혁의 추진은 시간이 갈수록 그에 대한 대중들의 지지도 하락으로 이어진다. 개혁정책은 장기적으로는 경제의 체질개선과 재도약을 위해 꼭 필요한 것이지만 단기적으로는 대다수 계층에게 상당한 불편과 희생을 요구한다. 자본은 자산가치의 하락을 감수해야 하고, 노동은 실업증대와 고용불안이라는 대가를 지불해야만 한다. 따라서 대부분의 사람들은 이러한 개혁정책의 불가피성을 인정하면서도 그들이 치러야 하는 불편과 손실 때문에 이를 선호하지 않는 경향이 있다. 특히 희생 면에서 자본보다는 노동이 상대적으로 큰 비용을 치를 수밖에 없다는 점에서 정권의 지지도 하락은 불가피하게 된다. 바로 이때 지도자들은

---

20) K. M. Roberts, "Neoliberalism and the Transformation of Populism in Latin America: The Peruvian Case," pp.97-108; K. Weyland, "Neoliberal Populism in Latin America and Eastern Europe," pp.383-389. 두 요인 중 집권세력이 원내 소수파라는 요인은 필자가 추가한 것이다.

지지도를 회복하기 위해 서민을 겨냥한 선심정책을 펴는 포퓰리즘 본래의 대중영합적 속성으로 회귀하게 된다.

여기에 덧붙여 집권세력이 원내 소수파이거나 정당조직 자체가 미약할 경우, 정치지도자는 의회나 정당 같은 대의제도를 우회하거나 그 것을 종속시킨 상태에서 구조조정 과정에서 보다 더 원자화되고 탈조직화된 대중과 직접 상대하려는 전술을 구사하고 싶은 유혹에 빠진다. 이 와중에 그는 상대적 박탈감에 빠진 대중을 동원해 기존질서와 제도(대의제 및 관료제)에 대해 공격을 가하기도 한다.

3. 김대중 정권: 신자유주의적 관치경제 하에서 포퓰리스트 전술의 선택적 구사

김대중 정권은 경제위기 속에서 지역연합을 통해 소수파 정권으로 출범했다. 이 정권은 이런 난관을 극복하기 위해 개혁정책과 포용(햇볕)정책을 시행했고, 갖가지 정치적 전술도 구사했다. 그러나 이 정권은 임기 내내 좌로부터는 신자유주의, 우로부터는 포퓰리즘이라는 비판에 시달려야 했다. 이러한 비판이 과연 얼마나 타당하며, 신자유주의적 포퓰리즘 현상이 한국에서도 나타났다고 볼 수 있을까?

1) 지역연합을 통해 탄생한 소수파 정권

1987년 6월 항쟁으로 민주화가 진행되자 잠복했던 지역주의는 수면 위로 떠올랐다. 민주화는 권위주의 정권을 퇴진시켰지만, 그로 인해 권위주의 정권이 억누르고 있던 시민사회 내부의 이해갈등이라는 판도라의 상자도 열렸다. 이 상자 속에서 계급, 이념 등 여러 갈등이 튀어 나왔지만, 그 중 가장 대표적이면서 특히 선거 국면에서 여타 문제를 압도한 것은 지역갈등이었다.

이러한 심각한 지역균열 구도 하에서 김대중 세력은 소수파를 벗어나지 못했다. 이 세력은 호남과 수도권 일부를 확고하게 장악했지만, 그 이상도 이하도 아니었다. 1990년 호남을 고립시키는 삼당합당이 이루어짐으로써 이 세력의 고립은 심화되었다. 이러한 고립을 탈출하기 위해 1997년 김대중은 김종필과 호남과 충청을 엮는 지역연합(소위 DJP연합)을 결성했다. 이러한 지역연합은 당시의 경제위기 상황 및 집권당인 <한나라당>의 내분 등과 어우러지면서 김대중에게 권력을 안겨주었다. 그러나 집권 이후에도 김대중 정권은 여전히 원내에서 소수파를 면치 못했다. <국민회의>(77석)와 <자민련>(43석)을 합해도 원내 과반수를 넘는 165석을 지닌 <한나라당>에 못 미쳤기 때문이다. 이 점에서 김대중 정권은 대통령이 속한 정당과 원내 과반수를 차지한 정당이 서로 다른 '분점정부'(divided government)였다.

소수파 정권으로 출발했다는 점과 이념과 정책 면에서 편차가 큰 <국민회의>와 <자민련>이란 두 세력이 연합해 집권했다는 점은 처음부터 김대중 정권의 행동반경을 제약했다. 이것은 김대중 정권과 그 이전의 김영삼 정권을 구분하는 중요한 차이점이었다. 김영삼 정권도 유사하게 이질적인 세력의 연합 위에서 탄생했다. 그러나 그것은 원내 다수의석을 점한 '통합정부'(unified government)였기 때문에 집권 후 좀더 자유롭게 개혁을 추진할 수 있었다. 원내에서 야당의 저항을 용이하게 따돌릴 수 있었고, 당내의 반(反)개혁적 세력도 어느 정도 정리할 수 있었다. 그러나 소수파로 출발한 김대중 정권은 이러한 여유를 누릴 수 없었다. <한나라당>은 원내에서의 수적 다수를 이용해 출범 초부터 김대중 정권을 압박해 들어갔다. 여야는 총리인준 문제를 비롯한 모든 일에서 사사건건 충돌했다.

2) 협공당하고 있는 개혁정책: 신자유주의적 관치경제

김대중 정권은 경제가 IMF의 금융지원을 받아야 할 정도로 심각한 위기에 빠진 상황에서 등장했다. 위기 속에서 소수파로 출범한 김대중 정권에게 개혁정책의 성패는 정권의 운명과 직결되는 것이었다. 개혁은 경제위기라는 국가적 차원의 문제를 해결하기 위해서도 필요했지만, 그것의 성공이 가져올 국민적 지지는 소수파라는 정권 차원의 약점을 보완해 주는 것이기도 했다.

이 무렵 한국이 맞은 경제위기의 근저에는 오랜 국가개입주의의 부작용이 도사리고 있었다.21) 과거 한국의 권위주의 정권은 국가개입주의와 재정적 수단의 동원을 경제정책의 기조로 삼았다. 하지만 두 정책 모두 수입대체나 재분배보다는 수출주도와 성장을 목표로 한 것이었다는 점에서 라틴아메리카의 그것과는 달랐다.22) 이러한 한국의 성장 위주의 국가개입주의는 빠른 경제성장을 가져왔으나 부작용 또한 만만치 않아 1997년 결국 한계에 봉착하고 말았다.

따라서 김대중 정권의 개혁정책은 국가주도적 성장정책의 문제점을 바로잡는 방향으로 추진될 수밖에 없었다. 이러한 노력은 전임자인 김영삼 정권 때에도 있었지만, 본격화된 것은 역시 금융위기를 당한 이후인 김대중 정권 때부터였다. 당시 국가적 위기를 맞아 어느 누구도 국가주도를 시장주도적인 경제로 개혁하는 데 대해 이의를 달기 어려웠고, 본래 상대적으로 분배지향적이었던 김대중은 이 기회를 이용해

---

21) 이것은 금융위기의 원인이 관치경제에만 있다는 뜻은 아니다. 관치경제를 자유화하는 과정에서 한국 정부의 준비소홀과 외국 투기자본의 농간 등도 위기 발발에 기여했다.

22) 이 점에서 한국에는 라틴아메리카와 같은 포퓰리즘(대중영합적 경제정책)의 전통은 별로 없었다고 할 수 있다.

신자유주의자로 변신할 수 있었다.[23]

김대중 정권은 출범 직후 상환연장 협상과 외자도입 그리고 외평채 발행 같은 응급조치를 통해 다급한 외환유동성 위기를 극복하는 한편 재벌·노동·금융·공공 등 네 부문에 대한 강도 높은 구조조정을 실시하는 개혁정책을 시행했다. 금융부문은 5개의 시중은행과 17개의 종합금융회사, 5개의 리스회사, 4개의 보험사가 퇴출되었으며, 살아남은 금융기관들도 합병, 외자도입 등을 통해 강도 높은 구조조정을 강요받았다. 공공부문에서도 정부는 작고 효율적인 정부를 만든다는 목표로 정부조직을 개편하고, 공무원의 수를 감축했으며, 규제개혁을 단행했다. 재벌에 대한 개혁은 김대중이 대통령 취임사에 밝힌 바 있는 5대 원칙 — 기업경영의 투명성 제고, 상호지급보증 해소, 재무구조 개선, 핵심 업종 설정과 중소기업에 대한 협력, 그리고 경영자의 책임성 확립 — 에 따라 진행되었다. 그 결과 20여 개의 재벌계열사를 포함한 55개의 기업이 퇴출되고, 81개 업체가 기업개선작업(workout)에 들어갔으며, 공정거래위원회를 통한 부당내부거래에 대한 감독 강화, 업종 전문화를 위한 '빅딜'(big deal) 등이 이루어졌다. 노동부문에서는 노사정위원회의 합의에 따라 노동부문의 정치참여를 확대하는 대신 정리

---

23) 김대중이 쓴 『대중경제론』은 세 가지 판본(板本)이 있다. 첫 번째 판본인 1971년 대통령 선거용 공약책자 — 이것은 박현채가 주도하여 쓴 것으로 알려졌다 — 를 보면 분배주의자로서의 김대중의 면모가 적나라하게 드러난다(『김대중씨의 대중경제 100문 100답』, 서울: 대중경제연구소, 1971). 이 점에서 박정희가 국가주도적 성장론자였다면 김대중은 국가주도적 균형 내지는 분배론자라고 할 수 있다. 두 번째 판본은 그가 미국 망명 중이던 1980년대 초 유종근의 도움을 받아 쓴 것이고(김대중, 『대중경제론』, 서울: 청사, 1986), 그것을 수정·보완해 1990년대 중반 출간한 것인 마지막 판본이다(김대중, 『대중참여경제론』, 서울: 산하, 1997). 뒤의 두 판본은 첫 번째 것에 비해 많이 완화되긴 했지만 그래도 분배적 정의를 앞세우는 그의 면모가 완전히 없어진 것은 아니다.

해고제와 근로자파견제를 법제화함으로써 노동시장의 유연성이 어느
정도 확보되었다.24)

이러한 응급조치와 개혁작업으로 1년 후인 1999년부터 경제는 점차
안정을 되찾기 시작했다. [표 1]에서 보듯이 국내총생산(GDP)은 1998
년 −6.7% 성장에서 1999년에는 10.9% 성장으로 돌아섰으며, 외환보
유고도 1997년 88.7억 달러에서 1999년 740.5억 달러로 크게 증대되
는 등 모든 점에서 경제여건이 급속하게 개선되어 갔다.

[표 1]   한국 경제의 주요 거시지표

(단위 %)

	1996	1997	1998	1999	2000	2001
GDP 성장율	6.8	5.0	−6.7	10.9	9.3	3.0
소비자물가증가율	4.9	4.5	7.5	0.8	2.3	4.1
실업률	2.0	2.6	6.8	6.3	4.1	3.7
가용외환보유고(10억$)	29.42	8.87	50.09	74.05		
어음부도율	0.14	0.40	0.38	0.33	0.26	0.23

출처 : 통계청, 『한국통계연감 2001』

그런데 경제가 어느 정도 회복되자 사회 각 부문으로부터 개혁정책
에 대한 불만이 쏟아지기 시작했다. 그 사이 경제위기극복이라는 명분
에 밀려 손해를 감수하던 각 계층이 제 몫 찾기를 시작한 것이다. 대
다수 사람들이 투명성과 시장의 원리를 강조하는 개혁이 관치에 물든
경제의 체질을 개선하고 한국 경제를 재도약시키기 위해 필요하다는
점을 인정했다. 그러나 이런 개혁작업은 단기적으로 대다수 계층에게
상당한 희생을 요구했다. 자본은 투명성을 요구받았고, 그 과정에서

---

24) 이에 대한 자세한 설명은 김수길 외, 『금고가 비었습니다: DJ 정권 5년의 경
   제 실록』(서울: 중앙 M&B, 2003), 1, 2부 참조.

상당한 자산가치의 하락을 겪었다. 노동은 실업증대와 고용불안을 대가로 치러야 했다. 그러나 경제가 나아지자 사람들은 이러한 손실을 더 이상 감수하려 들지 않았다.

그 동안 국가, 자본, 사회운동세력이 모두 개혁이라는 용어를 사용했지만, 그 의미가 서로 달랐다는 점이 이때부터 확인되기 시작했다. 국가는 관치금융과 재벌경제 그리고 방만한 공공 및 노동 부문을 혁신시키기 위한 조치를 개혁으로 이해했다. 자본은 모든 규제를 철폐하고 시장위주로 나아가는 것을 개혁으로 보았다. 그리고 사회운동세력은 관치금융개선과 재벌혁파도 좋지만 구조조정 과정에서 발생하는 기층부문의 희생을 국가가 가급적 줄이거나 떠맡아야 하는 것을 개혁의 내용으로 주장했다.

이러한 상태에서 김대중 정권이 추진하는 개혁에 대해 자본과 사회운동세력은 모두 불만을 품을 수밖에 없었다. 시장지상주의를 선호하는 자본 측에서는 정부가 더 많이 그리고 빠르게 기업에 대한 규제를 풀지 않는 점을 불만스러워 했다. 자본의 입장에서 볼 때 정부가 추진한 빅딜이나 기업에 대한 노동자 정리해고 자제 압력, 출자제한, 부채비율제한 등은 모두 시장의 원칙에 어긋나는 것이었다. 원내 다수당인 <한나라당> 역시 정부에 대해 과도한 관치(官治)의 청산과 대폭적인 규제완화를 주장했다. 반면 사회운동세력은 김대중 정권이 재벌은 빨리 혁파하지 않으면서 구조조정의 모든 부담을 기층민중에게 전가시키고 있다고 불만을 토로했다. 그들이 볼 때 이 정부의 개혁정책은 사회안전망도 마련하지 않은 상태에서 노동부문에 대한 구조조정만을 강행하는 신자유주의적 개혁으로 보였다. 결국 김대중 정권의 개혁정책은 좌우 양측으로부터 정반대의 이유 때문에 협공을 당했다. 자본과 <한나라당>은 과소시장으로, 그리고 사회운동세력은 과잉시장으로 이 정권의 개혁을 비판했다.

신(新)관치경제라는 우측의 비판에 대해 김대중 정권은 자신들의 정책이 낡은 관치의 유산을 청산하기 위해 불가피하게 필요한 만큼만 시장에 개입하는 것이라고 항변했다. 그러나 무리한 빅딜 추진이나 정치적 동기에서 특정기업을 선호하는 등의 정책 때문에 항변보다는 비판이 더 크게 들렸다. 이렇게 볼 때, 김대중 정권의 초기는 경제위기 극복을 위한 신자유주의적 개혁이 관치의 관성 속에서 진행되는 가운데 그 부담을 떠안은 사회기층세력의 불만이 높아가는 시기였다고 할 수 있다.

3) 정치적 난관극복전술과 포퓰리즘의 유혹

개혁정책이 자본과 사회운동세력 양쪽으로부터 협공당해 어려움에 봉착한 가운데 2000년 4·13 총선이 다가오자 집권세력은 이 난관을 극복하기 위해 세 가지 전술을 동원했다. 우선 자신들의 전통적 지지기반이었던 중하위층, 특히 서민층의 지지를 회복하기 위해 '생산적 복지'(workfare)정책을 시행하기 시작했다. 둘째로 원내 다수의석을 확보하기 위해 그 동안 추진하던 야당의원 빼오기나 동진(東進)정책 외에 시민단체를 외곽지원세력으로 동원하는 정치전술을 구사했다. 마지막으로 선거에 임박해 남북정상회담이 성사되었음을 발표하는 정치공학도 동원했다. 이 중 생산적 복지와 같이 어느 정도 필수불가결한 것도 있었지만 대부분은 지지율을 만회하기 위해 대중에게 영합하는 성격을 띤 것이었다.

(1) 생산적 복지정책

'생산적 복지' 개념은 김대중이 1999년 8·15 경축사에서 처음 언급했다. 이전까지 그는 민주주의와 시장경제의 '병행'(발전)론을 내세

웠으나 1999년 중반부터 거기에 생산적 복지론을 추가시킨 '삼위일체'론을 주장하기 시작했다.[25]

생산적 복지론의 핵심은 정부가 시민의 근로능력과 필요에 따라 최적의 복지를 제공하겠다는 것이다. 정부가 ① 식량과 의복 같은 기초 생필품을 보장하고, ② 근로능력을 제고하기 위하여 교육 및 직업훈련을 제공하며, ③ 직업을 창출한다는 것이 이것의 골자였다. 이를 통해 정부는 경제성장과 복지의 균형을 잡으면서 투자와 창의력을 촉진하고자 했다.[26]

8·15 경축사 이후 정부는 생산적 복지론을 뒷받침하는 많은 후속대책을 내놓았다. 농어민의 빚보증 7조 원을 정부가 대신 서주기로 한다든지, 국민기초생활보장법의 수혜범위를 3배로 늘린 것, 주거안정을 위해 근로자 전세자금을 배로 올려 3천만 원으로 하고, 연간 10조 원 이상의 국민주택기금을 확보해 주택건설자금의 대출금액을 확대하고 금리를 내리는 것, 저소득층 중고생 자녀 40만 명에 대한 학비면제 및 대학생과 대학원생에 대한 융자확대 등이 그 예다. 그리고 김대중 자신도 2000년 1월 20일 개최된 <새천년 민주당>(이하 민주당) 창당대회에서 빈곤가계는 정부로부터 연 100만 원까지 보조금을 수령하게 될 것이라고 천명하였다. 그는 의료보험, 고용보험, 산재보상보험 및 연금 제도라는 4대 국가보험체제를 통하여 국민들에게 평생토록 안정적인 복지를 제공할 것이라고 약속도 덧붙였다.[27] 이에 대한 후속대책

---

25) 김일영, "'김대중 모델'의 정체성: '제 3의 길'과 '신자유주의적 민중주의' 사이의 기로에 선 '김대중 모델'," pp.15-18.

26) Hyongpyo Moon and Kyongjun Yoo, "Orientation of Unemployment and Welfare Policy in the Future," *KDI Policy Forum*, No.106, 1999, p.1, 9.

27) 이밖에도 생산적 복지정책으로 학비 및 주택 융자제도, 소득세와 생필품에 대한 특별소비세의 감축, 컴퓨터의 대중화, 3퍼센트 이하의 인플레이션 유지 등을 공약하였다(『한국경제신문』, 2000. 1. 21). 박기덕, "민주주의 공고화 과정

으로 청와대 경제수석은 종합금융소득세제의 부활, 주식과 채권에 대한 이전소득세제 실시 등의 재원 확보방안을 발표하였다.

이러한 생산적 복지정책은 신자유주의적 경제개혁을 보완하기 위한 사회안전망 확충이라는 점에서 그 필요성에 대해서는 이론의 여지가 있을 수 없다. 특히 4대 국가보험체제를 조기에 수립하고 거기서도 배제되는 빈곤층을 위해 국민기초생활보장제의 수혜범위를 확대한 것 등은 그 동안 성장위주의 길을 걸어온 한국 발전국가의 문제점을 시정하는 초석을 쌓은 것으로 높이 평가할 수 있다.[28]

그러나 이런 정책은 선거를 앞두고 지지율을 만회하기 위해 성급하게 발표된 측면이 강했다. 그러다 보니 이를 위해 정부가 내놓는 후속 대책들이 생산적 복지개념과는 거리가 있고, 오히려 선거를 겨냥한 선심성 복지정책에 가까운 경우가 적지 않았다. 가장 큰 문제는 이 정책들이 예산확보에 대한 충분한 검토 없이 제시되는 수가 많았다는 점이다. 그 결과 청와대 경제수석이 내놓은 재원 확보방안이 자본시장을 위축시킬 수 있다는 이유 때문에 정부관료에 의해 즉시 부정되는 사태까지 발생했다. 이것은 근본적으로 정부가 재정에서 복지지출이 차지하는 비중에 대한 장기적 비전 없이 선거에 임박해 단기적으로 이 문제에 접근했다는 것을 보여주는 것이다. [표 2]에서 보듯이 GDP에서 보건복지부 예산이나 사회보장비가 차지하는 비중은 2001년을 고비로 감소세로 돌아서고 있다는 점도 이를 반증한다.[29]

　　의 경제개혁과 집권세력의 위기극복을 위한 정치전략", pp.59-60.

28) 김연명, "변혁기 한국 사회보험의 현황과 과제," 『사회복지』, 2000 가을, pp.7-21; 양재진, "노동시장 유연화와 한국 복지국가의 선택," 『한국정치학회보』, 37집 3호, 2003, pp.413-415.

29) 양재진, "노동시장 유연화와 한국 복지국가의 선택," pp.414-415.

[표 2] 복지비용의 연도별 추이

	1998	1999	2000	2001	2002
보건복지부 세출예산 (전체예산대비 %)	4.1	5.0	6.0	7.5	7.1
사회보장비 (GDP 대비 %)	1.01	1.26	1.55	1.97	1.80

출처 : 보건복지부 주요통계(http://www.mohw.go.kr)

결국 김대중 정권의 생산적 복지정책은 장기적으로 보아 그 의의가 큼에도 불구하고 충분한 재정적 준비 없이 선거에 임박해 시행됨으로써 단기적으로는 포퓰리즘적이라는 비난에 시달려야 했다. 아울러 충분한 재정적 뒷받침이 부족하다 보니 수혜대상층으로부터도 생색만 내고 내실이 부족한 정책이라는 비판을 받을 수밖에 없었다. 그 결과 생산적 복지정책 역시 좌우로부터 협공에 시달려야 했다.

이렇게 좌우로부터 협공을 당하더라도 경제사정이 계속 나아지고, 개혁정책이 가시적인 성과를 냈다면 김대중 정권은 별 문제가 없었을지도 모른다. 그러나 앞의 [표 1]에서 보듯이 2000년 하반기부터 경제는 다시 어려워지기 시작했고, 이러한 경제침체는 이 정부의 개혁정책을 더욱 어렵게 만들었다. 따라서 정부가 2001년 2월말까지 재벌, 금융, 공공, 노동의 4대 부문 개혁을 완료하겠다고 공언했지만, 2002년까지도 상황은 별로 나아지지 않은 상태에서 김대중 정권은 임기를 마쳐야 했다.[30)]

---

30) 2002년 당시의 상황을 보면, 부채비율제한과 출자제한을 강조한 기업구조조정에도 불구하고 상장기업의 3분의 1이 영업이익으로 이자도 감당하지 못하는 형편에 있었다. 엄청난 공적 자금을 두 차례나 퍼부은 금융구조조정은 신(新)관치라는 또 다른 문제점에 직면했다. 공공부문 개혁의 경우 정부조직법을 세 번이나 고쳤지만 정부조직은 오히려 더 비대해졌고 공기업 구조조정 역시 지

(2) 소수파 탈피 전술

김대중은 김종필과의 지역연합을 통해 집권에 성공했다. 그러나 이러한 연합을 통해서도 집권세력은 지역 및 원내 의석 면에서 소수파의 지위를 벗어나지 못했다. 이런 상태에서 김대중 정권이 개혁정책을 밀어붙이기는 쉽지 않았다. 이념적 편차가 큰 <자민련>과 연합했다는 점도 김대중 정권의 내부 정체성을 훼손했고 개혁의 추진을 어렵게 만들었다.

김대중 정권은 2000년 4·13 총선을 이러한 딜레마를 탈출하는 계기로 삼고자 했다. 이를 위해 김대중은 <국민회의>를 발전적으로 해체하고 외부로부터 새로운 인물들을 영입해 <민주당>을 창당했으며, 그 과정에서 내각제 개헌 약속을 저버림으로써 <자민련>과도 결별했다.

총선 결과를 좋게 만들기 위해 김대중과 <민주당>은 각종 원외단체, 특히 시민단체를 정치적 외곽지지세력으로 동원하는 포퓰리스트적 전술도 구사했다. 이 무렵 시민단체들은 지역과 정파적 이해관계를 초월하여 정치권 전체를 대상으로 부패정치인을 추방시키자는 '낙천·낙선 운동'을 벌이고 있었다. 이 운동이 전개될 경우, 오랜 기간 야당이었고 상대적으로 진보적 인사가 많은 <민주당>보다는 지난 수십 년간 집권해 온 보수세력의 결집체인 <한나라당>과 <자민련>이 더 큰 피해를 입을 수밖에 없었다. 따라서 시민단체의 이러한 캠페인이 명백히 실정법을 위반했음에도 불구하고 김대중은 "국민의 뜻," "시대적 흐름" 등의 표현을 쓰면서 그것을 "법률로만 얽어매서는 안 될 문제"라고까지 옹호했다.[31] 집권세력은 시민단체가 주도한 부패정치인 추

지부진을 면치 못했다. 노동부문 구조조정의 경우 노동시장의 유연성은 약간 확보되었지만, 그로 인해 발생한 실업문제와 주요 부문에서의 강력한 노동조합의 저항은 여전히 정부의 과제로 남아 있었다.

방운동의 물결에 편승하여 이들과의 연합을 달성함으로써 총선에서 승리하고자 하였고, 시민단체의 낙천·낙선 운동은 이러한 집권세력의 목적에 '의도치 않게' 공헌했다고 할 수 있다.

이 모든 시도에도 불구하고 선거결과는 <민주당>의 패배로 귀결되었고, 집권세력이 포퓰리즘적인 정치전술을 구사했다는 비판만 가중되었다. <민주당>은 원내 과반수는 물론이고 다수당이 되는 데에도 실패했다.[32] 또다시 분점정부가 탄생한 것이다. 더구나 <자민련>과의 공조붕괴로 정국운영이 더욱 어렵게 되었다. 지역균열도 개선의 기미가 보이지 않았다. 요컨대 4·13 총선은 김대중 정권의 딜레마를 해결해 주지 못했다.

이런 딜레마를 해결하기 위해 김대중은 <자민련>과의 공조를 부활시켰다. 그러나 대북문제를 둘러싼 이견으로 2001년 8월 제2차 DJP 공조는 결국 깨졌고, 김대중 정권은 소수파의 딜레마를 해결하지 못한 채 남은 기간을 어렵게 보내야 했다.

(3) 남북정상회담의 정치공학적 차원

김대중 정권의 대북포용정책은 한반도를 둘러싼 오랜 냉전구조를 해체시키려는 야심에 찬 프로젝트로서 그 의의가 크다. 특히 이 정책의 절정인 남북정상회담과 6·15 공동선언은 남북간에 불신 대신 믿음을, 갈등과 대결 대신 화해와 평화를 이루기 위한 초석을 다진 것으로서 높이 평가될 수 있다.

그러나 이러한 포용정책도 국내정치적 맥락과 전혀 무관한 것일 수는 없었다. 특히 불법적으로 대북송금을 하면서까지 남북정상회담을

---

31) 『조선일보』, 2000. 1. 20.

32) 총 273석 중 <한나라당> 133, <민주당> 119(115 + 무소속 4), <자민련> 17, <민주국민당> 2, <한국신당> 1, 그리고 무소속 1의 결과가 나왔다.

서둘러 성사시킨 이면에는 소수파를 벗어나려는 김대중 정권의 정치적 계산이라는 측면도 깔려 있었다. 이러한 계산에서 4·13 총선 사흘 전에 남북정상회담이 성사되었다고 발표되었다. 이 회담은 분명 커다란 역사적 의의를 지닌 것이었지만, 발표 날짜의 선택은 다분히 정치공학적으로 이루어졌다고 할 수 있다.

기대와 달리 이 발표가 실제로 총선에 미친 영향은 미미했다. 오히려 영남지역에서는 65석 중 64석을 한나라당이 차지하는 역작용이 빚어지기도 했다. 하지만 6월 13일에서 15일 사이 남북정상회담이 실제로 이루어지자 그것이 국내 정치에 미친 영향은 컸다. 정상회담 이후의 후속조치들, 즉 두 차례의 이산가족상봉, 네 차례의 장관급회담, 최초의 국방장관회담, 김용순 특사의 제주도 방문, 경협실무접촉 등은 국내정치의 온갖 쟁점들을 묻어버릴 정도였다. 정상회담의 회오리바람 속에서 <한나라당>을 비롯한 보수세력들은 한동안 정신을 차리지 못했다.

그러나 이러한 열기는 오래 가지 못했다. 국내의 정치·경제·사회적인 주요 쟁점들이 문제로 부각되면서 정상회담이 불러일으킨 회오리바람은 급속히 잦아들기 시작했다. 경제위기, 의약분업파동, 각종 금융스캔들 등이 불거져 나오자 사람들의 관심은 남북관계로부터 자신들의 이해관계가 걸린 국내문제로 곧 이동하고 말았다. 대북사업을 전담하고 있는 현대가 경제적으로 어려움에 봉착하면서 '대북 퍼주기 시비'가 일어난 것이라든지 대북강경노선을 취하는 부시가 미국 대통령이 된 것 등도 남북문제를 얼어붙게 만드는 데 기여했다. 결국 남북정상회담 자체는 그 의미가 컸지만, 그것이 노린 국내 정치적 효과는 기대만큼 크지 않은 상태에서 김대중 정권은 남은 기간 동안 어렵게 정국을 풀어가야만 했다.

4) 김대중 정권과 신자유주의적 포퓰리즘 현상

김대중 정권은 경제위기 속에서 지역연합을 통해 소수파 정권으로 출범했다. 김대중은 본래 분배지향적 성향을 지녔지만, 당면한 경제위기를 극복하기 위해 이 정권은 신자유주의적 구조조정 정책을 시행할 수밖에 없었다. 이에 대해 보수진영은 신(新)관치라고 그리고 진보진영은 기층에게 부담을 전가시키는 신자유주의라고 상반된 비판을 퍼부었다.

선거가 다가오자 이 정권은 소수파의 딜레마를 벗어나기 위해 여러 전술을 구사했다. 우선 생산적 복지정책을 시행했는데, 이것은 신자유주의적 구조조정 과정의 부작용을 보완하기 위한 사회안전망을 마련하면서 동시에 이러한 구조조정으로 불이익을 받은 사람들을 다시 지지층으로 모으기 위한 것이었다. 이 점에서 생산적 복지정책에는 당위적 필요의 측면과 대중영합적 포퓰리즘의 측면이 동시에 담겨 있었다.

이 정권은 선거에서 이기기 위해 기존의 정당을 해체·재구성하고, 시민단체를 외곽지지세력으로 동원하는 정치전술을 구사했다. 일부 원외세력을 동원했다는 점에서 이러한 정치전술이 포퓰리즘적 색채를 띤 것은 사실이다. 그러나 이런 전술을 구사하는 궁극적 목적이 원내 다수당 창출이었고, 원외 세력의 동원은 특정국면에서 그것을 위한 수단적 의미로 구사되었다는 점에서 이러한 정치전술을 포퓰리즘 그 자체로 보기는 어렵다. 다시 말해 이 전술이 기존 대의제도(의회나 정당)를 전면적으로 무시하고 우회하려 한 것은 아니었다는 점에서 그것을 포퓰리즘 자체보다는 부분적으로 그런 성격을 지닌 전술 정도로 보는 것이 옳을 것 같다.

엄밀하게 볼 때, 김대중 정권은 포퓰리즘 정권이 되기에는 그 기반이 너무 협소했다. 이 정권이 기대고 있는 특정지역 기반만 가지고는 포퓰리스트적이 되기 어려웠고, 다른 지역과 연합을 구성해도 다수가 되기 어려운 것은 마찬가지였다.33) 그럼에도 불구하고 그 동안 김대중 정권에 대해 포퓰리즘적이라는 비판이 가해진 것은 한편으로는 개념을 남용한 측면이 있고, 다른 한편으로는 앞서 보았듯이 이 정권이 부분적으로는 그런 전술을 구사했기 때문이다. 따라서 이 정권에 대해 포퓰리즘이라는 개념을 사용할 수 없는 것은 아니나, 이제부터라도 그 비판은 제한적 내지는 부분적 의미로 사용되어야 할 것이다.

결론적으로 김대중 정권은 형용모순적인 신자유주의적 관치경제 아래에서 포퓰리스트적 정치전술을 필요에 따라 선택적으로 구사한 정권이라고 규정할 수 있다. 이 점에서 라틴아메리카나 동유럽 국가들에서 나타난 신자유주의적 포퓰리즘 현상은 한국에서는 부분적으로만 관찰된다고 할 수 있으며, 관치의 관성이라는 점이 추가되는 것이 한국만의 특징이라고 볼 수 있다.

4. 노무현 정권: 경제정책 부재 속에서의 디지털 포퓰리즘의 가능성

김대중 정권과 마찬가지로 노무현 정권 역시 원내 소수파라는 한계를 안고 출범했다. 출범 당시의 경제상황도 1997년 말 수준의 위기는 아니었지만 상당히 좋지 않았다. 따라서 두 정권의 초기 조건은 정도의 차이가 있을 뿐 유사했다. 둘 다 처음부터 의회를 장악한 거대야당의 견제와 공격에 시달려야 했고, 나쁜 경제상황 때문에 고생해야만 했다. 언론과의 불화 탓에 초기의 밀월기(蜜月期)를 맛보지 못한 점도

---

33) 박기덕, "민주주의 공고화 과정의 경제개혁과 집권세력의 위기극복을 위한 정치전략," p.65.

비슷했다.

조건이 유사할 경우 대처방안도 비슷한 패턴을 보이기가 쉬웠다. 우선 경제여건을 개선하기 위해 애써야 하며, 소수파의 한계를 극복하기 위한 여러 정치전술을 고민할 수밖에 없었다. 집권 초 노무현 정권이 내놓은 해법은 '국민참여'와 '균형발전' 그리고 '동북아중심 구상'이었다.[34]

1) 경제정책의 실종

지난 1년 동안 노 정권은 이러한 구상을 실현시키기 위해 애썼다. 그러나 이와 관련하여 각종 위원회가 만들어지고 로드맵(road-map)만 난무했지 실제 이루어진 일은 별로 없었다. 일찍이 필자는 취임 6개월을 맞은 노무현 정권을 가리켜 NATO, 즉 일은 않고 말만 많은(No Action Talk Only) 정권이라고 지칭[35]한 바 있는데, 안타깝게도 이 표현은 1년이 넘은 지금도 그대로 유효한 것 같다. 정권 담당자들은 1년이 평가를 내리기에는 너무 짧고 의회나 언론 환경이 극히 비우호적이어서 일을 추진하기가 어렵다고 항변할지도 모른다. 그러나 임기의 5분의 1이 지나도록 말만 하고 책상에서 도상(圖上)계획만 세우고 있다면 자칫하면 그 계획안은 실천의 기회를 놓치거나 다음 정권의 몫이 될 수도 있다. 전임 김대중 정권이 취임 직후부터 민주주의와 시장경제의 '병행(발전)론'을 내세우며 발 빠르게 개혁에 착수했고, 1년 반 후에는 거기에 생산적 복지론을 추가시킨 '삼위일체론'을 실천에 옮긴 것과 비교한다면, 지난 1년 동안 노무현 정권이 보여준 모습은 태만이

---

34) 이것은 2003년 2월 21일 대통령직 인수위원회에서 노 정권의 3대 국정목표로 발표되었으며, 25일 취임사에도 그대로 반영되었다.

35) 김일영, "말보다 일하는 정부가 되라," 『중앙일보』, 2003. 8. 26.

거나 무능의 소치로밖에 볼 수 없다. '준비된' 대통령과 준비되지 않은 대통령의 차이를 보는 것 같아 안타깝기도 하다.

투자와 내수가 얼어붙고 청년 실업자가 넘쳐나며 생계형 자살자가 속출하는 상황에서 '동북아중심 구상'은 국민들에게는 너무 공허하고 멀리 있어 보였다. 그러다 어느 날 갑자기 등장한 '2만 달러 시대'는 개혁, 안정, 성장 사이를 오락가락하는 무원칙한 경제구호[36]로서 좌우 모두를 만족시키지 못했다. 좌측은 노 정권이 성장지향으로 돌아서는 것은 원칙을 저버리고 스스로의 지지기반을 무너뜨리는 짓이라고 비판했고, 우측은 경제현실은 죽어가고 있는데 정부가 응급조치조차 하지 않는다고 볼멘소리를 해댔다. 설사 노 정권이 지속적으로 개혁을 추진한다고 해도 그 기조는 김대중 정권과 같이 신자유주의적 성격을 띨 수밖에 없었다. 이 경우 서민을 위한다는 노 정권으로서는 복지문제에 신경을 써야 하는데, 집권 1년이 지나도록 이 정권은 '참여복지'라는 구호 외에는 어떤 구체적 프로그램도 제시하지 못하고 있다. 그리고 '균형발전' 문제를 비롯한 국가적으로 중요한 많은 문제들 역시 집단 내지는 지역간 이해관계의 상충이라는 덫에 걸려 표류하고 있다. 이 모든 것의 귀결은 성장률 3.1%라는 낙제점으로 나타났다.

2) 디지털 참여인가, 디지털 포퓰리즘인가

노무현 정권은 김대중 정권같이 소수파였다. 국회는 과반수의 의석을 점한 <한나라당>에 장악되어 있었고, 영향력이 큰 일부 언론이나 이익집단과의 관계가 썩 좋지 않다는 점에서는 두 정권이 비슷했다.

---

36) 장하성, "개혁만이 안정과 성장을 달성하는 길이다," 『철학과 현실』, 2003 가을호. http://www.chosun.com/w21data/html/news/200309/200309230375.html (검색일 2003. 12. 1)

그래도 김대중은 자신의 정당(<국민회의>와 <민주당>)만은 확고하게 장악하고 있었는데 노무현은 자신을 대통령으로 만들어준 <민주당> 내에서도 지지기반이 약했다.

그러나 노무현은 한 가지 강점을 지니고 있었다. 그를 지지하는 사람들이 수적으로 다수를 점하지는 못했지만 지역적으로는 김대중 정권보다 넓었으며, 매우 열정적이고 연대성이 강하며 참여적이라는 점이었다. 특히 사이버 공간에서 그들의 영향력은 절대적이었으며, 그러한 결집력은 필요하면 온라인(on-line)을 넘어 오프라인(off-line)으로 연결되었다. 노무현 지지세력은 평소에는 오프라인에서 원자화된 개인으로 존재했지만, 온라인에서는 대단히 조직적인 모습을 보여주었다. 동시에 다수가 시공간을 초월하여 접속과 이탈을 반복할 수 있다는 온라인 세계의 특징을 이용하여 그들은 항상 일정 수준 이상의 참여와 연대를 유지했다. 그러다가 중요한 쟁점이 생기면 그들의 참여는 즉각 오프라인으로 확대되어 '노짱'을 지키자는 움직임으로 나타났다.[37] 이 점에서 노 정권은 원외에 열성적 지지층을 지닌 원내 소수파

---

37) 이들이 추구하고 있는 목적의 정당성 여부를 별도로 한다면, 노무현 지지층은 한국에서 '스마트 몹'(smart mobs)의 선구적 모습을 보여준다고도 할 수 있다. 본래 '몹' 즉 군중이란 부정적이고 수동적 의미를 지닌 말이다. 군중은 역사의 주체라기보다는 지배층의 상징조작의 대상이었으며, 대량소비사회의 부속품으로서 원자화된 상태에서 고독과 무력감을 느끼는 존재였다. 그런데 라인골드는 이러한 군중이 인터넷과 휴대전화로 무장하면서 똑똑해졌다고 주장했다. 그들은 인터넷을 통해 모은 정보를 집단적으로 조직화하고 공통된 관심사를 찾아내 서로간의 교신을 통해 쉽게 행동으로 옮길 수 있는 적극적인 주체로 변했다. 이를 가리켜 라인골드는 '스마트 몹'이라 했다(Howard Rheingold, 이운경 옮김, 『참여군중』(서울: 황금가지, 2003); 김일영, " '짱'과 '엄지족'이 만날 때,"『동아일보』, 2004. 2. 20). 그러나 '노짱'에 대한 이들의 맹목적성과 그것이 정치적으로 이용될 가능성 등을 고려할 때, 이들은 '스마트 몹'이 아니라 '사이버 홍위병'으로서 아래에서 설명되는 '디지털 포퓰리즘'의 동원대상으로 전락될 위험성도 크다.

였다.

　노 정권은 이러한 열세를 벗어나기 위해 몇 가지 노력을 기울였다. 우선 서열파괴의 파격적 정부인사를 통해 관료조직을 장악하려고 했다. 이것은 정부조직에 새 바람을 불어넣기도 했고, 몇 개 부처에서 성과를 거두기도 했다. 하지만 조직혁신을 위한 인사가 아니라 자기편 심기 식의 '코드'인사 아니냐는 시비가 끊이지 않았다. 급격한 세대교체 과정에서 그 동안 자기 분야에서 경력을 쌓은 프로페셔널들이 하루아침에 무능하고 비도덕적인 집단으로 몰려 설 자리를 잃고 말았는데, 그에 대한 반발도 만만치 않았다. 더구나 그 자리를 메운 사람들 일부가 아마추어리즘이나 도덕적 해이를 노정함으로써 코드인사의 문제점에 대한 논란이 그치지 않았다.

　다음으로 노 정권은 국민참여를 증진시키기 위해 애썼다. 노 정권이 출범하면서 내세운 세 가지 목표 중 '균형발전'과 '동북아중심 구상'은 이미 살펴보았듯이 뚜렷한 성과가 없었다. 이에 비한다면 '국민참여'는 지난 1년 동안 노 정권이 그래도 가장 활력을 보여준 부문이었다. 이 정권은 네티즌(netizen)의 파워를 정치적으로 동원하여 집권에 성공한 최초의 정권답게 갖가지 국정현안은 물론이고 심지어 인사문제에 대해서도 국민, 더 정확히는 네티즌의 의견을 구했다.

　민주주의에서 참여증진의 당위성에 대해 의문을 제기하는 사람은 아무도 없을 것이다. 그러나 노 정권이 참여증진을 부르짖은 데는 이러한 민주주의의 고양 외에도 원내의 열세를 원외의 지지세력을 동원함으로써 만회하려는 정치적 계산도 깔려 있었다. 그 결과 지난 1년 동안의 노 정권의 참여증진 노력은 두 가지 문제를 야기하였다.

　첫째, '국민참여'라는 구호와는 달리 참여가 국민 전체보다는 네티즌을 중심으로 이루어지는 경우가 많았다. 그 결과 젊은층의 의견이 상대적으로 과대(過大) 대표되는 수가 많았으며, 그 중에서도 결집력과 행동력이 강한 친(親)노무현 성향의 네티즌의 의견이 더 많이 반영되는 편향이 발생했다. 이 와중에 청와대가 자신들에게 우호적인 사이버 논객을 관리하여 여론조작을 시도하고 있다는 의혹이 제기되기도 했다.[38]

만약 사이버 공간을 통한 국민참여가 이러한 편향이나 왜곡 없이 잘 이루어졌다면 노 정권의 시도는 디지털 시대의 참여민주주의의 새로운 모델을 보여줄 수도 있었다. 그러나 적어도 아직까지는 '디지털 참여'(digital participation)보다는 '디지털 포퓰리즘'(digital populism)으로 전락할 가능성을 더 많이 보여주고 있다. 앞에서 밝혔듯이 자신의 리더십을 개인적 캐릭터에 크게 의존하는 지도자가 대의제도를 우회하여 대중과 직접적인 관계를 맺으려고 시도하는 것이 포퓰리즘의 중요한 특징 중 하나였다. 지난 1년 동안 노 정권은 열세인 대의제도를 우회하여 대중과 무매개적 관계[39]를 맺는 수단으로 사이버 공간을 적극 활용함으로써 인류 역사상 처음으로 디지털 포퓰리즘의 가능성을 보여주었다. 이런 참여과정에서 노 정권과 코드가 맞는 네티즌들이 '사이버 홍위병'(cyber red guard)으로 동원되어 사이버 공간의 익명성에 기대어 기성질서를 공격하는 작업도 꾸준히 이루어졌는데, 이 역시 디지털 포퓰리즘의 가능성을 보여주는 증거라고 할 수 있다. 특히 이들이 기존질서에 대해 보여주는 '분노의 정치'(politics of anger)[40] 내

---

38) 김광선, 손봉석, "청와대, 논객 통해 사이버 여론 조작 의혹"(2004. 1. 15); "청와대 홍보실, 사이버 논객 빈번히 만나"(2004. 1. 20).
http://www.breaknews.com (검색일 2004. 1. 20)

39) 이것의 가장 좋은 예는 노무현의 재신임 발언이다. 그는 자신의 열세와 지지율 하락을 돌파하기 위해 국회의 협력을 구하는 대신 헌법에도 없는 재신임 문제를 들고 나와 원외에 있는 자신의 열성적인 지지층을 동원하려 했다. 재신임 발언 이후 노무현은 '노사모'를 독려하는 친서를 보내기도 했다. 『조선일보』, 2003. 10. 13.

지는 '배설(排泄)의 정치'(politics of catharsis)는 포퓰리즘의 공격성과 파괴성을 그대로 보여주고 있다.

둘째, '국민참여'의 증진이 이견(異見) 해소를 통한 사회안정으로 이어지지 못하고 갈등의 증폭과 사회불안으로 귀결되고 말았다. 노 정권은 '참여정부'라는 별칭에 걸맞게 온갖 쟁점에 관해 공론조사라는 이름 하에 국민의 의견을 구했다. 이러한 쟁점에는 수년간 엄청난 예산이 투입되어 추진되었지만 각종 이익집단이나 시민단체들의 반대에 부딪혀 난항을 겪고 있던 국책사업도 포함되어 있었다. 그러나 노 정권은 참여와 개방을 증진시키는 데에만 신경을 썼지 이해갈등을 조정하는 효율적인 제도적 장치를 만드는 데는 상대적으로 노력을 기울이지 않았다. 그 결과 참여와 개방이 증가할수록 갈등과 불안도 함께 올라가는 부작용이 나타났고, 참여의 증대가 정권의 정당성을 오히려 훼손하는 결과를 빚고 말았다. "제도화가 따르지 않는 참여가 정치적 퇴행(political decay)을 가져올 수도 있다"는 헌팅턴(S. Huntington)의 고전적 명제[41]를 이 정권은 무시했던 것이다.

5. 포퓰리즘은 불가피한가?: 대표성과 책임성 그리고 능력의 조화를 지향하며

김대중 정권은 신자유주의적 관치경제 아래에서 포퓰리스트적 정치전술을 필요에 따라 선택적으로 구사한 정권이었다. 지난 1년을 가지

---

40) Anthony King, "The Politics of Anger," *Newsweek*, October 22, 2003. http://www.msnbc.com/news/979258.asp (검색일 2003.10.19.)

41) Samuel P. Huntington, *Political Order in Changing Societies*(New Haven: Yale University Press, 1968), ch.1.

고 평가하기는 성급한 감이 없지 않지만, 노무현 정권은 경제정책 면에서는 아직 정체를 드러내지 '못하고' 있다. 그러나 정치면에서 노 정권은 디지털 포퓰리즘으로 갈 가능성을 짙게 보여주었다. 이런 성향이 앞으로도 지속될지 여부는 상당 부분 4월 15일 있을 17대 총선 결과에 달려 있다.

만약 거기서 노무현 세력이 안정 다수를 획득하면 노 정권은 의회정치로 복귀할지 모른다. 그러나 그것에 실패하면 노 정권은 원외세력을 이용하거나 그것에 의존하려는 유혹을 더 크게 느낄 수도 있다. 이 경우 열성적·행동적·참여적이면서 온·오프 라인을 넘나드는 '사이버 홍위병'들이 큰 역할을 할 것이다.

그러면 민주화 과정에서 (신자유주의적) 포퓰리즘 현상은 과연 피하기 어려운 함정인가? 만약 그렇지 않다면 이를 회피할 수 있는 전략은 무엇일까?

경제가 위기이고, 집권세력이 소수파인데다 정치지도자의 자질까지 포퓰리스트적인 경우 이런 함정을 피하기는 쉽지 않다. 그러나 정치경제적 조건이 유사해도 지도자가 포퓰리스트적이지 않다면 이러한 함정에 빠질 가능성은 훨씬 줄어든다. 소수파의 한계를 극복하기 위해 지도자가 반드시 대의제도를 우회해 대중들과 직접적인 관계를 가져야만 하는 것은 아니다. 대신 지도자가 리더십을 발휘해 의회 다수파의 협조를 이끌어낸다면 아무리 소수파 정부라도 대의제 틀 내에서 국정운영이 가능하다. 이 점에서 지도자를 식별하는 국민(유권자)의 안목이 무엇보다도 중요하다.

한편 참여 증대를 통한 대표성(representation)의 제고도 대의제의 한계를 보완하고 민주주의를 더욱 심화시키는 데 매우 중요하다. 하지만 그 못지 않게 중요한 것이 정부의 통치능력(capability)과 책임성(accountability)이다.[42] 통치능력과 책임성이 뒷받침되지 않은 상태에서의 참여 증진은 혼란을 부추기면서 포퓰리즘으로 전락하기 쉽다. 따라서 노무현 정권은 지금부터라도 참여에만 신경 쓸 것이 아니라 스스로의 통치능력과 책임성을 제고하는 데 좀더 노력을 기울여야 할 것이다.

---

42) Adam Przeworski, Susan C. Stokes and Bernard Manin eds., *Democracy, Accountability, and Representation*(Cambridge: Cambridge University Press, 1999), ch.1.

포퓰리즘과 민주주의 : 플라톤의 딜레마 *

| 서 병 훈 | 숭실대 정치외교학과 |

1. 포퓰리즘과 대중영합, 그리고 민주주의

한국 민주주의가 기로에 서 있다. 민주주의의 본질을 의심하고 부정하는 언행이 곳곳에서 목격되기 때문이다. 그러나 가랑비를 대수롭게 여기지 않듯이, 한국 민주주의에 대한 이런 심각한 도전에 관심을 기울이는 사람이 많지 않은 것 같다. 한 예를 들어보자.

이라크 파병 등 국가적 현안을 둘러싸고 지루한 다툼이 계속되자 대통령의 결단을 촉구하는 목소리가 높다. 최고 권력자가 여론을 지나치게 의식하지 말고 소신껏 국정을 꾸려나가 달라는 것이다.[1] 그러면

---

* 본 연구는 숭실대학교 교내연구비 지원으로 이루어졌음.

1) 노무현 대통령이 원로 지식인들을 초청해서 정국 운영에 관한 조언을 들었다. 이 자리에서 몇몇 지식인들은 대통령이 "여론을 지나치게 의식하지 말고 대담하게 일할 것"을 촉구했다(『조선일보』, 2003. 11. 5).

서 정부가 '여론에 끌려 다니는 대중영합주의'에 대한 우려를 떨쳐버리지 못한다(『동아일보』, 2003. 11. 28).

이 글에서는 민주주의가 무엇인지, 그 개념정의를 놓고 긴 이야기를 시도하지 않는다. 그저 단순히 '국민의 자기지배'(self-rule of the people)로 규정하고 논의를 전개하고자 한다. 민주주의를 국민이 스스로 정치를 담당하는 체제로 규정한다면, 국민의 뜻, 다시 말하면 여론에 따라 나라살림이 꾸려지는 것이 민주정치의 본질이 되어야 마땅할 것이다. 그런데 민주주의를 지향한다는 대한민국에서, 그것도 대표적인 지식인들이 "여론을 지나치게 의식하지 말 것, 또는 여론에 끌려 다니지 말 것"을 주문하고 나선다. 이것은 민주주의를 하지 말자는 이야기나 다름없다. 따라서 예사롭게 볼 일이 아니다. 동시에 그렇게 간단한 문제도 아니다.

이 글은 '국민의 뜻'에 대한 회의적 시각의 정치철학적 의미를 따져보고자 한다. '여론'과 민주주의 사이의 복잡한 상관관계를 재음미해 보고자 하는 것이다. 이를 위해 여론의 정치적 무게가 극대화된 대표적 형태라고 할 수 있는 '대중영합주의'를 집중적으로 검토해 보고자 한다.

여기에서 말하는 대중영합주의란 포퓰리즘(populism)을 우리말로 옮긴 것이다. 다음절에서 보듯이, 포퓰리즘은 다양한 의미로 사용된다. 그러나 한국사회에서는 이 말이 대체로 부정적 의미, 즉 '대중들의 인기를 얻기 위한 정치적 기회주의'로 사용되고 있다. 이 글에서는 이런 성격의 포퓰리즘이, 논란의 여지가 없지 않지만, 주로 라틴아메리카 특유의 정치경제적 상황을 배경으로 하고 있다고 규정한다.

라틴아메리카 포퓰리즘은 권력지향적·선동적 좌파 개혁정치가와 한계상황의 즉물적(卽物的) 대중의 합작품이다. 포퓰리즘을 주도하는 정치지도자들은 언필칭 개혁을 내세운다. 그러나 말만 개혁일 뿐 실제로는 대단히 공허하다. 권력을 획득하고 대중의 정치적 지지를 얻는 데 필요하다면 이것저것 가리지 않기 때문이다. 정치적 편의주의, 다시 말하면 기회주의가 바로 포퓰리즘의 본질이다.

라틴아메리카 대중들이 왜 이런 포퓰리즘에 열광했는가? 기회주의 이기는 대중도 마찬가지이기 때문이다. 산업화의 물결 속에 수많은 사람이 도시로 몰려들었다. 돈도 없고, 일자리도 없는 가난한 사람들은 하루하루 생계가 걱정이었다. 이런 한계적 상황에 내몰린 처지에서 길게 볼 여유가 없었다. 사회를 합리적으로 개혁하는 일보다는 즉각적으로 실리를 얻는 것이 더 급했다. 포퓰리즘은 이런 조급한 마음 속에 똬리를 틀게 됐다. 결국 포퓰리즘은 정치 지도자와 국민들의 거시적 이기주의의 결과이다.

따라서 이 글은 라틴아메리카 포퓰리즘의 특징을 정치인들의 '인기 전술 또는 대중영합주의'에서 찾고 이것과 민주주의의 상관관계를 따져보고자 한다. 포퓰리즘을 이렇게 일반화하는 것에 대해 반론이 만만치 않다. 민주주의도 따지고 보면 대중 정치인의 '인기 관리'를 중심으로 전개되는 정치체제이기 때문이다.2)

그러나 라틴아메리카 포퓰리즘 또는 한국 민주주의가 문제되는 이

---

2) 다음 글 참조: "만약 '인기영합주의' 내지 '대중에 대한 호소'라는 뜻으로 민중주의란 말을 사용한다면, 사실 이 용어는 엄격한 사회과학적 용어로 성립하기 힘들 것이다. 왜냐하면 인기에 집착하는 것이나 대중에 대해 호소하는 것은 대부분 정치가들의 일상적 활동이기 때문이다. 그렇다면 히틀러나 무솔리니는 물론 대공황기의 프랭클린 루스벨트도 정확하게 우리가 이해하는 민중주의 범주에 속하는 정치가일 것이다. 루스벨트는 당시 보급되기 시작한 라디오의 '노변정담' 코너를 통해 국민들에게 자신의 정책을 직접 설명했고 호소했다. 무솔리니나 히틀러는 대중동원과 연설을 통해 인기에 영합하는 정책을 선전했다. '대중에 대한 직접적인 호소'란 측면에서 뉴딜이나 파시즘이나 포퓰리즘이나 무슨 차이가 있겠는가?", 이성형, " '인기영합주의'로의 해석은 국적불명의 편의적 용법", 『월간 신동아』, 2004년 1월호, 별책부록.

유는, 그런 인기를 둘러싼 정치인과 대중 사이의 관계가 건강하지 못하기 때문이다. 제대로 된 정치체제라면, 아무리 유권자의 지지를 얻기 위해 애를 쓰는 정치인이라 하더라도 양식과 상식의 선을 넘지 않는다. 국민의 의식이 살아 있는 사회에서는 무원칙한 선심 공세가 오히려 역효과가 난다는 것을 잘 알기 때문이다.

라틴아메리카 포퓰리즘을 '인기 영합'이라는 측면에서 규정한다는 것은, 정치인의 양식과 대중의 정치적 의식이 일정한 수준에 도달하지 못했다는 것을 전제한다. 선거를 통해 정권 담당자를 선출한다는 점에서는 분명 민주주의의 외양을 갖추고 있었다. 그러나 정치인과 유권자가 표를 '사고 파는' 상황 아래에서는 민주주의가 지향하는 이상과는 동떨어진 정치가 연출될 수밖에 없다. 그렇다고 그 두 주체를 중심으로 한 민주적 정치 게임 자체를 단념할 수도 없다. 이 글은 이런 고민을 담고 있다. 이를 위해 플라톤의 민주주의론을 상고(詳考)하고자 한다.

플라톤이 아테네 민주주의에 대해 전면적인 비판을 가한 것은 잘 알려진 사실이다. 이 글은 플라톤이 비판했던 아테네 민주주의가 오늘날 한국사회에서 논란의 대상이 되는 포퓰리즘 현상과 놀라울 정도로 닮았다는 점을 주목한다. 그래서 민주주의에 대한 플라톤의 비판을 중심으로 포퓰리즘의 병리적 현상을 규명하고자 한다. 문제는 플라톤이 민주주의에 대한 원천적인 불신에도 불구하고 그것을 전면 배척하지는 않았다는 데 있다. 그는 대중들에게 일정한 한도 안에서 자유와 정치적 참여를 허용해야 할 이유를 알고 있었다. 그러면서도 정치적 실권은 소수의 엘리트에게 맡기고 싶어했다. 이 글은 이러한 플라톤의 구상을 중심으로 좁게는 포퓰리즘, 넓게는 민주주의에 내재한 본질적인 딜레마를 음미해 보고자 한다.

2. 포퓰리즘의 실체

1) 포퓰리즘의 기원

포퓰리즘의 어원(語源)은 생각보다 복잡하다. 사회과학계 일각에서는 루소가 말한 직접 민주주의를 포퓰리즘이나 포퓰리스트 민주주의 (populist democracy)로 부르기도 한다.3) 로버트 달(Robert Dahl)은 조금 범위를 축소해서 "일반 시민들이 정치 지도자에 대해 비교적 높은 수준의 통제를 가할 수 있는 정치과정 또는 시민들이 선호하는 것에 대해 정부가 지속적으로 반응하는 체제"를 포퓰리즘으로 부른다.4)

역사적 기원으로 보자면, 포퓰리즘이라는 말은 러시아에서 처음 생겨났다. 1870년대부터 급진적 지식인들을 중심으로 전개되었던 'narodniki 운동'을 영어로 옮긴 것이 바로 포퓰리즘이다. 러시아 농촌 사회의 전통적 공동체인 mir를 근간으로 새로운 사회의 건설을 꿈꾸었던 그 운동 속에는 사회주의적 색채가 어느 정도 가미되어 있었으며, 실제로 1881년부터 본격화되는 러시아 사회주의의 '원조'(遠祖)로 여기는 사람도 있다.

---

3) *Liberalism against Populism*이라는 의미심장한 책을 쓴 라이커(William Riker)는 자유롭고 평등한 시민들이 자신들의 정치환경을 통제하고 자신들의 미래도 좌우할 수 있고, 그에 따라 인간으로서의 존엄을 유지할 수 있을 때 '민주주의적 이상'이 실현된다고 정의한다. 그의 합리적 선택 이론 관점에서는 어떤 집단결정 규칙이든 자의적 또는 무의미한 결론을 피할 수 없다. 그러므로 실현불가능한 포퓰리스트 민주주의 대신, 선출된 대표자가 마음에 들지 않을 때 시민들이 주기적 선거를 통해 그들을 제거하는 것이 가능한 자유민주주의 체제가 바로 민주주의적 이상을 가장 잘 구현할 수 있다고 한다(Riker, 1982, pp.233~253).

4) 그러나 이런 식의 개념 정의에 대해 "구체적 실체가 없는 수사학적 명칭에 불과하다"는 지적이 나오고 있다(Sartori, 1987, pp.115, 178 참조).

이보다 조금 늦게 미국 사회에서도 포퓰리즘이 문제가 된 적이 있다. 경제적 불평등이 심화되던 1890년대에 농민들을 중심으로 한 미국인민당(US People's Party)이 양당체제의 벽을 넘어 급진적 정치운동에 불을 붙이려 했다. 그러나 대규모 독점 자본이 시장경제의 질서를 무너뜨리는 '비자연적' 현상을 극복하고자 했던 미국식 포퓰리즘 역시 이렇다 할 반향을 불러일으키지는 못했다.

이런 '고전적·낭만적' 포퓰리즘 외에도 숱하게 많은 다른 정치현상이 포퓰리즘이라는 이름으로 명멸했다. 캐너번(Margaret Canovan)의 분석에 따르면, 러시아와 미국의 경우를 포함하여 불가리아 농민운동, 아르헨티나의 페론이 그 전형적인 예가 되는 포퓰리스트 독재, 스위스 직접 민주주의 운동, 프랑스의 드골을 위시한 정치적 포퓰리즘 등 7가지 사례가 모두 포퓰리즘으로 불린다. 전혀 이질적인 정치현상에다 두루 포퓰리즘이라는 말이 사용되고 있는 것이다(Canovan, 1982, pp.550 ~551).

2) 라틴아메리카 포퓰리즘

이 글에서는 라틴아메리카의 독특한 역사적 상황 속에서 잉태된 포퓰리즘을 염두에 두고 논의를 전개하고자 한다. 흔히 라틴아메리카 포퓰리즘을 '대중에 대한 호소'(appeal to the people)와 '기득권 계층에 대한 저항'(opposition to the establishment)이라는 두 개념으로 정리하지만, 둘 다 구호에 그칠 뿐 알맹이는 별로 없다. 우선 라틴아메리카 사회는 특유의 지도자 우월주의(patron-client relationship) 때문에 일반 대중의 피동성이 두드러진다. 그리고 기존 질서, 특히 기존 지배계층에 대한 반감을 바탕으로 체제개혁을 추구하나 곧 구두선(口頭禪)으로 그치고 만다. 한마디로 지도자의 '인기전술'과 대중의 '제 살 깎아

먹기'가 라틴아메리카 포퓰리즘의 골격이 되는 것이다.5)

중요한 것은, 그럼에도 불구하고, 정치 지도자나 대중 모두 그 구호를 중심으로 자기최면을 걸었고, 또 그것이 일정한 마력을 발휘했다는 사실이다. 아래에서는 대중, 정치지도자, 이데올로기를 중심으로 라틴아메리카 포퓰리즘을 파악하고자 한다(서병훈, 1988 참조).

(1) 한계적 상황의 도시 빈민 대중

라틴아메리카 사회가 20세기 초 자본주의적 산업화를 본격적으로 추진하면서 농촌을 떠나 도시로 몰려드는 사람들이 폭발적으로 늘어났다. 보통선거권의 도입과 맞물려 도시인구의 급증은 잠재적 정치인구의 급속한 팽창으로 이어졌다. 그러나 새로이 정치적 발언권을 가지게 된 이들 대중은 일상의 생존에도 위협을 느끼는 최빈민 계층(marginals)이 대부분이었다. 상황이 절박하므로 장기적 투쟁이 불가피한 혁명 운동에 마음을 쓸 여유가 없었다. 현실적·즉물적(卽物的) 이해관계에 관심이 집중되었다. 포퓰리스트들은 이 틈을 파고들었다. 물질적 혜택을 약속하였다. 거기에다 따뜻한 위로를 아끼지 않았다. 그렇지 않아도 지도자에 대한 전통적 가부장적 추종심리가 강한 사회였다. 대중들은 생활환경의 즉각적·가시적 개선에 대한 환상을 안고 정치지도자들을 맹목적으로 따랐다.

---

5) 그러나 라틴아메리카 포퓰리즘도 이처럼 뭉뚱그려 정리할 수 있는 것은 아니다. 뒤에서 다시 보겠지만, 그 공과(功過)에 대한 평가도 다양하게 엇갈린다. 딕스는 라틴아메리카 포퓰리즘을 '권위적'(authoritarian), '민주적'(democratic)이라는 두 부류로 나누어 분석하면서 각각의 범주 속에서도 이런저런 변형이 발견된다는 사실을 강조하고 있다. 이 글에서 상정하고 있는 라틴아메리카 포퓰리즘은 그가 개념화한 권위적 포퓰리즘과 매우 흡사하다. 딕스는 선동적 지도자가 도시의 저소득 계층 대중을 이용, 동원해 나가는 양태를 '고전적 포퓰리즘'(classical populism)의 특징이라고 규정한다(Dix, 1985, p.46).

(2) 권력지향적 · 기회주의적 정치 지도자

라틴아메리카 포퓰리즘을 주도하는 세력은 대개 기존 지배계층의 주류에서 밀려난 일종의 '잔반(殘班)'들이다. 그들의 1차적 목적은 지배계층으로 신분상승을 꾀하는 것이었다. 대중들을 향해 '현상타파'를 선동하지만 그들이 이미 유지하고 있던 사회적 입지마저 송두리째 잃을 수 있는 혁명적 변화에 적극적일 수가 없었다. 기존 질서 안에서 자신들의 입지를 더욱 강화하는 것(bigger slice of the old pie)이 그들의 속내였다.

이들은 정치적 선동에 뛰어난 사람들이었다. 대중적 호소력을 갖춘 언변으로 한계상황의 대중들을 사로잡았다. 그리고 물질적 혜택을 약속해주었다. 이에 감동한 대중들은 정치제도권 밖에서 유형, 무형의 힘을 실어주었다. 대규모 시위는 그 전형적인 정치적 무기였다.

(3) 유명무실(有名無實) 이데올로기

라틴아메리카 포퓰리스트들은 거의 예외 없이 사회주의 이데올로기를 표방하였다. 콜롬비아의 ANAPO(Alianza Nacional Popular)는 '콜롬비아식 사회주의'를 내걸었고, 페루의 APRA(Alianza Popular Revolucionaria Americana)는 남미의 특수한 역사적 시공간에 맞는 마르크시즘을 창조한다고 선전하였다. 아르헨티나의 페론(Juan Domingo Perón)은 한발 더 나아가, 공산주의와 자본주의, 집단주의와 개인주의를 대신할 '제 3의 길'을 추구한다고 기염을 토하였다.

그러나 모든 이데올로기의 운명이 그렇듯이, 라틴아메리카 포퓰리스트들이 내세우는 이데올로기라는 것은 한결같이 공허했다. 우선 뚜렷한 문제의식 아래 집단이 형성된 것이 아니었기 때문에 처음부터 그럴듯한 이데올로기가 있을 수가 없었다.6) 이데올로기 때문에 포퓰리스트 운동이 생긴 것이 아니라 지도자를 중심으로 세력이 형성된 뒤 필요에 따라 만들어진 것(afterthought)에 불과했던 것이다. 페론도 처음에는 별다른 주의 주장이 없었으나 권력을 장악한 후에 정의주의(正義主義, justicialismo)라는 것을 급조했다. 그러다 보니 뚜렷한 사상이나 정책 목표는 없고 그저 막연한 감정적 상태가 전부였다. '정치적 반대'는 분명하게 내세웠는데, 그것마저도 유일 목표인 정권 획득을 겨냥해서 동원된 것에 불과했다.

라틴아메리카와 같은 제3세계 국가에서는 민족주의만큼 강력한 전가(傳家)의 보도(寶刀)는 또 없을 것이다. 이질적 세력을 한데 규합하고 대중적 동원에 역동성 제공하는 데 매우 긴요하기 때문이다. 포퓰리스트들은 한결같이 자기민족의 우월성을 자랑하며 단합의 중요성을 강조했다. 물론 제국주의자들에 대한 투쟁도 '약방의 감초' 격으로 빠지지 않았다. 그러나 정권을 잡고 나면 모두가 용두사미가 되고 말았다. ANAPO는 국내 석유산업에 외국자본을 유인하기 위해 노력했고, 특히 미국의 역할을 높이 찬양하였다. 칠레의 이바네쓰(Ibáñez)는 1952년 선거운동 기간 중 미국과의 군사협약조약을 폐기하겠다고 주장했으나 집권 후에는 모른 척했다.

포퓰리즘이 역사의 단죄를 받게 된다면, 그것은 정치인들이 실현불가능한 공약을 남발했다는 데 있다. 국가의 형편은 고려하지 않은 채 눈앞의 정치적 이득을 위해 무책임한, 기회주의적 처신을 마다하지 않았던 것이다. 예를 들면, 1970년 콜롬비아 대통령 선거에서 ANAPO의 한 추종자는 기대에 한껏 부풀어 있었다. 물건값을 거저 주는 것이

---

6) 딕스는 '민주적' 포퓰리즘의 경우, 상대적으로 이데올로기가 더 체계화되어 있고 그 영향도 크다고 분석한다. 민족주의에 대한 호소도 무게가 실려 있다고 본다. 그러나 그는 거듭, 각 나라의 상황과 경험이 다르기 때문에 이데올로기적 특징을 일률적으로 규정하는 것은 무리가 따른다고 경고한다(Dix, 1985, pp.45~48).

나 다름없게 대폭 인하해 주겠다는 선거공약 때문이었다. 뿐만 아니라 모든 자녀에게 장학금을 준다고 하니 아이가 7명이나 되는 처지에 좋아하지 않을 도리가 없었던 것이다. 그러나 그것이 가능하기나 한 일인가?(Dix, 1985, p.40) 페론도 마찬가지였다.

결국 포퓰리즘은 좌파와 우파 양쪽에서 모두 공격을 받았다. 양쪽에 어중간하게 걸쳐 있으니 피할 수 없는 일이었다. 포퓰리즘의 이데올로기적 정체성이 모호한 것은 '계급연합'이라는 태생적 상황에서 이미 예상된 것이었다. 앞에서도 보았듯이, 그 지도세력은 중산층, 때로는 상류지배계층에서 충원되었다. 그 중심 추종세력은 노동자, 농민들이었다. 그러니 특정 계급노선을 선택할 수가 없었던 것이다. 다양한 이질 세력을 한데 묶기 위해 민족의 대동단결을 호소하였지만, 그것도 효과가 없었다. '대중에 대한 호소'라는 것도 그들을 동원대상으로 이용하는 차원을 넘지 못했다. '현상 타파'를 내걸었지만 혁명적인 변화를 꿈꾼 것은 아니었다. 또 그럴 능력과 의지도 없었다.[7] 상황이 이러니, "포퓰리즘이라는 것은 하나의 증후군(症候群)일 뿐 그 어떤 구체적 논리체계도 갖추지 못했다"(A Syndrome, Not a Doctrine)는 비판

---

7) 이런 평가에 대해 이견도 있다. 앞에서 소개된 이성형의 주장을 들어보자: "라틴아메리카에서도 민중주의란 용어가 그렇게 경멸적인 용어가 아니란 점이다. 왜냐하면 민중주의가 역사에서 긍정적 계기로 작용한 부분이 있기 때문이다. 두 가지 측면만 살펴보자. 첫째 그것은 시민권 확장 프로젝트였다. 민중주의가 탄생하기 이전에 대다수 중남미 국가들은 자유주의적 헌법을 가지고 있었지만, 실제로는 소수의 과두제 세력의 통치가 온존되고 있었다. 대다수 대중들은 '사실상의 시민권'을 박탈당하고 있었다. 민중주의는 비록 엘리트들이 주도했고 대중들은 동원된 측면을 지니고 있지만, 민중부문을 정치적·사회경제적으로 통합시켰다. 시민권 확장의 프로젝트였던 것이다. 둘째, 과두제 체제에서 희박했던 국민적 정체성은 민중주의를 통해 외세에 대항한 강력한 민족주의 정체성으로 발전했다. 사실상 민중주의를 통해서 진정한 '국민'이 탄생했던 것이다."

이 제기될 수밖에 없는 것이다(Wiles, 1969, p.173).

홍미로운 것은 포퓰리즘에 대한 라틴아메리카 인들의 평가가 극단적으로 양분돼 있다는 점이다. 오늘날에도 라틴아메리카의 여러 나라에서 포퓰리스트 정당이 득세하고 있다. 사회경제적으로 어려운 처지에 있는 사람들은 포퓰리스트들에게 상당한 지지를 보낸다. 그들은 이를테면 페론 시대에 대한 향수를 지우지 못한다. 반면 적지 않은 사람들이 포퓰리즘을 '남미병'(南美病)의 근인(根因)으로 간주한다. 아르헨티나의 식자층을 중심으로 그에 대해 비판적인 사람들은 에비타와 페론, 그리고 그들이 남긴 페론주의에 대한 저주를 서슴지 않는다. 아르헨티나를 망친 주범이라고 단정하기 때문이다. 한마디로 포퓰리즘에 대한 애증(愛憎)이 교차하고 있는 것이다. 묘하게도 라틴아메리카에는 제 2, 제 3의 페론이 많다. 포퓰리즘은 여전히 현재진행형인 것이다.

3. 민주주의와 포퓰리즘: 플라톤의 비판

거듭 말하지만, 포퓰리즘은 특정 시대 상황의 산물이다. 따라서 라틴아메리카 포퓰리즘과 플라톤을 연결시키는 것은 여러 측면에서 무리가 따른다. 그러나 라틴아메리카 포퓰리즘이 보여주는 병리적 현상, 특히 기회주의적 정치인과 근시안적 대중과의 불건강한 관계에 초점을 맞추면, 이런 성격의 포퓰리즘은 플라톤이 파악한 민주주의와 놀라울 정도로 닮았다.

우선 아테네 민주정의 실권자인 대중들이 근시안적인 욕구에 휘둘렸다. 정치인들은 이 약점을 이용했다. '가짜 의사, 아첨꾼 정치인'의 면모를 유감 없이 보여주었다. 플라톤은 이런 대중과 정치인의 조합 때문에 아테네 민주주의가 타락할 수밖에 없었다고 생각했다. 이런 주장에 대해 강력한 반박이 제기되고 있지만, 이 글에서는 일단 플라톤의 주장을 중심으로 논의를 펴 보일 것이다. 민주주의에 대한 플라톤의 비판부터 살펴보자.

플라톤은 당시 아테네 민주주의를 '멋대로' 자유, '무차별' 평등, '무원칙' 관용, '판단 중지'의 철학, 다수의 전횡 등의 이유로 신랄하게 비판했다. '인간이 만물의 척도'라는 그릇된 인식론을 따른 불가피한 결과라고 생각했던 것이다(서병훈, 2000, pp.94~100 참조). 그는 특히 민주적 정치체제의 주인공인 '민주적 인간'과 이들을 이용해서 권력을 잡고자 하는 '사이비 정치인'의 분석에 많은 노력을 기울였다.

1) '민주적 인간'의 전횡(專橫)

플라톤은 국가, 특히 특정 정치체제의 속성과 그 체제 속에 사는 인간의 성격 사이에서 유사점을 즐겨 찾는다. 그는 정치체제로서의 민주주의가 보여주는 특성이 그 체제 속에서 사는 '민주적 인간'(democratic man)의 개별적 성격에서도 드러난다고 하는 사실을 강조한다. 민주주의는 자유와 평등의 기치 아래 다수 대중이 정치적 권력을 행사하는 체제이다. 민주적 인간은 이 체제 안에서 권력을 행사하는 다수 대중을 구성하는 개인들이다. 따라서 민주적 인간은 여느 체제에서나 발견되는 평범한 대중이 아니다. 민주 체제를 움직이는, 권력을 장악한 대중의 한 사람으로서 자기가 원하는 대로 국가나 자기 삶을 꾸려 나갈 수 있는 사람이다.

통상의 대중, 즉 보통 인간 일반에 대한 그의 생각은 복합적이다. 플라톤이 지혜를 갖지 못한 세상의 대중들에 대해 그다지 기대를 걸지 않았으리라고 하는 점에 대해서는 이론이 별로 많지 않을 것이다. 특히 그는 보통 사람들이 '스스로 자기에게 도움이 된다고 어떤 일을 하지만 결과적으로 해가 되고 마는 경우'를 집중 분석한다. 그러나 플라톤의 저작을 곰곰이 읽어보면 반드시 그렇지만은 않다는 인상을 받게 된다. 생각하기에 따라서는 대중들의 교육 가능성에 대해 어느 정도 희망을 걸고 있는 듯한 대목도 눈에 띄기 때문이다(서병훈, 2000, pp.107~109 참조).

문제는 정치적 권력을 장악하고 있는 현실 속의 대중이다. 이들은 무지하고 욕심을 좇으며 살 뿐 아니라, 그들이 원하는 대로 세상을 바꿀 힘까지 지니고 있다. 따라서 일반적 의미의 대중과 민주국가 속의 대중, 즉 민주적 인간은 구분되어야 한다. 플라톤은 『국가』의 8, 9권에서 이런 유형의 인간들에 대해 집중적으로 분석, 비판한다.

민주적 인간이 보여주는 가장 중요한 특징은 자유와 평등을 삶의 중심축으로 삼으면서 '유쾌하고 자유로우며 행복한 생활'을 영위해 나간다고 스스로를 평가하는 것이다. 이런 인간은 어떠한 법이나 질서의 규제도 받으려 하지 않는다. 오직 법이 하나 있다면, 그것은 마음대로 할 수 있는 자유뿐이다. 무엇이든 각자가 원하는 대로 하는 것, 즉 마음 내키는 대로 행동하는 방종을 자유라고 규정하면서, 이런 자유에다 최고의 가치를 부여하는 것이다.

따라서 민주적 인간에게는 인생에서 어떤 종류의 계획이나 필요도 존재하지 않는다. 이들의 입장에서는 모든 욕구가 동등한 가치를 지닌다. 자유를 극단적으로 추앙하는 논리를 연장시켜 보면 각자가 시간과 상황에 따라 생기는 순간 순간의 욕구를 충족시키는 것 이상으로 더 좋은 것이 있을 리가 없기 때문이다.

"이런 사람은 그때 그때의 입맛에 따라 행동한다. 그래서 어떤 때는 술에 취해 음악의 선율에 빠져들다가, 마음이 바뀌면 물만 마시면서 살을 빼려고 한다. 그러다가 마음이 내키면 운동에 관심을 기울인다.

때로는 만사에 무심하게 게으름을 피우다가 난데없이 철학자의 삶을 흉내내기도 한다. 정치에 관여할 때도 있는데, 연단에 서면 무엇이든 생각나는 대로 지껄이거나 행동한다. 전쟁에서 공을 세우는 사람이 부러워 보이면 무사가 되고 싶어 하다가, 장사하는 사람이 멋져 보이면 또 장사꾼의 길로 나가기도 한다. 한마디로 이런 사람의 삶에는 법칙도 질서도 없다. 그러나 스스로는 이런 뿌리 없는 삶이 즐겁고 자유로우며 축복받은 것이라 하며 평생을 이런 식으로 지낸다."(*Republic*, 561c~d)

앞에서도 강조했듯이, 민주적 인간은 그냥 평범한 대중의 일원이 아니다. 민주주의 국가를 좌우하는 실권자이기 때문이다. 페리클레스(Pericles)는 민주주의를 다수의 이익에 경도되어 있는 체제로 정의한 바 있다. 굳이 그의 말을 인용하지 않더라도 민주주의의 가장 중요한 특징으로 '다수에 의한 지배'를 꼽지 않을 수 없다. 시민 총회가 그렇고 재판정이 그렇다. 참석한 시민 중의 다수가 결의하면 그 의사가 곧 법률이 되고, 그들이 마음먹기에 따라 곧 죄의 유무와 형량을 결정하게 되는 것이다. 따라서 다수 대중의 의사를 거스르는 자는 '별을 헤는 자' 또는 '청년들을 타락시키는 자'라는 죄명에 의해 단죄를 받게 되는 것이다.

다수의 뜻에 따라 움직여지는 민주주의의 실체, 그리고 대중의 막강한 힘을 단적으로 보여주는 예가 있다. 음악 경연대회에서 청중이 심판관 노릇을 하는 경우가 바로 그것이다. 경연대회에서 우승자를 고르자면 심판관의 역할이 절대적이다. 심판을 맡은 사람은 전문지식 뿐만 아니라 배짱도 있어야 정확하게 판정할 수 있다. 기술적인 소양도 소양이지만 청중의 환호라든가 반응 또는 선호 때문에 마음이 휘둘리면 제대로 된 심판 노릇을 할 수가 없기 때문이다. 심판은 청중의 선생이지 청중의 지시를 받는 학생이 결코 아닌 것이다. 그런데 청중이 심판

노릇을 하며 손을 들어 경연대회의 우승자를 결정하게 되면 일이 어떻게 될 것인가? 시인이나 노래를 부르는 사람은 전문적인 능력을 기르기보다 청중의 구미를 맞추려 할 것이고 그러다 보면 타락하지 않을 수가 없다. 청중이 우승자를 가리게 되니 청중이 곧 심판이요, 나아가 선생 역할을 맡게 된 것이다. 이렇게 되면 청중 자신도 손해를 보게 된다. 스스로 음악에 관한 제1인자가 되다 보니 자신보다 높은 수준의 음악가가 발을 붙이지 못하도록 만들고 만다. 그 결과 청중이 음악을 통해 얻는 즐거움도 감퇴될 수밖에 없는 것이다(*Laws*, 658e~659c).

플라톤은 민주주의가 바로 이런 상태에 있다고 생각했다. 대중이 심판관이요, 법률을 만드는 사람이며 국정을 좌우하는 무소불위(無所不爲)의 존재가 되었다는 것이다. 문제는, 플라톤이 볼 때, 이런 막강한 권력에도 불구하고 민주적 인간이 불행한 삶을 살게 된다는 데 있다. 자신이 진정 원하는 것과는 반대 방향의 삶을 추구하니 그런 결과가 불가피하다는 것이다. 따라서 민주적 인간들은 겉보기와는 달리 가장 힘이 없는 존재로 전락하고 만다. 당시 아테네의 민주적 지도자들은 이 약점을 이용하였다. 플라톤이 이들을 준열하게 나무라는 이유가 여기에 있다.

2) 소피스트: 대중의 종

플라톤이 소피스트들과의 일전(一戰)에 운명을 걸었음은 주지의 사실이다. 그는 무엇보다도 소피스트들이 엉터리 지식을 파는 자들이요, 이들 때문에 철학이 욕을 먹는다고 하는 사실을 힘주어 밝힌다. 그러나 소피스트의 가장 큰 잘못은 대중들의 인기에 영합하기 위해 아부를 한다는 것이다. 대중이 권력을 장악하고 있는 민주국가 이상으로 소피스트가 기생하기 좋은 터전이 또 있을 리 없다. 플라톤은 수사학자(修辭學者)도 소피스트와 대동소이하다고 보았다. 더 큰 문제는 아테네 정치인들도 같은 행보를 보인다는 사실이다.

고르기아스의 제자인 폴루스는 수사학자가 세 치 혀만으로 못 할 것이 없으니 세상에서 제일 힘센 존재라고 자랑한다. 이에 대해 플라톤은 수사학자들이 실제로는 세상에서 제일 무력하고 못난 존재라고 통박한다. 그러면서 플라톤은 수사학을 한마디로 '아첨술'(flattery)이라고 정의해 버리고 만다(*Gorgias*, 462b~463b, 465e).

왜 수사학이 아첨술이라는 것인가? 그것은 수사학이 육신이든, 영혼이든, 그 무엇에 관계하든 상관없이, 무엇이 진짜 좋고 나쁜 것인가를 따지지 않고 그저 당장의 쾌락만 충족시키려 들기 때문이다. 무엇이 건강에 진정 좋은 것인가를 고려하지 않고 순간의 입맛에만 맞는 음식을 만드는 요리사가 있다면, 그 요리사는 사람의 건강을 해치고 말 것이다. 수사학자가 바로 그런 존재라는 것이다. 인간이 어떻게 살아야 하는가, 무엇이 우리 삶에서 진정 소중한 것인가 하는 문제는 따지지 않은 채, 그저 사람이 원하는 것이라면 무엇이든지, 설령 그것이 죽음을 부르는 것이라 할지라도 다 들어주겠다고 하니 가짜 요리사나 다를 바 없다는 것이다(*Gorgias*, 501c).

어떤 사람이 아첨꾼인가? 어리석은 권력자에게 당장에 듣기 좋은 말로 현혹시켜 망하게 만드는 자가 바로 아첨꾼이다. 왜 아첨꾼이 그런 행동을 하는가? 아첨을 해야 권력자의 환심을 살 수 있기 때문이다. 자신에게 이익이 되기만 하면, 자신의 행동으로 인해 권력자가 어떤 불행을 겪든 관계하지 않는 자가 바로 아첨꾼이다. 따라서 건강에는 나쁘나 입맛에는 맞는 불량식품을 만들어 돈을 벌고자 하는 악덕 요리사나, 대중의 영혼을 병들게 만드는 처세술을 가르쳐주면 돈을 벌고 인기를 얻는 수사학자나 아첨꾼이라고 하는 점에서는 그 성격을 같이 한다는 것이다.

플라톤은 소피스트와 수사학자들을 아첨꾼으로 규정하는 것에서 한 걸음 더 나아가 그들을 아예 '대중의 종(從)'으로 비난하고 나선다. 왜 그런가? 플라톤은 소피스트가 자칭 그들의 '지혜'라고 내세우는 것이 사실은 다수 대중의 생각을 복사한 것에 불과하다고 일갈한다. 즉 소피스트가 어리석은 대중의 생각을 대변해 주는 앵무새에 불과할 뿐, 자신의 독자적인 지혜를 그들에게 가르쳐주는 것은 아니라고 하는 사실을 강조하려 든다.

흔히 소피스트가 대중에게 가르침을 주며, 특히 청년들을 잘못 이끈다고 비난하는데 이것은 사실과 전혀 다른 이야기이다. 어느 누구 가릴 것 없이 모두 대중이 생각하는 대로 따라오게 되니, 대중 자신들이야말로 교육자 중의 교육자, 소피스트 중의 소피스트라고 해야 마땅하다. 시를 짓든, 아니면 무엇을 하든 대중의 구미에 맞도록 하니, 결국은 심판관 노릇을 하는 대중이 부르는 노래에 장단이나 맞추며 흥을 돋구는 존재가 바로 소피스트라는 것이다. 그러니 소피스트를 대중의 생각을 충실하게 복창하는 대중의 종이라고 하지 않을 수 없다는 것이다(*Republic*, 492a～b, 493d).

3) 민주국가의 정치인: 아첨꾼

플라톤의 논리에 따르면 또 한 무리의 아첨꾼이 세상을 휘젓고 있다. 바로 아테네의 정치인들이다. 그렇고 그런 정치꾼만 이야기하는 것이 아니다. 아테네 사람들이 추앙해마지 않는 '위대한' 정치인들조차 아첨꾼이라고 매도당하게 되는 것이다.

플라톤은 제대로 된 정치인을 한 사람도 찾아볼 수가 없다고 단정적으로 말한다. 대중을 향해 연설을 하면서 그들의 '영혼을 발전시키기 위해 애쓴' 참된 정치가가 전무하다는 것이다. 아테네에서 정치한다는 사람 치고 공공의 이익을 위해 자신의 욕심을 억누르는 사람은 없다는 것이다. 마치 아이들을 어르듯이 그저 사람들의 비위만 맞출 뿐, 말 한마디 한마디를 할 때마다 이것이 사람들을 좋게 만들 것인가, 아니면 나쁘게 만들 것인가를 놓고 고민하는 정치인은 한 사람도 존재하지 않는다는 것이다(*Gorgias*, 503c~d, 502e).

그러면서 플라톤은 페리클레스를 직설적으로 비판한다. 아테네 사람들이 페리클레스로 인해 도덕적으로 더 좋아졌는가, 아니면 더 타락하게 되었는가? 플라톤의 답은 더 나빠졌다는 것이다. 대중들이 정치에 참여하도록 유도하기 위해 돈(日當을 말한다)을 처음 주기 시작한 사람이 바로 그였고, 사람들이 게으름을 피우고 겁쟁이가 되도록 만들었으며 쓸데없는 말장난과 돈을 좋아하도록 이끈 사람 역시 그였다는 것이 혐의 내용이다(*Gorgias*, 515e).

페리클레스를 비롯한 몇몇 칭송받는 정치인들이 다른 사람들에 비해 권력을 장악하는 기술이나 항만을 짓고 해군력을 증강시키며 거대한 공공건물이나 사원 등을 세우는 능력 면에서 상대적으로 뛰어나 보일지 모른다. 그러나 대중에게 진정 좋은 것보다 그저 그들이 원하는 것을 주기에 급급했다는 점에서 본다면 그들을 결코 훌륭한 정치가라고 할 수 없다는 것이 플라톤의 생각이다. 진정한 정치가라면 대중이 품고 있는 욕구 중에서 옳지 않은 것은 억제하며 그들이 도덕적 인간이 되도록 촉구해야 할 것이다. 이렇게 할 수 있기 위해서는 옳고 그른 것을 가릴 수 있는 지식을 가져야만 하는데 그렇지 못했다는 것이다. 자유 천지인 아테네에서 시민들이 어떤 사람을 정치가로 뽑는가? 바로 자기들이 원하는 욕구를 채워줄 사람들, 즉 아첨꾼들이다. 페리클레스 같은 사람이 장기간 권력을 잡을 수 있었던 것은 그가 대중들의 비위를 잘 맞추는 뛰어난 아첨꾼이었기 때문이다.[8] 결국 페리클레스를 위시한 모모한 대중 정치가들은 대중의 지지를 끌어내기 위해 그저 그들의 편을 드는 친구인 것처럼 보여주는 데 급급한 인물들이다(Republic, 558b).

플라톤은 이런 논리 끝에 민주주의의 궤멸을 예단한다. '물 타지 않은 자유의 술'에 취한 민주적 인간과 그들에 영합하는 사이비 정치인들이 합작한 결과, 참주의 등장을 준비하게 된다는 것이다. 오늘날 라틴아메리카가 포퓰리즘의 그늘에서 고통받는 것을 연상시키는 대목이 아닐 수 없다.

4. 민주주의의 부분적 수용: 플라톤의 혼합체제

플라톤을 이런 식으로 해석하는 것에 대해 반론이 만만치 않다. 이 글은 그런 논란에 대해 반응하기보다, 후기 저작으로 옮겨갈수록 민주주의에 대한 그의 평가가 긍정적으로 바뀌는 것만 주목하고자 한다. 그렇다고 그가 민주주의를 흔쾌하게 받아들인 것은 아니다. 민주적 인간과 엉터리 정치인들이 빚어내는 민주주의의 병폐는 여전하나, 그렇다고 민주주의를 전면 거부할 수는 없다. 이것이 플라톤의 고민이었다. 그는 현실적인 접근을 꾀했다. 대중의 정치적 주권은 인정해 준다. 그러나 정치는 엘리트에게 맡긴다. 이런 절충점을 찾고자 했다. 플라톤의 고민이 포퓰리즘 문제에 어떤 시사점을 줄 수 있을 것인가?

---

8) 선동가를 지칭하는 demagogue라는 말은 원래 '대중의 지도자'를 뜻하는 말이었다. 그러다가 권력을 잡은 사람들이 점차 그 지위를 악용하면서부터 아리스토텔레스가 말한 바, '대중에 대해 아첨하는 사람'이라는 부정적 의미로 변질되었다고 한다(Hall, 1981, pp.7~8 참조).

1) 민주주의의 수용

플라톤은 『정치가』에서 민주주의를 대중이 지배하는 체제라고 하는 이유에서 여전히 잘못된 것으로 분류하면서도, 대중이 법을 지키기만 한다면 민주정이 과두정이나 폭군정보다 더 낫다고 평가한다. 즉, 법에 따른 지배를 기준으로 정치체제를 나누면서 '다수가 지배'하는 민주정이 법을 지키는 체제 중에서는 가장 나쁜 것이지만, 법을 지키지 않는 체제 중에서는 그나마 제일 좋다고 분류한다. 민주주의는 다수에 의한 지배를 지향하기 때문에 권력이 너무 많은 사람들에 의해 분유(分有)되며 따라서 비효율적일 수밖에 없다. 그 대신 소수의 탐욕자들에 의해 권력이 남용될 위험은 피할 수 있는 것은 장점으로 보아야 한다는 것이다(*Statesman*, 303a~b).

『법률』에 이르면 풍광이 더욱 확연히 달라진다. 당시 아테네에서 실천되고 있던 민주주의적 정치 참여에 대한 평가가 달라지고 자유의 중요성도 명시적으로 강조되기 때문이다. 플라톤은 역사적 사례를 면밀하게 조사한 뒤, 자유가 일정 수준 주어지지 않으면 안 된다고 하는 교훈을 도출한다: "자유를 적당하게 억압했던 체제, 아니면 자유를 적정한 수준에서 허용했던 체제는 둘 다 엄청난 발전을 이룩했었다. 그러나 페르시아나 아테네가 어느 한쪽 방향만으로 치우쳐 흘러갔을 때에는 그 결과가 좋지 못 했다."(*Laws*, 701e) 그러면서 "국가의 자유와 통일, 그리고 지혜를 확보하는 것이 입법가의 임무"라고 거듭 강조한다(*Laws*, 701d).

플라톤은 정치체제의 원형으로 둘을 든다. 왕정과 민주정이 바로 그것이다. 그러면서 국가의 3대 목표는 왕정의 전제적(專制的) 통치와 민주정의 자유가 동시에 구현되는 혼합 체제(mixed constitution) 안에서만 비로소 달성될 수 있음을 역시 되풀이해서 주장한다:

"정치체제에는 두 가지 원형(原形)이 있다. 이것으로부터 다른 체제들이 파생되어 나온다. 왕정과 민주정이 그 원형이다. 왕정은 페르시아 사람들이 오랜 시간 동안 실천해 왔다. 그에 비해 민주정은 우리나라(즉, 아테네)에 의해 대표적으로 운용되어 왔다. 다른 모든 정치체제란 거의 예외 없이 이 두 체제의 변형에 불과하다. 만일 자유 및 현명한 판단 위에 얻어지는 우애를 확보하고자 한다면 왕정과 민주정을 혼합한 정치체제를 수립하는 것이 절대적으로 중요하다. 이 두 요소를 골고루 내포하지 않은 정치체제는 결코 제대로 작동할 수가 없다."(Laws, 693d~e)

결국 플라톤은 '조건부로' 민주주의를 수용하고 있다. '적당한 정도' 안에서만 민주주의를 받아들이고 있는 것이다. 아테네식 민주주의가 아니라 혼합 체제가 그의 지향점이었던 것이다. 그럼에도 불구하고, 비록 부분적이라 하더라도, 그가 왜 민주주의의 가치를 인정했는지 궁금해진다. 그러나 그는 명시적으로 그 이유를 밝히지는 않는다. 그 이유도 역시 궁금하다. 아무래도 민주주의에 대한 본질적 거부감을 극복하기는 어려웠던 것 같다. 플라톤은 그저 '기능적' 차원에서 민주주의를 수용하려 한다.

우선 시대의 대세를 무시할 수 없었을 것이다. 아리스토텔레스도 염려했듯이,9) 권력의 맛을 본 아테네 시민들에게 정치적 방관자 노릇만

---

9) 아리스토텔레스도 비슷한 관점에서 민주주의를 평가했다. 그는 정치적 구성원의 사회학적 분석 등을 기준으로 민주주의 체제를 넷으로 나누어 설명하면서 가장 오래된 옛 체제가 가장 바람직한 것으로 평가하였다. 이에 비해 네 번째 '최종형' 민주주의는 가난한 다수 대중이 법 위에 군림하는 체제이다. 가난한 대중이 정치에 참여할 수 있도록 일당을 준다는 점에서 페리클레스 민주주의와 흡사하다. 아리스토텔레스는 이러한 유형의 문제점을 조목조목 비판한다. 아리스토텔레스는 이 체제가 법질서를 무시하는 까닭에 체제 불안정이라고 하는 치명적 결함을 지니고 있다고 보았다. 그러나 도시국가의 규모가 커짐에 따라 '최종형' 민주주의의 생명력 또한 신장되고 있다. 인민의 다수를 차지하

강요한다는 것은 불가능한 일이었다. 오랜 '방황' 끝에 마침내 플라톤도 현실을 인정하지 않을 수 없었던 것이다. 대중들에게 정치권력의 일정 지분을 허용하지 않으면 나라의 경영이 어렵다는 사실은 여러 곳에서 확인된다.

이를테면 국가 안에 자유가 있어야 시민들이 국가에 대한 충성심을 느낄 수 있을 것이다. 국가가 외적의 침입 앞에서 위기를 겪을 때 자유시민만이 목숨을 걸고서라도 나라를 지키려 한다는 것이다. 왜 그럴까? 자유가 없는 곳에서는 시민과 지배자 사이에 간격이 있다. 그렇게 되면 지배자, 즉 나라를 지키는 임무를 지닌 사람의 고통을 남의 일 보듯이 하게 마련이다. 자유를 누리지 못하는 시민들은 국가 그 자체에 대해서도 자긍심이나 애착심을 못 느낀다. 목숨을 희생하면서까지 나라를 지켜야 할 이유를 발견하지 못하는 것이다.[10]

플라톤은 자유와 통일의 상호관련성에 대해서도 설명한다. 국가의 통일은 어떻게 달성될 수 있는가? 우선 시민이 자발적으로 복종할 수 있어야 한다. 지배자의 권위를 인정하면서 기꺼이 지배받을 것이라고

는 가난한 대중이 민주주의 체제를 원하는 한 민주주의라고 하는 시대적 대세를 막을 길이 없기 때문이다. 일단 권력의 맛을 보았기 때문에 대중은 결코 민주주의를 포기하지 않을 것이다. 그들을 정치에서 배제시키면 다수 국민들을 반체제주의자로 내모는 결과가 된다. 이것은 막아야 한다. 아리스토텔레스가 민주주의에 대해 비판을 가하면서도 동시에 그에 대한 연구의 필요성을 강조하지 않을 수 없는 이유가 여기에 있는 것이다(Ober, 1998, pp.293~294).

10) 시라큐즈에서 마지막 해전을 벌일 때 아테네의 장군 니키아스(Nlikias, ?~BC 413)는 눈앞에 닥친 위기를 극복하기 위해 다음과 같은 말로 병사들을 독전(督戰)했다고 한다: "보라, 세상에서 가장 자유로운(freest of the free) 우리 조국 아테네는 얼마나 위대한 나라인가. 모든 시민은 남으로부터 아무런 지시도 받지 않으며 자기가 원하는 대로 살 권리를 누리고 있지 않은가." (*Thucydides*, VII. 69) 죽음의 두려움에 몸을 떠는 병사들을 향해 '자유 조국'의 위대함을 위해 용감히 싸울 것을 독려하는 외침 속에서 자유에 대한 애착과 긍지를 읽는 것은 그리 어렵지 않은 일일 것이다.

동의해야 한다. 강제로 내려 눌러서 될 일이 아닌 것이다. 그러나 이 것만으로는 충분하지 않다. 지배자 역시 그에 상응하는 금도(襟度)를 보여주는 것이 필수적이다. 자신의 권력을 부당하게 남용하지 않으며 피치자의 참된 도덕적 복리를 위하는 것이 자신의 임무라고 하는 소명에 충실해야 하는 것이다. 지배자가 사리사욕에 어두워 국정을 농단 (壟斷)하지 않고 오직 피치자의 이익을 위해 헌신한다고 하는 믿음을 줄 때 지배자와 피치자 사이에는 동질감과 유대의식이 싹트게 된다. 이런 상태에서 각자가 자기 맡은 일에 최선을 다한다면 국가는 통일을 이루며 발전할 수 있을 것이다(Hall, 1981, pp.142~143). 자유가 주어져야 대중과 지배자 사이에 심리적 일체감이 형성되고 그에 따라 국가적 통일을 기약할 수 있는 것이다. "평등한 관계 속에 우애가 싹튼다"고 하는 옛말은 만고의 진리인 것이다(*Laws*, 757a).

2) 엘리트의 주도적 역할

플라톤은 이런 생각을 마그네시아(Magnesia)라고 하는 현실 국가를 건설하기 위한 구상을 통해 실제로 펼쳐 보여준다. 그는 여러 면에서 당시 아테네에서 실천되고 있던 민주주의적 요소, 특히 대중의 정치 참여와 권력자에 대한 견제 장치를 그대로 수용하고 있는 것처럼 보인다. 보통 사람들도 투표권은 물론이고 적어도 이론상으로는 동료 시민들의 지지만 얻으면 무슨 공직이나 취임할 수 있다. 재판 과정에 참여하여 심의, 재정(裁定)할 권리를 지니고 있다. 또 지위 고하를 막론하고 공직자의 처신에 문제가 있다고 생각하면 누구든지 이의를 제기할 수 있다. 또 제한된 경우이기는 하나 추첨을 통해 관직을 배분하는 아테네식 모델도 받아들인다. 현대적 의미의 '견제와 균형'(checks and balances) 원리를 최초로 이론화하고 있는 것이다(Seung, 1996, p.260).

철인왕에 의한 '친정 체제'를 구축하면서 일반 백성들에게는 '복종할 자유'밖에 주지 않았던 『국가』와는 여러 면에서 대비가 되는 모습이라고 하지 않을 수 없다(Hall, 1981, p.142).

그러나 플라톤이 생각을 근본적으로 바꾼 것은 아니다. 대중이 아니라 전문지식을 갖춘 '기술자'가 정치를 맡는 것이 바람직하다고 하는 생각은 변함이 없기 때문이다. 그저 대중에게 그들도 정치에 평등하게 참여할 길이 열려 있다고 하는 '착각'을 심어주는 선에서 머물고 만다(Pohlenz, 1966, p.86). 그래서 교묘한 방법으로 하위 계급 사람들의 정치 참여를 차단한다. 돈 많은 사람, 즉 사회적 지위가 높은 사람이 투표나 민회에 참석하지 않으면 벌금을 부과하면서도 돈이 없고 무지한 일반 시민들에게는 관용을 베푼다(*Laws*, 756d~e, 764a, 765c). 그러나 그러한 관용은 그들의 정치적 무관심을 방조하기 위한 책략일 뿐이다. 구체적인 예를 살펴보자.

아테네에서처럼 마그네시아에서도 모든 남자 성인 시민은 민회(Assembly)에 참여해서 발언할 수 있다. 그러나 360명으로 구성된 집행위원회(Council)는 아테네의 경우보다 훨씬 축소된 권한을 행사한다. 12부분으로 나누어 각기 한달 씩 책임을 지게 된다. 그런데 이들을 선출하는 과정을 유심히 살펴보아야 한다. 모든 시민이 투표에 의무적으로 참여해야 하며 불참자에게는 벌금형이 주어진다. 그러나 가장 가난한 제4 계급 몫의 집행위원을 선출할 때 제3, 제4 계급은 투표에 참여 안 해도 벌금을 부과하지 않는다. 또 제3 계급 몫을 선출할 때에도 제4 계급 사람들이 참여 안 한다고 해서 처벌하지 않는다. 이런 장치를 통해 집행위원 선출 과정에 돈 많은 사람들의 영향력이 상대적으로 더 많이 반영될 수밖에 없게 만들었다. 부자는 벌금이 무서워서라도 투표에 나갈 것이나 가난한 사람들은 그런 강제에서 벗어나 있으므로 생업을 희생시킬 필요를 못 느낀다. 같은 맥락에서 만일 상위 두 계급 사람들이 민회에 참석하지 않으면 역시 벌금을 물어야 하나, 가난한 3, 4계급에게는 그런 의무가 없다(*Laws*, 764a).

그가 무엇보다 역점을 두고 있는 것이 바로 야간 평의회(Nocturnal Council)이다. 철인왕은 아닐지라도 철학을 공부한 사람이 국정의 조타수 역할을 해야 한다고 하는 플라톤의 지론이 다시 한번 이 기관을 통해 반영되고 있기 때문이다. 야간 평의회의 구성원은 덕이나 능력을 갖춘 사람, 또는 고위 관직 출신 중에서 투표에 의해 선출된다. 추첨이 아니라 선거에 의해 선발됨으로써 일반 대중의 참여를 제한하고 있다. 이 조직은 결정 과정에 다른 기관의 승인을 받을 필요가 없으나 비공식적으로 눈에 안 보이게 영향력을 행사한다(*Laws*, 964e ~ 965a, 758c ~ d).

이상에서 보듯이, 플라톤은 『법률』에서 자유의 필요성을 인정하고 있다. 인간이라면 누구나 자기 뜻대로 살고 싶어하는 본능을 지녔다고 하는 사실을 간과할 수 없기 때문이다. 나아가 한 국가가 원활하게 유지되기 위해서도 자유를 허용하는 것이 불가피하다고 생각하고 있다. 그러나 '자유국가' 아테네의 실패를 경험 삼아 '멋대로 자유'가 아닌 법과 도덕에 의해 규율되는 자유를 상정하고 있다.

5. 결론: 엘리트 민주주의의 재음미

이 글에서는 비록 '자의'(自意)는 아닐지라도, 플라톤이 민주주의를 전면 부정할 수 없었다는 점을 주목한다. 토크빌(Tocqueville)은 19세기에 민주주의의 확산을 '신의 섭리'라고 규정했다. 그가 민주주의의 도래를 흔쾌히 받아들인 것은 아니다. 시대의 흐름을 인정할 수밖에 없었던 것이다. 플라톤도 마찬가지다. 그는 이미 2,400년 전에 그러한 대세를 감지했다. 민주주의를 외면하면 나라가 유지될 수 없음을 분명히 깨달았던 것이다. 그래서 대중을 향해 자유와 참여의 문을 열어주었다. 그러나 그는 아테네 민주정의 민주적 인간들에 대한 어두운 기억을 지울 수 없었다. 그래서 명(名)은 대중에게 맡기고 실(實)은 엘리트에게 쥐어주는 구상을 펼쳤다.

혼합체제를 둘러싼 플라톤의 구상은 여러 면에서 '엘리트 민주주의'를 연상시킨다. 슘페터(Schumpeter)는 냉정하게 말한다. 대중은 정치적 능력도 없을 뿐 아니라 공의(公義)를 위해 자기를 희생할 의지도 박약하다. 이런 대중이 국사를 책임진다는 것은 바람직하지 않다. 정치적 결정은 엘리트에게 맡겨라. 대신 대중은 엘리트를 간접 통제함으로써 주권을 행사하라. 그는 이런 이유에서 고전적 민주주의를 외면한다. 달(Dahl)도 같은 생각이다. 대중이 직접 정치에 참여해서 정책결정을 한다는 것은 비현실적이다. 그것은 엘리트 몫이다. 대중은 주기적으로 실시되는 공명한 선거에서 자신들의 대표자를 뽑는 역할에 만족해야 한다.[11]

이런 주장에 대해 많은 사람들, 특히 참여민주주의자들은 거세게 공격한다. 그들은 엘리트주의자들이 편협한 세계관에 빠진 나머지 참여가 인간 삶에서 차지하는 의미를 간과하고 있다고 비판한다.[12] 일리가 있다. 문제는 그들이 플라톤과 슘페터와 달의 고민을 해결해 줄 수 있느냐는 것이다.[13]

---

11) 달이 폴리아키(polyarchy)라는 개념에 착안한 것은 이런 배경에서이다. 그러나 달은 그의 후기 저작에 이르러 생각을 바꾼다. 우선 엘리트 지배론(Guardian-ship)의 기술적·도덕적 당위론에 의문을 제기한다. 오히려 민주적 자기결정과 참여라는 고전적 민주주의의 이상을 강조한다(Dahl, 1998, pp.99~106).

12) 참여민주주의자들은 "민주주의가 빚어내는 해악들을 치료하기 위한 유일한 방편은 더 많은 민주주의(more democracy)뿐"이라며, 이른바 '민주주의의 심화'를 주장한다(Huntington, 1975, p.113 참조).

이 글은 라틴아메리카의 경험과 한국 민주주의의 현실을 종합하면서, 지나친 이상론은 경계해야 한다고 생각한다. 정치는 현실에 바탕을 두어야 한다. 그 현실을 가늠하는 결정적 인자(因子)는 바로 사람과 정치체제의 수준이다. 그런 까닭에 "민주주의의 심화를 통해 민주주의의 위기를 극복하자"는 주장은 현실성이 없다.

플라톤이 지적했던 '민주적 인간'을 넘어갈 수 있다면, 그래서 '사려 깊은 민주적 시민'이 정치의 주체가 될 수 있다면 민주주의의 타락, 포퓰리즘의 횡행을 걱정할 이유가 없을 것이다. 턱없이 높은 수준을 기대하는 것은 아니다. 그저 "시민들이 자유를 향유하되, 사회 전체의 발전과 연결시킬 수 있고, 민주주의의 원리, 특히 자유와 책임감 사이의 미묘한 관계를 예민하게 파악"할 수만 있다면 다행이다(Crozier, 1975, Introductory Note). 물론 불가능한 꿈은 아닐 것이다. 그러나 현실은 아직 멀다.

---

13) 그러나 그런 처방을 적어도 '현 시점에서는 불에다 기름을 끼얹은 격'이라며 일축해 버리는 사람들이 적지 않다. 이를테면 헌팅턴(Huntington)은 미국의 경우를 분석하며, 민주주의의 과잉(excess of democracy)을 문제의 근본원인으로 치부한다. 그러면서 필요한 것은 민주주의를 심화시키는 것이 아니라 '현저한 정도로 억제'(a greater degree of moderation in democracy)하는 것이라고 주장한다. 그는 민주주의가 적용될 수 있는 곳과 그렇지 못한 곳을 구분해야 한다고 역설한다. 더 민주적인(more democratic) 대학이 반드시 더 좋은 (better) 대학은 아니듯이, 조직과 환경에 따라서는 민주적인 참여보다는 숙련도, 경험, 기능, 연공서열 등이 우선되어야 그 조직이 살 수 있다는 것이다. 아울러 그는 민주적 정치체제가 원활하게 작동하자면 정치에 무관심하고, 따라서 참여에도 소극적인 사람들이 일정하게 있는 것이 좋다고 생각한다. 그러나 오늘날 특정 집단에게 그런 희생을 강요할 수 없다. 따라서 모든 집단이 골고루 자기억제(self-restraint)를 해야 한다. 헌팅턴은 "민주주의 치고 자살하지 않는 민주주의가 없다"는 아담스(John Adams)의 말을 인용하면서, 아무리 좋은 가치라 하더라도 그것이 극단적으로 추구될 때(maximized) 최상의 기능 (optimized)을 발휘할 수 없음을 환기시킨다. Huntington, 1975, pp.113~115.

플라톤이 야유했던 '아첨꾼 정치인'을 배제하고 '양심적이고 현명한 정치인' 중에서 대표자를 선발할 수 있다면 포퓰리즘은 아예 발도 붙일 수 없을 것이다. 그러나 현실은 그렇지 않다. 대단한 정치인[14]을 기대하는 것이 아니다. 현대 사회에서 윤리적 고결함과 실무적 능력을 겸비한 정치인을 찾는 것은 아니다. 최소한의 양식, 즉 돌아가는 한이 있더라도 정도를 걸을 수 있다면 희망을 걸어봄직하다. 그러나 거의 모든 사람이 이런 기대를 접고 있다. 이것이 문제인 것이다.

라틴아메리카에도 숱하게 많은 정치학자들이 있다. 그들이 정답을 몰라서 포퓰리즘의 멍에에서 신음하는 것이 아니다. 한국민들이 한국 민주주의의 문제점이 무엇인지 의식하지 못하는 까닭에 오늘날 포퓰리즘을 두고 논란을 벌이는 것도 아니다. 뻔히 알지만 어떻게 해볼 수가 없는 것이다. 이것이 현실이다. 그러니 플라톤을 반 민주주의자라고 일거에 매도할 수가 없는 것이다. 엘리트 민주주의자들의 '천박하

---

14) 플라톤은 진정한 정치가가 단 한 사람 있다면서 소크라테스를 지목한다. 현실 정치에 관여하지 않았기 때문에 소크라테스를 통상적 의미의 정치가로 부르기에는 어폐가 없지 않을 것이다. 그러나 '등에'(gadfly) 같은 비판적 지식인의 역할을 자임하며 몽매한 사람들의 정신을 깨우치려 하기 때문에 소크라테스야말로 '큰 정치'를 하는 인물로 보아야 한다는 것이 플라톤의 생각이다. 왜 그를 훌륭한 정치가라고 부르는가?
소크라테스는 결코 대중의 환심을 사는 말은 하지 않았다. 그들에게 듣기 좋은 말은 한마디도 하지 않았다. 그 대신 오직 그들에게 진정 도움이 되는 말만 했다. 좋은 약은 입에 쓸 수밖에 없다. 의사가 환자를 살리기 위해서는 비명을 지르든 말든 수술을 해야 하듯이, 소크라테스는 아테네 대중의 정신이 번쩍 들도록 침을 계속 쏘아댔다. 그러나 민주적 인간들은 그들의 병을 치료하기 위해 준 약을 독약이라고 몰아붙이면서 소크라테스를 죽음으로 내몰았다. 플라톤은 이런 정치가는 죽음으로 몰아넣고 페리클레스 같은 사이비 정치가를 위대한 사람으로 떠받들고 다닌다며 분개하고 있는 것이다(*Gorgias*, 521d~e).

고 협소한' 정치관을 비웃을 수만은 없는 것이다.

'민주적 인간' vs '사려 깊은 민주적 시민', '아첨꾼 정치인' vs '양심적이고 현명한 정치인'이라는 네 변수의 조합이 민주주의의 성격을 규정하게 된다면, 누구나 최선의 조합(즉, '사려 깊은 민주적 시민'과 '양심적이고 현명한 정치인'의 결합)을 원할 것이다. 그러나 이것은, 적어도 포퓰리즘이 문제가 되는 사회를 놓고 본다면, 미래의 기대치로 남겨둘 수밖에 없다. 그것보다는 최악의 조합(즉, '민주적 인간'과 '아첨꾼 정치인'의 결탁)을 피할 수 있는 길부터 찾는 것이 더 시급한 과제일 것이다.

'민주적 인간'과 '아첨꾼 정치인'은 민주주의의 건강을 해치고, 포퓰리즘을 낳는 근인(根因)이다. 따라서 그 경중(輕重)을 비교하기가 어렵다. 이 글은 플라톤이 혼합체제를 통해 암시한 바와 같이, 포퓰리즘을 극복할 첫 걸음을 엘리트에서부터 찾는 것이 효율적이라고 생각한다. 다만 그 방법이 소극적이고 부정적이다. 아이러니컬하지만, 플라톤을 전체주의의 대명사로 낙인찍었던 포퍼(Karl Popper)가 행복을 늘리기보다 불행을 줄이는 사회공학(social engineering)을 제창했듯이, 단기적으로는 훌륭한 정치인을 찾기보다 '아첨꾼 정치인'을 축출하는 일에 더 초점을 맞추자는 것이다.[15]

플라톤이 경계했던 아첨꾼이 정치판에 발을 못 붙이게 되고 선동적 사이비 개혁 정치인이 대중을 현혹시키지 못하게 된다면, 그래서 유권자가 상대적으로 덜 나쁜 선택지 중에서 답을 고를 수 있게 된다면 포퓰리즘 문제를 해소하는 데 조금이나마 도움이 될 것이다. 상황이 더 나빠지지 않도록 하는 것도 역사의 진보인 셈이다.

---

15) 문제가 없지는 않지만, 한국의 시민단체들이 시도하고 있는 '낙선운동'도 '아첨꾼 정치인'들을 배제하는 한 방법이 될 것이다.

참고문헌

박종현 역주. 1997. 『플라톤의 국가·정체』. 서울: 서광사.

서병훈. 2000. 『자유의 미학: 플라톤과 존 스튜어트 밀』. 서울: 나남출판사.

＿＿. 1988. "포퓰리즘의 이념적 위상". 『한국정치학회보』 22(1).

이성형. 2004. "'인기영합주의'로의 해석은 국적불명의 편의적 용법". 『월간 신동아』 2004년 1월호. 별책부록.

Aristotle. *The Complete Works of Aristotle*. vol. I-II. ed. by Jonathan Barnes(1984). Princeton: Princeton University Press.

Canovan, Margaret. 1982. "Two Strategies for the Study of Populism". *Political Studies* 30(4).

Crozier, Michel, et al. 1975. *The Crisis of Democracy*. NY: New York University Press.

Dahl, Robert. *On Democracy*. 김왕식 외 역. 1998. 『민주주의』. 서울: 동명사.

Dix, Robert. 1985. "Populism: Authoritarian and Democratic". *Latin American Research Review* 20(2).

Durant, Will. 1966. *The Life of Greece*. NY: MJF Books.

Hall, Robert. 1981. *Plato*. London: George Allen & Unwin.

Huntington, Samuel. 1975. "The United States". Crozier, et al. *The Crisis of Democracy*. NY: New York University Press.

Ober, Josiah. 1998. *Political Dissents in Democratic Athens*. Princeton: Princeton University Press.

Plato. *The Dialogues of Plato*. vol. I-IV. tr. by B. Jowett(1968). Oxford: Oxford University Press.

Pohlenz, Max. 1966. *Freedom in Greek Life and Thought*. NY: Humanities Press.

Riker, William. 1982. *Liberalism against Populism*. San Francisco: W. H.

Freeman and Company.

Sartori, Giovanni. 1987. *The Theory of Democracy Revisited*. Chatham, NJ: Chatham House Publishers, Part One.

Seung, T. K. 1996. *Plato Rediscovered: Human Value and Social Order*. London: Rowman and Littlefield Publishers.

Thucydides. "The Essence of Thucydides". in ed. by M. I. Finley(1960). *The Portable Greek Historians*. NY: Viking Press.

Wiles, Peter. 1969. "A Syndrome, Not a Doctrine: Some Elementary Theses on Populism". in Ghita Ionescu and E. Gellner(eds.). *Populism*. London: Macmillan.

정치적 자유주의와 포퓰리즘 *

| 정 원 섭 | 서울대 철학과 |

1. 문제제기

2003년 '참여 정부'가 출범하였다. 노무현 정부가 투표율 70.8%에 48.9%라는 그리 높지 않은 지지율에도 불구하고 스스로 '참여' 정부라 하는 것에 대해 그 이유를 두 가지로 유추해 볼 수 있을 것이다. 첫째 이유로 2002년 대통령 선거 과정에서 인터넷으로 대변되는 디지털 기술을 통해 흔히 정치 기피층이라 일컬어지는 20대, 30대 유권자들의 높은 지지, 즉 적극적 정치 참여 과정을 거쳐 출범했다는 현 정부의 태생적 자부심을 생각해 볼 수 있을 것이다. 둘째 이유로 기존 정치 과정에서 소외되었던 다양한 지역이나 소수 집단을 위시하여 기층 민중들이 정책 결정 과정에 '참여'할 수 있는 길을 적극적으로 열어가고

* 이 글에 대하여 정중하면서도 근본적인 비판을 해준 김우택(한림대)과 박상혁
(서울대)에게 감사한다.

자 하는 미래지향적인 정책적 의지의 표현으로 해석해 볼 수도 있을 것이다.

그러나 '참여 정부'를 바라보는 시각들은 정부 당국자들의 이러한 태생적 자부심이나 정책적 의지와는 매우 다르거나 이와 모순되는 것처럼 보인다. 심지어 일각에서는 현 정부의 정책이 "하루하루 부유하는 대중여론을 아무 원칙 없이 추종하는" 정치적 편의주의이자 포퓰리즘[1]이라 공박한다. 그에 반해 노동자, 농민 등 기층 민중들은 현 정부의 특히 경제 정책들이 "보통 사람들의 어려운 사정은 외면한 채 다국적 자본의 이해관계에 이끌려" 신자유주의로 치닫고 있다며 강력히 반발하고 있다. 포퓰리즘을 기도하는 정부가 기층 민중의 요구를 무시할 수 있는가? 다국적 자본의 이해관계를 충실히 대변하는 정부가 어떻게 포퓰리즘으로 비난받을 수 있는 정책을 입안하고 집행할 수 있는가?[2]

---

1) populism을 '대중주의', '대중영합주의', '인기영합주의' 등으로 옮기지만 이런 번역용어는 포퓰리즘의 의미를 제대로 살리지 못하는 부정적 낙인찍기 번역어이다. 반면 '민중주의'란 번역어는 1980년대 우리 사회의 변혁 운동과 연관되어 계급적 성격이 과도하게 부각되는 용어이다. 이 책에서 홍윤기가 지적하듯이 포퓰리즘은 대중(mass)에 호소하는 것이 아니라 'people'에 호소한다는 점에서 '인민주의'라 번역하는 것이 바람직할 것이다. 물론 이 용어 역시 반공의 이데올로기로 말미암아 오염되어 있는 것은 사실이지만 이제는 반공 이데올로기의 잔해를 의도적으로 그리고 적극적으로 무시할 필요가 있다고 생각한다. 다만 나는 이 책에 실린 다른 글들과 형평성을 위해 '포퓰리즘'으로 표현하고자 한다.

2) 김일영의 경우 이 책에 함께 실린 논문에서 "신자유주의와 포퓰리즘이 양립하기 어렵다는 것이 기존의 통념이지만, 최근 일부 학자들을 중심으로 '신자유주의적 포퓰리즘'(neo-liberal populism)이란 이율배반적 개념의 적용 가능성이 조심스럽게 개진되고 있다"고 소개하면서 김대중 정부에 대해 "형용모순적인 신자유주의적 관치 아래에서 포퓰리즘 전술을 선택적으로 구사한 정권"이라고 규정하기도 한다.

포퓰리즘이라 할 때 흔히 연상되는 페론주의는 그 반대자들로부터는 격렬한 비판을 받았지만 적어도 아르헨티나의 기층 민중들로부터는 열화와 같은 지지를 받았다. 그러나 2003년 현재 대한민국에서 포퓰리즘이란 표현은 기층 민중의 지지는 고사하고 '참여' 정부의 각종 정책의 진정성에 대한 의구심을 증폭시키면서 정부의 정치적 결정과정에 '참여하고자 하는 국민의 의지' 자체를 무력화하는 최고의 수사가 되고 있다. 왜냐하면 지금 '포퓰리즘'이란 말로 '참여 정부'의 정책을 비난하는 이들에게 이 용어는 '아르헨티나를 망친 주범', '허울뿐인 개혁', '정치적 편의주의', '기회주의' 등과 크게 다르지 않기 때문이다.3)

　이 글에서 나는 19세기 미국에서 어떤 과정을 거쳐 포퓰리즘이 등장하였으며 이것이 자유주의 정치철학에 어떻게 수용, 또는 배제될 수 있는지를 검토해 봄으로써 현재 우리 사회에서 진행되고 있는 포퓰리즘 관련 논의에 우회적으로 접근해 보고자 한다. 굳이 실패한 미국의 경우를 분석의 대상의 삼고자 하는 이유는 첫째 포퓰리즘이 등장하게 되는 일반적인 현실적 상황뿐만 아니라 그 순수한 이상적 모습을 보고자 함이다. 일반적으로 포퓰리즘이라 할 때 남미의 포퓰리즘이 그 대종을 이루는 것은 사실이나 그것은 개혁을 지향하는 긍정적인 이상적 이념이라기보다는 개혁을 빙자한 노회한 정치가의 교묘한 술수에 대한 비난을 가리키는 말로 이해되고 있기 때문이다.

　둘째 이유는 포퓰리즘에서 조금이라도 수용할 만한 긍정적 요소를 찾아보고자 하는 생각 때문이다. 만일 집권자들의 통치 행태에 대한 외부의 규정으로서 포퓰리즘과 기층 민중 내부의 요구로서 포퓰리즘이 구별될 수 있다면, 현재 우리 사회에서 비난의 대상이 되는 것은

---

3) 서병훈, "포퓰리즘", 『동아일보』, 수요프리즘(2000. 12. 13).

전자의 경우이다.4) 후자의 경우 포퓰리즘은 '평등'과 '국민주권' (popular sovereignty)에 대한 소외된 주권자인 인민(people)의 요구로 해석될 수 있으며, 이런 요구는 배척되어야 할 것이 아니라 민주주의의 내실화란 견지에서 어떤 형태로든 반드시 수용되어야 할 것이다. 그리고 이런 요구가, 설령 현실 정치 과정에서는 여러 우연적 요인들에 의해 왜곡될 수 있다 하더라도, 이상적인 자유주의 정치사상 내부에서는 어떻게 반영될 수 있는지 살펴보고자 한다. 이를 위해 현대의 대표적 자유주의자인 롤즈(John Rawls)의 정치철학에서 평등에 대한 요구와 국민주권 개념이 어떻게 이해될 수 있는지 살펴보고자 한다.

2. 19세기 미국의 포퓰리즘

'국가의 목적은 무엇인가?' 이 문제는 인간이 국가라는 정치 공동체 안에서 사는 한 결코 회피할 수 없는 가장 바탕이 되는 질문이라 할 것이다. 더욱이 자유와 행복을 찾아 '기회의 땅' 아메리카 신대륙으로 달려온 이민자들이 스스로 나라를 세우고자 했을 때 가장 먼저 이 문제가 제기될 수밖에 없었을 것이다. 그러나 이 문제에 대한 각자의 대답은 고향을 떠났던 이유가 저마다 다르듯 다를 수밖에 없었을 것이다. 그 결과 소위 미국의 국부들은 헌법에 그 답안들을 구체적으로 명시하기보다는 이와 관련된 절차들을 만드는 일에 더욱 주목하였다.

'누가 이 절차를 만드는가?' 즉 공동체 구성원 모두에게 최선의 이익을 줄 수 있는 가장 합리적 절차가 즉 가장 공정한 절차를 만들 수 있는 사람은 누구인가? 당시 소위 미국 국부들 사이에서 일반 시민들

---

4) 이 책에 실린 김일영, 서병훈의 글은 이런 관점에서 포퓰리즘에 접근하고 있다.

이 정부에 참여하여 적극적인 역할을 해야 한다는 점에 대하여 광범위한 합의가 있었던 것은 사실이다. 그러나 그 참여의 방식 및 정도와 관련해서는 심각한 견해 차이가 존재하였다.[5] 왜냐하면 그들은 의지와 이익의 갈등, 즉 국민의 실제 경험적 의사를 존중하는 것과 공동체 전체의 이익을 증진하는 것이 상호갈등할 수 있다는 것을 현실 정치 과정에서 직접 체험하면서 "일반의지는 언제나 공익을 지향하지만 그러나 사람들이 심사숙고한 실제 결과가 반드시 정확한 것은 아니"라는 루소의 통찰[6]을 되새겨볼 수밖에 없었기 때문이다.

미국 국부 대부분은, 특히 메디슨(James Madison)은 "만일 뛰어난 합리적 사고 능력을 타고난 이들 중에서 대표들을 선발하여 그들이 이러한 절차들을 만들고 집행한다면, 이 규칙들은 잘 작동할 것이다"라고 생각하였다. 메디슨이 말하는 이러한 대표란 결국 '천부적 능력을 타고난 사람'(natural aristocracy), 즉 엘리트들일 수밖에 없었다. 그런데 문제는 엘리트의 특수한 이해관심과 일반 국민의 이해관계가 언제나 일치하는 것은 아니라는 점이다. 이 점은 미국의 헌정사에서도 예외가 아니었다. 절차와 관련하여 메디슨이 제시한 규칙들은 미국 정치 현실에서 일반 국민을 정치 과정에서 사실상 완벽하게 배제하였을 뿐만 아니라 주 정부보다는 연방 정부로 정치권력을 집중하는 결과를 낳게 되면서, 주 정부와 연방 정부 간 갈등이 심화되는 가운데 특히 농업을 기반으로 한 남부 주들에서 농민들의 불만이 폭발하기 시작한다.[7]

---

5) J. F. Zimmerman, *Participatory Democracy*(Praeger Publishers, 1986), p.1.

6) J. J. Rousseau, *The Social Contract and Discourses*(New York: E. P. Dutton, 1913), p.25.

7) Lawrence Goodwin, *The Populist Movement; A Short History of the Agrarian Revolt in America*(Oxford: Oxford University Press, 1978), p.vii.

1880년대에 이르자 미국 남부 및 남서부 지역 농민 단체들은 그 당시의 농민 고용방식8)이 불공정하다는 인식을 공유하게 된다. 1890년대에 이르러 농민 운동 지도자들은 헌법의 경제 관련 조항들이 일반 시민들의 이해관계와 심각하게 상충한다는 결론에 이른다. 메디슨이 주도면밀하게 고안한 헌법 개념에서는 정치체제 및 그 과정에 대해 일반 시민들이 영향을 미칠 수 있는 길이 처음부터 사실상 없었다고 할 수 있는데 그 동안 이에 대한 여러 차례의 시정 요구에도 불구하고 실질적 개선이 거의 없었던 것이다. 당시 "미국 국민들은 정부에 더 이상 실질적으로 참여하지 못하였다. 특히 연방주의자들은 정부에서 국민을 완전히 내몰았다. (당시) 미국 정부에서 진정 두드러진 점은 '정부에서 일반 국민들이 아주 사소한 지분조차도 갖지 못하도록 그들을 완벽하게 배제하였다'는 점이다."9)

농민들이 생각할 때 문제의 근원은 정치 규칙들을 제정 집행하는 과정에서 엘리트들이 특정한 방식으로 이해관계를 조작한다는 점이다. 따라서 그들은 이에 대한 해결책으로 정부의 궁극적 목적이란 국민의 권리와 기회의 평등을 보장하는 것이라는 점을 명시함으로써 새로운 형태의 정치적 협력을 모색하고자 하였다. 또한 농민들은 정치 분야가 올바르게 변혁되었을 때 비로소 농업 분야에도 긍정적 결과가 나타날 것이라 믿었다. 기존 체제 내에서 시도되었던 초기의 정치 개혁이 실패하자 농민들은 그들에만 고유한 이해관계에 호소해서는 자신들의 문제조차 해결할 수 없다는 점을 인식하면서 메디슨식의 엘리트들이 장악하고 있는 당시 양대 정당에는 자신들의 이해관계를 대변할 수

---

8) agricultural debt peonage. 미국 남서부 지역에 있었던 채무 관계에 기초한 농업 분야 고용제도를 말한다.

9) Gordon Wood, *The Creation of the American Republic*.
   www.publiceye.org/tooclose/populism.html.

있는 길이 없다는 결론에 이르렀다.[10]

정치 조직이란 으레 엘리트에 의해 장악되기 마련이고, 따라서 진정으로 기층 민중을 대변하는 정치 조직이 불가능하게 된다는 딜레마가 미국 정치에만 독특한 것은 물론 아니다. 결국 1892년 농민들은 "만민평등, 특권철폐"를 슬로건으로 삼아 '미국인민당'(US People's Party)을 결성하여, 포크(Leonidas Lafayette Polk)를 대통령 후보로 등록하려 하였으나,[11] 그의 갑작스러운 사망과 더불어 농민 운동 역시 사그라진다. 이러한 일련의 농민 운동에 대하여 역사학자들이 '포퓰리즘'이라 이름하였다.[12] 1892년 및 1896년 미국 대통령 선거에서 제3당의 정치적 실패는 결국 메디슨의 전통에 충실한 엘리트 중심의 양당 체제를 공고히 하는 결과를 낳았다.

이렇게 볼 때 "미국 19세기 정치에서는 영국에서처럼 보수주의자들과 자유주의들 간의 뚜렷한 구분을 찾아볼 수 없다. … 1880, 1890년대 미국의 자생적 급진 운동을 포착할 수 있는 핵심적 용어는 '자유주의'(liberal)도 '진보주의'(progressive)도 아니다. 그것은 바로 포퓰리즘"[13]이라는 주장이 과장이라고 할 수만은 없다.

---

10) 민주주의에서 핵심적 가치로 간주되는 입법, 사법, 행정의 삼권 분립에서 사법부의 우선성을 인정하는 미국의 전통 역시 엘리트주의적 해결방식이라 할 수 있다.

11) "Equal Rights for All, Special Privilege for None"라는 슬로건은 엄격히 말하자면 미국의 7대 대통령인 잭슨(Andrew Jackson) 지지자들에서 연원한다고 해야 할 것이다.

12) Thomas E. Vass, *Equal Rights for All, Special Privilege for None, Principles of American Populism*(Unlimited Publishing, 2002), intro, p.xiii. 미국의 농민 운동보다 조금 앞서 러시아에서도 나로드니키 농민 운동이 있었는데, 이 운동은 1930년대 우리나라에 브나로드 운동으로 소개되어 문맹퇴치 활동으로 구체화되었다.

13) F. O. Matthissen, *From the Heart of Europe*(New York, 1948), p.90.

따라서 19세기 미국에서 포퓰리즘은 "보통 사람들도 합리적으로 생각하고 행동하면서 자신의 일을 스스로 결정할 능력을 지니고 있다는 세속화된 계몽주의적 신념"14)이자 동시에 "다른 사람들을 대신하여 어떤 결정을 할 수 있는 상위의 판단 능력에 대한 불신"이자,15) "미국 농민 운동의 급진성과 인민 민주주의(peoples democracy)를 결합한 것이다."16) 이 점에서 19세기 미국 포퓰리즘은 거의 모든 포퓰리즘에서 공통적으로 관찰되는 "인민(the people)에 대한 호소"와 "반엘리트주의"17)를 가장 원형적으로 보여주고 있다 할 것이다.

결과적으로 이러한 19세기 미국의 초기 포퓰리즘은 정치 과정에 대한 일반 국민의 적극적인 참여 요구를 바탕으로 반독점주의 및 트러스트반대 정서를 대중화하면서, 당시 거대 기업의 탐욕스러운 약탈과 경제력 집중을 견제하면서, 결과적으로 선출직 공직자들에게 책임을 요구하였을 뿐만 아니라 경제 분야에서 실질적 개혁을 요구하는 기초를 마련하였다18)는 점에서 긍정적으로 기여하였다.

"liberalism", *Encyclopedia of Philosophy*, p.460 재인용.

14) Michael Kazin, *The Populist Persuasion: An American History*(New York: Basic Books, 1995), pp.10~11.

15) Jeffrey Bell, *Populism and Elitism: Politics in the Age of Equality*(Regnery Gateway, Washington DC), p.3.

16) Margaret Canovan, *Populism*(New York: Harcourt Brace Jovanovich, 1891), p.51.

17) *Ibid.*, p.293.

18) Matthew N. Lyons, *Too Close for Comfort*.
www.publiceye.org/tooclose/populism.html 재인용.

3. 자유주의에서 복지와 실질적 평등

자유주의 모형에 따라 건국된 미국에서 결국 포퓰리즘이 등장하고 말았다는 사실은 자유주의가 합리적 절차만을 강조하면서 사회 전체의 복지와 실질적 평등의 요구를 충실히 반영하지 못할 경우 정치 과정에서 일반 국민이 소외될 수밖에 없으며 그 결과 국민주권이라는 민주주의의 가장 기본적인 이념에 어긋나는 길로 갈 수 있는 위험을 노정하는 것이라 할 것이다. 이 절에서는 포퓰리즘이 주장하는 복지 내지 경제적 평등과 정치적 참여라는 민주주의적 요구를 자유주의 틀내에서 가장 정교하게 양립시켜 보고자 하는 한 가지 대표적 시도로 롤즈의 정치적 자유주의를 살펴보고자 한다.

자유주의의 특성을 어떻게 규정할 것인가 대한 자유주의자들의 입장은 참으로 자유롭다.[19) 그럼에도 불구하고 자유를 어떻게 이해하느

---

19) 햄턴은 자유주의의 공통된 기본적 신념들을 다음과 같이 정리한다. 첫째, 정치 사회에 있는 사람들은 자유로워야 한다는 신념. 이때 '자유'의 의미는 개인주의적으로 이해될 수도 있고 집단주의적으로도 이해될 수 있다. 둘째, 정치 사회에 있는 사람들은 평등하여야 한다는 신념. '평등' 역시 순수 절차적 개념으로 이해될 수도 있고 실질적인 경제적 평등을 의미할 수도 있다. 셋째, 국가의 역할은 사람들의 평등과 자유를 고양하는 정도까지 엄격히 한정되어야 한다는 신념. 넷째, 어떤 정치 사회이건, 그 사회가 정당한 사회이기 위해서는, 그 사회 내에 있는 사람들에게 정당화되어야 한다는 신념. 다섯째, 국가의 통치 수단은 이성이라는 신념이다. 즉 어떤 인생관이나 종교 혹 형이상학을 신봉하는 사람이건 적어도 정치의 영역에서는 합리적 논변과 합당한 태도를 통해 서로를 대하며 이성에 기초하여 자신의 주장을 정당화해야 한다는 신념이다. Jean Hampton, "The Common Faith of Liberalism", *Pacific Philosophic Quarterly* 75(1994) 참고. 자유주의 특성과 관련하여 다음을 참고 바람. 노명식,『자유주의의 원리와 역사』(대우학술총서 인문사회과학 56, 민음사, 1991); 이근식,『자유주의 사회경제 사상』(한길사, 1999); 이근식·황경식 편,『자유주의란 무엇인가』(삼성경제연구소, 2001. 9); 이근식·황경식 편,『자유주의의 원류』(철학과현실사, 2003).

냐에 따라 자유주의의 전통을 로크적 전통과 루소적 전통으로 구분해 볼 수 있을 것이다.[20] 일반적으로 로크적 자유주의자들은 자유를 국가로부터 간섭의 배제로 이해하지만, 루소적 전통에 있는 이들은 자유를 자신이 수립한 국가를 매개로 이루어지는 자치로 이해한다. 로크적 전통에서 볼 때 국가를 세우는 목적은 이미 축적한 재산을 보호하는 것[21]이며 따라서 신민의 자유는 법의 침묵에 달려 있다.[22] 이에 비해 루소는 분배상 부정의하며 불평등한 사회에서 비롯되는 자유의 위험을 경계하며 개인의 자발적 참여를 위해 대의민주주의조차 부정하는 극단적 입장을 취한다.[23]

그러나 밀(J. S. Mill)의 경우, 『공리주의』[24]에서는 공동체의 복지 및 이를 보장하는 데 있어서 국가의 역할을 강조하면서도 『자유론』[25]에서는 개인의 자유 및 사적 관심사에 대하여 국가가 침묵해야 할 필요성을 강조함으로써 공적 영역의 자율성과 사적 영역의 자율성을 조화하고자 한다. 그럼에도 불구하고 공리주의의 경우 원칙적으로 개인의 자유보다는 공동체 전체의 복지를 강조한다는 점에서 개인의 불가침의 권리들이 침해될 수 있다는 점에서 근본적으로 문제를 안고 있다.

뿐만 아니라 설령 공리주의에 기초하여 복지를 보장하고자 할 경우

---

20) Jean Hampton, *ibid.*, p.188.

21) J. Locke, *Second Treatise of Government*, 이극찬 역, 『시민정부론』(연세대학교 출판부, 1980).

22) T. Hobbes, *Leviathan*, 한승조 역, 『리바이어던』(서울: 삼성출판사, 1990).

23) J. J. Rousseau, *Discours sur l'origine et les fondements de l'inegalite parmi les hommes*, 주경복 외 역, 『인간불평등기원론』(책세상, 고전의 세계 27, 2003).

24) J. S. Mill, *Utilitarianism*, ed. by Samuel Gorovitz(Indianapolis: Bobbs-merrill, 1971).

25) J. S. Mill, *On Liberty*, 김형철 역, 『자유론』(서광사, 1992).

조차 이때 복지는 공리에 대한 계산 불가능성이라는 원칙적 난점은 말할 것도 없거니와 복지의 배분이 생산 과정에 대한 기여와는 무관하게 결정되기 때문에, 첫째 노동 유인에 대하여 부정적 영향을 주는 소모적 복지로 전락 할 뿐만 아니라, 둘째 그 수혜 대상자들은 앞으로 나와 함께 공동체의 복지를 증진해 나갈 자유롭고 평등한 동료 시민이라기보다는 사회적 연민과 시혜의 대상으로 전락하게 된다. 따라서 호혜성(reciprocity)을 고려하지 않은 채 공리주의에 기초한 사회적 복지가 집권 세력에 의해 인기영합전술의 일환으로 사회적 빈민층에 대해 일방적으로 시행될 경우 이것은 결국 공동체 전체의 사회적 연대를 파괴하는 위험을 피할 수 없게 된다.

공동체 구성원들의 평등한 정치적 자유를 보장하면서 실질적 평등을 모색하는 일은 의당 공적 영역의 자율성과 사적 영역의 자율성을 조화하도록 하는 것이어야 하지만 그것은 공리주의와는 다른 방식으로 모색되어야 한다. 이 점에서 나는 롤즈의 정치적 자유주의를 살펴보고자 하는 것이다.

롤즈는 "공정으로서 정의"라는 자신의 정의관의 근간이 되는 정의의 두 원칙을 『정의론』26)을 발표한 이후 여러 차례 수정 작업을 거쳐 다음과 같이 제시한다.

> 1. 각자는 평등한 기본권과 자유의 충분히 적절한 체계에 대해 동등한 권리주장을 갖는 바, 이 체계는 모두를 위한 동일한 체계와 양립 가능하며, 또한 이 체계에서는 평등한 정치적 자유들, 그리고 오로지 바로 그 자유들만이 그 가치를 보장받는다.

---

26) John Rawls, *A Theory of Justice*(Cambridge, Mass., 1971), 황경식 역, 『사회정의론』(서울: 서광사, 1977). 이하 *TJ*로 약칭하여 본문 중에 표기한다. 롤즈는 1999년 개정판을 출간하였다. 개정판 역시 황경식에 의해 『정의론』(이학사, 2003)으로 번역되었다.

2. 사회 경제적 불평등들은 다음 두 가지 조건을 만족시켜야 한다. 첫째, 이러한 제반 불평등은 기회의 공정한 평등의 조건하에서 모두에게 개방되어 있는 직위와 직책에 결부되어 있어야 하며, 둘째, 이러한 불평등들은 사회의 최소 수혜 성원들의 최대 이익이 되어야만 한다.[27]

롤즈는 공리주의와는 달리 정치적 자유가 사회적 복지에 의해 침해되지 않도록 하기 위해 이 두 원칙에 대해 축차적(逐次的, lexicographical)인 서열을 설정한다. 즉 평등한 자유의 원칙이라 일컬어지는 제1원칙은 차등의 원칙으로 일컬어지는 제2 원칙에 우선한다. 또한 제2 원칙 내부에서는 그 후반부가 전반부에 우선하며 또한 제2 원칙은 효율성(efficiency)이나 공리(utility)의 원칙보다 우선적으로 적용되어야 한다는 것이다(TJ, p.302). 이 점에서 제1 원칙인 평등한 자유의 원칙을 자유 우선성의 원칙이라 하며, 제2 원칙인 차등 원칙은 공정한 기회균등의 원칙과 최소 수혜자 우선성의 원칙으로 이루어진다. 그렇다면 롤즈의 이러한 정의 원칙은 실질적인 경제적 평등에 대한 요구에 충실하면서도 인기영합적 정책으로 전락하지 않을 수 있는가? 구체적으로 이것은 어떤 사회경제적 맥락에서 가능한가?

롤즈의 정의론에 대해 많은 학자들은 "평등주의라는 상표를 단 복지국가 자본주의에 대한 철학적 옹호론"(a philosophical apologia for an egalitarian brand of welfare state capitalism)[28]으로 이해했다. 다

---

27) John Rawls, *Political Liberalism*(New York: Columbia University Press, 1992) pp.5~6, 장동진 역, 『정치적 자유주의』(동명사, 1998). 이하에서는 *PL* 로 약칭하며 본문 중에 밝히기로 한다. 정의의 두 원칙에 대한 상세한 논의는 황경식, 『사회정의의 철학적 기초』(문학과지성사, 1985) 참고.

28) Robert Paul Wolff, *Understanding Rawls: A Reconstruction and Critique of "A Theory of Justice"*(Princeton, N.J.: Princeton University Press, 1977), p.195. 이외에도 다수의 학자들이 롤즈의 정의론이 복지 국가 자본주의를 옹

른 일군의 학자들은 롤즈의 정의론과 부합할 수 있는 정치경제체제는 고전적인 마르크스주의에서 말하는 자본주의와는 전혀 다른 체제라는 주장을 펴고 있다.29) 그러나 롤즈 자신은 그의 정의론과 부합할 수 있는 체제들의 목록에서 복지국가 자본주의를 분명히 배척한 후, 양립 가능한 체제로 '재산소유 민주주의'(property-owning democracy)와 '자유주의적 (민주적) 사회주의'(liberal (democratic) socialism)로 제시하고 있다.30)

롤즈는 재산소유 민주주의를 자본주의에 대한 대안으로 제시하면서 그 기본적인 사회적 제도들에 대해 다음과 같이 윤곽을 제시한다. ① 정치적 자유들의 공정한 가치를 보장하는 장치들, ② 교육 및 훈련에서 기회의 공정한 평등을 실현하기 위한 장치들, ③ 모든 이들을 위한 기본적 수준의 보건의료(JFR, p.131).

나아가 롤즈는 다음과 같은 두 가지 조건을 강조한다. 즉 (1) 경쟁

호하고 있는 것으로 이해하고 있다. 예를 들면, Allan Ryan, Allen Buchanan, Amy Gutmann, Brian Barry, Barry Clark and Herbert Gintis, Carole Pateman, Norman Daniels, etc. 또한 국내 학자로는 김태길 교수 역시 조심스러운 태도를 취하기는 하지만 이런 입장을 개진하고 있다. 김태길, 『변혁시대의 사회철학』(철학과현실사, 1990), pp.202~203.

29) 예를 들면, Arthur DiQuattro, Richard Krouse and Michael MacPherson.

30) J. Rawls, *Justice as Fairness: A Restatement*(Cambridge: The Belknap Press of Harvard University Press, 2001), p.110. 다음부터는 *JFR*로 약칭하여 본문 중에 표기한다. '재산소유 민주주의'라는 개념은 원래 경제학자 J. E. Meade로부터 롤즈가 빌려온 개념이다. J. E. Meade, "Efficiency, Equality and the Ownership of Property", *Liberty, Equality and Efficiency*(The Macmillan Press Ltd, 1993), pp.21~81. 여기서 미드는 자본주의에 대한 대안이 될 수 있는 체제를 다음 네 가지로 제시한다. ① 노동조합국가(A Trade Union State), ② 복지국가(A Welfare State), ③ 재산소유 민주주의국가(A Property-Owning Democracy), ④ 사회주의 국가(A Socialist State). 이 중 미드는 ③과 ④만이 자본주의에 대한 대안이 될 수 있다는 입장을 개진한다.

적 시장 체제, (2) 시장의 불완전성을 시정하고 나아가 분배적 정의의 관건이 되는 배경적 제도들을 보존하기 위한 적정 수준의 국가 개입(*TJ*, pp.270~274). 따라서 재산소유 민주주의의 기본적 제도들은 위에서 지적한 ①, ②, ③ 그리고 경쟁적인 시장체제 및 적정 수준의 국가 개입으로 이루어져 있다고 할 수 있을 것이다.

롤즈는 복지국가 자본주의에 대하여 정치적 자유들의 공정한 가치를 제대로 실현하지 못한다고 비판하였다. 그러나 그 역시 바로 이 점에서 좌파들의 비판의 과녁이 된다. 즉 좌파 비판가들에 따르면, 자유주의 국가에서 평등한 자유란 형식적일 뿐이며, 배경적 제도들에서의 심각한 불평등들로 말미암아 부와 권력을 가진 소수가 정치적 삶을 통제하고 만다는 것이다. 이러한 비판을 대하면서 롤즈는 제1원칙에 오직 평등한 정치적 자유들만이 그 공정한 가치를 보장받는다는 단서 조항을 포함시킨다(*JFR*, p.123).

여기서 우리는 정치적 자유의 공정한 가치를 공고히 하기 위한 제도적인 방안으로 두 가지 길을 모색해 볼 수 있을 것이다. 즉 1) 경제 및 사회의 저변에 있는 불평등들의 영향을 국가로부터 단절시키는 길, 2) 이러한 불평등들을 제거하는 방식.31)

첫째 대안과 관련해, 핵심적인 것은 정당 및 정치 과정이 사적인 요구들(private demands)로부터 자율성을 확보하도록 하는 길이다. 롤즈 역시 현실 정치에서 선거 공영제와 선거 자금 기부 제한을 제안하는 등 이러한 대안을 수용한다(*JFR*, p.123). 그러나 배경적 제도들에서의 불평등들을 제거하지 않은 채, 이들이 정치 과정에 미치는 영향을 단절시키는 것은 실패할 수밖에 없다. 왜냐하면 심각한 경제적 불평등들은 국가가 활용할 수 있는 정책들의 범위에 상당한 정도의 구조적 제

---

31) James Fishkin, *Justice, Equal Opportunity, and the Family*(New Haven, Conn.: Yale University Press, 1983).

약을 부과하기 때문이다. 결국 정치적 자유의 공정한 가치 보장이라는 단서 조항은, 만일 정치 과정을 제반 불평등과 단절시키고자 한다면, 적어도 저변에 놓인 심각한 경제적 불평등들을 제거할 것을 요구하게 된다.

두 번째 방안으로 우리는 롤즈 체계에서 부를 평등화하는 수단으로 차등원칙을 생각해 볼 수 있다. 차등원칙이 담고 있는 평등주의적 함 축들은 정치적으로나 경제적으로 강력한 제약 조건들을 부과할 것이 다. 그러나 차등원칙은 "우리가 좋은 행운으로부터 더욱 많은 이득을 보고자 한다면, 우리의 천부적 재능이 우리보다 적게 가진 이들의 이 익에 기여하는 방식으로, 즉 사회적으로 유용한 방식으로 작동하도록 훈련하고 교육해야만 한다는 것"(*JFR*, p.132)을 말한다. 결국 차등원 칙은 정의로운 불평등을 정당화하고자 하는 것이지, 더 많이 가진 자 의 부를 더 적게 가진 자들에게 단순히 평등하게 분산하고자 하는 것 은 아니다.

롤즈는 재산 소유를 평등하게 하는 핵심적인 제도적인 방안으로 첫 째, 증여 및 상속에 대한 누진과세,32) 둘째, 다양한 종류의 교육 및 훈 련 기회의 평등을 진작시키는 공공정책을 제시한다. 교육기회의 평등 을 실현하고자 하는 공공정책은 시민들이 소득 획득 능력을 갖추도록 하는 적극적인 정책이라 할 수 있다. 그러나 가정의 자율성이 존중되 는 한, 나아가 특히 개인의 소득 획득 능력에 결정적인 영향을 미치는 고등교육의 경우 그 비용이 엄청나다는 점을 고려한다면, 교육 기회의 실질적 평등을 실현하는 것은 항상 불완전할 수밖에 없을 것이다.33)

---

32) 미드는 이러한 의무를 'death duties'로 부른다. J. E. Meade, *ibid.*, p.52.
33) 미드는 재산의 과다에 따라 출산 자녀의 수를 제한하는 유전공학적 정책을 적 극적으로 제안한다. 즉 부유한 사람들이 다수의 자녀를 출산하고 가난한 사람 들이 소수의 자녀들을 출산할 경우, 형제간의 결혼이 금지된다면, 결혼 과정은

이에 비해 증여 및 상속의 경우, 누가 어느 정도를 받게 되는가는 대부분 우연에 의해 결정되며 도덕적 관점에서 볼 때 임의적인 것(arbitrary)이다. 그렇기 때문에 배경적 정의를 훼손할 정도의 불평등을 야기할 수 있는 증여 및 상속에 대한 누진과세가 요구된다. 바로 이 누진과세에 대한 이해에서 롤즈의 정의론은 복지국가 자본주의와 결별한다.

사실 "현대의 어떤 산업국가도 그 사회 성원들의 인생 전망이 자연적 또는 사회적 우연들에 의해 결정되도록 완전히 방치하지는 않는다는 점에서 모두 복지국가이다."[34] 이런 의미에서 본다면, 롤즈의 재산소유 민주주의 역시 복지국가로 명명될 수 있다. 또한 롤즈의 재산소유 민주주의와 현행 복지국가 자본주의는 다같이 생산수단에 대한 사적인 소유를 허용하고 있다는 점에서 상당히 유사하다.

그러나 복지국가 자본주의는 소수가 생산 수단을 거의 독점하는 것을 처음부터 허용한다.[35] 복지국가 자본주의는 최종 상태에 이르러(at

---

부의 평등화에 기여한다는 것이다. 또한 개인이 타고나는 능력 역시 부모로부터 반반씩 물려받는다는 점에서 세대가 이어질수록 인간의 선천적 능력이 평등화되는 경향을 보인다는 것이다. 이를 두고 미드는 차등적 출산을 통한 '중간으로의 퇴행'(regression towards the mean)이라고 명명한다. 그러나 롤즈는 재산을 평등화하는 방안으로 이러한 유전공학적 정책을 수용하지는 않는다. 왜냐하면 유전공학적 정책들은 제1원칙에서 요구되는 자유 우선성의 원칙을 침해하기 때문이다.

그런데 미드의 재산소유 민주주의에서는 유전공학 정책이 재산을 평등화하는 데 있어서 핵심적인 방안이었다. 따라서 미드의 유전공학 정책을 거부한다면, 롤즈는 소득 획득 능력을 실질적으로 평등하게 향상시키기 위해서는 교육기회의 실질적 평등을 더욱 강조해야만 한다. 참조 J. E. Meade, *ibid*., pp.47~48.

34) Amy Gutmann, "Introduction", *Democracy and the Welfare State*(Princeton, New Jersey: Princeton University Press, 1988), p.3.

35) 롤즈는 『정의론』 개정판 서문에서 복지국가 자본주의와 자신의 재산소유 민주주의 체제 간의 차이점을 다시 한번 강조한다. 『정의론』, 개정판, 서문 참고.

the final state) 각자의 총소득(불로소득과 근로소득 모두)을 산정하고, 이 소득에 대한 누진과세를 통해 빈자들을 지원하는 복지 기금을 마련하고자 하는 재분배 정책을 사후에(ex post) 택한다. 그러나 재산소유 민주주의에서 취하는 누진세제는 빈자들을 위한 보조금을 마련하기 위한 것이 아니다. 이것은 제반 정치적 자유의 공정한 가치와 기회의 공정한 평등에 역행하는 부의 과도한 축적을 막고자 하는 것일 뿐이다. 따라서 재산소유 민주주의 국가에서 누진세는, 그 성원들간의 협동의 초기 조건을 만족시키고자 하는 것으로서, 증여 및 상속 등 협동의 공정한 조건을 위협할 수 있는 불로소득으로 엄격히 한정된다. 결국 재산소유 민주주의에서는 협동의 최초의 상황을 공정히 하고자 상속이나 증여 등 불로소득에 대한 사전(ex ante) 누진과세가 있을 뿐, 노동소득에 대한 사후(ex post) 과세는 전혀 없다.36) 즉 재산소유 민주주의는 그 배경적 제도들을 통해 처음부터 재산과 자본의 소유를 분산시키는 방향으로, 다시 말해 사회의 소수 집단이 경제 및 정치를 장악하는 것을 처음부터 막는 방식으로 작동하는 것이다.

나아가 이렇게 함으로써 재산소유 민주주의 체제에서는 복지국가 자본주의에서와는 달리 누진세제가 노동유인(incentive)에 미치는 부정적 영향을 최소화하고자 한다. 이것은 재산소유 민주주의 사회의 최소수혜자들은 복지국가 자본주의에서처럼 시혜나 연민의 대상이 아니라, 호혜성(reciprocity)의 원칙에 따라 다른 시민들과 상호이익을 공유하

---

36) 누진과세에 대한 롤즈의 이러한 입장 역시 미드로부터 연원한다. 미드는 상속 및 증여에 대한 누진과세의 구체적인 네 가지 방법을 제안하고 있다. J. E. Meade, *ibid.*, pp.53∼54. 이에 대한 상론은 이 글의 범위를 벗어나는 것으로 보이며, 논자는 다만 이러한 누진과세를 현실화할 수 있는 방안이 있다는 점을 더 이상의 논의 없이 전제하고자 한다. 또 한 가지 첨가할 점은 롤즈는 소득에 대한 일체의 사후(ex post) 과세를 거부하지만 소비세는 인정하고 있다. 이점은 사회의 효율성을 고려한 결과로 보인다.

는 자유롭고 평등한 시민으로 간주될 수 있는 이론적 밑받침이 될 수 있다. 이 점에서 롤즈의 정의론은 "만민평등, 특권철폐"라는 포퓰리즘의 요구를 사회적 유대를 공고히 하는 방식으로 수용할 수 있으리라 생각한다.

4. 비이성적 정치적 요구들과 공적 이성

디지털 기술의 고도화로 새로운 공론의 장이라 할 수 있는 다양한 전자 게시판이 무수하게 제공되고 저렴한 비용으로 여러 수준의 온라인 투표들이 가능해지면서 정치 과정에 직접 참여하고자 하는 일반 국민들의 잠재되어 있던 욕구 또한 다양한 형태로 표출되고 있다. 이러한 환경은 기존의 대의제 정치에서 선거철을 제외하고는 거의 유명무실화되어 버린 국민주권을 내실화할 수 있는 호기임에 분명하다.

그러나 공동체 전체를 위한 사회적 합의를 모색하는 과정에서 표출되는 입장들이 다양하면 다양할수록 그 합의를 모색하는 과정은 당연히 그만큼 더 어려워질 수밖에 없을 것이다. 더욱이 전자 게시판에 등장하는 의견들 중에는 사리에 어긋나는 주장들은 말할 것도 없거니와 악의적인 사실 왜곡과 심각한 인격모독이 난무하면서 전자 게시판이 디지털 공론의 장으로서 제대로 기능할 수 있는가에 대한 우려 역시 적지 않다.

그러나 이런 무분별한 주장들이 과거에는 없었다가 디지털 환경에서 갑자기 등장한 것은 분명 아니다. 오히려 디지털 환경에서는 사회적 특권이나 정치적·경제적 권력과 상관없이 누구나 끊임없이 주장하고 반론하고 그리고 또 재반론할 수 있다는 점에서 과거 특정 집단에 의해 은밀하면서도 조직적이고 지속적으로 유포되던 악의적 주장들이 더 이상 효력을 발휘할 수 없게 되었다. 이점에서 일부 네티즌들의 정치적 표현에 대하여 소위 '디지털 포퓰리즘 징후'라고 말하는 것은 공론의 장으로서 디지털 환경이 지닌 개방적 특성과 네티즌 전체의 비판적 사고 능력을 무시하는 지극히 근시안적 발상이라고 아니할 수 없다.

오히려 더욱 주목할 점은 지금까지 우리 모두가 공유하고 있다고 간주해 오던 권위나 우상들이 디지털 환경에서 무너지고 있다는 점이다. 즉 이제까지 합리적인 것으로 간주되어 부지불식간 비판으로부터 면제되어 온 많은 비합리적인 부분들이 새롭게 합리성의 잣대로 재평가되어야 한다는 점이다. 물론 그 역도 마찬가지이다. 즉 비합리적이라 배척되었던 부분들 역시 진정 비합리적인지 재평가되어야만 하는 것이다. 그런데 합리성에 대한 이러한 반성적 재평가 작업에서 결국 우리는 합리성에 대한 기준 자체가 매우 다원적인 상황을 마주하면서 공동체를 위한 사회적 합의를 모색할 수밖에 없다.

롤즈의 정치적 자유주의 역시 이런 다원주의적 상황에서 정치적 정의관에 대한 합의를 모색하고자 한다. 롤즈는 현대 민주주의 사회에서 정치적 정의의 가장 기본적인 문제를 다음과 같이 규정한다. "자유롭고 평등한 시민들은 합당한 종교적·철학적·도덕적 교설들로 심각하게 분열되어 있는데, 어떻게 이런 시민들로 구성된 정의롭고 안정적인 사회가 상당 기간 존재하는 것이 가능한가?"(*PL*, p.4) 롤즈는 이 문제를 "민주주의와 포괄적 교설들의 간의 양립가능성" 문제로 다시 정식화하면서 "당대 세계에서 참으로 난해한 문제"(a torturing question in the contemporary world)라고 명명한다.[37]

---

37) John Rawls, *The Law of Peoples*(Cambridge, Mass.: Harvard University Press, 1999), p.175, 장동진 역, 『만민법』(서울: 이끌리오, 2000). 이하 인용에서 원문을 이용할 때에는 *LP*로 약칭하여 본문 중에 밝혀둔다.

정치적 정의관에 대한 합의를 모색하는 롤즈의 이런 접근 방식은 홉스의 접근 방식과 매우 유사하다. 홉스가 개인들간의 사적 판단이 상충할 수 있는 가능성을 기정 사실로 간주하고 출발하듯이 롤즈 역시 포괄적 교설들간의 갈등을 합당한 다원주의로 수용하고 있다. 만일 합당한 다원주의의 사실이 가치에 대한 근원적 불일치를 함축하는 것이라면, 서로 다른 합당한 포괄적 교설을 가진 사람들 사이에 이루어진 합의는 근본적으로 일시적 타협(modus vivendi)으로 매우 불안정한 것일 수밖에 없을 것이다.

그런데 정치적 정의관에 대한 안정적인 합의에 도달하고자 한다면, 시민들은 자신들의 고유한 포괄적 교설과 관련된 비공적인 요소들을 최대한 유보 내지 자제하면서 공동체 생활을 위해 반드시 공유하여야 하는 필수적인 요소들을 확인하면서 그에 대한 합의를 모색하여야 할 것이다. 롤즈는 시민들이 이런 식으로 공적으로 사고할 때 비로소 모든 합당한 시민들의 공적 이성에 의해 승인받을 수 있는 합당한 질서가 등장할 것이라고 생각한다.

중첩적 합의를 모색하기 위해 롤즈는 우선 그 합의의 범위를 정치적 영역으로 엄격히 제한한다. 이를 위해 롤즈는 자유주의 사회에서 시민들 사이에 형성되는 기본적인 정치적 관계의 특징을 다음과 같이 두 가지로 규정한다. 첫째, 정치적 관계는 사회의 기본 구조 내에 존재하는 시민들간의 관계이며, 시민들은 오직 출생을 통해 이 구조에 들어오며 사망을 통해서만 이 구조에서 벗어날 수 있다(*PL*, p.12).38) 둘째, 정치적 관계는 집단으로서 궁극적인 정치권력을 행사하는 자유롭고 평등한 시민들간의 관계이다.

---

38) 이 규정은 『정의론』에서부터 『만민법』에 이르기까지 일관된 것으로서 이를 통해 롤즈는 성원권(membership)의 문제를 국가간 정의의 문제에서도 기본적 문제가 아니라 단순히 확장의 문제로 간주하고 있다.

따라서 "정치권력은 자유롭고 평등한 모든 시민들이 공통된 인간 이성에 따라 승인할 것이라고 합당하게 기대할 수 헌법의 핵심 내용과 일치하도록 행사될 때에만 완전히 적절한 것이다."(*PL*, p.137) 바로 이것이 이른바 롤즈의 '자유주의적 합법성 원칙'(the liberal principle of legitimacy)이다. 이 원칙에서 볼 때 롤즈 역시 시민들간의 조정과 타협을 통해 평화로운 공존을 모색한다는 점에서는 분명 홉스의 연장선에 있다 할 것이다.

그러나 롤즈의 입장은 첫째 평화로운 공존을 모색하는 과정이 단순히 어떤 균형을 모색하기 위한 이해타산적 타협을 추구하는 것이 아닐 뿐만 아니라 둘째 그 목표하는 바가 단순히 안정적인 질서인 것이 아니라 자유롭고 평등한 시민들이 공유하는 공적 이성이라는 비판적 기준을 통해 자신들의 포괄적 교설들을 부분적으로 수정할 때에야 비로소 도달할 수 있는 안정적인 질서라는 점에서 홉스의 입장에서는 찾아볼 수 없는 규범적 요소를 강하게 함축하고 있다.[39]

여기서 공적 이성이란 자유롭고 평등한 시민들에 고유한 추론 방식이자 능력이면서 또한 그 근거를 말하며 따라서 평등한 시민이란 하나의 집단으로서 국가 권력의 승인을 거쳐 서로에 대해 규칙을 부과하게 된다(*JFR*, p.92). 결국 사회의 기본 구조에 대한 정의의 원칙들에 대한 합의를 모색하기 위해서는 이 과정에서 평등한 모든 시민들이 의거할 수 있는 일반적인 지식들을 한정하는 일 역시 함께 합의되어야 한다. 그렇기 때문에 어떤 정치적 정의관이 합당한 중첩적 합의의 초점, 즉 공적 정당화의 기초가 될 수 있기 위해서는 다음과 같이 두 부분의 합의(companion agreement)가 이루어져야 한다.

첫째 부분의 합의: 기본 구조를 위한 정치적 정의의 제반 원칙에 대

---

39) 롤즈는 자신이 모색하는 안정성이 언제나 '올바른 명분을 위한 안정성'(stability for the right reasons)임을 분명히 밝힌다. *PL*, 개정판 서문 참고.

한 합의.

둘째 부분의 합의: 추론의 원칙 및 증거의 규칙들에 대한 합의(*JFR*, 26절).

첫째 부분의 합의는 '공정으로서 정의'에서 보자면 원초적 입장에서 이루어지는 정의의 두 원칙을 말한다. 그런데 둘째 부분의 합의는 서로 다른 가치관을 지닌 시민들이 이 원칙들을 적용할 것인지 말 것인지, 이 원칙들이 언제 어느 정도 충족되었는지, 현존하는 사회적 조건에서 어떤 법률과 정책들이 이 원칙을 가장 잘 구현하는지를 결정하고자 할 때 다함께 의거하여야 하는 합의로서 즉 추론의 원칙 및 증거의 규칙들이다.

물론 어떤 사회체제에서건, 심지어는 귀족 정치체제나 독재 정치체제에서도 그 사회의 주요 계획을 설정, 집행하는 독특한 방식이 존재한다. 하지만 비민주적인 정체체제의 경우 이 방식은 통치자 혹은 소수에 의해 일방적으로 이루어지는 것이며, 설령 그 결과가 시민 모두에게 이로운 것으로 판명날 수 있을지는 모를지언정, 시민의 뜻이라고 할 수는 없다(*PL*, p.213). 이 점은 공적 이성이 시민의 자치와 밀접히 연관되어 있다는 것을 함축한다.

결국 공적 이성이란, 하나의 집단으로서 법률을 입안하고 헌법을 개정하는 정치 과정에서 서로 대하여 궁극적이면서도 강제적인 정치권력을 행사하는 민주사회의 자유롭고 평등한 시민들의 이성이다.40) 바로 이런 의미에서 공적 이성의 관념은, 입헌 민주 정부와 그 시민과의 관계 그리고 시민 상호간의 관계를 결정하게 될 기본적인 도덕적·정치적 가치들을 가장 심층적 차원에서 규정하는 것이며(*LP*, p.132), 따

---

40) *PL*, p.214 참고. 모든 합당하고 합리적인 (집단 혹은 개인) 행위자는 그 계획들을 수립하고 우선순위를 정하여 실천하는 방식을 가지고 있다. 바로 이를 할 수 있는 능력이 그 이성이다. *PL*, p.212.

라서 공적 이성은 자유롭고 평등한 시민들간의 정치적 관계를 규정하는 독특한 방식이라 할 수 있다.[41]

공적 이성의 또 다른 특징은 이 관념이 정치적 문제들에 대한 개인적 숙고(혹은 심의)나 특정 집단의 일원으로서의 추론에는 적용되지 않는다는 점이다. 공적 이성의 관념이 적용되는 것은 공적 포럼(the public forum)[42]이며, 롤즈는 이를 세 부분으로 나누어 제시한다. 첫째 부분은 판결 과정에서 판사들 특히 대법원 판사들의 토론이며, 둘째 부분은 정부 공무원들 특히 주요 행정 관료와 입법가들의 토론이며, 마지막 셋째 부분은 공직 입후보자 및 그 선거운동 종사자들 특히 그들의 공적인 유세, 정당의 당헌 및 정치적 강령에서의 토론 등이다.[43]

여기서 흥미로운 것은 헌법의 핵심 내용이나 기본적인 정의의 문제가 대두된 투표에서 시민들의 투표 방식에도 공적 이성의 관념이 마찬가지로 적용된다는 점이다. 나아가 공적 이성은 해당 사안이 이런 기본적인 문제들과 결부되어 있을 때 투표에 대한 공적인 토론뿐만 아니라 해당 문제에 대한 시민들의 실제 투표 방식까지 간여한다. 만

---

41) 롤즈는 여기서 공적 이성의 관념을 호혜성과 결부시키면서, "입헌민주주의와 호혜성이라는 기준을 거부하는 이들은 당연히 공적 이성이란 관념 역시 거부할 것"이라고 한다(LP, p.132). 이 점에 대한 상세한 논의는 다음 기회로 유보한다.

42) 롤즈는 『정치적 자유주의』에서 '공적 포럼'(the public forum)이라고만 표현하였으나 『만민법』에서는 '공적 정치 포럼'(the public political forum)으로 더욱 구체적으로 제한하면서도 공적 정치 포럼이 어떤 고정된 의미를 지니는 것은 아니라고 한다(LP, p.133, 각주 8).

43) LP, pp.133~134. 이러한 구분이 필요한 이유는 공적 이성이 각 부분에서 적용되는 방식이 다르기 때문이다. 롤즈는 공적인 정치 문화에 대한 광의의 입장(the wide view of public political culture)을 다루면서 공적 이성의 관념을 판사들에게 더욱 엄격히 적용하고자 한다. 공적 이성을 위한 공적 정당화의 요구사항은 항상 동일하다는 점은 물론이다.

일 그렇지 않을 경우, 즉 시민들이 실제 투표에서 토론에서와 다르게 행동할 경우, 공적 토론은 위선으로 전락하고 말 것이다.

이렇게 볼 때 롤즈가 제시하고 있는 정치 과정은 정치적 정의관의 기본 원칙에 대한 합의를 모색하는 가장 근본적인 과정에서부터 구체적인 정책에 대한 시민들의 투표 행위에 이르기까지 언제나 철저하게 공적 이성에 의거하게 된다. 이 점에서 롤즈는 공적 이성을 자유롭고 평등한 시민들의 합당한 정치적 요구들과 그러하지 못한 정치적 요구들을 구별하는 비판적 기준으로 기능하도록 함으로써 민주주의 정치 과정에 흔히 등장하는 중우정치의 위험을 배제하고자 한다. 따라서 정치적 자유주의에서 국민주권은 정치 과정에 참여하고자 하는 합당한 시민들의 민주주의적 의지뿐만 아니라 일견 합당하지 못한 정치적 요구들이 공적 이성이라는 시민 집단 전체가 공유하는 이성의 비판을 거치며 합당한 요구로 질적 변환이 이루어질 때 비로소 실질적으로 내실화될 수 있을 것이다.

5. 포퓰리즘의 변형적 수용

롤즈의 정치적 자유주의는 다음과 같은 점을 사실상 전제한다. 즉 규범적 불일치가 지속되는 가운데 안정성을 유지하기 위해서 합당한 사람들이 통일된 공적 의지를 형성할 수 있는 유일한 길은 모든 이가 공유하고 있는 공적 이성에 의해 뒷받침되는 중첩적 합의를 활용하는 것이다. 따라서 중첩적 합의는 모든 이에게 정치적 합의 과정에서 아무 제약 없이 발언할 수 있도록 허용한다는 점에서 분명 민주주의적이다. 그러나 공적 이성이라는 엄격한 비판 과정을 거친 후에야 비로소 중첩적 합의는 정치적 합의에 도덕적 구속력을 부여하게 될 통일된 공적 의지를 창출하게 된다. 따라서 정치적 자유주의는 (합당한 다원주의를 인정하는 과정에서) 일종의 인민민주주의(popular democracy)를 지향하는 것과 동시에 (안정성을 공고히 하기 위하여) 도덕적 통합을 보장하고자 한다.

롤즈의 경우 국민의 민주적 의지는 그 자체가 공적 이성이라는 비판적 과정을 거쳐 도달한 합리적 구성의 결과이다. 그 결과 공적 이성은 실제의 다양한 요구를 순화한 것일 수밖에 없다. 이 점에서 포퓰리즘은 롤즈의 정치적 자유주의에 대해 기층 민중의 정치 참여의 요구를 제대로 반영하지 못하는 엘리트주의적 정치철학이라고 비난할 수도 있을 것이다.

국민의 통일된 의지는 민주주의라는 관념을 충족시키고 정치 사회를 민주주의적이도록 하기 위하여 필요한 것이다. 일반적으로 국민주권이란 관념은 정치적 합의가 시민들의 집단적 판단을 표현할 때 정당하다는 것을 의미한다. 따라서 국민주권은 대체로 그 사회 구성원들의 통일된 공적 의지(즉 일반의지)와 결부되어 왔다. "오직 일반의지만이 국가의 권력의 방향을 그 형성 목적에 맞게, 즉 공동선에 부합하도록 바로잡을 수 있다"는 루소의 말은 이 점을 잘 보여준다.[44]

따라서 정치권력의 정당한 행사는 국민의 공적인 정치적 의지를 표현하여야만 한다. 그런데 롤즈는 민주주의적으로 형성된 실제의 공적 의지에 호소하지 않으면서 시민과 국가 간의 적절한 민주적 관계를 정립하고자 하는 것이며, 바로 여기에 그의 정치적 자유주의의 매력과 어려움이 공존하고 있는 것이다. 실제의 공적 의지에 호소하는 것이 아닐 경우, 시민과 국가 간의 관계가 진정한 의미에서 민주주의적이라 할 수는 없기 때문이다. 그런데 롤즈의 공적 이성은 실제로 행하여졌

---

44) J. J. Rousseau, *On the Social Contract, or Principles of Right*, 이환 역, 『사회계약론 또는 정치법원리』, 2권 1장, p.153.

다는 의미에서 시민들에 의해 집단적으로 의지된 이성이 아니라, 시민들이 이상적 시민이 되고자 한다면 마땅히 택하여야만 하는 이성이다.

따라서 공적 이성은 시민의 이상에 버금가는 모형적 시민들의 이성이며, 이때 공적 자율성은 시민들의 실제 공적 의지(actual public will)에 의존한다기보다 이상적 공적 의지(ideal public will)에 의존한다. 롤즈의 경우 극단적으로 말하자면 만일 국가가 공적 이성의 이상을 가장 잘 표현한다면 설령 현실의 시민 중 이상적인 공적 이성을 가진 자가 전혀 없을 때조차도 국가는 공공의 의지의 정당한 표현이라 할 수 있다. 바로 이 점에서 합당한 다원주의 상황에서도 안정적인 중첩적 합의를 모색하고자 하는 롤즈의 정치적 자유주의는 다양한 합당한 포괄적 교설들이 참여하는 역동적인 정치 과정에 공적 이성이라는 비판적 기준을 제시함으로써 '평등한 정치적 참여'에 대한 민중의 직접적 요구를 순화하여 수용함으로써 "만민평등, 특권철폐"라는 미국의 초기 포퓰리즘의 지극히 당연한 요구를 충실히 반영하면서도 중우정치의 위험을 피해 갈 수 있는 모범적인 길을 제시한다 할 것이다.

참고문헌

김태길. 1990. 『변혁시대의 사회철학』. 철학과현실사.

노명식. 1991. 『자유주의의 원리와 역사』. 대우학술총서 인문사회과학 56. 민음사.

서병훈. 2000. "포퓰리즘". 『동아일보』 수요프리즘(2000. 12. 13).

이근식. 1999. 『자유주의 사회경제 사상자유주의란 무엇인가?』. 한길사.

이근식·황경식 편. 2001. 『자유주의란 무엇인가』. 삼성경제연구소.

이근식·황경식 편. 2003. 『자유주의의 원류』. 철학과현실사.

황경식. 1985. 『사회정의의 철학적 기초』. 문학과지성사.

Bell, Jeffrey. *Populism and Elitism: Politics in the Age of Equality.* Regnery Gateway, Washington DC.

Canovan, Margaret. 1981. *Populism.* New York: Harcourt Brace Jovanovich.

Fishkin, James. 1983. *Justice, Equal Opportunity, and the Family.* New Haven, Conn.: Yale University Press.

Goodwyn, Lawrence. 1978. *The Populist Movement; A Short History of the Agrarian Revolt in America.* Oxford: Oxford University Press.

Gutmann, Amy. 1988. *Democracy and the Welfare State.* Princeton, New Jersey: Princeton University Press.

Hampton, Jean. 1994. "The Common Faith of Liberalism". *Pacific Philosophic Quarterly* 75.

Hobbes, T. *Leviathan.* 한승조 역. 1990. 『리바이어던』. 서울: 삼성출판사.

Kazin, Michael. 1995. *The Populist Persuasion: An American History.* New York: Basic Books.

Locke, J. *Second Treatise of Government.* 이극찬 역. 1980. 『시민정부론』. 연세대학교 출판부.

Lyons, Matthew N. *Too Close for Comfort.* www.publiceye.org/tooclose/populism.html

Matthissen, F. O. "Liberalism". *Encyclopedia of Philosophy.* Macmillan Press.

Meade, J. E. 1993. "Efficiency, Equality and the Ownership of Property". *Liberty, Equality and Efficiency.* The Macmillan Press Ltd.

Mill, J. S. *On Liberty.* 김형철 역. 1992. 『자유론』. 서광사.

Mill, J. S. 1971. *Utilitarianism.* ed. by Samuel Gorovitz. Indianapolis: Bobbs-merril.

Rawls, John. 1971. *A Theory of Justice.* Cambridge, Mass. 황경식 역. 1977. 『사회정의론』. 서울: 서광사.

_____. 1997. *A Theory of Justice*. Revised edition, The Belknap Press of Harvard University Press. 황경식 역. 2003. 『정의론』. 이학사.

_____. 1992. *Political Liberalism*. New York: Columbia University Press. 장동진 역. 1998. 『정치적 자유주의』. 동명사.

_____. 1999. *The Law of Peoples*. Cambridge, Mass.: Harvard University Press. 장동진 역. 2000. 『만민법』. 서울: 이끌리오.

_____. 2001. *Justice as Fairness: A Restatement*. Cambridge: The Belknap Press of Harvard University Press.

Rousseau, J. J. *Discours sur l'origine et les fondements de l'inegalite parmi les hommes*. 주경복 외 역. 2003. 『인간불평등기원론』. 책세상. 고전의 세계 27.

_____. 1913. *The Social Contract and Discourses*. New York: E. P. Dutton.

_____. *On the Social Contract, or Principles of Right*. 이환 역. 『사회계약론 또는 정치법원리』.

Vass, Thomas E. 2002. *Equal Rights for All, Special Privilege for None, principles of American populism*. Unlimited Publishing.

Wolff, Robert Paul. 1977. *Understanding Rawls: A Reconstruction and Critique of "A Theory of Justice"*. Princeton, N.J.: Princeton University Press.

Zimmerman, J. F.1986. *Participatory Democracy*. Praeger Publishers.

Wood, Gordon. *The Creation of the American Republic*.

포퓰리즘과 민주주의 :

한국사회의 포퓰리즘 담론과 민주주의 내실화 과정을 중심으로 [*]

| 홍 윤 기 | 동국대 철학과 |

1. 문제의식과 접근방식: " '포퓰리즘'과 민주주의" 또는 "포퓰리즘과 민주주의"

분명히 현대 한국사회와 국가에는 '한국 민주주의'라고 특징화시킬 수 있는 특정 신념체계가 공·사간의 사회생활과 국가운영의 공식적 원칙으로 작동되고 있다. 그렇다면 지난 1990년대부터 한국 언론과 정치권에서 알게 모르게 담론 용어로 부상해 왔던 포퓰리즘이라는 단

* 이 글은 '디지털시대의 민주주의와 포퓰리즘'이라는 주제로 열린 철학연구회 2003년 추계학술대회(2003. 12. 6, 경희대)에서 발제한 것을 토대로 대폭 보완한 것이다. 필자의 부족한 글을 당일 전달받고도 정말 유익한 논평을 해준 한승완 박사(국가안보정책연구소)에게 진심으로 감사를 드리며, 토론을 통해 많은 점을 일깨워준 성균관대학교 정치학과의 김일영 교수, 한국철학회의 엄정식 회장님, 철학연구회의 이한구 회장님, 한신대 경제학과의 김우택 교수님께 다시 한번 고마움을 표하고 싶다.

어는 과연 '한국 민주주의'라는 것에 상응하는 그런 특정 신념체계를 담보하고 있는가? 즉 한국 민주주의라는 개념과 비견할 만한 한국 포퓰리즘이라는 그런 신념체계, 아니면 하다 못해 그에 버금가는 대중적 정치풍조나 정치적 활동 양태라도 확인되는가?

나중에 상세히 밝히겠지만, 한국 언론과 정치권에서 포퓰리즘은 "대중(인기)영합주의"라는 분명한 의미를 가진 단어임에도 불구하고, 그런데 바로 그 때문에, 그렇게 정확하게 번역되지 않은 채 통용된다. 포퓰리즘은 '포퓰리즘'이라는 외래어 발음표기 그대로 사용되면서 마치 체계적인 정치적 사상이나 행위준칙인 것처럼 취급된다. 필자로서는 지극히 부정적인 답밖에 할 수 없는 이 시사적 담론상의 문제가 본고의 첫 번째 문제의식을 이룬다. 그 용어의 사용에는 한국 정치와 언론의 방향 혼돈과 인식상의 위선이 얽혀 있다.

그럼에도 불구하고 민주주의를 이야기할 때 서양 고대에서 현대에 이르기까지 꾸준히 변모하면서도 그 핵심적 특징을 고전적 민주주의로 이야기할 수 있듯이, 포퓰리즘 역시 사회 및 역사 측면에서 과학적으로 엄정하게 포착되는 개념적 이상형이 있으며, 정치철학적 구상이 가능한 부분이 있다. 무엇보다 포퓰리즘은 현대 민주주의와 동반하면서 19세기 이래 현대화와 민주화 그리고 사회혁명의 고비마다 자기주장을 제기한 중요한 사상사적 실재물이다. 이럴 때 제기되는 본고의 두 번째 문제가, 과연 21세기 현재 한국 민주주의는 정치철학 측면에서 고전적으로 확인되는 그런 유형의 포퓰리즘 국면에 처해 있는가를 밝히는 것이다. 필자는 이 문제에 대해서도 부정적인 해답을 내릴 것이다.

이 두 문제에 답하기 위하여 필자는 우선, 당장의 한국 포퓰리즘의 전개양상을 파악하는 작업에 기호학을 기반으로 한 담론 분석을 활용한다. 왜 그런 접근법을 택했는지는 분석 중간에 분명하게 밝혀질 것이다.

이때 필자는 한국 포퓰리즘이 언급되는 현장의 형세를 추적하기 위해 작은 인용부호를 써서 기표로서의 포퓰리즘을 ('포퓰리즘'으로) 표기하고, 정치철학 또는 경제정책의 일정기조를 반영하는 사상사적 실재물로서의 포퓰리즘은 인용부호 없이 표기할 것이다. 이런 표기법은 포퓰리즘의 영어 원어인 populism 표기에도 적용될 것이다.[1]

이런 표기법을 사용하여 나의 주장을 미리 정리하면, 현행 한국 외래어인 '포퓰리즘'은 포퓰리즘뿐만 아니라 populism의 기의에 대해서도 극히 일부분만 편의적으로 선택한 것이라고 요약된다. 그리고 그렇게 원래의 포퓰리즘(populism)이 지닌 기의가 기표상으로는 한국사회에서 외래어형으로 고착되면서 기의 변질이 이루어지는 조건이 되는 일련의 사회적·정치적 과정은 한국 민주주의의 공고화 및 내실화 과정이 꾸준히 진행되면서도 근본적으로 도전받는 상황과 밀접한 관련이 있다는 것을 해명한다(2절).

그러면서 필자는 현대 정치사 및 정치사상에서 무시할 수 없는 비중을 가진 populism을 그 역사적·사회적 맥락에서 작동했던 복합적 정치기능체로 요약하고(3절), 마지막으로 21세기 초입에 들어선 우리 사회는 이렇게 가장 선의적으로 복구된 populism의 관점에서도 이미 탈포퓰리즘(post-populism) 단계에 들어서 있음을 주장하고자 한다(4절).

---

1) 본 논문에서 '포퓰리즘'은 대중영합주의라는 의미를 가진 외래한국어를, 그리고 그냥 포퓰리즘이라고 하면 서구어 populism의 원어판 발음으로서 본래의 정치사적 의미를 담은 것으로 사용한다.

2. '포퓰리즘'에 관한 담론이론적 분석과 그 결과

1) 한국에서 '포퓰리즘'과 '민주주의'의 기호학적 특성

한국에서 포퓰리즘과 민주주의라는 두 단어가 말해지는 방식에는 기호학적으로 상당한 특이성이 있다. 사람에 따라서는 필자가 지적하고자 하는 이런 특이성이 전혀 특이하지 않다고 생각할 수 있다. 왜냐하면 필자는 현재로서는 너무나 당연한 사실을 부각시키려고 하며, 이 사실에서 그 어떤 문제성을 끄집어내고자 하는 필자의 행태가 도리어 억지스럽게 느껴질 수도 있기 때문이다. 그리고 필자가 이 사실을 다음과 같이 이야기하면 필자의 억지스러운 처지는 개선되거나 이해되기는커녕 도리어 진짜 억지를 피우는 것으로 판명될 수도 있을 것이다. 필자가 본 논문의 출발점으로 삼고자 하는 '포퓰리즘과 민주주의에 관한 담론 상황'(DSPD, Discursive Situation on Populism and Democracy)은 다음과 같은 아주 명확하고 단순한 사실이다.

> DSPD0. [외래한국어로서의 '포퓰리즘'] '포퓰리즘'은 여전히 외래어이지만, '민주주의'는 완전한 우리말이다.

그런데 이것이 왜 이상하거나 특이하다는 말인가? 위의 상황을 다음과 같이 더 풀어보더라도 필자가 납득시키고자 하는 담론상황의 특이성은 좀처럼 부각되지 않는 것 같다.

> DSPD0-1. [포퓰리즘 기의의 번역불충분성] '포퓰리즘'은 그 영어 원어인 populism이 순전한 우리말로 번역되지는 않았지만 일상 활동에서 이제 우리말처럼 통용되고 있는 외래어인 반면, '민주주의'는

democracy의 번역어로서 그것과 관련된 모든 활동 및 사고 영역에서 그런 활동과 사고에 있어 그 의미 이해에 거의 부자연스러움이 없을 정도로 토착화되어 사용되는 거의 완전한 우리말이다. 즉 '포퓰리즘'은 미번역 외국어의 외양을 그대로, 발음 차원에 그대로 남긴 외래어이고, '민주주의'는 그 단어의 외국어 기원을 연상할 여지가 없지만, 그 외국어 기원처의 어감을 그대로 담보하는 우리말 단어이다.

서로 다른 작동 체계를 갖춘 두 자연언어 Ltd(피번역어, Language that will be translated)와 Lti(번역어, Language that translates)가 있어 Ltd에 속한 언어적 표현체들(즉, 단어, 문장 및 텍스트 등)의 의미가 Lti에 속한 그것들의 의미로 정확하게 이해할 수 있도록 만드는 작업이 '번역'이라고 했을 때, 콰인의 미결정성 이론을 급진적으로 적용하는 것을 유보한다면, 가장 완벽한 번역은 Ltd의 언어적 표현체들을 표기하는 기호의 의미와 정확하게 일치하는 Lti 소속의 기호를 찾아낼 수 있는 경우이다.

기호학적으로 이야기하면. 특정 단어 W1의 경우, W1의 의미를 표현하는 Ltd 소속의 특정 기표(Sg/Ltd. Signifiant)인 'Sg/Ltd(W1)'이 Lti에 속하는 특정 기표(Sg/Lti)인 'Sg/Lti(W1)'으로 환치되면서 Sg/Ltd(W1)이 담지하는 기의(Se, Signifiè) 'Se/Ltd(Wi)'이 Sg/Lti(W1)에서 담지하는 기의 'Se/Lti(Wi)'과 전적으로 일치할 때 우리는 W1의 번역이 일단 '대칭적으로 완벽하다'(symmetrically perfect)고 이야기할 수 있다. 그리고 Ltd(W1)이 Ltd가 통용되는 언어공동체의 사용맥락 변화에 따라 그 공동체 내에서 기의 변화를 겪게 되었을 때, Lti(W1)을 갖고 그 기의 변화를 따라잡을 수 있다면 Ltd와 Lti의 두 언어공동체 사이에서 W1의 번역은 '역사적으로 호환가능할 정도로 완벽하다'(so perfect as historically compatible)고 이야기할 수 있을 것이다.

단어 차원에서 우리말은 대칭적으로 완벽할 뿐 아니라 역사적으로 호환가능할 정도로 완벽하게 번역할 수 있는 상당수의 영어 단어를 확보하고 있다. 현대사가 시작된 이래, 특히 8·15 광복 이래 미군정기와 6·25를 거치면서 미국사회에서 온 많은 언어 표현물로 의식 생활을 영위해 온 결과 미국사회에서의 의미변화를 거의 완벽하게 추적할 수 있을 정도로 호환가능한 단어들이 축적된 것이라 보인다. 예를 들어 경제(economy), 문화(culture), 사회(society) 등과 같이 일반적으로 쓰이는 보통명사들은 기의상으로 영어 단어와 거의 일치하는 의미 내용 전달 및 의미변화를 담보한다. 바로 '민주주의'라는 단어도 그런 종류에 속한다. 즉 '민주주의'라는 한국어 기표의 개념적 기의는 영어 기표 'democracy'의 기의와 완벽하게 일치하며, '민주주의'로 기표되는 거의 모든 한국어 사용 맥락에 영어 기표 'democracy'를 대체해도 기의상의 변형 또는 의미 훼손이 일어나지 않는다.

그러나 '포퓰리즘'이라는 외래어형 한국어 기표가 나타나는 현행 한국어 사용맥락에 'populism'이라는 영어 기표를 대입할 경우 기의상의 변형이 심각하게 일어난다. 작은 인용부호를 사용한 단어를 기표로 하고 그 인용부호를 탈각시킨 단어를 기의라고 한다면 [DSPD0]로써 필자가 이야기하고자 하는 바는 다음과 같이 정리된다. 즉, (여기에서 '≡'는 '기의상 호환가능함'을 뜻한다. 이에 반해 '≠'는 '기의상 호환가능하지 않음'을 뜻한다)

DSPD0-2.
① '포퓰리즘' ≠ ['populism' ≡ populism]
② ['민주주의'≡ 민주주의] ≡ ['democracy' ≡ democracy]
①을 ②와 같은 양태로 한국어 기의까지 관여시켜 정식화하면,
① ['포퓰리즘' ≠ 포퓰리즘] ≠ ['populism' ≡ populism]

다시 말해, '포퓰리즘'은 영어 'populism', 나아가 그 단어와 번역상 대칭적이고 호환가능한 다른 구미어 단어가 뜻하는 바 포퓰리즘을 거의 뜻하지 않는다. 단적으로 영어 단어 'populism'을 손에 닿는 대로 집히는 영한사전에서 찾아보았을 때 우리는 다음과 같은 의미해설과 마주친다.

> Populism *n.*
> ① [美史] 인민당(People's Party)의 주의(정책); [러史] (1917년 혁명 전의) 러시아 인민주의
> ② (p-) 기성의 것에 반대하는 정치운동 (비정통적인 정책 제기로 대중에 호소함)
> ③ (p-) 풀뿌리 민주주의; 노동자 계급의 적극적 행동주의; 만인 행동주의
> ④ (p-) (일반) 대중(노동자 계급·패자 등)의 주장이나 찬양.[2]

미국과 영국 본토에서 가장 많이 사용되는 영어사전 몇 가지를 들춰봐도 사정은 마찬가지이다. 『롱맨 고급 미국어 사전』은 populism에 독립적인 해설항을 설정하지 않고 마치 populist의 파생어처럼 취급하고 있다.

> populist *adj.*
> claiming to represent ordinary people. *Edwards is seen as a populist Democrat.* - populist *n.*[c] - populism *n.*[u][3]

2) 민중서림 편집국 편, 『엣센스영한사전』(서울: 민중서림, 1998, 제7판 제2쇄), p.1821.

3) *Longman Advanced American Dictionary*(Pearson Education Limkited, 2000, 1st.), p.1117.

영국에서 나와 국제적으로 널리 보급된 『케임브리지 국제 영어사전』에 나온 populism 해설은 한국에서 두드러지게 부각되는 부정적 뉘앙스를 강조하고 있으나, 그 말이 단순한 형용사는 아니라는 점 역시 명백히 읽혀지는 해설을 하고 있다.

> populism *n.*[u] *esp.*
>
>> *disapproving* political ideas and activities that are intended to represent and satisfy esp. people's more basic and less principled wishes and needs - *Their ideas are simple populism — tax cuts and higher wages.* - *The choice is not just between populism and elitism.*
>
> populist *adj. n. esp.*
>
>> *disapproving - a populist manifesto - a political part dominated by populists* [C][4]

이 해설에 따르면 populism은 그것을 의도하는 자에 의해 능동적으로 개진되거나 시도되는 정치적 사상과 활동이 있어야 하며, 바로 그 때문에 비난받는다는 의미를 갖고 있다. 그러면서 그것은 엘리트주의와는 대립되는 분명한 전선을 안고 있는 태도이기도 하다. populism이 단순히 대중인기영합주의로서, 바로 그 때문에, 비난받는다는 뜻이 아닌 것이다.

그러나 어쨌든 한국에서 '포퓰리즘'이라는 용어가 빈번하게 신문 지상에 등장하기 시작하는 1990년대 이전에도 바로 이런 외래어 표기로 포퓰리즘이 사전에 등재된 경우가 있다는 것이다. 우리나라에서 발간된 국어사전 중 가장 규모가 큰 것 중 하나로서 1974년에 초판이 나

---

4) *Cambridge International Dictionary of English*(Cambridge University Press, 1995, 1st.), p.1096.

온 『새 우리말 큰사전』에는 포퓰리즘에 관해 요즘 문제의식으로는 엉뚱하다 느껴지는 다음과 같은 해설을 붙여놓고 있다.

> 포퓰리슴(프, populisme) <명>
> [문] 1930년대에 일어난 프랑스 문단(文壇)의 한 유파(流派)의 주장. 민중의 생활을 가능한 한 민중의 생활 감정에 입각해서 비주관적으로 묘사함을 표방하였음. 대중주의(大衆主義)[5]

이 단어 해설에서도 대중(인기)영합주의를 직접 읽어내기란 그렇게 쉽지 않다. 그러나 분명히 1990년대 이후 한국 언론과 정치권에서 '포퓰리즘'은 대중(인기)영합주의라고 붙박여 쓰이기 시작하면서 영원히 이런 기의로 번역되지 않는 기묘한 숙명을 안게 되었다. 분명한 것은 그 단어와 연관된 사상이나 이데올로기가 발생하거나 통용된 유래처에서 populism이란 단어는 굉장히 다의적이지만, 한국에서 '포퓰리즘'은 전혀 다의적이지 않다는 것이다. 한국에서 '포퓰리즘'은 거기에 대한 적정한 사전화(辭典化) 작업도 거치지 않은 상태에서 오직 대중(인기)영합주의라는 뜻만 가지고 유통된다.

2) 한국에서 '포퓰리즘'의 기의 편중 과정: 보수 우익적 언론-정치 복합체의 정치화용론을 통한 편협한 의미고착과 정치적 기피 또는 비방의 '기능' 부착

'-이즘'(통상 한자문화권에서는 '주의'로 번역된다)이나 그에 해당되는 어미가 붙은 외국어는 보통, 어느 정도 체계성과 내용적 일관성을

---

5) 신기철·신용철 편저, 『새 우리말 큰사전(하)』(서울: 三省出版社, 1980, 증보 9판/1974, 초판), p.3556. 국어사전편찬회 편, 『국어대사전(하)』(서울: 三星文化社, 1988)에는 '포퓰리즘' 항목이 없다.

가진 특징적 주장이나 행동양식을 통해 불특정 또는 일정 범위의 대중에 대하여 정치적이거나 사회적 영향력을 발휘하려는 명시적 또는 암시적 의도에서 형성된 의식태도 즉 이데올로기를 지칭하는 경우가 대부분이다. 그리고 특정 '-이즘'에는 — 이즘은 어디까지나 특정적이다 — 그 활동이나 진술의 정치적·사회적 정체성을 그 '-이즘'의 명칭 또는 그것이 함축하는 의미내용과 긍정적으로 연관시키고 있거나 아니면 연관시키려는 의도가 명확히 확인되는 수행자나 수행집단이 포함된다.

따라서 어떤 의식태도에 '-이즘'이라는 규정을 붙이려면 그 규정을 통해 특징지어지는 주장이나 행위 또는 집단을 다른 규정의 주장이나 행위 또는 집단과 판명하게 구별할 수 있어야 한다. 바로 이런 판명성의 특징 때문에 '-이즘'은 특정 개인의 의식 활동 중에서도 그 성향이 외적으로 표출되기 마련인 신념들의 체계와 행위 실천에서 가장 명확하게 감지되도록 명명되어야 한다. 즉, 어떤 신념이나 행위 성향이 '-이즘'으로 규정되고 나면 그렇게 규정되지 않을 경우보다 그 신념이나 행위 성향의 특징이 더 뚜렷하게 인지되어야 하는 것이다.

그러나 '-이즘'이라는 접미사의 또 다른 용법은 이렇게 엄격하게 개념적으로 판명할 수 있는 체계적 신념이나 성향에만 국한되지는 않는다. 어떤 인물의 행위나 처신에 대해 그것의 특성을 분명히 인식하기보다는 그를 대하는 '나' 쪽의 호의나 혐오를 특징적으로 표출하기 위해 약간의 의미핵심과 특히 그런 감정을 표출하는 이미지만 부가시켜 상대방에게 무반성적으로 발설하는 방식으로 사용될 수도 있는 어법이 '-이즘'이기도 하다.

현재 한국사회와 정치권에서 통용되는 '포퓰리즘'이라는 것이 '-이즘'의 이런 양면적 용법, 즉 체계적으로 인지될 수 있는 신념과 행위지향의 작동 구조로서의 '-이즘'과 타자에 대한 특정 감정의 표출방식으로서의 '-이즘' 중 어디에 해당되는가를 알아보는 것은 21세기 초엽에 서 있는 우리 국가의 성격과 발전 국면을 인지하는 데 중요하게 기여할 수 있다. 왜냐하면 현재 한국의 국가적·사회적 정치 과정에서 '포퓰리즘'은 정치적 성격 규정의 중요한 용어로서 정치적·사회적 갈등의 최전선에 투입되는 투쟁어로 빈번히 등장하기 때문이다.

[사례 1] 서울대학교 정운찬 총장은 2003년 7월 22일 『동아일보』와의 인터뷰에서 "서울대는 사회를 리드할 정예의 지도자를 키워내야 한다"고 강조하고 "**대학서열 철폐를 주장하는 사람들**이 있는데 **일종의 포퓰리즘**이라고 생각한다"며 학벌주의를 부추기는 듯한 발언을 해 물의를 빚었다. 이에 '학벌 없는 사회' 등 30여 개 교육·시민사회단체들은 7월 31일 오후 서울대에서 '학벌 부추기는 정운찬 총장 망언 규탄과 올바른 대학개혁을 위한 시민, 학생단체 공동 기자회견'을 열고 정 총장의 학벌주의 발언을 강력히 규탄했다. 이들은 이 자리에서 "지금도 수많은 학생들이 입시로 고통스러워하며 죽음의 문턱을 넘나들고 있으며, 이러한 죽음은 해마다 너무도 익숙하게 되풀이 돼 왔다"며 "학벌타파를 바라는 **대다수 시민의 뜻을 포퓰리즘이라고 비아냥거린** 정운찬 서울대 총장은 이번 망언에 대해 공개 사과하라"고 요구했다.[6]

[사례 2] 한나라당 최병렬 대표는 2003년 10월 14일 정기국회 정당대표 연설에서 노무현 대통령의 정치행보를 '포퓰리즘'으로 단정하고 그 내용을 다음과 같이 밝혔다. "**국회를 무시하고 국민을 직접 상대하겠다는 포퓰리즘 정치**도 그만두어야 합니다. 의회민주정치를 배척하고, 자기 지지자들만 상대했던 정권들이 예외 없이 실패했던 역사에서 교훈을 얻기 바랍니다."

---

6) 석희열 기자, 「학벌철폐 주장이 포퓰리즘인가. 교육시민단체, 정운찬 서울대 총장에게 공개토론 제의」(Ohmynews, 2003. 7. 31, 오후 5:38).

[사례 3] 인터넷 신문 『프레시안』의 기획위원이면서 '시대소리' 대표필자인 김민웅 씨는 '정당한' 사회경제적 요구를 제기하는 노동자들이나 핵폐기물 처리장 건설에 반대하는 부안 군민에 대해 "그들의 절박한 요구에 귀를 기울이고 최선을 다해 해법을 찾으려 노력"하지 않고 "그들의 머리를 겨냥하여 내려치고 있는 경찰봉과 방패"를 통해 막으려는 노무현 정권을 가리켜, "이 나라 노동자들을 비롯하여 서민대중들을 위해 헌신하겠다고 했던 대선 당시 '노무현 후보'의 약속은 표정하나 바꾸지 않고 폐기처분"했다고 비판하면서 대선 당시 노무현 후보가 서민대중에게 했던 모든 약속은 "**오로지 표를 얻기 위한 기만적인 포퓰리즘**"에 지나지 않았다고 단정했다.7)

[사례 4] 노무현 대통령은 당선자 시절 정부의 조흥은행 지분 매각을 놓고 이용득 금융노조 위원장과 허흥진 조흥은행 위원장 등을 직접 만나기도 했다. 이어 권기홍 신임 노동부 장관은 지난 1월 배달호 노동자 분신으로 석달여 동안 첨예하게 대립하고 있던 두산 중공업 노사 현장을 직접 찾아가 대화로 사태 해결을 이끌어냈다. 이후 4월 철도노조가 민영화 반대 등 구조개편 백지화를 요구하며 파업에 들어가자 정부는 노조의 요구를 적극 반영했다. 5월 화물연대의 파업을 놓고 청와대 문재인 민정수석과 노동부, 건설교통부 등이 협상테이블로 나와 앉아 적극적으로 타결을 주도했다. 이를 두고 재계와 일부 보수언론들은 일제히 "정부나 회사 쪽에서 **노동계에 퍼주기식으로 일관하고 있다**"면서 '포퓰리즘적', '친 노동자적' 정부라며 몰아세우기 시작했다.8)

---

7) 김민웅, 「민주혁명의 역군, 일어서는 노동자·농민」(2003. 11. 12, 오전 9:09: 40).
   http://www.pressian.com/section/section_article.asp?article_num=4003111118 2839&s_menu=정치

8) 김종철 기자, 「선무당이 결국 노동자 잡는가」, [노동기획 3] 「참여정부 노동정책 어떻게 바뀌었나」(2003. 11. 7, 오후 4:45).
   http://www.ohmynews.com/articleview/article_view.asp?menu=c10100&no= 138237&rel_no=1

2003년 하반기에 발생한 이상의 몇 가지 사례들에서 볼 수 있듯이 '포퓰리즘'이라는 기표는 현재 한국에서 이루어지는 정치적 행태와 사회운동의 한 특징적 단면을 규정하는 단어로 활성화되어 있다. 그럼에도 불구하고 위의 사례들에서 확인되는 '포퓰리즘' 기표는 이데올로기 이론적 관점에서 볼 때 대단히 흥미 있는 화용론적 특징을 보이고 있다. 즉 '포퓰리즘'도 그 어떤 '-이즘'이라면 그에 대해서도 당연히 앞에서 필자가 소략하게 제시한 일반적 이데올로기 규정에 해당되는 특성을 기대할 수 있다는 것을 전제할 때, 그런 일반론에 의거하여 명백히 확인할 수 있는 요인들이 결여되어 있다.

DSPD1. ['포퓰리즘' 담론의 이데올로기적 주체의 결여] 어떤 이데올로기나 의식형태도 그것을 자기 신념으로서 긍정적으로 단언하고 나서는 '자기주장'의 주체 또는 행위자가 있어야 한다. 그러나 위의 사례들에서 볼 수 있듯이 한국의 현행 '포퓰리즘' 담론에는 포퓰리즘을 자기주장으로 단언하고 나서는 개념사용 주체가 전혀 없다. 오히려 '포퓰리즘'은 그것을 제기하는 쪽에서 자기와 대립하는 것으로 설정한 타자의 행위양태를 자기 쪽에서 일방적으로, 그것도 대단히 부정적으로 규정하기 위해 사용하는, 대단히 이상한 용어로 활성화되어 있다. 즉 아무도 '포퓰리즘'을 자기신념의 표현어로 사용하는 집단은 존재하지 않음에도 불구하고, 그와 대립하는 쪽에서는 상대방을 '포퓰리즘'으로 비난하고 있다. 다시 말해, 현행 한국판 '포퓰리즘'은 그 누구도 주장하는 사람이 없는 '-이즘'임에도 불구하고 누군가 그렇게 주장하고 있는 것처럼 통용된다.[9]

---

9) 이 글을 논평한 한승완 박사는 "아무도 '포퓰리즘'을 자기신념의 표현어로 사용하는 집단은 존재하지 않음에도 불구하고, 그와 대립하는 쪽에서는 상대방을 '포퓰리즘'으로 비난하고 있는 현상은 한국만이 아니라 바로 서구에서 현재 포퓰리즘을 둘러싸고 벌어지는 현상이다"라고 지적하면서 필자의 입론이 무리라고 비판하였다(한승완, "포퓰리즘의 다의성과 혼란, 그리고 민주주의의 심화", 『디지털시대의 민주주의와 포퓰리즘. 철학연구회 2003년도 추계 연구발

DSPD2. ['포퓰리즘' 기의에서 공존하는 전반적 부정성과 이데올로기로서의 반성적 긍정성의 의미충돌] 그러나 '포퓰리즘' 기표(Sg)와 연관되어 있는 기의에는 합리적으로 평가할 수 없는 의미상의 혼돈이 중첩되어 나타난다. 앞의 사례들에서 '포퓰리즘'이 사용되는 맥락에 의거하여 그것에 당장 결부되어 있는 비난조의 기의들을 거꾸로 치환시키면 평등의 추구(사례 1), 직접민주주의의 시도(사례 2), 서민대중의 이익 옹호(사례 3), 노동자 이익의 보장 시도(사례 4) 등의 네 가지 특징이 '포퓰리즘'의 기의(Se) 요인으로 추출된다. 그런데 위의 사례들에서는 그 누가 제기하든 '포퓰리즘' 혐의는 모두 모욕적이고 근거 없는 것으로 격렬한 항의를 받거나 일축된다는 반응상의 공통성이 뚜렷이 확인된다.

이것은 필자가 포퓰리즘과 연관하여 거론될 수 있는 특성들로 추출한 항목들이 반성적으로 상당히 긍정적인 가치라는 점을 상기하면 '포퓰리즘' 혐의에 대한 거부감은 대단히 이상하지 않을 수 없다. 분명히 현존하는 한국의 정치 세력들 가운데 평등을 부정하거나, 직접민주주의의 요소를 전면 부인하거나, 서민대중의 이익을 보호하는 것을 부당하다고 표명하거나 아니면 노동자를 열등하게 처우해야 한다고 공개적 입장을 표명하는 정파는 전혀 없다. '포퓰리즘'이 이런 긍정적 기의와 결부되어 있음에도 불구하고 기표로서의 '포퓰리즘'에 대해 극도의 거부감을 보이는 것이 현행 한국판 '포퓰리즘' 담론의 가장 특징적 상황이다. 그 상황은 다음과 같이 도표적으로 요약될 수 있을 것이다.

표회』, 철학연구회, 2003. 12. 6, 경희대, p.183). 현재의 추세만으로 놓고 볼 때 필자는 이 견해에 전적으로 동의하지만, 역사적 추세까지 포함해서 현대사 전반을 놓고 보거나 아니면 포퓰리즘을 표방하여 명시적인 정책을 내놓고 공론장이나 정치적 결정 과정에 개입한 경험이 전혀 없는 상황에서 오직 '대중(인기)영합주의'라는 뜻만 부각되어 버리는 것은 전적으로 한국적인 현상으로 보인다. 그래서 '포퓰리즘'이 populism(민중주의, 인민주의 등의 고전적 의미)을 억압하는 기묘한 현상이 생기는 것이다.

[표 1] '포퓰리즘'의 화용론(P'P', Pragmatics of 'Populism')

기표(Sg)		기의(Se)
'포퓰리즘'(Sg)	≡	(Se 1) 평등의 추구(사례1) (Se 2) 직접민주주의의 관철(사례2) (Se 3) 서민대중의 이익 옹호(사례3) (Se 4) 노동자 이익의 보장 시도(사례4)
주장자의 부재 기표에 대한 극단적 거부	≠	기의의 반성적 긍정성

  이 상황은 곧 '포퓰리즘'을 가장 선의로 반성하여 합리적으로 재구성하였을 경우, 그것을 가장 악의적으로 사용하는 맥락에서도 분명히 긍정적으로 수용할 수 있는 가치가 추출될 사상적 가능성이 있음에도 불구하고 '포퓰리즘'의 기표에는 위의 P'P'에서 추출한 긍정성 요인과는 질적으로 전혀 판이한 어떤 요인이 '포퓰리즘'(Se)에 또 하나 잠복하고 있다는 것을 추정하게 한다. 논의에 앞서 말하자면, 필자가 P'P'로 추출한 위의 기의 측면은 그야말로 현대 정치사에서 역사적으로 나타났던 각 나라의 각종 populism들에게서 사회과학적으로 공통되게 확인되는 이념적 정향들이다. 그것들은 한국 현대사에서도, 학생운동과 노동운동을 두 축으로 전개된 1980년대 사회변혁운동에서 '민중운동론'의 형태로 이론적 체계화와 실천이 시도되었다가, 1990년대부터 시작된 민주주의 공고화 단계에서 독자적 정치이론으로서의 민중운동론이 사실상 해소되면서, 대거 제도권 정치사회의 정책 목표들로 흡수되어, 제도적 내실화의 과정을 밟았거나 밟고 있는 중에 있는, 지극히 합헌적 요인들이기도 하다.

  그럼에도 불구하고 왜 이런 긍정적 의미를 다분히 내포하고 있는 '포퓰리즘'이 그것으로 비난하는 쪽은 말할 것도 없고, 그것으로 비난받는 쪽에서, 그다지도 극단적인 거부감을 동반하는 정치적 모욕의 언사로 받아들여지게 되었을까? 이 점은 '포퓰리즘'이라는 말이 '민중주의'나 '대중주의', 또는 그 역사적 기원에 알맞게 '인민주의'가 아니라 한국사회에서 오직 '대중(인기)영합주의'를 뜻하는 일상적 정치 형용사로만 본격적으로 통용되기 시작한 1990년대 민주화 국면과 연관시켜 해명되어야 할 문제이다.

3) 정(치)언(론) 복합체의 합작품으로서 '포퓰리즘' 담론의 기원과 확산: 저널리즘적 기의(記義) 조작과 명시적 번역의 기피에 관련된 이데올로기적 메커니즘

(1) '포퓰리즘' 담론의 빈도와 추이에 관한 통계적 분석

당대의 언어사용법과 의미를 가장 표준적으로 알려주는 사전들을 보면서 알 수 있었듯이, 군부독재정권의 영향력이 여전히 강력했던 1980년대까지 한국 제도권 정치나 언론, 그리고 사회 운동이나 문화계의 어떤 담론에서도 '포퓰리즘'이라는 기표와 결부된 주목할 만한 담론은 전혀 없었다. 한국에서 '포퓰리즘'이라는 기표가 나타나 그것이 정치권, 나아가 대중담론으로까지 확산되는 과정은 바로 1990년대 초 민주화 과정과 대척점에 서 있던 보수수구 언론들에게서 시작되었다.

이 양상을 추적하기 위해 필자는 한국언론재단에서 구축한 한국 최대의 언론 뉴스 검색 시스템인 KINDS(Korean Integrated News Database System, http://www.kinds.or.kr)에 의존하였다. 여기에 포괄된 일간지 및 인터넷 언론들이 전국 언론매체 전부를 망라하는 것은 아니다.[10] 하지만 이 검색 데이터베이스에는 한국에서 가장 영향력 있다고

---

10) KINDS 종합검색에 탑재된 종합일간지는 경향신문, 국민일보, 내일신문, 동아일보, 문화일보, 서울신문(대한매일), 세계일보, 조선일보, 한겨레, 한국일보, 등 10개지로서, 이 정도 범위이면 한국의 신문 언론 차원에서의 추세를 추정

인정되는 신문들이 거의 망라되어 있기 때문에 이에 의거한 실증적 추적과 그에 따른 추세 추정에는 별다른 오류가 없을 것으로 상정해도 무방할 것이다. 2003년 12월 현재, 어떤 경위와 내용에서든 해당 기간 중에 위의 종합검색망에서 '포퓰리즘'이라는 기표가 포착되는 기사 및 논평성 논술은 총 815건인데, 그 출현의 연도별 추이는 다음과 같이 집계된다.

[표 2] 한국 신문의 '포퓰리즘' 언급 회수 연도별 변화 추이
(1990. 1~2003. 12에 총 815건 검출)

연도	1990	1991	1992	1993	1994	1995	1996	1997	1998	1999	2000	2001	2002	2003
횟수	2	1	0	3	1	2	2	6	13	25	34	197	163	366
집권 정부별 추이	6공 총 3건			문민정부 총 14건					국민의 정부 총 432건					참여 정부

위의 추세 분석이 보여주는 바는 확연하다. 노태우 집권기 동안 언론에 나타난 '포퓰리즘' 언급은 거의 무시해도 좋을 수준으로 미미했다. 그 빈도가 문민정부 기간에 들면 15건 정도로 비율상으로는 5배 증가했다고 할 수는 있지만 절대 빈도수에 있어서 역시 크게 신경 쓸 수준은 아니었다. 그러나 김대중 대통령의 집권이 시작되면서 '포퓰리즘' 언급은 절대 횟수로나(432건) 비율상으로나(약 29배) 전례 없이 폭증하였다. 특히 언론사 세무조사가 강행되고, 경기가 서서히 하강할 조짐이 뚜렷해지며, 주5일 근무제 논의가 공론화에 들어간 2001년에는 197건으로 정점에 도달하였다. 그러나 2002년 DJ 집권 말년에 약

하는 데 별 무리가 없을 것으로 보인다. (이 검색망에 중앙일보가 제외된 것이 분석 결과의 신뢰성에 어떤 영향을 미칠 수 있는지는 차후 검증해 볼 가치가 있다.)

간 주춤하던 '포퓰리즘' 담론은 노무현 대통령 집권이 시작된 2003년 한 해에만 그 전의 언급횟수를 모두 덮고도 남을 만큼 해일처럼 신문 지면을 도배하였다(총 367건 검색). 그런데 각 정권의 교체기에 따른 '포퓰리즘' 담론의 빈도와 아울러 그 구성도를 보면 한국에서 '포퓰리즘' 담론이 의미하는 바가 무엇인지 어느 정도 뚜렷한 윤곽이 드러난다. 역시 위의 검색망에 의존하여 각 정권 집권기별로 언론사마다 '포퓰리즘' 담론을 제기한 횟수를 집계해 보면 다음과 같다.11)

[표 3] 각 정권 집권기별 '포퓰리즘' 담론과 관련된 신문사 구성도
(1990. 1.~2003. 12)

	6공 및 문민정부 (1990~1997)	국민의 정부 (1998~2002)	참여정부 (2003)	합계
경향신문	0	32	16	48
국민일보	0	22	29	51
내일신문	0	0	0	0
동아일보	3	92	69	164
문화일보	2	55	44	101
서울신문	0	26	41	67
세계일보	1	32	26	59
조선일보	4	114	82	200
한겨레	5	29	23	57
한국일보	2	30	36	58
합계	17	432	366	815

11) 한신대 김우택 교수는 한국 '포퓰리즘'의 기의를 파악하기 위해 이런 통계적 분석을 시행한다면 외국 포퓰리즘의 기의 파악을 위해서도 같은 종류의 작업을 해야 하지 않느냐는 의문을 제기하였다. 평면적으로 보면 분명히 옳은 지적이지만, 외국의 populism이 가진 의미에 대해서는 앞에서 한 것처럼 각종 사전을 통해 확인할 수 있다고 보았지만, 한국 '포퓰리즘'은 현재와 같은 의미로는 아직 사전에 등재되지 않았고, 또 일체의 역사적 배경 없이 오직 이 의미로만 통용되기에 이런 영향요인들을 추적하는 것이 이런 통계적 접근법을 택하게 된 동기이다.

'포퓰리즘' 사용 맥락이 부정적 의미를 함축하는가 아닌가는 일단 제외시켜 놓고 위의 담론 구성도를 보면 국민의 정부와 참여정부 들어 급증한 '포퓰리즘' 담론은 그 빈도에 있어서 거의 50% 가까이를 보수우익 경향의 조선과 동아 두 신문이 차지하고 있음을 알 수 있을 것이다. (정확히 그 비율은 국민의 정부 집권기에는 47.7%, 참여정부 들어서는 41.3%가 된다.) 참여정부 들어서 이 두 신문의 '포퓰리즘' 담론 제기는 절대 횟수에서 폭증했음에도 불구하고 비율상으로 낮아진 것은 친자본적 배경을 가진 문화일보와 과거 정권에서 사주가 구속된 적이 있는 국민일보, 그리고 과거 회사명을 복원하고 왕년의 보수 쪽 논조를 회복하기 시작한 서울신문 등이 '포퓰리즘' 담론에 적극적으로 가세했기 때문으로 풀이된다.

어쨌든 이런 통계적 분석에서 분명하게 도출되는 것은, 이른바 '포퓰리즘' 담론은 자기의식을 가진 포퓰리스트에 의해서 일종의 구성적 정치이념으로서 능동적으로 제기된 것이 아니라 바로 그 기표를 적대적 정파나 사회세력에 투사시킴으로써 그 존립의 부정성을 사회적으로 동조받으려는 의도에서 대립적으로 자극되었다는 것이다. 그리고 아주 구조적으로 이 담론은 21세기 초 현재 진행되는 한국 민주화 과정이 대단히 부실하다는 것을 부각시킴으로써 그에 따르는 반사적 이득을 거둘 수 있는 세력에 의해 주도된다.

즉 '포퓰리즘' 담론은 21세기 초 현재 제도적 공고화 수준을 어느 정도는 넘어선 한국 민주화의 내실화 상태와 수준을 끊임없이 회의시키는 투쟁 매체로 등장했다. 이 점은 위에서 필자가 통계적 추세를 분석하는 자료로 삼은 신문 기사와 논평들을 다시 내용적으로 검토해 보면 더욱 뚜렷이 확증된다.

(2) '포퓰리즘' 담론 전개의 초기 상황: 외국 정치상황에 대한 평가적 해설 용어에서 부정적 의미 부분만 편취되어 확정되는 과정

위의 검색 범위에서 포퓰리즘이라는 말이 처음으로 한국 정치 및 사회 현상에, 그것도 대단히 부정적인 맥락에서 적용된 것은 노태우 정권 시절, 여론과 인기를 의식한 인사나 경제 정책에 대해 보수 언론이 던진 경고성 논평 기사에서였다.

1990년 8월 당시 권영각 건설부장관과 강보성 농림수산부장관은 각 부서에서 조금은 운영의 합리화를 기하기 위해 소관 업무를 대폭 다른 부처나 하위 기관으로 이관하는 직제개편을 단행하다가 당시로서는 참으로 이례적으로 사무관 이하 부하 직원들의 집단항의에 부딪쳤다. 이에 대해 당시 『동아일보』는 "건설부의 직제 개정안은 우리가 보기에 매우 건전한 발상"임을 인정하면서도, 근본적으로는 이 사건이 "민주화와 개혁의 올바른 뜻과 비전과 정책과 인재가 일체되어 실천하지 않으면 공동체 해체로 갈 수 있음을 어쩌면 그 해체 일보 전에 와 있음을 단적으로 말해 주는 것"이라고 단정하고 나섰다. 왜냐하면 "서기관 이하 직원들의 집단항의와 반발이 현업의 지방이관이나 부처 전문화를 위한 업무이관으로 인한 기득권 상실이나 지방전출이라는 현상타파 개정에 대한 반발이라면 이는 민주화와 개혁을 거부하는 소아적 집단이기주의의 작태"임에는 분명하지만, 그 근본적인 원인은 "특히 보신과 대권경쟁에만 정신이 팔리고 민주화 과도기가 일인독재 시대나 민주화 완료시대보다 훨씬 더 어렵고 희생과 인내와 비전과 소신이 필요하다는 사실을 의식적으로 회피하는 지도자들"에게서 발생하고, "운이 좋다거나 **포퓰리즘**에 아첨하는 것이나 제 욕심 다 채우는 것이 민주화인 양 행동해 온 지도자들의 작태가 축적되어 이런 중앙부처의 집단항의가 잉태"되었기 때문이라는 것이다. 다시 말해 민주화 과정에서 부추겨진 집단행동 만능주의에 중앙관서의 공무원까지

감염되었고, 이것이 국가를 "공동체의 해체 위기" 일보 직전까지 내몬 직접적 원인이라는 것이었다.[12]

이런 소견은 다른 것도 아닌 '사설'에서 피력되었기 때문에 사실상 신문사 차원의 공식 의견으로 간주될 수 있으며, 중앙부처 사무관급 직원들이 결코 역사적·사회과학적 의미에서의 포퓰리즘의 당사자가 될 수 없음에도 불구하고 그들의 행동은 '포퓰리즘'과 연관되거나 그 것을 상기시키는 것으로 단정되었다. 어쨌든 이 논평은 한국언론재단 의 검색망에 집적된 1990년 이후의 검색기사 중에서 '포퓰리즘'을 부 정적 의미로 사용한 최초의 기사로 포착된다.

전혀 다른 방향에서이긴 하지만 '포퓰리즘'을 부정적 이미지와 연관 시켜 사용한 또 하나의 예는 위의 『동아일보』 논평이 나온 것과 같은 해인 1990년 11월, 탈공산주의 이후 첫 번째 대통령 선거에서 당시 수상 마조비에츠키가 무명의 사업가 티민스키에게 밀려 결선 투표에 도 나가지 못한 이변이 벌어진 폴란드 정세를 분석한 『한겨레』 해외 통신원의 해설 기사였다.

"그(티민스키)는 … 여러 가지 점에서도 불확실한 데가 많은 인물이 다. 캐나다, 페루, 폴란드 등 3중 국적을 가진 그는 선거전에서 자신 의 집안을 히틀러와 공산당 양쪽으로부터 박해받은 집안이라고 선 전했지만, 실은 공산정권 하에서 1968년 '정신착란자'라는 구실로 병 역면제를 받고 1969년 캐나다로 합법 이민한 것으로 기록돼 있다. 그는 또 자신을 백만장자로 소개했으나 캐나다 현지 폴란드계 신문 은 토론토에 있는 그의 기업이 겨우 종업원 15명의 소기업이라고 보도한 바 있다. 페루에 유선 텔레비전 방송국을 소유하고 있다는 그의 주장도 신빙성이 없는 것으로 알려졌다. 그러나 가난에 허덕이

---

12) 「<사설> 장관들의 망신: 공동체 해체위기 직시하고 개혁수범을」, 『동아일보』 (1990. 8. 21), 2면.

는 폴란드 주민들은 그의 주장의 진위여부에 관심을 갖지 않은 채 자신들을 구제하러 '서유럽에서 온 백만장자 애국자'라는 그의 **우익 포퓰리즘적** 이미지에 말려든 것으로 보인다. 서유럽의 재정원조가 대부분 소련으로 향하게 될 것이 확실한 마당에 티민스키는 바웬사와 마조비에츠키에게 결여된 '서유럽의 풍요'라는 이미지를 이용한 셈이다."13)

통계상으로 보면 1998년 국민의 정부 집권 이전 시기에 아주 미미한 빈도 수준에서도 『한겨레』에서 '포퓰리즘' 기표를 적용한 기사가 조선(4건)이나 동아(3건)보다 1건이 많은 상태인데, 그 5건 기사나 논평 중 3건은 모두 외국 선거 동향에 대한 해설기사였고,14) 2건은 당시 김영삼 정권이 보수 언론의 여론몰이에 휘둘려 과거 시절의 인적 청산이 제대로 이루어지지 않은 상황에서 제도적 개혁이 지체되고 있는 상황을 "보수적 포퓰리즘"이라는 표현으로 경고 또는 우려하는 논평문들이었다.15)

'포퓰리즘' 기표가 언론 용어로 사용되기 시작하는 이런 초기 상황의 특징은 그것이 몇몇 식자나 기자들에 의해 보도 기사가 아니라 주로 해설 기사에서 정치적 평가어로, 하지만 지나가는 말처럼, 언급된다는 것이었다. 바로 그 때문에 포퓰리즘에 대한 사상의식적 접근은

---

13) 황태연, 「마조비에츠키 결선 탈락 이변: 폴란드 첫 자유 대선 결과 점검」, 『한겨레』(1990. 11. 27), 6면(강조. 필자).

14) 이 세 편의 해설 기사는 모두 프랑스의 의회와 대통령 선거를 대상으로 한 것이었으며, '포퓰리즘'에 대한 기사 작성자들의 태도는 사실 기술 이상의 것이 아니었다. 황태연, 「개혁이념 실종 ··· 기반 급속약화: 미테랑 10년 ··· 서유럽 사민주의 실태」(1991. 5. 21) 및 고종수, 「지식인 후보지지 표명: 프랑스 대선 막판 활기」(1995. 3. 18).

15) 『한겨레』에 실린 이 두 편의 논평문은 한상진, 「<시론> 인적 청산만으론 안된다」(1993. 9. 13, 1면)과 박우정 경제부장, 「<아침햇발> 아직 봄은 아니다」(1994. 10. 1, 4면)이다.

전혀 필요한 것으로 느껴지지 않았던 듯한데, 바로 이런 와중에서 『조선일보』는 문민정부 말년 초입에 마치 농담 비슷하게, 바로 이런 가벼운 쓰임새 수준에서, 포퓰리즘을 다음과 같이 정리하는 짤막한 촌평을 실었다.

"약 1백 년 전 미국 남부와 남서부 농민들은 은행의 고금리와 철도회사들의 엄청난 운송료 인상에 반대하는 운동을 벌이고 나왔다. 스스로를 **포퓰리스트**(populist)라고 부른 이들 농민들은 말하자면 근대화의 패배자로서 낭만적인 반산업화, 반자본주의자들이었다. ▲ 포퓰리스트의 연원은 그런 것이지만, 오늘날에는 표를 얻기 위해서라면 아무리 무책임하고 황당한 공약이라도 마구 쏟아놓는 정치인들을 그렇게 부를 수 있다. 바로 인기몰이에만 급급한 정치인이 그런 부류라고 하겠다. 이런 포퓰리즘은 원래는 우익 또는 극우파의 전유물이었다. ▲ 그래서 포퓰리스트의 전형으로는 흔히 아르헨티나의 독재자 페론과 요즈음 인종주의 정책으로 논란을 빚고 있는 프랑스의 르펭을 꼽고 있다. 미국에서는 지난번 대통령 예비선거에서 공화당 후보로 나왔던 패트 부캐넌이 그 대표적인 인물이다. ▲ 포퓰리즘이 우익 전유물인 시대는 그러나 완전히 끝나 이젠 이것도 탈 이데올로기화하는 경향을 보이고 있다. 독일 사민당 당수 라퐁텡은 언젠가 동유럽 출신 독일계 이민을 어떤 식으로든 제동을 걸어야 한다고 했다가 구설에 오른바 있다. 사민당, 그것도 좌파 색채가 강한 사민당수로선 너무 대중적 인기에만 급급한 발언이라는 지적이었다. ▲ 우리나라도 선거철이거나 국회가 열리기만 하면 늘 포퓰리즘 류 정치인들의 인기영합주의가 문제가 되고 있다. 통일문제나 요즘의 노동법 개정문제를 다루는 고위 정책입안자들의 경우도 마찬가지다. 정치는 포퓰리즘만으로는 안 되는, 고도의 복잡한 기술인데도 말이다."[16]

---

16) <만물상>, 『조선일보』(1997. 2. 28), 1면(강조 필자).

이 글은, 필자가 직접 확인한 검색 기사들 범위 안에서는, 거의 유일하게 '포퓰리즘'과 관련된 한글 발음표기와 영어 원단어 populism의 파생어인 populist를 병기해 놓은 글이다. 당연히 이 글에서 populism에서 유래한 '포퓰리즘'의 원조를 미국 농민운동에 있다고 한 것은 잘못된 정보였다. 포퓰리즘에 관해 정치학 사전이나 아니면 기초 문헌 하나만 찾아봤어도 포퓰리즘의 원조는 이른바 나로드니키 운동으로 식민지 조선에도 알려진 19세기 러시아였다는 것은 쉽사리 알아낼 수 있었을 것이다. 하지만 이런 소소한 알음알이 차원은 떠나서라도 『조선일보』의 이 작은 촌평이 가진 의미는 적지 않아 보인다. 이 촌평은 당시 언론권에서 입장 차이를 막론하고 외국 선거를 해설하거나 당시 김영삼 정부의 임기응변적 개혁 양상에 대한 불만을 지나가는 말처럼 토로하는 데 쓰이던 '포퓰리즘'이라는 말을 언론의식 차원에서 축약하여 정리한 거의 유일한 글이다. 나아가 그 다음 김대중 정부 때부터 『조선일보』는 바로 여기에서 정리된 "'포퓰리즘' = 대중(인기)영합주의"라는 용어법을 갖고, 앞의 통계적 분석에서 입증된 대로, 대대적인 '포퓰리즘' 공세에 나섬으로써 사실상 이 용어의 한국어 사용법을 이 신문이 정리시킨 기의대로 대중적으로 확정시키는 수준에 도달했다.

그런데 이 용어에 대해 "'포퓰리즘' = 대중(인기)영합주의"라고 기의를 확정하여 공표하는 것은 한걸음 더 남았다. 1997년까지 『조선일보』에서 검색되는 '포퓰리즘' 담론 기사 4건 중 2건은 『한겨레』와 마찬가지로 외국 선거에 대한 해설 기사이다.[17] 그런데 본문에서 인용한 촌평 말고 찾아지는 또 하나의 논평문은 바로 이 촌평문과 거의 같은

---

17) 페루 문인 마리오 바르가스 요사가 집필한 「<세계를 보는 눈> 후지모리 개혁 문제 있다」(1993. 11. 13, 7면)과 각 나라에 파견한 특파원들이 집필한 「<세계의 선거> 정책일관성: 미국 · 영국 · 독일 · 일본」(1996. 3. 26, 9면)이 그것이다.

시기에 쓰여지는 유근일 논설위원의 것인데, 유 위원은 바로 자기 신문 촌평에서 정리한 어법을 이어받으면서 아예 명시적으로 '포퓰리즘(대중영합주의)'로 못박았다.

"우리 당대사는 이제 '이·고·강 과도체제' 시기로 들어갔다는 것이 필자의 과장된 표현이다. 정치는 이회창 대표가, 일반행정은 고건 총리가, 그리고 경제행정은 강경식 부총리가 맡는 일종의 과도적 위임통치가 시작되었다는 뜻이다. … 이유는 간단하다. 김현철씨 문제로 인해 김대통령이 지적·도덕적·문화적 헤게모니를 상실했기 때문이다. 그리고 그로 인해 나라에 힘의 공백이 생겼고 그 공백을 김대통령 아닌 다른 사람이 메울 수밖에 없게 되었기 때문이다. … 새 과도체제는 이와 함께 국가의 계속성과 안전성 확보를 자신들의 최고의 임무로 삼아야 한다. 지금과 같은 정치적 혼미와 행정적 이완현상이 극에 달했을 때는 어떤 예측불능의 돌발적인 사태가 일어날지 모른다. 안보상으로는 북이 우리의 내부진통을 어떻게 활용할지 모르고, TV에 의하면 어떤 중소기업인은 공장허가를 얻는 데 6년씩이나 걸렸어도 여전히 결재를 받지 못할 정도로 관료들의 책임 떠넘기기와 무사안일이 땅끝까지 닿아 있다고 한다. 이 같은 행정의 누수현상은 정치의 누수현상보다 몇 배나 더 위험천만한 국가적인 재난이 아닐 수 없다. … 이제 어쭙잖은 인기영합적 **포퓰리즘(대중영합주의)** 따위를 '개혁'이라 들먹이면서 죽도 밥도 아닌 결과를 만들어내는 일은 그만두어야 한다. 참다운 개혁은 경영혁신과 법치주의 확립, 그리고 경쟁력 있는 국가모형 창출에 있지 깜짝쇼나 들쑤셔놓기가 아니다. 앞으로 남은 몇 달은 자의성과 무모함이 빚은 '엉망'을 시정해 국가로서의 최소한의 정상성이라도 회복해 놓아야 할 시기다."[18]

---

18) 유근일, 「<칼럼> 이·고·강 과도체제」, 『조선일보』(1997. 3. 15), 5면(강조 필자).

(3) '포퓰리즘' 담론의 본격화 단계: 시민적 참여와 시민적 연관성 설정에 대한 폄하적 평가용어로서 '포퓰리즘'(= 대중영합주의)의 전략적 활용

그런데 그 말이 본격적으로 특정 정치나 정책의 성격과 행태를 규정하는 데 사용되는 것은 1997년 12월 대선에서 김대중 후보가 대통령에 당선되고 나서 1998년 1월 KBS에서 당선자 신분으로 가진 <국민과의 TV 대화> 프로그램에 관해 역시 조선일보 유근일 논설위원이 쓴 칼럼부터이다.[19] 이 칼럼 중간에 그는 '포퓰리즘은 곤란'이라는 작은 제목 아래 쓰여진 본문 중에 그 단어를 '대중주의'로 번역해 섞어 쓰면서 포퓰리즘을 일종의 대중 인기에 영합하려는 정치인의 이미지 전략 정도의 의미로 고착시키는 본격적인 발걸음을 시작했다.

"-- 포퓰리즘은 곤란

클린턴의 모습을 바라보면서 그렇다면 한국의 DJ는 과연 어떤 대통령상을 보여줄 것인지 궁금해하지 않을 수 없다. 도덕적인 측면에서는 그는 클린턴과 분명히 다르다. 그러나 정치적·문화적 측면에서는 그도 서로 모순된 2개의 세계 사이에 묘하게 끼어 있다. 한쪽에는 국가경영 최고책임자로서 기존 TK 엘리트와 중앙 이스태블리시먼트까지를 최대한 통치의 협조자로 끌어들여야 할 현실적인 필요성이 놓여 있다. 그런가 하면 또 다른 한편에는 국민회의, 노동조합, 지역여론, 진보 증후군, 그리고 평생토록 그를 위해 멸사봉공해 온 '가까운 사람들'의 절실한 여망이 부글부글 끓고 있다. 이 이중적인 상황에서 그는 IMF 대책과 관련해 다분히 전자에 기우는 듯한 선택을 해보였다. TK 출신 비서실장 임명과 노동자 정리해고 추진 같은 것은 결국 대중주의·민중주의보다는 이스태블리시먼트의 필요에 부응하는 몸짓이기 때문이다.

그러나 그러면서도 그는 <국민과의 TV 대화> 같은 **대중주의적** 이

---

19) 유근일, 「<유근일 칼럼> 클린턴 그리고 DJ」, 『조선일보』(1998. 1. 31), 5면(강조 필자).

벤트를 연출하는 것으로 자신의 또 다른, 어쩌면 재래의 정체성을 과시하는 것을 잊지 않았다. <국민과의 대화>에서 오간 질문과 답변은 따지고 보면 상식 차원의 모범질문이요, 모범답변이었다. 그런데도 그 프로그램은 '성공작'이라는 평을 들었다. **포퓰리즘이라는 것** 자체가 바로 그런 '알맹이보다는 이미지', '전문성보다는 상식', '논리보다는 정서', '수월성보다는 보통성'으로 무엇을 도모하는 방식이기 때문이다. 정치와 통치에는 물론 그런 것이 없을 수 없다. 그러나 모든 것을 시스템이 통치하는 미국 같은 곳에서는 레이건이나 클린턴 같은 탤런트도 대통령 배역을 무난히 소화해 낼 수 있지만, 모든 것을 인치가 좌지우지하게 돼 있는 한국 같은 나라에서는 대통령이 **포퓰리즘 취미에 맛들여서는 큰일난다."**

그런데 이렇게 '포퓰리즘'이라는 외래어 기표가 대중주의라는 한국어 기의와 혼재되어 사용되는 어정쩡한 작문 상황에 종지부를 찍고 '포퓰리즘'의 언론판 기의를 완전하게 '대중영합주의'로 정착시킨 것은 DJ가 대통령에 취임한 후 DJP 연합의 한 당사자인 김종필 자민련 총재의 총리 인준이 한나라당이 다수인 국회에서 실패하고 나서 정부에 대한 높은 지지여론을 배경으로 JP의 총리서리 임용을 강행하자 이것을 포퓰리즘적 여론몰이로 비판한 동아일보 해설에서였다.

"새 정부가 출범하기 직전 뉴욕타임스는 특집기사에서 김대통령이 경계해야 할 리더십 스타일의 약점 두 가지를 들었다. 하나는 바로 친정체제의 문제점인 '미시적 관리자상'이다. 대통령이 시시콜콜한 간섭을 하다보면 큰 방향을 잃는다는 경고다. 둘째로는 **대중영합주의(포퓰리즘)**가 지적됐다. 헌법상 요건인 국회동의를 못 받은 총리후보를 여론조사 지지를 내세우며 서리로 밀어붙이는 무리수가 그런 예일 것이다. **여론조사에 따른 포퓰리즘**은 지난해 12·18 대통령선거의 부산물이기도 하다. 헌법규정을 보면 '국무총리는 국회의 동의를 얻어 대통령이 임명한다'고 돼 있다. 이는 '대통령이 임명하고 국회의 인준을 받는다'는 것과는 다르다. 현행 헌법조문에서 총리서리란 이름은 찾아볼 수 없다. 김대통령의 철학이 담긴 정치노선이라면 단연 '민주적 시장경제'가 아닌가 생각된다. 아무리 급해도 비민주적 개발독재 같은 것으로 경제를 도모하지는 않겠다는 뜻이다. 민주정치의 분권화에 걸맞지 않은 친정체제로 어떻게 국난에 대처할지 궁금하다. 분야별 리더십을 키우지 않으면 그만큼 국민지지는 취약해진다."[20]

그러나 이것은 전주곡에 지나지 않았다. 수구 언론에서 DJ 정권의 정치적 속성을 '포퓰리즘'으로 완전히 기표화시킨 것은 국민의 정부 집권 원년인 1998년 8월에서 9월까지 시도되었던 제2 건국위원회 조직이었다. 당시 정기국회에서는 이 조직의 결성과 운영을 위한 정부예산안 항목이 대폭 삭감되었는데, 이때는 이미 '포퓰리즘'이 단지『조선일보』나『동아일보』뿐만 아니라 신문 언론권 전체에서 정부 정책에 대한 규정용어로 확산된 상태였다.[21] 이 국면부터 언론권에서 '포퓰리즘'은 대중주의, 대중영합주의 등의 우리말로 번역될 듯하던 양상을 완전히 벗어나 결국 이 번역을 사전적 의미로 부속시킨 독자적 외래

---

20) 김재홍,「<동아광장> 설득하는 대통령」,『동아일보』(1998. 3. 10), 15면.

21)「제2건국 추진委 설립배경 與野 공방」,『경향신문』(1998. 9. 23), 5면(정치/해설); 황태연,「포퓰리즘을 이기는 정치개혁. 서울광장」,『대한매일』(1998. 9. 9), 6면(칼럼/논단);「司正·정계개편 野 '분노의 칼': 이기택 대행 회견」,『한국일보』(1998. 8. 29), 4면;「정치도 경제도 뒷걸음질: '국민의 정부 6개월' 野黨 평가」,『세계일보』(1998. 8. 24), 3면;「총리인준 투표 거부자 싸고 여야 때아닌 공방전 벌여」,『한국일보』(1998. 8. 20), 4면;「관변·사회단체 연합기구 추진: 與 '개혁 일환' 野 '의도 불순'」,『세계일보』(1998. 8. 19), 5면;「與 추진 민간 네트워크 新관변단체 조직 기도: 한나라, 강력비난」,『조선일보』(1998. 8. 19), 6면(정치/해설);「한나라 '시민단체 네트워크化 경계'」,『세계일보』(1998. 8. 18), 4면(정치/해설);「'제2의 건국도 좋다만…' 한나라 경계의 눈초리」,『동아일보』(1998. 8. 18), 5면.

한국어로 정착하였다.

그러면서 이때 '포퓰리즘'은 더 이상 신문지상에서 머물지 않고 제도 정치권, 특히 보수 야당에 채용되어 이렇게 지지기반이나 정책적 운신폭을 시민권으로 넓히려는 일체의 움직임을 지칭하는 용어로 통용되기 시작하였다.

> " '金大中(김대중) 대통령의 6개월'에 대한 야당의 평가는 혹독하다. 지역갈등구조 및 여야 대치구도 심화 등 정치는 후퇴했고, 경제실정으로 경제사정이 오히려 악화됐다는 것이다. 또 대북정책이 햇볕 일변도로 흘러 정책혼선을 가져왔다고 비판했다. 金대통령의 '정치'에 대한 평가는 혹독하다. '야당을 국정파트너로 생각하지 않고 파괴대상, 저주의 대상으로 생각하고 있다.'(金重緯·김중위 의원) '갈등의 정치를 하고 있다.'(孟亨奎·맹형규 의원) '독재와 新(신)권위주의망령이 엿보인다.'(權五乙·권오을 의원) 등이다. 한나라당은 무엇보다 金대통령의 독선적 정치스타일을 비난하면서 국회 장기공백 등 정치실종 1차 책임을 金대통령에게 돌렸다. 李會昌(이회창) 명예총재는 지난 21일 총재경선 출마회견에서 '대통령은 취임 후 6개월간 야당과 대화다운 대화를 한번도 하지 않았다'면서 '역대정권과 조금도 다를 바 없다'고 강조했다. 金重緯 의원도 '지역패권주의나 1인지배 정치를 탈피하기 위한 노력은 보이지 않고 **포퓰리즘으로 가는 것 같다**'고 지적했고 李佑宰(이우재) 의원은 '야당총재 같은 권력투쟁 방식이 문제'라고 말했다."[22]

이렇게 도입되어 '포퓰리즘'은 적어도 한국 언론에서는 '대중(인기)영합주의'라는 사전적 의미를 갖게 되었다. 즉,

---

22) 전천실 기자, 「정치도 경제도 뒷걸음질: '국민의 정부 6개월' 野黨 평가」, 『세계일보』(1998. 8. 24), 3면.

DSPD3. ['포퓰리즘'의 사전적 의미 고착] '포퓰리즘'(Sg) ≡ 대중(인기)영합주의(Se)

    그리고 이 '포퓰리즘'이라는 외래 한국어는 2000년 4월의 16대 총선을 겨냥해 시민단체들이 시도했던 낙천낙선운동과 2001년 1월부터 본격적으로 기획되었던 정부측의 언론사 개혁 노력에 대해 주로 그 대상이 되었던 야당과 수구언론이 정부와 시민단체들의 의도를 정치적으로 비판 또는 비난할 때 전면에 내세우는 투쟁용어로 자리잡았다.

    2002년 들어 월드컵 때의 붉은 악마 현상이나 인터넷을 통한 선거운동이나 노사모, 창사랑 등의 네티즌 결집 움직임에 대해서는 비교적 관망적인 자세를 취하던 『조선일보』, 『동아일보』의 '포퓰리즘' 비판은 노무현 정권 들어서기 직전 인수위 시절에 인터넷을 통해 장관 추천을 받고 국정에 관한 의견을 수렴하는 등 국민 참여 제도가 일부 실시되자 '인터넷 포퓰리즘'이라는 의제를 설정하여 다시 담론의 주도권을 쥐고 나갔다. 이 사태에 대해서는 다음의 해설 기사가 사태를 적실하게 요약하고 있어 그대로 인용한다.

    "언론의 '인터넷 정치' 관련 보도가 지나치게 부정적 측면만 부각시키고 있다는 지적을 받는 등 보도의 공정성을 둘러싼 논란이 일고 있다. 특히 일부 언론 보도에 대해 대통령직 인수위원회가 '근본 취지를 왜곡하고 있다'며 강력 반발하고 있어 언론계 안팎의 관심을 끌고 있다.
    '인터넷 정치'는 대통령직 인수위가 지난 3일 인터넷을 통해 장관 등 인사 추천과 정책 제안을 받는다는 방침을 밝힌 후 본격적인 보도거리로 등장했다. 인수위 발표 뒤 일부 언론은 인터넷 문화의 양 측면 중 긍정적인 부분보다는 부정적인 부분을 집중 부각시키는 보도 태도를 보였다. 특히 조선일보와 동아일보는 **'포퓰리즘'(대중인기영합주의)** 시비를 끌어들여 논란의 불씨를 더욱 지폈다. 취재기자들

의 기사는 물론 사설과 사내외 인사의 칼럼, 만평 등을 통해 지속적
으로 강한 거부감을 드러내고 있는 것이다.

조선일보의 경우 지난 6일자 사설에서 '대통령과 한 팀을 이뤄 국정
을 담당해야 할 장관들을 **포퓰리즘**의 위험을 안고 있는 대중 공모
(公募) 방식으로 선발하는 것이 과연 적절한지 의문'이라고 일갈했
다. 또 11일자에는 '인터넷 **포퓰리즘**'이라는 제목의 외부인사 시론을
통해 인터넷을 통한 장관 추천 등 네티즌의 참여 정치를 **포퓰리즘**으
로 등식화했다. 동아일보도 인수위의 조치에 짙은 우려를 제기하는
보도에 무게를 뒀다. 지난 6일자 칼럼을 통해 '벌써부터 노무현 정
권이 실패할 경우 그 첫째 이유는 네티즌과 노사모 등을 통한 **포퓰
리즘 정치**가 될 것이라고 충고하는 사람이 있다'고 언급하기까지 했
다. 두 신문은 이 사안을 인터넷을 통한 인사 추천 문제에만 국한하
지 않았다. 공정위의 언론사 과징금 취소 조치에 대한 노무현 당선
자의 감사원 특감 청구 배경에 네티즌들의 거센 요청이 있었다는 점
을 들어 '또 인터넷 정치?' 등의 제목을 동원, 부각시키기도 했다.

이 같은 보도 기조가 이어지자 인수위는 지난 12일 '인터넷을 통한
인사 추천 등은 자료에만 의존할 때의 폐단을 줄이기 위해 추천방법
의 하나를 국민들에게 열어놓은 것일 뿐이며 부작용의 가능성을 최
소화할 방안도 따로 마련하고 있다'면서 일부 언론의 보도를 공개
반박했다."[23]

이와 같은 포퓰리즘 공격은 노무현 정권 출범과 더불어 또 다시 재
개되었다. 나아가 시민적 참여를 조장하는 모든 시도, 시민단체들에
의한 모든 정치적 연대의 시도는 포퓰리즘으로 공격받았다.

(4) 한국 '포퓰리즘' 담론의 작동구조적 특징

노무현 집권기의 포퓰리즘 공세는 이제 단순히 수구적 이익에 반하

---

23) 이재국 기자, 「조선·동아 '인터넷 정치' 홈집내기? 사설등서 '포퓰리즘' 잇단
    비판」, 『경향신문』(2003. 1. 14), 8면.

는 정권에 대한 정치적 비방이 아니라 시민 차원에서 연대적 진보를 추구하는 시민사회의 모든 움직임을 사상적으로 규정하면서 실천적으로 봉쇄하는 이데올로기 담론으로 작동한다. 이렇게 대중인기영합주의라는 공식적 의미를 가진 '포퓰리즘'과 연관되어 정·언 복합체에 의해 고착된 담론은 이제 한국사회에서 정치와 국민이 맺을 수 있는 관계에 대해 명시적으로 다음과 같은 사회적 기능을 보유하는 이데올로기 장치로 거의 체계화되었다. 즉,

DSPD4. [한국 '포퓰리즘' 담론의 이데올로기적 기능]
(1) 우선 그 하나는 어떤 정치인에 관해 체제를 동요시키거나 위기에 빠트릴 수 있는 대단히 위험한 성향의 소유자로 단정짓고 싶을 때 좌파나 좌익이라는 말 대신 쓰는 또 하나의 비방어로 작동한다.
(2) 그리고 의미 해석상으로 대중이라는 말과 결합된 '포퓰리즘' 기표는 어쨌든 민주주의를 타락시키는 중우정치를 연상시키는 또 하나의 기능을 갖게 되었다. 다시 말해 민주화 맥락에서 수구기득권과 이익을 달리 하는 대중 집단의 출현이나 시민사회권의 득세를 배제하기 위해 만인이 공감할 수 있다고 여겨지는 보편적 비방어 하나가 성립된 것이다.
(3) 이렇게 되면 포퓰리즘이라는 말은 누구나 그것으로 낙인찍히고 싶어하지 않는 기피 언어가 되는데, 바로 이 언어 기피와 동시에 그 단어가 진정 본래 지칭하고 있는 민주주의의 작동영역 하나가 통째로 언어사용권에서 자동적으로 배제되는 화용론적 효과가 있다. 다시 말해 populism의 어원으로서 당연히 민주주의 권력구조에서 모태 권력으로 상정되는 주권의 실체로서 '인민', '국민', 조금은 협소하게 '민중'으로 번역될 수 있는 people이 대중이라는 말에 가려 사실상 정치주체로서의 지위가 강등 또는 차단된다.

위의 (3)의 특징 규정에 관해서는 약간의 분석이 더 필요하다. 앞의

기표 추적에서 보았듯이 신문 지상에서 '포퓰리즘'은 표기 측면에서 초기에 다음과 같은 변천을 거쳤다.

'포퓰리즘'(Po) → ① 포퓰리즘(populism) → ② 포퓰리즘(대중영합주의) → '포퓰리즘'(Po')

사실 Po와 Po' 사이에는 기표상으로 아무런 차이가 없다. 그럼에도 불구하고 ①과 ②의 중간단계를 거치면서 그 기의가 조금은 불확정적이었던 Po의 상태에서 벗어나 Po'의 기의는 포퓰리즘의 원어 populism 자체의 어원인 — 어떤 경우에도 절대 대중, 즉 mass가 아닌 — people 을 사용의미권에서 원천적으로 배제한다. 즉 외래 한국어 '포퓰리즘' 은, 그렇게 표기되어 Po'의 기의와 확정적으로 연결되어 강력한 언론 권력을 통해 광범하게 유포됨으로써, populism의 번역을, '대중가요'로 번역되는 popular song을 연상시키는 가운데, 그 정당한 번역어로서 people 또는 Volk 또는 narod를 정당하게 연상시키는 한국어 기표, 즉 '인민', '국민', 또는 '민중'과의 의미 결합을 차단시킨다. 다시 말해 '포퓰리즘'이라는 한국어 기표는 populism이라는 영어 기표를 '민중주의' 나 '인민주의'라는 기의와 단절시켰다. 그럼으로써 '포퓰리즘' 담론을 주도하는 세력들은 people 또는 Volk 또는 narod에 관한 담론을 바로 '포퓰리즘'으로 매도할 수 있게 되었다.

영어 populism은 분명히 대중과 영합하는 정치적 태도라는 뜻을 갖고 있지만, 그것은 정치이념으로서 Populism이 남긴 다의적 의미 중 하나에 지나지 않는다. populism이 대중영합주의라는 뜻으로 쓰이는 두드러진 경우는 그것이 형용사적 용법을 위해 파생시킨 populist라는 단어를 통해서이다. 영어 populism의 의미를 시사적으로 풀이한 다음 의 예는 그 사실을 잘 보여준다.

populism (명) 대중영합주의, 인기우선주의; 풀뿌리[기층]민주주의;
　　　　　서민층 대표제
populist (형) 대중 인기에 영합하는[24]

따라서 맥락에 따라 그 기의를 정확하게 표현하는 한국어 기표로 번역되지 않은 채 외래어로 남은 '포퓰리즘'은 populism이 가진 이런 여러 의미, 특히 지방분권제의 참된 존립 양태까지 지시하는 시민참여형 풀뿌리 민주주의라는 뜻까지 전달되는 것을 봉쇄하고, 오직 대중인 기영합주의라는 뜻으로만 통하는 단어로 확정되었다. 여기서 역설적인 정식화가 가능하다. 즉 '**포퓰리즘**'은 populism을 억압한다.[25]

이것은 수구보수언론이 반공주의를 위한 언어투쟁에서 전술적으로 승리한 이래 민주화 국면에서 핵심적 역할을 할 수 있는 민중이나 인

---

24) 김용구 외, 『The IPS 뉴스영어백과사전』(서울: 주식회사 아이피에스, 1997), p.409.

25) 필자의 이런 분석에 관해 논평자인 한승완 박사는 다음과 같은 진술을 첨가하였는데, 필자는 한 박사의 이 지적이 나의 분석과 양립불가능하기는커녕 그것을 보강한다고 생각한다. 즉, "'포퓰리즘'은 populism을 억압한다"라는 일견 역설적인 문장으로 요약되는 이러한 주장은 담론권력의 폐해를 이데올로기적으로 폭로하는 데 성공하고 있는 것처럼 보인다. 그러나 사태는 보다 복잡한 것처럼 보이며, 바로 여기에 '포퓰리즘' 담론의 위력이 있다는 점도 간과되어서는 안 될 것이다. 그것은 바로 정치·언론계 일부의 '포퓰리즘' 담론이 의도적으로 단순히 정부의 '대중적 인기영합주의'만을 비판하기 위해서가 아니라 정부정책 결정에 내장되어 있다고 의심하는 '민중주의적 성향' 혹은 '뿌리'를 항상 건드리고 있거나 의도적으로 이런 방향으로 유도하고 있다는 점이다. 구체적으로 정책의 어떤 부분이 그리고 어떤 정책결정 과정이 이런 성향과 뿌리인지 적시하지 않고 말로 암시할 때 그것의 '이데올로기 담론'적 힘은 더욱 배가된다고 볼 수 있다. 그런 점에서 논자의 주장과는 반대로 바로 '포퓰리즘'이라는 원어 발음 그대로의 사용이 바로 '민중주의'도 역시 함축한다는 애매함을 유지할 수 있고, 바로 그런 한에서 말의 '힘'도 행사되는 것이 아닐까?"(한승완, 앞의 글, pp.183~184.)

민, 나아가 시민에 대한 기표 작용 자체를 정치의식에서 배제시킨 또 하나의 전술적 승리로 여겨진다. 과거 누구나 빨갱이라는 말로 지칭되기를 두려워했듯이, 이젠 정치하는 사람이 포퓰리스트로 불리면 거의 자동적으로 벌컥 화를 내는 정치적 반응 메커니즘이 자리잡게 되었다. 그리고 포퓰리즘은 비제도권의 정치 공세에 대한 제도 정치권의 기득권 방어용으로도 전용되었다.

2004년 1월 9일 비리혐의로 영장실질검사를 받기 위해 검찰청에 출두한 현역 의원 중 한 명은 "이것은 검찰권 행사가 아니라 폭력이며 정치적 음모가 있다. 무죄를 확신한다"고 주장하면서, 출두 전 낸 보도자료에서 "광기와 야만의 포퓰리즘이 휘몰아치는 마녀사냥의 언덕을 지나려 한다"면서 "특정 정치세력이 다가오는 총선에서 의회권력을 장악하기 위해서는 국회가 '비리의 소굴'이라는 것을 보여줘야만 하는 권력의 음모에 포로가 되어 강제로 도둑의 옷을 입힌 채로 법정 위에 올려지고 있다"고 반발했다.[26]

'포퓰리즘'이 연관되면 그 어떤 것도 긍정적으로 보지 않겠다는 언론 풍토는 아무런 학문적 반성 없이 학자들에게도 감염되었다. 그리고 이 '포퓰리즘' 담론만 통과하면 모든 현실이 역전된다. 2004년 초에 나온 다음 글은 '포퓰리즘' 담론이 현실을 거꾸로 만드는 정도가 얼마나 심한지 여실하게 보여준다.

> "… 민주국가에서 국민의 정치 참여를 활성화하는 것은 바람직하고 장려할 일이다. 그러나 참여민주정치에도 함정과 한계는 있다. 참여 정치가 자칫 직접민주정치의 경향을 띠는 경우에 더욱 그렇다. 대다

---

26) 김재중·이용훈·지호일 기자, 「담담 … 초조 … 울분 … 사법처리 돌입 의원들 반응」, 『국민일보』(2004. 1. 10), 4면(강조 필자). 문제의 발언은 민주당의 박주선 의원이 행한 것이다.

수 선진국에서도 참여정치를 활성화하기보다 대의정치를 강화하고 개선하는 쪽에 관심을 쏟고 있다. 참여민주정치가 직접민주정치로 변질되는 과정에서의 역기능을 경험했기 때문이다.

우리의 지난 1년을 돌이켜봐도 노무현 정부가 지향하고 장려한 참여정치는 순기능보다 역기능이 훨씬 컸다고 평가할 수 있다. 국민의 정치참여 장려가, '관중민주정치'를 '함께하는 민주정치'로 유도함으로써 마치 민주정치를 더욱 강화할 수 있다는 환상에서 나온 것이라면 문제다. 노 대통령의 '재신임 국민투표' 요구와 '대선자금 10분의 1' 발언도 국민과 '함께하는' 직접민주정치만이 더 많은 민주정치를 실현하는 길이라는 환상에서 나온 것이라고 볼 수 있다.

'노사모' 모임에 참석해 '시민혁명'을 당부한 것도 같은 취지라고 할 것이다. 참여민주정치는 그 매력적인 함의(含意)에도 불구하고 많은 문제점을 내포하고 있다. 국민은 주권자이기 때문에 '국민의 소리는 하느님의 소리'로 절대시할 수밖에 없다는 것이 바로 참여정치의 정신적 고향이다. 그렇지만 '국민의 소리'는 일상적 정치현실에서는 '목청 큰 사람들의 소리' 또는 '일부 극성스러운 국민의 소리'일 수밖에 없다는 한계를 안고 있다. '목청 작은 사람들의 소리'와 '침묵하는 다수 국민의 소리'는 참여정치에서 배제 내지 무시될 수밖에 없다. 흔히 국민의 소리를 여론으로 포장하기도 하지만, 여론은 그 특성상 가변적일 뿐 아니라 얼마든지 오도 조작할 수 있기 때문에 여론만 따라다니는 정치는 필연적으로 **포퓰리즘**으로 흘러 정책의 일관성을 지킬 수 없다. 노 대통령 1년간의 각종 정책 혼선이 이를 잘 말해준다. **참여정치를 내세워 인기영합주의로 흐를 경우** 책임정치는 실현될 수 없다. 책임질 주체가 모호해지기 때문이다. 오늘의 다원사회에서 여론은 양극화되기 마련이지만 그 양극화를 완화할 수단이 없다.

… 참여정치의 가장 치명적 결함은 다수 국민이 침묵할 경우 적극적으로 활동하는 소수집단이 국정을 좌우하는 소수의 독재가 초래된다는 점이다. 대의정치에서는 대다수 국민의 정치적 무관심과 침묵으로 공공이익이 치명적 손상을 입는 일은 없다. 그러나 참여정치에

서는 다수 국민이 침묵할 경우 공익의 손상은 돌이킬 수 없게 커진다. 그렇기 때문에 참여정치에서는 모든 국민이 원하건 원치 않건 언제나 공적인 일에 관심을 갖고 참여하도록 분위기를 유도해 갈 수밖에 없다. 국민의 정치참여를 유도하기 위해 경우에 따라선 자극적인 미끼를 던져야 한다. 노 대통령의 잦은 돌출발언과 정치행태는 바로 그러한 미끼의 상징성을 가진다. 그런데 미끼에 의해 **강요된** 참여는 자유민주주의 이념과 조화될 수 없다. 자유시민은 정치보다는 먹고사는 문제나 자녀교육 등 사사로운 관심사에 더 큰 비중을 두고 살아갈 권리를 누릴 수 있어야 하기 때문이다.”27)

'포퓰리즘' 담론으로 현재의 한국 정치와 시민사회를 보면 우리나라에서는 대의정치가 아주 잘 되고 있는 것처럼 보이고, 직접민주주의적 요소란 그 잘 되는 대의정치를 저해하는 것으로 비춰진다. 그리고 이 담론을 제기하는 입장에서 보면 '목소리 큰 사람'이 모든 것을 주도하는 것처럼 보여진다. 대다수 노동자 파업이나 부안 반핵 운동 같이 아무리 목소리를 세워도 되지 않는 일이 있다는 것은 관찰권 밖으로 나간다. 그리고 '포퓰리즘' 담론에서 보면 참여정부는 '인기영합주의'로 가고 있다고 보여진다. 그리고 지금 대의정치는 공공이익에 치명적인 손상을 가하지 않는 것으로 치부된다. 그리고 대통령은 잦은 돌출발언으로 미끼를 던지며 국민의 참여를 '강요'하고 있고, 이렇게 강요된 참여를 하는 국민은 현재 “먹고사는 문제”나 “자녀교육 등 사사로운 문제”에 신경 쓸 여지도 없이 억지로, 그것도 바쁘게, 국정에 참여당하고 있다고 보인다.

그런데 이렇게 자기 일도 돌보지 못할 정도로 바쁘게 참여를 강요당하는 국민이 있는가? 공론장에서 아무리 목소리를 높여도 국회와

---

27) 허명, 「<월요포럼> '참여정치' 유혹에서 벗어나야」, 『동아일보』(2004. 1. 5), 6면.

320

행정부와 지배층을 점거한 '침묵하는 소수'에 의해 토론도 묵살당하고 모든 의사에서 배제되는 것이 21세기 초의 한국사회인데, 제대로 실현되지도 않은 시민 참여 정치를 갖고 그것이 이미 인기영합주의로 나간 듯이 매도하는 것은 과연 온당한 일인가?

그러면서 여기에서 아주 분명하게 드러나는 역설적인 현상이 밝혀진다. '포퓰리즘' 담론이 신문에 도입된 지 10여 년이 되어 가는데, 코뮤'니즘'이나 소시알'리즘' 같은 '이즘'에는 반드시 따라 붙었던 학문적 연구가 포퓰리즘에는 전혀 동반되지 않았다. 어떤 학자나 사상가도 한국의 신문들에서 언급하는 것과 같은 형태와 의미를 가진 '포퓰리즘'을 연구하지 않았다. 한국 포퓰리즘은 그야말로 그 정확한 의미에서 populism을 정치이념으로 표방하는 정치 집단이나 특정 정치인은 물론 그것을 사상적으로 정리된 이데올로기로 연구하는 학자 한명도 확보하지 못했다. 바로 이것이 한국 포퓰리즘 담론의 가장 비극적인 특징이다.

> DSPD5. [한국 '포퓰리즘' 담론의 학문적 특징] 학문적 연구와 관련하여 한국 '포퓰리즘'이 가진 중요한 특징은 그 이데올로기적 기능의 특성상 한국 '포퓰리즘'이 학문적 담론의 소재로 격상될 만한 어떤 진지한 체계적 주장이나 논증도 그 안에 함축하고 있지 않다는 것이다. 다시 말해 20세기 말 한국 언론에서 시작되어 광범하게 유포되었지만, 현실 정치권이나 학술권에서 그 누구도 그것을 자기 신념의 진지한 표현으로 받아들이지 않은, 한국의 '포퓰리즘'은 그것을 주제화시키는 어떤 철학적·과학적 정당화나 정식화도 희화화시킨다.28)

---

28) 바로 이런 견지에서 21세기 초 현재 한국사회의 '포퓰리즘'에 관해 그 어떤 학설이나 이론 또는 실천적 전략을 구성적으로 규정해 보려는 과학적 시도에는 근본적 한계가 있다고 보인다. 필자와 같은 날 발제한 김일영 교수의 "신자유

그러나 만약 그야말로 현대 정치사상과 정치적 변혁운동에서 중요한 역할을 한 populism을 염두에 둔다고 한다면, 그것과 현재 한국의 민주주의는 어떤 관계를 가질 수 있을까?

3. 포퓰리즘(populism)에 관한 정치철학적 접근: 부실한 현대화와 허약한 민주주의에 대한 실질적 보완의 요구로서 포퓰리즘

필자가 보기에 '포퓰리즘'의 정확한 원조로서 '인민주의' 또는 '민중주의'라고 번역될 수 있는 populism은 대체로 다음 네 측면에서 복합적으로 규정될 수 있는 역사적·사회적 정치과정을 배경으로 현대화되는 사회의 한 현상으로 파악된다.

주의적 포퓰리즘 현상과 한국"은 포퓰리즘이 김대중 정권과 노무현 정권의 지도적 이념임을 전제하고 그 문제점을 분석하고 있다. 이런 관점에서 작성된 이 논문과 아울러 김 교수의 다른 비판 작업도 포퓰리즘 개념을 가장 엄정하게 적용하고 있는데, 바로 그렇게 포퓰리즘 개념을 엄정하게 잡으면 잡을수록 두 정권의 포퓰리즘적 특성은 점점 더 희미해지는 역설적 과정을 밟아간다. 김 교수는 포퓰리즘의 정치적 핵심을 "의회를 우회하여 대중을 위에서부터 동원하는 탑다운 방식"에서 찾고, 경제적 핵심은 "민중부분의 지지를 끌어내기 위한 물질적 토대를 마련하기 위해 광범위한 재분배 정책을 이용"하는 것으로 보았다(같은 글, p.113). 그러나 특히 김대중 정권에서 구상되거나 시행된 대부분의 정책들은 포퓰리즘의 일관된 적용이라기보다 '대중영합적 포퓰리즘의 측면'이 있긴 하지만 '현실적 필요성'에서 나온 것으로 진단되고 있으며, 선거전술도 결코 의회부정적이지는 않다는 점이 공정하게 인정되고 있다. 그에 따라 나온 김 교수의 최종 결론은 "김대중 정권에 대해 포퓰리즘이라는 개념을 사용할 수 없는 것은 아니나, 이제부터라도 그 비판은 제한적 내지는 부분적 의미로 사용되어야 할 것이다"라는 매우 소극적 성격의 것이다(같은 글, p.124).

1) 정치철학적 규정: 시민사회의 부재 또는 약체성 조건 하에서 특권 엘리트에 대항하는 인민의 수평적 통합과 정치적 유동화

포퓰리즘에 관한 가장 무난한 사전적 정의는 "특권 엘리트와 대립되는 보통 인민(또는 민중, common people)의 이해관심, 문화적 특성, 자발적 감정들을 강조하는 정치적 운동"이다.29) 즉, 민주주의는 인민(people) 또는 국민(nation)이 국가 또는 사회의 공적 권력(power)의 최종 원천임에 바탕하여 그것의 작동 구조를 다각도로 규정하려는 국가의 권력체제 개념인 반면, populism은 그런 국가 정치적 조직의 차원에서 관철되어야 할 이익 내용을 제시하는 일종의 질료적 개념이다. 따라서 민주주의는 인민을 권력주체로 놓고 그 권력 가동의 방식을 구조적으로(structural) 파악하는 개념임에 반하여, populism은 인민의 구체적 욕구를 충족시키는 것에 관한 실질적(material) 규정이다. 이와 동시에 포퓰리즘은 국가라는 정치적 공동체의 구성분자 중 상대적으로 소수를 점유한다고 상정되는 특권 엘리트에 대항하여 다수를 점하는 피압박 인민이나 민중이 이 엘리트 계층과 동등하거나 아니면 그들보다 우월한 권력을 갖는 것이 국가의 정당한 존립 이유 및 그 실질적 이익에 부합한다고 믿는, 강한 평등주의적(egalitarian) 경향을 표출한다는 또 하나의 특징을 갖고 있다.

분명한 것은 포퓰리즘은 어떤 경우에도 국가와 시민사회가 건설적으로 상호보완하는 관계에 있는 것을 가장 건강한 상태로 간주하는 현대 사회의 이상적 모델이30) 제대로 구현되지 않았을 때 나타나는 철저하게 현대적인 현상이라는 것이다. 따라서 어떤 경우에도 폴리스

---

29) Torucato S. Di Tella, "Populism", in S. M. Lipset(ed.), *The Encyclopedia of Democracy*, Vol. III(London: Routledge, 1995), p.985.
30) 헬드(1993) 참조.

구성원의 동등한 참여를 보장한 틀 위에서 작동되었던 고대 민주주의와 포퓰리즘을 연관시키는 것은 피상적으로만 유사할 뿐 개념의식적으로는 별다른 의의가 없다. 민주주의가 타락한 형태로서 중우정치는 피압박자 인민이 아니라 폴리스의 동등한 구성원으로서 폴리스 시민이 타락한 행태를 보이는 현상인 반면, 포퓰리즘에서 문제되는 인민이나 민중은 민주주의 과정에서 원천적으로 소외되었거나 배제되어 차별받는다는 자의식을 가진 피압박자이다. 따라서 플라톤이나 아리스토텔레스의 민주주의 비판을 포퓰리즘 비판의 원형으로 채용하는 것은 일종의 '범주 착각'(category mistake)이다.

2) 역사적 규정: 민주주의적 권력 구조 및 현대화 과정과 인민적 욕구 내용 사이의 괴리와 소외

시민혁명을 거친 선진 민주주의 국가에서 민주주의는, 대표성의 범위에 있어 항상 문제의 소지를 안고 있었음에도 불구하고, 그것을 요구한 시민 및 민중 계층이 그것을 실현한 계층이기도 하였기 때문에, 민주주의의 '권력 구조'와 그것을 통해 실현될 민중 또는 인민 또는 시민의 '욕구 내용' 사이에는 그다지 큰 괴리가 없었다. 따라서 민주주의의 구축을 통해 시민, 민족 또는 국민으로서 직접 성장할 계기를 가졌던 선진민주주의 국가의 인민이나 민중은, 그런 계기를 갖지 못했던 상대적 후진 국가의 인민이나 민중과 비교할 때, 자신들을 충족시킬 욕구 내용을 민주주의 권력 구조와 별도로 분리시켜 '통합적으로' 부각시킬 필요를 그다지 절실하게 체감하지 못한 상태였다고 보인다. 민주주의 권력 구조를 통해 시민적 요구 내용을 관철시켜 나가는 '주권재민 국가의 모델'은 현대 민주주의의 가장 중요한 특징이자 '정치에서의 현대'를 대표하는 가장 본질적인 성과였다.

그러나 populism은 민주주의가 거의 도입되지 않았거나 불완전하게 도입된 가운데 — 민주주의적이든 절대주의적이든, 아니면 여전히 봉건적이든 — '민주주의적으로 허약한 권력 구조' 아래에서 추진되는 '현대화 과정'의 사회적 맥락에서, 특권화된 제도나 특권층들이 제도적 기득권을 선점하고 공고화시켜, 바로 그 때문에, 현존하는 각종 계급이나 계층 전반에 걸쳐 사회 대다수 인민들이 사회적 이익 향유에서 배제되거나 소외되었을 경우, 각 계급이나 계층적 차이를 초월하여 '열세를 만회하기 위한 정치적 단결'을 도모할 때 가장 전형적으로 나타난다. 그 전조는 프랑스 혁명의 성과를 배분하는 과정에서 소외된 프티부르주아와 농민, 도시 프롤레타리아들이 루이 나폴레옹을 구심점으로 하여 일종의 인민군주 형태의 권위주의 체제를 성립시킨 프랑스 제2 제정의 보나파르티즘이었다.[31] 그러나 19세기 후반기 프랑스 사회의 산업화와 현대화에 따른 격심한 계급 분화와 대외 전쟁, 특히 통일기 독일 제국에 대한 이익 관계의 분열로 보나파르티즘은 프랑스 공화국 체제의 다원구조 안으로 그 구성요인들이 개별적으로 흡수되어 해체되었다.

(1) 그러나 현대 사회 모든 포퓰리즘의 원형은 19세기 중반 제정 러시아 치하에서 나타났던 인민주의자 즉 나로드니키 운동이었다. 이것은 제정 러시아가 추진한 도시 중심의 국지적 현대화 과정에서 도시에서는 자본주의 나름의 모순이 심화되고, 광범한 농촌의 농민은 중세 농노의 상태로 방치되는 가운데, 사회적으로 개명한 선진 인텔리겐차들이 주로 농민을 인적 기반으로 하고 전통적인 러시아 농촌의 공동체적 관습을 골조로 하여 지주-소작 관계를 척결하는 가운데 그 구성

---

31) 헬드(1993), p.987.

원들이 평등하게 상호부조하는 유토피아적 토지공동체를 지향한 운동이었다.[32] 이 운동은 분명히, 서구로 대변되는 현대화에 대해 일정 정도 비판적이면서 농민의 전통적 생활 지혜를 극력 옹호하는 가운데 일정 정도 반현대적이고 선구자적 사명을 중시하는 권위적 엘리트주의 성향을 보였지만, 완전한 복고주의는 아니었다.[33] 그러나 러시아의 인민주의는 계급적 이해 관계와 의식적 정체성을 분명히 함으로써 혁명운동의 헤게모니와 전술적 기동성을 확실하게 장악한 도시 프롤레타리아트 주도의 사회주의 운동이 성공하면서 사실상 소멸되었다.[34]

(2) 이에 반해 19세기 말 20세기 초 미국의 인민당 운동은 미국 자본주의의 직접적 피해자라는 의식을 공유하는 소도시 거주민과 농민, 그리고 대도시 하층민을 집결시켰다. 이들은 대자본 및 독점자본에 적대적이었으며, 격증하는 이주민, 특히 유태인에 대해 인종주의적 혐오감을 단결매체로 활용할 정도의 반동성도 포함하였다.[35] 분명한 것은 구조적으로 아주 단단한 듯이 보이는 미국 민주주의 제도의 골격에도 불구하고 미국 대륙의 변방이나 도시 빈민지대에 민주주의 주권의 행사에서 구조적으로 배제되는 인적 집단들이 끊임없이 산출된다는 것

32) Berdyaev(1937, 1947) 참조.
33) Billington(1958) 참조.
34) 서구식 교육을 받은 19세기 러시아의 청년 인텔리겐차들이 인민주의적 사명감으로 농민 계몽 및 농촌 조직 운동에 나섰다가 전면적으로 좌절하고, 그 이후 전위적 의식으로 무장한 각종 혁명 조직을 결성하면서 아나키즘 및 사회주의 혁명운동으로 진화하는 과정에 대해서는 이 방면의 고전적 저작인 프랑코 벤추리의 Venturi(1952)를 참조. 러시아 맑시즘의 인민주의적 뿌리에 대해서는 Martina(1964)와 Walicki(1980) 참조.
35) 미국의 인민주의 운동이 가지고 있는 정치적으로 애매한 성격에 관해서는 Salutos(1978)에 참집된 각기 다른 입장의 포퓰리즘 논의들이 읽기에 유익하다.

이었다. 이렇게 될 경우 "개혁가들은 정치적 권력을 일거에 장악하기 위해 불만자 모두의 전국적 단결"을 획책하기 마련이었다. 따라서 미국 인민주의는 "19세기 후반 미국을 휩쓸었던 광범한 범위의 개혁 운동 가운데 가장 현격하게 두드러진 부분"을 대변했다.36) 그러나 미국 인민주의는 미국 경제가 장기발전 국면에 진입하고, 공화-민주 양당제도를 통해 기층민의 이해가 순차적으로 충족되면서, 극히 일부 지역 (예를 들어 카리스마적 인민주의 지도자였던 휴이 롱이 주지사였던 루이지애나 정도)을 제외하고는 제2차 세계대전을 경과하면서 정치적 유의미성을 상실하였다.

(3) 한국의 현재 '포퓰리즘' 담론은 이렇게 지구상에 나타나는 모든 populism의 원조격인 러시아와 미국의 인민주의 운동을 철저하게 은폐한 채 경제의 황폐화와 국가 발전의 장기적 침체를 가져온 전형적 사례라고 하는 라틴아메리카 포퓰리즘을 금과옥조처럼 들고 나온다. 엄청난 경제적 잠재력에도 불구하고 지구상에서 여전히 낙후된 지역으로 남아 있는 라틴아메리카는 봉건적 대토지 소유와 현대 자본주의의 계급관계 중 최악의 측면이 중첩된 사회구조 속에서 만성적 빈곤과 교육부재의 질곡에 묶인 광범한 도시 빈민, 인디언 원주민, 무토지소작농을 안고 있다는 구조적 특성을 지닌다. 이런 상태에서 도시 부르주아와 대토지 소유자 가문 출신의 장교 계급과 지식인들은 거의 철벽 같은 계급구조유지 정책의 고삐를 늦추지 않았다. 이들 기득권에서 이탈한 일부 지식인이나 정치인들, 그리고 도시화된 사회부분의 기득권자들이 합세하여 민중주의적 시혜 정책을 주기적으로 실행했지만 이것이 진정한 시민 민주주의로 발전하지 못한 채 경제의 민주화가

---

36) 이상 Eric F. Goldman, "A Least Common Denominator", in *ibid.*, p.7.

계속 지체됨으로써 다시 빈곤이 고착되고 국가 경제의 침체를 야기하는 원인으로 악순환되었다. 그러나 라틴아메리카 포퓰리즘에서 가장 중요한 특징은, 이 대륙의 각 국가들이 선거제 민주주의라는 권력충원 구조를 계속 유지하고 있으면서도, 콜럼버스 시대 이래 각 사회구성에서 백인 부분과 비백인 부분의 엄존, 그리고 사회권력과 부의 점유에 있어서 후자에 대한 전자의 절대적인 우위, 나아가 백인 부분의 철저한 포령화(包領化) 등으로 불균형이 고착화된 '이중적 사회구조'를 고수하고 있다는 사실이다. "중남미의 백인들은 그들 나라의 메스티조나 인디오와 동질감을 느끼기보다 다른 나라의 백인, 특히 유럽의 백인들과 더 일체감을 느끼고 있다. 이러다 보니 상류 지배층인 백인 세계와 피지배층인 메스티조·인디오 세계로 '이중 사회'가 굳어지고 말았다. 이 같은 이중적 사회구조는 정치, 경제, 사회, 문화 등 모든 분야에 뿌리깊게 박혀 있으며, 중남미 발전과 통합에 큰 저해요인으로 작용하고 있다."37) 정복과 식민지 시대에 정착된 대농장 제도 아래에서 "대부분의 옥토를 소수 대농장주들이 장악하고 있다. 중남미 지역 평균 전체 인구의 2% 내외가 전체 농지 50% 이상을 점유하고 있으며, 특히 양질의 옥토는 대부분 이 대농장주들이 점유하고 있다."38) 바로 이런 내외의 중첩된 분열구조(백인-비백인, 대농장 소유주-무토지 소유자, 농촌-도시)가 엄존하고 분열의 당사자들 사이에 일체의 사회적 신뢰가 존재하지 않는 상황에서, 국가 권력을 사이에 두고 벌어지는 정치적 경쟁은 대부분이 이 분열 구조의 피해자이자 피압박계층인 유권자들을 유인하기 위해 불가피하게 인민주의적 방향성을 갖지 않을 수 없게 만든다. 다시 말해 라틴아메리카 포퓰리즘은 라틴아메리카 사회 파탄의 원인이라기보다 그 결과로서, (쿠바를 제외하고는) 근본적 원인 구조

---

37) 송기도(2003), p.48.
38) 송기도(2003), p.75.

가 한번도 제대로 청산될 기회를 갖지 못한 채 국가 운영에 계속 부담을 가중시킨다. 한국 언론은 라틴아메리카 사회의 이 고질적인 분열구조에 대해서는 거의 완악스럽게 눈을 감고 있다.

(4) 분명한 것은 한국 현대사에도 두 차례에 걸쳐 단기간이나마 집중적으로, 적어도 정치의식 측면에서는 포퓰리즘 국면을 거쳤다는 점이다. 역사적으로 참으로 역설적이지만 한국에서 정치사적으로 진정한 의미의 포퓰리즘, 즉 인민주의 운동이 처음 도입되었던 계기는 일본 제국주의 강점기 때 러시아의 나로드니키(populist의 러시아 원어이다) 운동을 모방하여 1931년 여름방학을 기해 당시 『동아일보』에서 전국의 전문학교 및 고보 학생들에게 호소하여 벌렸던 '브나로드'(인민 속으로) 운동이었다. 이것은 한글 교습을 통한 문맹퇴치를 핵심 사업으로 하는 일종의 민중계몽운동이었는데, 그 문학적 표현이 심훈의 『상록수』라는 것은 주지의 사실이다. 중요한 것은 현재 『동아일보』가 중요한 핵심점으로서 유포시킨 '포퓰리즘' 담론이 '포퓰리즘'이라는 언어를 비방조로 사용함으로써 이 식민지하의 인민주의 운동을 사실상 망각시키고 있다는 것이다.

한국사회에서 제2차 포퓰리즘 운동은 급속한 자본주의적 근대화 과정에서 수익층의 수가 급증하는 만큼이나 격증한 소외자층이 누적되기 시작한 1970~80년대를 배경으로 전개된 학생운동과 노동운동 나아가 반독재 민주화 운동 국면에서 다시 제기되었다. 1970년의 전태일 분신사건을 계기로 사회의 직접 변혁에 개입하기 시작한 선진적 대학생들은 변혁의 사회적 동력을 노동자, 농민, 중소부르주아 등의 연합에서 창출하고자 하여 여러 형태의 민중운동론을 발상하였다.[39]

___

39) 민중운동론과 계급운동론으로 각기 귀결되는 식민지반봉건론과 국가독접자본론 사이의 한국 사회구성체 논쟁에서 쓰여진 논설들은 박현재·조희연(1989a)

민중운동론의 기본적 발상은, 박정희 체제 아래서 진행된 개발독재와 그것을 통한 현대화 과정에서, 그 계급적 상이성에도 불구하고 일부 매판 자본과 관료층을 제외한 대부분의 국민들이 공통의 피해자 또는 소외된 피압박자라는 문제의식에서 유래되었다. 1980년대 초반에 거의 돌이킬 수 없는 추세가 된 산업화의 사회적 결과로서 노동자 계층의 사회적 비중이 높아지면서 계급통합에 역점을 둔 민중운동론과 노동자 계급의 특이한 선진성을 강조한 계급운동론이 원칙적 우선성 여부를 둘러싸고 같은 변혁 운동 안에서도 첨예한 대립을 보이기도 했다. 하지만 모든 민주화 또는 사회변혁 운동 세력들의 공동의 적이었던 군부독재 세력이 민간 정치권의 합세로 철저하게 붕괴된 이후, 민중운동론과 계급운동론은 민주주의 공고화 단계에서 각 계층의 분화된 이익을 분명히 하면서 제도권의 운영과 접합되는 시민운동으로 발전하기 시작하였다.

(5) 역사적으로 포퓰리즘은 민주주의가 성숙되지 않은 사회에서 이익관계의 충돌을 해결할 민주주의의 제도적 공고화가 이루어지지 않은 상황을 조건으로 하여 민주주의 속에서 관철될 요구를 선취하려는 계급연합전선의 형태로 출현하였으며, 경우에 따라서는 아직 이득을 주지 않는 현대화 과정에 대한 반발로 전통적 가치나 정체성, 민주주의와는 무관한 보수적 권위주의나 편협한 증오심을 기반으로 하는 경우도 있다. 그러나 포퓰리즘은 반(anti)민주주의적이라기보다 전(pre)민주주의 단계의 민주화 지향 운동성을 띠는데, 이때 민주주의가 정치, 경제, 사회에 걸쳐 균등하게 정착하지 못할 경우, 즉 민중이나 인민이 국가와 사회의 운영을 담당할 진정한 책임 있는 주체가 되지 못한다

와 (1989b), 그리고 강신철 외(1988), 편집부(1988)에 잘 수집, 정리되어 있다.

면, 민중의 좌절이 골수화하고 그들이 반대했던 특권층이 온존하면서 국가를 둘러싼 이해관계의 투쟁에서 누구도 이득을 보지 못하는 갈등과 불신의 긴 골짜기가 형성되어 국가의 전반적 약체화를 불러올 수 있다. 라틴아메리카의 경우는 그 대표적 사례이다. 그리고 국가독점사회주의체제에서 이행하는 동유럽 국가에서도 하루아침에 외삽적으로 주어진 시장경제 및 민주주의 구조가 완전히 기능을 발휘하지 못하는 국면에서는 이행기에 적응하지 못하거나 부당하게 좌절당하고 소외당한 욕구가 포퓰리즘적인 개념으로 표출되기도 했다.40)

3) 사회권력적 규정: 민주주의 공백의 표현으로서 포퓰리즘

그러나 포퓰리즘은 후진국이나 낙후지역, 또는 개발도상국에서만 나타나는 지난 세기의 유물이 아니다. 그것은 발전된 민주국가에서라도 국가가 관료화되고 지나치게 관리체제(managerial system)로 경직될 경우, 또는 사회적 이익 대변의 메커니즘이 탄력성과 참여성을 상실할 경우, 그에 대한 즉각적 불만의 자연발생적 표출로 새로이 분출하여 체제에 대한 반항성을 표출한다.41) 즉 포퓰리즘은 민주주의의 내실화가 공동화되었을 때 나타나는 권력이반의 또 다른 표현이다. 현재 미국 중부에서 광범하게 자생적으로 번져가는 반연방주의 민병대는 그런 움직임의 조짐을 보이고 있다.42) 현재의 발전된 민주주의를 준거로 놓고 보면 국지적으로 나타나는 미국 내의 각종 포퓰리즘적 움직

---

40) 탈공산주의 유럽 국가들에 대한 사례별 분석으로는 Linz(1996) 참조.

41) Gottfried(1999) 참조.

42) 대표적인 반연방주의 민병대 조직으로서 미국 오클라호마시티 연방청사에 대한 폭탄 테러범들의 사상적·행동적 의지처였던 미시간 민병대에 대해서는 졸고(2003a) 및 (2003b)를 참조.

임은 과두제적 의회정치에 대한 불만으로 나타난다. 동시에 포퓰리즘은 계급이해의 편협성과 경직성으로 인해 계급 운동이 이데올로기적 난항에 빠졌을 경우 계급 운동의 헤게모니가 확보되는 가장 원초적인 현장을 실천적으로 현전시켜 주는 전략적 이정표가 되기도 한다. 왜냐하면 "민중(인민)이야말로 그 어떤 계급에도 완전히 해소될 수 없는 것으로서, 적어도 그것이 중립화되는 선 이상이 아닌 한, 그 어떤 계급도 헤게모니를 장악할 수 없기 때문이다."[43] 결국 민중주의 또는 인민주의로서 포퓰리즘은 사회의 한 부분이라고 할 수 있는 국가부분이나 계급 또는 계층 부분이 궁극적으로 터잡아야 하는 사회권력의 모태로서 '인민'의 존재와 그 위력을 환기시키고 경직된 권력구조들을 탄력성 있게 재조정하는 아주 거시적인 조정기능을 수행하기도 한다.

4. 한국 민주주의와 포퓰리즘

하지만 포퓰리즘은 정치적으로 치명적인 약점을 갖고 있다. 그것은 정치적 의사형성에 있어서 체계성과 전문성을 갖기가 극히 힘들어 지도자의 카리스마나 집단적 자발성에 의존해야 하고 이것이 응집력의 약화를 야기해 지속성을 갖기가 힘들다는 것이다. 따라서 그것은 민주주의 정치가 내실화되면 거의 자동적으로 약화되고, 민주주의 정치가 부실화되면 거의 자연발생적으로 그 분위기가 형성된다. 이런 포퓰리즘은 민주주의가 제도적으로 공고화되고, 사회적 현대화의 진전에 따라 인민의 표상 아래 경계가 모호했던 계급간 이해관계가 각기 자기 조직으로 분화, 체계화되면서 대체로 약화되거나 소멸한다. 한국사회

---

43) E. Laclau, "Towards a Theory of Populism", in Laclau(1977), p.195.

는 이미 민주주의 제도가 공고화되고 시민사회에서 분화된 이익단체 및 시민단체의 조직성이 어느 정도 기능적·전문적으로 체계화되고 있기 때문에 이 모든 분화 상태를 민중이나 인민으로 통일적으로 융화시키기는 힘들다고 본다. 즉 이미 한국사회는, 적어도 제도적으로는, 탈포퓰리즘 사회(post-populist society) 단계로 들어왔다. 다시 말해, 제국주의에 의한 이질적 현대화 속에서 피압박 피해계층이 광범하게 존재했던 식민지 체제나 급속한 산업화에 의한 현대화가 진행되었으면서도 본격적인 민주주의는 유보되었던 개발독재체제 안에서 비록 사상적인 차원에서나마 운동분자들의 의식을 지배했던 포퓰리즘적 사상정향은 당시대의 모순을 실천적으로 지양하는 데 적지 않게 기여했다. 그럼에도 불구하고, 민주화와 사회분화가 급속히 진행되는 21세기 초의 현재 시점에서는 민중의 개념 안에 융합되어 있던 다양한 요구들이 시민적 요구들로 개별적으로 자립화됨으로써 사회적 다원화의 추동력으로 급속히 전이되는 국면에 접어든 것이다. 따라서 한국사회의 지배적 사회의식에서 민중주의는 그 과거의 온전한 형태로서는 더 이상 존립할 필요 없이 시민적 합리성 안으로 편입되어 재편성되는 형국을 밟고 있다. 그런 의미에서 필자는 '탈-포퓰리즘 사회'라는 가상 모델을 제시한다.[44)]

무엇보다 한국사회의 시민권을 움직이는 방식은 단순한 여론(public opinion)이 아니라 공적 토론(public discussion)을 통한 정치적 의사형성(formation of the political will) 국면으로 접어들었다. 인터넷을 통한 의견 표명은 제도권 언론에서 그야말로 시장주의에 의해 선동하고 선점하던 몽매주의적 여론형성 메커니즘을 사실상 상대화시켰다. '말하고 생각하는 시민'(speaking and thinking citizen)이라는 현대 민주

---

44) '탈-포퓰리즘 사회'라는 개념에 대해 보완이 필요한 점을 지적해 준 김일영 교수와 한승완 박사에게 감사한다.

주의의 핵심 주체는 이미 상당히 심화된 사회화 과정을 거치고 있다. 수구 언론에서 '포퓰리즘'의 원천이라고 지목하는 일군의 네티즌이야 말로 도리어 탈(post)-'포퓰리즘'의 추진주체이다. 정치적 혁명까지는 아니더라도 적어도 커뮤니케이션 혁명 정도로는 불러줄 수 있는 네티즌 현상에서 확인되는 언어문화적 특성은 크게 세 가지이다. 이 점에 대해 노혜경 선생은 다음과 같이 그 인터넷 토론 문화의 특징을 제시하고 있다. 그 논의에 따르면, 정보화 국면 언어문화의 특징은 다음과 같다.

"우선, 엄숙주의 언어독점세력을 항해 딴지일보식 똥침 놓기를 하는 구체적이고 일상적인 하위문화적 화법의, 다시 말해 욕설언어의 확산이다. 한번도 말하기의 갈증을 느껴본 일이 없이 기존의 언어질서 내에서 충분히 자유로웠던 사람들, 곧 기득권층의 사람들로서는 굳이 속어, 비어에 욕설까지 동원해야만 직성이 풀릴 이유가 없다. 그러나 '엽기 김대중' 음성파일의 빠른 확산이 상징하는 바와 같이 화끈한 욕설 한마디가 심정적 진실에 가까운 것은 우리 모두가 체험한 바다. 천박하고 구체적인 **일상어법의 자유로운 사용**은 네티즌들을 엄숙하고 권위적인 지배계층의 억압으로부터 해방시키는 작용을 한다.
둘째, 게시판 기능에 필연적으로 따라오는 댓글 달기를 통한 대등한 토론이다. 게시판 문화는 자신의 의사를 언어를 통해 정확하게 전달하지 못하거나 논리적으로 설득하지 못하면 그가 지닌 어떤 기득권도 그의 명예를 보호해 주지 못한다는 것을 적나라하게 보여준다. 극우논객들이 네티즌들의 '언어폭력'을 빙자하여 게시판을 닫아버린 이유가 사실은 토론에서의 도망침이나 다름없다는 것을 이미 네티즌들은 안다.
네티즌 혁명의 세 번째 방향이자 마지막 단계는 토론의 상대에 대한 인정과 존중, 그리고 말의 주고받음을 통해 네티즌이라는 말의 의미를 완전하게 실현하는 단계이다. 그것은 넷상의 **개인으로 독립한 시민들이 연대하여 새로운 정치를 만들어내는** 일이다. 봉건적인 패거리의식에서 독립한 개인으로, 그리하여 타자와의 연대로 이어지는 세상은 그 이념이 어떤 쪽에 있든 성숙한 사회임에 틀림없다. 이제 우리 사회는 변화의 임계점을 넘어섰다. 이것이 네티즌 혁명의 참된 의미이다."45)

아직 사회학적으로 정확하게 규명된 것은 아니지만, 낙선운동, 노사모, 붉은 악마 등 온라인에서 결집된 의사를 오프라인으로 전화하는 매개조직 및 그 운동에서 가장 열성적인 참여자로 확인된 사람들은 대체로 **여성, 청소년, 20~30대 청년** 등의 사회적 요인을 지닌 것으로 추정되고 있다. 지금까지 한국사회는 '집단에의 귀속 의식'을 주조로 하여 **장년층 이상의 남성 직장인 및 이들에 대한 상위 지배 세력**에 의해 만들어져 왔다. 그러나 정보화 과정에서 조성된 공간 혁명과 커뮤니케이션 혁명을 통해 '자기주체적 시민의식'을 가진 '개인'으로 성장하고 있는 사회 구성원들의 욕구에 대해서는 지금서부터 그 내용과 존립 양상을 규정하기 시작해야 한다. 이 점에서 인터넷상에서 이루어지는 교류 문화에서 공적 토론 기능을 의도적으로 무시하고 선동에 움직이는 우중(愚衆) 정도로 네티즌을 격하시키는 일부 언론의 시각은 완전히 거꾸로 된 상태이다.

그러나 이와 같은 상태에서 신자유주의적 세계화의 결과 시민적 생활기반이 와해되고 정치권의 무능이 격화되면서 빈부 격차가 급격히 벌어지면 부실화된 자기 삶에 대한 반발과 불만의 표출로서 어떤 형태로든 포퓰리즘적 문제제기는 발생할 수 있다고 생각된다. 따라서 정확한 정치적 의미에서 포퓰리즘 즉 인민주의 또는 민중주의는 민주주의의 권력 골격을 내재적으로 보완하는 일종의 사회적 활성화 양식으로 볼 여지가 있는 것이다.

---

45) 노혜경, 「<길라잡이> 네티즌 혁명의 참 의미」, 『한겨레』(2002. 4. 16), 10면.

참고문헌

강신철 외. 1988. 『80년대 학생운동사. 사상이론과 조직노선을 중심으로(80
　　～87)』. 서울: 형성사.

강정인. 1997. 『민주주의의 이해』. 서울: 문학과지성사.

김일영. 2003. "신자유주의적 포퓰리즘 현상과 한국: 김대중 정권과 노무현
　　정권을 중심으로", 철학연구회(2003), 110～127.

라클라우, 어네스토/무페, 샹탈. 1990. 『사회변혁과 헤게모니』. 서울: 터(문
　　화과학사).

박현채·조희연 편. 1989a. 『한국사회구성체논쟁 (I). 80년대 한국사회 변동
　　과 사회구성체논쟁의 전개』. 서울: 죽산.

박현채·조희연 편. 1989b. 『한국사회구성체논쟁 (II). 현단계 사회구성체논
　　쟁의 쟁점』. 서울: 죽산.

송기도. 2003. 『콜럼버스에서 룰라까지. 중남미의 재발견』. 서울: 개매고원.

시에예스, E. J., 박인수 역. 2003. 『제 3신분이란 무엇인가』. 서울: 책세상.

철학연구회. 2003. 『디지털시대의 민주주의와 포퓰리즘. 2003년도 추계학술
　　발표회』(2003. 12. 6, 경희대).

카, E. H., 김현일 역. 1983. 『혁명이론과 혁명운동. 유럽혁명운동의 이데올
　　로기적 기원』. 서울: 풀빛.

편집부. 1988. 『학생운동논쟁사』. 서울: 일송정.

한승완. 2003. "포퓰리즘의 다의성과 혼란, 그리고 민주주의의 심화". 철학
　　연구회, pp.182～184.

헬드, 데이비드, 이정식 역. 1988. 『민주주의의 모델』. 고양: 인간사랑, 1993,
　　5판/1988, 초판.

홍윤기. 2003a. "태초에 테러가 있었다 ①: 웨이코, 오클라호마, 유나보머,
　　그리고 9·11". 『인물과사상』 27. 서울: 개마고원. pp.293～319.

＿＿. 2003b. "태초에 테러가 있었다 ②: 웨이코, 오클라호마, 유나보머, 그
　　리고 9·11", 『인물과사상』 28. 서울: 개마고원. pp.201～254.

Balibar, Etienne. 1993. *Die Grenzen der Demokratie.* tr. by Th. Laugstien. Hamburg: Argument Verlag.

Bellamy, Richard/Bufacchi, Vittorio/Catiglione, Dario(eds.). 1995. *Democracy and Constitutional Culture in the Union of Europe.* London: Lothian Foundation Press.

Berdyaev, Nicolas. 1937. *The Origin of Russian Communism.* London: The Centenary Press.

_____. 1947. *The Russian Idea.* Boston: Beacon Press, 1962/London: Geoffrey Bles, 1947.

Billington, James H. 1958. *Mikhailovsky and Russian Populism.* Oxford: Clarendon Press.

Carr, E. H. 1950. *Studies in Revolution.* London: The Universal Library, 1964/First published by Macmillan & Co. TD., 1950.

Guéhenno, Jean-Marie. 1996. *Das Ende der Demokratie.* tr. by R. v. Savigny. München: dtv.

Gottfried, Paul. 1999. *After Liberalism: Mass Democracy and the Managerial State.* Princeton: Princeton University Press.

Held, David(ed.). 1991. *Political Theory Today.* Cambridge: Polity Press.

Laclau, Ernesto. 1977. *Politics and Ideology in Marxist Theory: Capitalism-Fascism-Populism.* London: NLB.

Linz, Juan J./Stepan, Alfred. 1996. *Problems of Democratic Transition and Consolidation. Southern Europe, Southe America, and Post-Communist Europe.* Baltimore and London: The Johns Hopkins University Press.

Malina, Martin. 1964. *Alexander Herzen and the Birth of Russian Socialism.* New York: The Universal Library.

Meier, Christian. 1970., *Entstehung des Begriffs >Demokratie<. Vier Prolegomena zu einer historischen Theorie.* Frankfurt/M.: Suhrkamp Verlag.

Moore, Barrington. 1969. *Soziale Ursprünge von Diktatur und Demokratie.* Frankfurt/M.: Suhrkamp Verlag.

Saloutos, Theodore(ed.). 1978. *Populism: Reaction or Reform?* Huntington: Robert Kreiger Pub. Co.

Sumner, Colin(ed.). 1997. *Violence, Culture, and Censure.* London: Taylor & Francis.

Torucato S. Di Tella. 1995. "Populism", in: S. M. Lipset ed. *The Encyclopedia of Democracy.* Vol. III. London: Routledge. pp.985~989.

Venturi, Franco. 1952. *Roots of Revolution: A History of the Populist and Socialist Movements in Nineteenth Century Russia.* tr. by Francis Haskell. London: Weidenfeld and Nicolson, 1960. 1st. published in Italy: Giulio Einaudi Editore, 1952.

Walicki, Andrzej. 1980. *A History of Russian Thought. From the Enlightenment to Marxism.* tr. by H. Andrews-Rusiecka. Oxford: Clarendon Press.

"라틴아메리카의 경제적 포퓰리즘: 정치경제학적 접근"에 대한 논평

| 박 구 병 | 서울대 인문학연구원 |

　김우택 교수(이하 필자)는 "라틴아메리카의 경제적 포퓰리즘: 정치경제학적 접근"을 통하여 라틴아메리카의 포퓰리즘에 어떻게 접근할 것인가를 다룬 기존의 논의를 검토하면서 각각의 강점과 한계를 지적하고 있다. 이 논문의 특징은 포퓰리즘을 하나의 정치적 현상으로 파악하면서 리더십과 지지계층, 운동이나 체제의 이데올로기와 강령에 주목하는 접근 방식에서 벗어나 20세기 내내 라틴아메리카 여러 나라들을 괴롭힌 경제적 불안과 포퓰리즘 정권의 경제 정책을 연결시키는데 있다. 필자는 특히 경제적 포퓰리즘이 등장하여 반복되는 이유를 추적한 카우프만(Robert Kaufman)과 스털링스(Barbara Stallings)의 논문과 이른바 '고전적' 포퓰리즘과 경제적 포퓰리즘을 구분하여 주요 정책의 공과를 살핀 카르두주(Eliana Cardodo)와 헬위지(Ann Helwege)의 논문에 주목하고 있다.

　포퓰리즘을 둘러싼 논의는 필자가 정리한 대로 몇 가지 쟁점에 집중되고 있다. 우선 포퓰리즘을 어떻게 정의할 것인가, 둘째 왜 포퓰리즘이 라틴아메리카 특유의 정치 현상이 되었는가, 셋째 부정적인 효과에도 불구하고 포퓰리즘이 반복되는 이유는 무엇인가 라는 점이다. 필자는 여기에 카르두주와 헬위지의 논의를 바탕으로 '고전적' 포퓰리즘과 경제적 포퓰리즘 사이에 어떤 차이가 존재하는지를 추가하고자 한다. 이제까지의 논의에 따르면, 포퓰리즘은 기존 체제에 반대하는 '광의의 지배 집단'의 어떤 분파가 자율적으로 조직화되지 못한 대중(노동자, 농민)을 동원하여 정권획득이나 유지에 활용하는 전략으로 규정될 수 있다. 또한 특정 세력이라기보다는 여러 계층에 지지를 호소하는 인기영합주의와 계급 통합적 강령, 이에 따른 이념적 일관성의 결여를 그 특징으로 하며 권력획득에 성공할 경우 포퓰리즘 정권은 '예산제약을 무시'하면서까지 재정적자를 통한 국내 수요 진작, 임금인상을 통한 소득재분배와 수입대체산업화 정책을 적극 추진하기도 한다.

논평자는 정치운동의 영역과 경제 정책을 포괄하여 라틴아메리카의 포퓰리즘을 검토하려는 필자의 접근 방식에 기본적으로 동의한다. 다만 논점을 명확히 하는 데 필요하다고 판단되어 몇 가지 질문을 하고자 한다.

첫째, 포퓰리즘을 '라틴아메리카 특유의 정치현상'이라고 파악할 때, '특유'라는 표현은 구체적으로 무엇을 의미하는가? 필자가 강조했듯이 포퓰리즘은 꽤 모호한 개념이지만, 대체적인 특징을 나열한다면 개혁적 구호와 민족주의적 수사의 애용, 카리스마적 지도자의 존재, 그리고 무엇보다도 대중에 대한 직접적 호소(massive and direct appeal)를 들 수 있을 것이다. 또한 멕시코의 경우를 제외하곤 대체로 포퓰리즘 정권은 군부라는 강력한 반대 세력에 의하여 붕괴되었다. 이런 특징을 근거로 브라질의 바르가스(Getúlio Vargas)의 신국가(Estado Novo, 1937~45), 아르헨티나의 페론(Juan D. Perón) 체제(1946~55), 멕시코의 카르데나스(Lázaro Cárdenas) 집권기(1934~40)를 흔히 '고전적' 포퓰리즘 체제로 분류한다. 이 외에 파나마의 아리아스(Arnulfo Arias, 1948~51)와 에콰도르의 벨라스코 이바라(José María Velasco Ibarra,

340

1944~47, 1952~56)의 집권기뿐만 아니라, 집권하진 못하였으나 1930년대 페루 APRA 당의 아야 데 라 토레(Victor Raúl Haya de la Torre)나 1940년대 콜롬비아 자유당의 급진파 가이탄(Jorge Eliécer Gaitán)도 이 범주에 해당한다고 볼 수 있다. 이렇듯 포퓰리즘은 라틴아메리카 여러 나라에서 가히 결정적인 정치적 흐름을 형성한 것으로 보인다. 하지만 포퓰리즘을 "라틴아메리카 특유의 정치현상"이라고 보는 카우프만과 스털링스의 지적이 타당한지는 여전히 의문이다. 이에 대한 필자의 견해를 듣고 싶다.

1980년대 초 코니프(Michael L. Conniff)는 라틴아메리카의 포퓰리즘을 미국과 러시아의 인민주의 운동과 비교하고자 시도한 바 있다. 다소간 이데올로기적인 차이가 있을 수 있지만 라틴아메리카의 포퓰리즘은 1930년대 프랑스와 에스파냐의 인민전선 정부와도 크게 다르지 않다고 할 수 있지 않을까? 또한 필자는 대공황이 포퓰리즘 정권 출현의 계기가 되었음을 지적하였는데, 그렇다면 포퓰리즘의 경제정책의 핵심을 소득재분배와 수입대체산업화 정책을 통한 공황 타개책, 즉 라틴아메리카 판 '뉴딜'로 파악할 여지는 없는 것인지 묻고 싶다.

둘째, 필자는 기존 논의의 빈틈이라 할 수 있는 '고전적' 포퓰리즘과 경제적 포퓰리즘 사이의 관계, 다시 말하면 '고전적' 포퓰리즘이 경제적 포퓰리즘의 등장에 어떤 영향을 미쳤는지에 주목하고 있는데, 이와 관련하여 경제적 포퓰리즘의 정의를 좀더 명확히 하였으면 한다. 외환위기와 초(超)인플레이션(hyper-inflation)이라는 경제적 불안의 악순환과 경제적 포퓰리즘 정권의 거시경제 정책을 연결짓는 대목을 제외하면, 경제적 포퓰리즘의 실체가 뚜렷이 드러나지 않아 보인다. 필자는 20세기 후반의 경제적 포퓰리즘이란 범주를 상정하면서 그 역사적 실례로 페루 APRA 당의 알란 가르시아(1985~89), 칠레의 살바도르 아옌데(1970~73), 니카라과의 다니엘 오르테가(1979~90) 정권을 염두에 두고 있는 것 같은데, 그렇다면 논문 앞부분에서 인용한 디 테야 (Torcuato Di Tella)나 딕스(Robert H. Dix)와 같은 정치학자의 포퓰리즘 정의와 사뭇 다른 것이 아닌지 묻고 싶다. 아울러 어떤 경제적 변수의 차이가 '고전적' 포퓰리즘과 경제적 포퓰리즘의 구분을 가능하게 하는지 좀더 논의가 필요하다고 생각한다.

사실 필자가 주목한 '고전적' 포퓰리즘과 경제적 포퓰리즘의 차이는 양자가 태동한 시기와 밀접하게 맞물려 있는 듯하다. 아르헨티나의 페론의 제 1, 2차 집권기(1946~55)는 제 2차 세계대전 이후 전 세계에 걸쳐 자본주의적 성장이 약진을 거듭하던 시기였는데, 이 유리한 경제 환경이 페론의 적극적인 재분배 정책 추진에 큰 도움을 주었다. 하지만 이 시기를 면밀히 살펴보면 1952년 7월 에비타가 사망한 뒤 페론이 수립한 두 번째 경제 5개년 계획은 전에 비해 공업 생산의 극대화와 사회·경제적 균형을 강조하였음을 알 수 있다. 이 시기에 페론은 병폐의 근원이라 할 수 있는 인플레이션을 억제하기 위해 고통 분담을 호소하고 이를 사회협정으로 체결함으로써, 초기 정책과는 상반된 경향을 보여주었다. 도시에 비해 농업의 발전을, 노동과 임금에 비해 자본과 이윤을, 국내 소비보다는 수출을 우선시하는 등 이미 '고전적' 포퓰리즘이라는 범주에 묶이기 힘들 정도의 경제 정책이 시행되었던 것이다. 또한 흔히 '세 번째 페론주의'라고 일컬어지면서 1989년 이후 메넴(Carlos S. Menem)이 주도한 페론주의는 이전 두 단계와는 매우 다른 신자유주의적 기획이었다. 그러므로 우리나라의 주요 언론이 2001년 말 이후 더욱 심각해진 아르헨티나 경제 위기의 원인을 페론주의에서 찾으면서 이 '고전적' 포퓰리즘을 강력한 노조 활동, 경제 수준에 걸맞지 않은 과도한 사회복지, 그리고 그것을 오랫동안 뒷받침해온 재정적자 정책으로 요약하는 것은 단지 일부만 옳은 지적이라 할 수 있다. 실상 최근의 경제 위기는 국제통화기금의 권고를 너무나도 충실하게 준수한 결과 전반적인 내핍정책과 과도한 이자 부담, 소득 불균형의 심화에서 비롯된 것이기 때문이다. 우리의 언론은 정치인의 인기영합주의와 몇몇 집단의 이기주의에 그 혐의를 전가했지만 2001년 이후 위기와 1940년대 중반의 페론주의를 직접 연결짓는 것은 시대착오의 산물인 것이다. 페론의 노동 입법과 사회복지 정책이 지나치게 분배정의를 강조한 나머지 여러 사회 집단(corporación)의 반발과 경제적 곤란을 가져왔다고 볼 수는 있겠지만 페론주의는 아르헨티나 군부의 '더러운 전쟁'(1976~83)과 페론의 이름은 빌렸지만 '고전적' 페론주의의 내용과는 정반대의 정책을 추진한 메넴 정권(1989~99)을 통해 해체되었기 때문이다.

셋째, 포퓰리즘 정권의 모든 정책을 단지 인기영합주의 또는 정치적 줄타기라는 관점에서만 이해해야 하는지 의문이다. 앞서 지적한 대로 우리나라의 주요 언론에서 언급되는 포퓰리즘은 한 나라의 몰락을 가져온 결정적인 원인으로 지목받곤 한다. 하지만 대중과의 교감 없는 민주주의는 단지 형식적인 차원에 머무르는 것은 아닌지, 포퓰리즘 정권의 계급 통합적 정강이나 직접적인 대중적 호소를 '파격적'이라 명명하고 제도적 틀을 무시하는 처사로만 인식한다면 이 또한 과잉규정이 아닐까 생각한다.

아르헨티나의 위기는 우리에게 적절한 경제발전의 진로를 찾지 못해 헤매는 후진국이 아니라 비교적 일찍 근대화를 겪은 나라가 중대한 변화에 효율적으로 대처하지 못하고 잘못된 경제정책을 추진한 나머지 몰락의 길을 걷고 만 흔치 않은 사례를 보여준다. 1860년대 이후 농축산물 수출(밀, 쇠고기) 호조에 힘입어 성장세를 이어가던 아르헨티나는 1929년 이후 세계적인 경제 침체를 통해 큰 시련을 겪게 된다. 다른 나라와 비교하여 대공황의 여파가 특히 아르헨티나에게 감당하기 어려운 수준이었는가는 논란의 여지가 있지만, 여러 연구자들은

1930년대 중엽 이후 아르헨티나 정부가 추진한 적극적인 경제 개입과 보호무역 정책, 다시 말해 '내부지향적 발전'(desarrollo hacia adentro) 전략은 아르헨티나의 경제적 지위 하락에 큰 영향을 미쳤다고 주장한 다. 말하자면 당시 '세계화 전략'과는 배치되는 민족주의적 발전 경로 를 택한 것이 쇠퇴의 주요 원인이었다는 것이다.

이에 더하여 아무래도 포퓰리즘에 대하여 부정적 언사가 쏟아지는 까닭은 여러 포퓰리즘 정권 시기에 대중 집단이 새롭게 체제 내로 편 입되어 정치적 지분을 인정받았다는 점 때문이 아닐까 생각한다. 페론 은 아르헨티나 현대사의 과두지배 단계의 문을 닫고 민족주의 고양과 노동계급의 체제 통합이라는 새로운 의제를 가지고 포퓰리즘 시대를 열었다. 페론은 사회정의, 정치적 주권, 경제적 독립에 기반을 둔 새로 운 아르헨티나를 대중에게 약속했으나 결국 그의 '혁명'은 완수되지 못한 채 노동계급의 영웅인 동시에 전통적인 과두지배 집단의 '공적' (公敵)이자 분열의 선동가로 남게 되었다. 페론을 축출한 군부의 권위 주의적 통치를 거치면서 아르헨티나는 완전히 양분되고 말았다. 페론 을 비난하는 이들은 농축산업 부문의 약화와 제조업의 성장 유도 정 책, 그리고 성장의 토대가 구축되기 전에 노동계급에 너무 많은 물질 적 혜택을 부여했던 점을 페론 체제의 실패 요인으로 꼽는다. 그러나 이러한 지적은 1930년이래 공황과 전쟁을 거쳤던 아르헨티나의 경험 과 복잡한 국제·국내적 압력을 경시한 것이다. 다른 라틴아메리카 나 라들은 페론의 아르헨티나와는 달리 전쟁 발발 직후 연합국을 지지하 면서 미국의 무역 상대국이라는 새로운 역할을 수락했지만 별다른 결 과를 얻지 못했고, 1950년대 중반에 이르러 대부분 성장과 분배의 위 기에 봉착하고 말았기 때문이다.

"민주화, 신자유주의적 포퓰리즘, 그리고 한국: 김대중 정권과 노무현 정권을 중심으로"에 대한 논평

| 임 성 학 | 경남대 극동문제연구소 |

민주주의와 포퓰리즘에 대한 진지한 논의의 필요성에도 불구하고 아직까지 학계에서 심각하게 다루어지지 않았다. 그래서 정보화 사회의 발전이 민주주의와 포퓰리즘에 어떤 영향을 미쳤는가를 다루고 있는 철학연구회의 이번 학술회의는 뜻 깊다. 김일영 교수(이하 필자)의 논문 "민주화, 신자유주의적 포퓰리즘, 그리고 한국: 김대중 정권과 노무현 정권을 중심으로"는 신자유주의적 포퓰리즘(neoliberal populism)이라는 개념을 아마 최초로 한국에 소개한 논문이라는 점 뿐만 아니라 최근 기존 이론으로 설명할 수 없었던 국내외적 정치현상을 이 개념으로 잘 분석했다는 점에서 의미가 있다.

국내적으로 노무현 정부는 핵심 철학으로 '국민참여'를 설정하고 사회주도적 엘리트만이 아니라 일반 국민들의 의견을 존중해 국가적 과제를 함께 풀어가는 것이 중요하다고 밝혔다. 일부에서는 포퓰리즘적이라고 비판하고 있지만 국민참여형 민주주의는 의회민주주의를 완성하기 위해 그 틈을 채우는 직접민주주의 방식을 겸비하자는 것이라고 강조했다. 그러나 노무현 정부는 의회나 정당이라는 공식적 정치기구와 대화, 설득, 타협하기보다는 이들을 우회하고자 하는 경향을 보이며 직접 국민에게 다가서는 포퓰리즘적 정치전략을 선택하고 있는 것으로 보인다. 이런 포퓰리즘적 정치전략과 함께 구조조정, 한·칠레 FTA 등의 신자유주의적 경제정책도 병행하고 있다.

국제적으로도 이런 현상을 찾아볼 수 있다. 특히 브라질의 경우 좌파인 루이스 룰라 대통령이 이끄는 정부가 출범한 이후에도 우려했던 것과는 달리 시장 개혁이 순조롭게 진행되고 있어 경제 회복에 대한 기대감이 높은 것으로 나타났다. 그는 대통령 선거기간 중 민영화 기업을 국유화하고 노동자 등 빈곤층의 사회복지 지원을 대폭 확대하겠다고 약속하여 재정 지출을 확대하는 포퓰리즘적 정책을 시행할 것으로 예상되었지만 집권 후에는 신자유주의적 정책으로 선회하였다.

신자유주의적 포퓰리즘이라는 개념으로 이런 현상들을 설명할 수 있다는 점은 인정하지만 꼭 이 개념을 사용해야 하는가라는 점에서는 회의적이다. 그 이유는 신자유주의와 포퓰리즘은 경제적 용어로는 상호배타적인(mutually exclusive) 개념으로 사용되기 때문이다. 보호주의-개방주의, 수입대체 산업화-수출주도 산업화, 소비-투자 등 일반적으로 같이 사용될 수 없는 개념으로 간주된다. 그러나 필자는 포퓰리즘을 "정책의 차원에서 해방시켜 정치의 차원으로 올려서 생각"해야 한다고 주장하면서 포퓰리즘을 경제정책을 중심으로 보기보다는 민주주의 한 형태로 파악하고 정치지도자와 대중이 대의제도와 절차를 거치기보다는 (대의제도가 존재함에도 불구하고) 직접 대화를 꾀하는 것이라고 파악하고 있다. 하지만 이런 대의제 우회현상을 오도넬(G. O'Donnell)은 위임민주주의(delegative democracy)라고 개념화하고, 위임민주주의의 만연은 신생민주주의의 대의성을 약화시키고 민주주의에 대한 냉소적 태도를 증대시킴으로써 신생민주주의를 무너뜨릴 수도 있다고 주장한다. 만약 정치적인 측면에서 위임민주주의, 경제정책적 측면에서 신자유주의를 적용하여 신자유주의적 위임민주주의

(liberal delegative democracy)라는 용어를 사용한다면 용어에 대한 혼란을 줄일 수 있을 것이다.

두 번째로 지적하고자 하는 것은 신자유주의적 포퓰리즘이 동시에 일어나지 않을 수 있다는 것이다. 김대중 정권 초기 경제위기 상황 속에서 신자유주의적 경제개혁은 피할 수 없다는 것은 정치지도자 뿐만 아니라 일반 대중도 인식하고 있기 때문에 보다 더 포퓰리즘적 성격을 소유한 김대중 정권도 신자유주의적 정책을 실시하지 않을 수 없었다. 그러나 후기에는 신자유주의적 정책에서 조금 이탈하여 분배중심적 정책으로 선회하였다. 이는 경제위기를 어느 정도 극복하였기 때문이거나, 김대중 정권의 포퓰리즘적 성격 때문이거나, 선거전략적 차원에서의 선심정책(political cycle)일 수도 있다. 따라서 김대중 정권을 초기와 후기로 구분한다면 신자유주의적 포퓰리즘의 개념적 형용모순을 극복할 수 있을 것으로 보인다.

셋째, 필자는 포퓰리즘을 "정책의 차원에서 해방시켜 정치의 차원으로 올려서 생각"해야 한다고 주장하였지만 분석은 김대중, 노무현 정권의 경제정책 분석에 중점을 둔 것으로 보인다. 생산적 복지, 야당의 원 빼내기, 남북정상회담 선거전략 등을 제시하고 있다. 그러나 야당 의원 빼내기는 한국정치에서 정계개편을 위해 항상 이용되어 온 전략이며, 북한의 변수는 북풍사건에서도 볼 수 있듯이 항상 선거에 이용되어 왔다. 정치 차원에서의 분석을 위해서는 김대중, 노무현 정권이 어떻게 대의제도와 절차를 우회하고 국민과의 직접대화를 시도하였는가를 분석해야만 더 설득력을 가질 수 있다.

논문 발전을 위해 몇 가지 지적하였지만, 필자의 한국정치에 대한 견해에 전적으로 동감하고, 한국정치의 새로운 시각을 제시한 점에 감사드린다.

"포퓰리즘과 민주주의: 플라톤의 딜레마"에 대한 논평

| 정 연 교 | 경희대 철학과 |

서병훈 교수(이하 필자)는 "포퓰리즘과 민주주의: 플라톤의 딜레마"에서 포퓰리즘이 민주주의에 내재하는 근본적인 문제임을 드러내고 일종의 혼합 체제인 "엘리트 민주주의"를 그 대안으로 제시하고 있다. 특히 포퓰리즘의 위험성을 라틴아메리카의 경우를 들어 극명하게 드러내고, 민주주의와 포퓰리즘의 관계를 플라톤의 텍스트에 대한 상세한 논의를 통해 생동감 있는 방식으로 보여주었고, 우리나라의 정치인과 시민 모두가 쉽게 채택할 수 있는 구체적인 방안까지 제시하고 있어 모든 면을 두루 갖춘 논문이라 칭찬하지 않을 수 없다. 그러나 좀더 심도 있는 논의를 위해 한두 가지 같이 생각해 볼 만한 문제를 제기하고자 한다.

우선 필자가 결론에서 제시한 실천방안부터 생각해 보자. 필자의 구분처럼 만약 포퓰리즘이 '민주적 인간'과 '사이비 정치인'이 야합한 결과인 반면 진정한 민주주의는 '사려 깊은 민주적 시민'과 '현명한 정치인'의 협력을 통해 이루어진다면, 현실적으로 이들 각각을 구분할 수 있는 마땅한 기준이 있어야 할 것이다. 그러나 과연 역사적 평가가 가능하기 이전인 당대에 그러한 기준이 어떻게 가능한지 의문이다.

필자는 결론에서 각종 정치관련 법의 제정과 개정을 통해 아첨꾼 정치인의 입지를 축소해 나갈 수 있다고 보았지만, 어떤 법의 제정과 개정을 통해 그러할 수 있는지 구체적인 사례를 제시하지 않고 있어 그 가능성 자체에 대해 의구심이 든다.

또한 필자는 '지역감정을 조장하는 정치인', '경선 불복자', '당적 이탈자'를 사이비 정치인의 예로 들고 있으나 첫 번째는 그 기준이 애매하고 두 번째와 세 번째는 경선 불복과 당적 이탈이라는 사실이 그 자체로 과연 사이비 정치인의 기준이 될 수 있는지 의문이다.

한편 결론의 두 번째 부분에서 필자는 언론과 시민단체에 희망을 두는 듯하다. 그러나 작금의 정치현실을 감안할 때 양자 모두 오히려 민주적 인간과 사이비 정치인의 야합에 동조하거나 이용당할 가능성이 농후한 것이 사실이다. 오직 '철인왕'이나 '지혜로운 입법자'만이 언론과 시민단체를 지도할 수 있는 것이 아니라면, 이들에게서 해결책을 찾는 것은 기실 문제의 해결책을 제공하는 것이 아니라 문제를 미루는 것이 아닌지?

아마 필자의 구분을 가장 잘 드러내는 경우는 라틴아메리카 포퓰리즘의 '제 살 깎아먹기'와 거시적 이기주의적 정책일 듯하다. 그러나 필자가 결론에서 제시한 우리나라를 위한 대책이 라틴아메리카의 경우와 어떻게 연계 가능한지 이해하기 어렵다.

필자에게 질문하고 싶은 두 번째 문제는 플라톤 논의에 깔려 있는 객관적인 진리에 대한 믿음에 대해서이다. 이미 필자 역시 포퍼의 비판을 통해 시사하고 있지만 정답에 대한 맹신은 전체주의의 위험을 내포하고 있다. 민주주의의 근본적인 가정 중 하나 역시 '지혜의 평준화'에 있다. 과연 누구나 신망할 수 있는 정치 '전문가'가 있을 수 있는지 의문이며, 설령 있다고 해도 그에게 맡겨 놓는 것이 현명한지 의문이다. 관료와 정치인은 다르다. 관료는 전문가일 수 있지만 만약 정치인이 전문가라면 오직 정치적 혜안을 가지고 있다는 의미에서만 그러하다. 그러나 과연 누가 정치적 혜안을 지니고 있는 사람인가?

플라톤은 다수 대중이 지혜를 갖지 못했으며 각자가 원하는 대로 하기만을 원한다고 비판했다. 그리고 "진정한 정치가라면 대중이 품고 있는 욕구 중에서 옳지 않은 것은 억제를 하며 그들이 도덕적 인간이 되도록 촉구해야" 한다고 말한다. 그러나 과연 '도덕적 인간'을 규정할 수 있는 사람은 누구이며 과연 그러한 문제에 객관적인 답이 있다는 가정은 어떻게 정당화할 수 있는가?

출세에 눈이 먼 소피스트와 소피스트의 진리관은 구분해야 마땅하다. 비록 그들 모두가 사악한 동기를 가지고 있다고 해도, 적어도 도덕적 판단의 본질적 성격에 대한 그들의 생각은 현대민주주의의 인간론과 일맥상통한다. 지혜로운 입법자나 철인왕은 분명 반민주주의적 개념이다. 물론 대중의 장기적 실익을 대변하는 정책이나 제도와 그렇지 않은 것은 구별가능하다. 그러나 이는 전적으로 장기적인 욕구나 선호의 충족 차원에서 논의되어야 하는 것이지 온전한 인간상의 전제 하에서 이루어질 수 있는 것은 아니다. 적어도 민주주의라면 그러하다고 본다.

이렇게 볼 때, 플라톤의 혼합체제는 결코 왕정과 민주정의 혼합이 아니며 필자의 말처럼 정치적 '책략'에 지나지 않는다. 따라서 만약 포퓰리즘이 민주주의의 본질이라면 그리고 혼합체제만이 민주주의의 포퓰리즘의 병폐를 막을 수 있다면, 이는 곧 민주주의를 포기해야 한다는 말이 된다. 과연 필자가 일종의 왕도정치를 주장하는 것인지 의문이다.

어쩌면 라틴아메리카의 포퓰리즘, 즉 거시적 이기주의의 한 형태를 민주주의의 본질적 성격으로서의 포퓰리즘과 동일시하는 것이 문제인지도 모르겠다. 만약 '대중에 의한 정치'라는 의미에서의 포퓰리즘이 문제라면, 그것은 곧 민주주의의 문제이며 그 대안은 다른 형태의 정치체제에서 찾아야 한다. 그러나 눈앞의 이익을 위해 제 살을 깎아먹은 정치라는 의미의 포퓰리즘이 문제라면, 그것은 민주주의 자체를 포기하기보다는 정신차림으로써 해결할 수 있다.

"정치적 자유주의와 포퓰리즘"에 대한 논평

| 박 상 혁 | 서울대 미학과 |

    논평자는 정원섭 교수(이하 필자)가 주장한 대부분의 의견에 동의한다. 따라서 논평자는 명확치 않은 부분에 대한 질문만을 제기하려 한다. 이 논문에서 필자는 우리 사회의 포퓰리즘 관련 논의에 우회적으로 접근해 보고자 한다. 그러기 위해 필자는 19세기 미국에서 어떤 과정을 거쳐 포퓰리즘이 등장하였으며 이것이 자유주의 전통과 어떻게 연결·단절되는지를 중점적으로 검토한다. 19세기 미국의 포퓰리즘은 대중의 참여를 (거의) 원칙적으로 금지시킨 엘리트 중심의 정치체제에 반대해서 일어난다. 필자는 이 시대 포퓰리즘을 다음과 같이 규정한다.

    19세기 미국 포퓰리즘은 대중의 민주주의적 참여를 증진하고자 하면서 반독점주의 및 트러스트 반대 정서를 대중화하고, 당시 기업의 탐욕스러운 약탈과 경제력 집중을 견제하면서, 선출직 공직자들에게 책임을 요구하였을 뿐만 아니라 경제 분야에서 실질적 개혁을 요구하는 기초를 마련한다. 나아가 "보통 사람들도 합리적으로 생각하고 행동하면서 자신의 일을 스스로 결정할 능력을 지니고 있다는 세속화된 계몽주의적 신념"이자 동시에 "다른 사람들을 대신하여 어떤 결정을 할 수 있는 상위의 판단 능력에 대한 불신"에서 출발한다. 이 점에서 근본적으로 미국의 포퓰리즘은 "미국 농민 운동의 급진성과 민중 민주주의를 결합한 것이다." 이 점에서 카노반은 그 동안 부침한 다양한 형태의 포퓰리즘에서 보편적인 핵심 요소로 '국민'(the people)에 대한 호소와 '반엘리트주의'를 든다. 따라서 포퓰리즘은, 미국의 맥락에서 바라보게 된다면, 실질적인 평등 및 정치 과정에 대한 직접적 참여 요구가 현실 정치 과정에서 표출된 것을 이해될 수 있을 것이다.

필자는 이 두 가지 요구가 당연한 것이지만 이 두 가지 요구가 동시에 양립가능한 방식으로 표현될 수 있는가를 묻는다. 필자는 포퓰리즘이 주장하는 평등과 참여라는 민주주의적 요구를 가장 정교하게 양립시켜 보고자 하는 대표적 시도로 자유주의 철학, 특히 롤즈의 정치적 자유주의를 살핀다.

필자는 롤즈의 정치적 자유주의가 실질적 평등의 요구를 충족시키지만 참여의 요구는 수용하지 못한다고 주장한다. 필자는 롤즈의 재산 소유 민주주의 사회가 여러 제도적 장치들을 통해, "만민평등, 특권철폐"라는 포퓰리즘의 요구를 충분히 수용할 수 있다고 주장한다. 하지만 필자는 롤즈의 정치적 자유주의가 포퓰리즘의 정치적 참여의 요구를 수용하지 못한다고 주장한다.

롤즈의 공적 이성은 실제로 행하여졌다는 의미에서 시민들에 의해 집단적으로 의지된 이성이 아니라, 시민들이 이상적 시민이 되고자 한다면 마땅히 택하여야만 하는 이성이다. 따라서 공적 이성은 시민의 이상에 버금가는 모형적 시민들의 이성이다. 따라서 공적 자율성은 시민들의 실제 공적 의지(actual public will)에 의존한다기보다 이상적 공적 의지(ideal public will)에 의존한다. 롤즈의 경우 극단적으로 말하자면 만일 국가가 공적 이성의 이상을 가장 잘 표현한다면 설령 현실의 시민 중 이상적인 공적 이성을 가진 자가 전혀 없을 때조차도 국가는 공공의 의지의 정당한 표현이라 할 수 있다. 바로 이 점에서 롤즈의 정치적 자유주의는 포퓰리즘과 결별한다.

위의 논의를 바탕으로 필자는 포퓰리즘이 추구하는 평등과 참여가 롤즈의 정치적 자유주의 내에서 양립불가능하다고 주장한다. 즉 평등은 실현되지만 참여는 실현되지 못한다는 것이다.

논평자가 보기에 필자의 논변은 아주 강한 설득력이 있다. 하지만 논평자는 필자의 논변에 약간의 의문을 제기하고자 한다. 논평자는 롤즈의 정치적 자유주의 내에서 평등의 요구는 실현되지만 참여의 요구는 실현되지 못한다는 필자의 주장에 의문을 제기한다. 논평자가 보기에 필자의 주장이 참인가 거짓인가는, 평등과 참여의 두 가지 요구를 실제적으로(actually or realistically) 해석하느냐, 이상적으로(ideally) 해석하느냐에 달려 있는 것 같다. 우선 이 두 요구를 실제적으로 해석하는 것과 이상적으로 해석하는 것 간의 차이를 설명하고 그 해석들의 근거를 간단히 살펴보겠다.

평등의 요구를 실제적으로 해석하면 평등의 요구는 급진적인 경제적 평등이나 정치적 평등을 요구한다. 그리고 이런 평등의 요구는 결과적 평등을 요구하는 것처럼 보인다. 평등의 요구를 이상적으로 해석하면 평등의 요구는 절대적인 평등을 요구하는 것이 아니라 평등한 정치적 자유의 가치가 인정되는 것만을 요구하는 것이다. 참여의 요구를 실제적으로 해석하면 참여의 요구는 대중들이 실제적인(actual) 자신들의 의지가 반영되기를 요구한다. 참여의 요구를 이상적으로 해석하면, 대중들은 실제적인 자신들의 의지가 아니라, 보다 더 규범적으로 정당화된 자신들의 의지가 반영되기를 요구한다.

논평자가 보기에 실제적 해석과 이상적 해석은 모두 역사적으로 근거가 있다. 또한 필자 자신이 포퓰리즘을 규정하며 언급한 "보통 사람들도 합리적으로 생각하고 행동하면서 자신의 일을 스스로 결정할 능력을 지니고 있다는 세속화된 계몽주의적 신념"은 단지 실제적 해석의 근거만 되는 것이 아니라, 적절히 해석될 때, 이상적 해석의 근거 또한 될 수 있다.

평등과 참여에 대한 실제적인 해석과 이상적인 해석이 둘 다 근거 있는 것이라고 가정할 때, 필자는 평등의 경우에는 이상적인 평등의 요구를, 참여의 경우에는 실제적 참여의 요구를 선택하고 있는 듯이 보인다. 하지만 논평자가 보기에 필자의 선택기준은 자의적인 것으로 보이며, 일관성을 위해서 발표자는 두 경우 모두 실제적인 해석을 택하거나 이상적인 해석을 택해야 한다. 따라서 다음의 두 가지 경우가 발생할 수 있다.

첫째, 이 두 가지 요구가 현실적으로 해석될 경우, 두 요구 모두 롤즈의 정치적 자유주의 내에서 수용되지 않는다.

둘째, 이 두 가지 요구가 이상적으로 해석될 경우, 두 요구 모두 롤즈의 정치적 자유주의 내에서 수용될 수 있다.

위의 두 경우 모두 필자의 결론과 다른 결론이다. 하지만 논평자에게는 이 두 가지 경우 모두 옳은 듯이 보이기 때문에, 논평자의 바른 이해를 위해 필자의 설명이 필요하다.

"포퓰리즘과 민주주의: 한국사회의 포퓰리즘 담론과 민주주의 내실화 과정을 중심으로"에 대한 논평

| 한 승 완 | 국가안보정책연구소 |

　먼저 논평자가 이해한 만큼 필자의 주장을 정리하는 것이 비생산적인 토론을 피하기 위해 필요하겠다. 논평자가 보기에 필자의 문제의식은 일차적으로 다음의 한 문장에서 출발하는 것처럼 보인다. " '포퓰리즘'이라는 외래어형 한국어 기표가 나타나는 현행 한국어 사용맥락에 'populism'이라는 영어 기표를 대입할 경우 기의상의 변형이 심각하게 일어난다." 이러한 '기의상의 변형'의 내용을 우선 '포퓰리즘'이란 용어에 대해 '화용론'을 전개함으로써 밝힌 다음, 한국 사회에서 이러한 '변형'이 일어나는 " '포퓰리즘' 담론"의 기원과 확산과정을 '정(치)언(론) 복합체의 합작품'으로 드러내 보이고 있다. 이어서 서구에서의 포퓰리즘의 '정치학적'·'역사적'·'사회권력적' 규정, 즉 포퓰리즘에 대한 일반론을 제시한다. 그리고 마지막으로 민주주의의 발전 상태로 봤을 때 한국 사회는 '탈포퓰리즘사회' 단계에 접어들었다는 결론을 맺고 있다.

　토론을 위해 필자의 이러한 서술 순서를 바꿔 포퓰리즘에 대한 일종의 일반론에 대해 몇 가지 문제를 제기하고자 한다. 왜냐하면 필자의 전략의 하나는, '포퓰리즘'과 포퓰리즘의 차이, 즉 "대중영합주의라는 의미를 가진 외래 한국어"로서의 '포퓰리즘'과 "서구어 populism의 원어판 발음으로서 본래의 정치사적 의미를" 지닌 포퓰리즘의 차이를 보여주는 것이기 때문이다. 즉, "현행 외래어형 한국어 '포퓰리즘'은 populism을 의미하지 않는다"고 주장하고 있는 이상, 필자가 말하는 포퓰리즘 일반론이 먼저 논의되는 것이 순서인 것처럼 보인다.

먼저 포퓰리즘으로 불렸던 다양한 역사적 정치운동들을 '정치학적'·'역사적'·'사회권력적' 규정에 끌어들이면서, 유독 최근 서구에서 나타나는 포퓰리즘으로 불리는 현상들을 소화하지 않고 있는 점이 주목된다. 무엇보다도 먼저 서구에서조차 '포퓰리즘'이라는 용어 자체가 다의적이며 맥락의존적이라는 것에 주의할 필요가 있다. 필자가 서술하고 있듯이 19세기 러시아의 비자본주의적 발전의 대안인 '나로드니크'(인민 속으로) 운동을 지칭하던 이 말은 제2차 세계대전 후 다채로운 모습으로 등장한다. 그런데 19세기 말 20세기 초만 해도 '포퓰리즘'은 특정한 집단이 자신의 이념을 자칭하는 긍정적 의미를 갖는 것이었지만, 20세기 후반에 들어갈수록 그것은 좌우를 막론하고 양 진영에서 상대방을 비방하기 위한 말로 기능하고, 이로써 '부정적'(pejorative) 함의는 확대된다. 한편으로 D. 벨과 같은 신보수주의자들이 보기에 1960~70년대의 학생운동과 대항문화운동이 '좌익 포퓰리즘'이었다면, 다른 한편으로 영국의 좌파가 보기에는 1970년대 말 대처 수상의 보수적인 성공적 선거운동이 바로 '권위적 포퓰리즘'이었다. 이후 제도정치권 외부에 있는 극우보수 세력이 일부 서유럽 국가에서 주민층의 지지를 받게 되자 이 또한 '포퓰리즘'으로 불렸다(프랑스의 르팽 주변의 정치그룹, 독일의 신나치주의자들). 다른 사용법으로는 '급진적 지역주의 대안운동'이나 '급진민주주의 대안운동', '극우 보수의 조세저항운동'도 역시 '포퓰리즘'이라는 이름으로 불리고 있다. 논평자가 보기에 포퓰리즘이란 말은 최근에 올수록 그 다의성을 넓혀가는 정치적 수사라고 할 수 있다.

만약 서구에서 현재 사용되고 있는, 이런 '부정적' 함의를 포퓰리즘에 대한 일반적 규정에 포함시킨다면, 논평자의 생각으로는 '포퓰리즘'과 포퓰리즘의 차이는 그리 선명하지 않은 것처럼 보인다. 왜냐하면 "'포퓰리즘'의 화용론"에서 필자가 제기하는 두 가지 중 하나인 'DSPD1'은 한국적 현상만은 아니기 때문이다. 즉 "아무도 '포퓰리즘'을 자기신념의 표현어로 사용하는 집단은 존재하지 않음에도 불구하고, 그와 대립하는 쪽에서는 상대방을 '포퓰리즘'으로 비난하고" 있는 현상은 한국만이 아니라 바로 서구에서 현재 포퓰리즘을 둘러싸고 벌어지는 현상이기 때문이다.

다음으로 포퓰리즘에 대한 일반적 규정 자체에서 오는 모호함의 문제가 있는 것처럼 보인다. 우선 민주주의와 포퓰리즘을 대비하여 '정치학적'으로 규정하면서, 전자는 권력의 "작동구조를 다각도로 규정하려는 국가체제 개념" 혹은 구조적 규정인 반면, 후자는 "그런 국가 정치적 조직의 차원에서 관철되어야 할 이익 내용을 제시하는 일종의 질료적 개념" 혹은 '실질적 규정'이라 서술하고 있는데, 적어도 논평자에게는 그 뜻하는 바가 분명하지 않다. 또한 민주주의와 포퓰리즘을 이렇게 같은 차원의 추상수준에서 개념 규정할 수 있는지에 대해서도 의문이 들며 이에 대한 논변이 필요한 것처럼 보인다.

또한 '역사적 규정'과 '사회권력적 규정' 간의 조화 혹은 — 부담을 더 준다면 — 일치에 문제가 있는 것처럼 보인다. '역사적 규정'에서는 포퓰리즘이 민주주의가 정착되지 못한 상태에서 분출되는 민주주의에 대한 요구, 즉 "전(pre)민주주의 단계의 민주화 지향 운동성"으로 규정되고 있다. 반면 '사회권력적 규정'에서는 포퓰리즘이 발전된 민주주의 국가에서라도 국가가 "관료화되거나 관리체제로 경직화될 경우" 이에 대한 저항으로, 혹은 "과두제적 의회정치"에 대한 불만으로 서술되고 있다. '전민주주의의 단계'와 '민주주의의 경직화' 혹은 '형해와' 단계에서 저항의 양태와 전략은 다를 것이기 때문이다.

다음으로 전체적으로 한국 정치·언론 지형에서 '포퓰리즘' 담론이 지니는 이데올로기적 함의를 들춰낸다는 논문의 의도에 집중한 나머지, 서술상 약간의 '비약'이나 '단절'이 나타나는 것처럼 보인다. 먼저 "'포퓰리즘'의 화용론"에 있어 두 번째 주장(DSPD2), 즉 '포퓰리즘'이 전반적으로 부정적인 기의를 보이지만 그것의 '요인'을 따져 보면 대부분 (혹은 모두?) 긍정적이라는 상반성을 주장하는 부분에서, 이런 점이 보인다. 기의 3(Se3)을 도출하는 사례 3은 '서민대중의 이익옹호'라기보다는 '득표전술의 목적만으로 서민대중을 옹호하는' 기의라 보아야 할 것이다. 그리고 이것은 그런 의미에서 한국에서도 분석적으로 분해해 본 기의에 있어 부정적 포퓰리즘의 적절한 사례라 할 것이다. (물론 이것이 곧 그 주장 내용에 동의한다는 것은 아니다.) 그리고 이러한 부정적 '기의 요인'이 있고 이 요인이 다른 '기의 요인'을 압도하고 있기 때문에 바로 전반적인 기의에 있어서도 부정성을 보일 수 있고 "기표에 대한 극단적인 거부"가 발생하는 것이라고 분석하는 것이 보다 적절하지 않을까?

다음으로 '포퓰리즘'이 정치·언론권력에 의해 '대중(인기)영합주의'라는 사전적 의미로 고착되어 '민중주의'나 '인민주의' 등 긍정적 기의와의 연관이 차단되었다는 주장(DSPD3)이 갖는 일면성의 문제를 제기하고 싶다. "'포퓰리즘'은 populism을 억압한다"라는 일견 역설적인 문장으로 요약되는 이러한 주장은 담론권력의 폐해를 이데올로기적으로 폭로하는 데 성공하고 있는 것처럼 보인다. 그러나 사태는 더 복잡한 것처럼 보이며, 바로 여기에 '포퓰리즘' 담론의 위력이 있다는 점도 간과되어서는 안 될 것이다. 그것은 바로 정치·언론계 일부의 '포퓰리즘' 담론이 의도적으로 단순히 정부의 '대중적 인기영합주의'만을 비판하기 위해서가 아니라 정부정책 결정에 내장되어 있다고 의심하는 '민중주의적 성향' 혹은 '뿌리'를 항상 건드리고 있거나 의도적으로 이런 방향으로 유도하고 있다는 점이다. 구체적으로 정책의 어떤 부분이 그리고 어떤 정책결정 과정이 이런 성향과 뿌리인지 적시하지 않고 말로 암시할 때 그것의 '이데올로기 담론'적 힘은 더욱 배가된다고 볼 수 있다. 그런 점에서 필자의 주장과는 반대로 바로 '포퓰리즘'이라는 원어 발음 그대로의 사용이 바로 '민중주의'도 역시 함축한다는 애매함을 유지할 수 있고, 바로 그런 한에서 말의 '힘'도 행사되는 것이 아닐까?

마지막으로 "한국 사회는, 적어도 제도적으로는, 탈포퓰리즘(post-populist society) 단계로 들어왔다"는 주장과 "수구언론에서 '포퓰리즘'의 원천이라고 지목하는 일군의 네티즌이야말로 도리어 탈(post)-'포퓰리즘'의 추진주체이다"라는 주장에 대해 전체적으로 동의하면서, 두 가지 문제를 제기한다. 첫째 '탈포퓰리즘 사회'라는 것으로 무엇을 의미하는가라는 문제이다. 그렇다면 '포퓰리즘 사회'라는 것이 존재하는가? 포퓰리즘적 정치행위가 관철되기가 용이한 위험성이 높은 사회가 '포퓰리즘 사회'이고 제도적으로 그런 행위가 불가능하거나 방어벽이 튼실하게 짜여진 사회가 '탈포퓰리즘 사회'라면, 그것은 단지 '민주' 대 '비민주', 혹은 '전민주' 사회라 규정하는 것과 무슨 차이가 있는가? 왜냐하면 앞서 보았듯이 필자는 민주주의를 구조론적으로 접근하는 반면, 포퓰리즘에는 실질적, 혹은 질료적으로 접근하고 있는 만큼, 논평자는 필자가 여기에 어떤 차이를 논할 것이라는 기대를 갖기 때문이다. 특히 "포퓰리즘이 민주주의의 구조를 내재적으로 보완하는 일종의 사회적 활성화 양식으로 이해될" 수 있다는 필자의 주장을 "민주주의 제도가 정착되었다 하더라도 포퓰리즘은 보완 기제로 작동할 수 있다"로 이해한다면, '탈포퓰리즘 사회'란 어떤 사회를 말하는 것인지 부연

설명이 필요한 것처럼 보인다.

이 문제, 즉 민주주의와 포퓰리즘과 관련하여 논평자의 소견으로는 좌우를 막론하고 '포퓰리즘'은 토의와 협의가 없는 정치적 결정이라는 점에서 위험한 것이라 할 수 있다. 현재의 인터넷 문화에서 기술적으로 그 가능성을 보이고 사회적으로 탈권위주의 문화를 가져오고 있는, 필자가 '탈포퓰리즘'의 주체로 보고 있는 네티즌은 과거 '민중주의' 프로그램에서 찾기 어려운 주체이다. 그리고 우리에게는 아직 없지만 토의에 적극 참여하여 자신을 관철시키고 상대방을 설득할 수 있는 '우익포퓰리즘'이란 노력만 있지 현실적 정치운동 세력으로 존재하지 않는다. 그것이 진정 토의적 능력을 갖는다면(salonfähig), 그것은 더 이상 포퓰리즘이 아닐 것이다. 따라서 우리에게 지금 진정 필요한 것은 공론(公論)의 정치, 토의(討議) 혹은 심의(審議)의 정치(deliberative politics)일 것이다. 정치인과 전문가의 토의에 제한되지 않고, 국민이 공중(公衆)으로서 토의에 참여하여 중요한 정치적 의사결정이 내려질 때 토의정치는 완숙될 것이며, 이 방향이 바로 우리가 '포퓰리즘' 논란에 대한 면역성을 길러주는 길인 것처럼 보인다.

필자 · 논평자 약력

(가나다 순)

• 필 자

김 우 택   현재 한림대학교 경제학과 교수. 미국 펜실베이니아대학에서 경제학 박사학위를 받았다. 주요 저서 및 논문으로는 『라틴 아메리카의 역사와 문화』(편저), 『한국사회 신뢰와 불신의 구조: 미시적 접근』(편저), 『재벌의 효율성』(공저), "기업의 지배, 조직구조 및 가치", "On the Role of Education and Culture in Economic Development: The Comparison of Korea and Latin America" 등이 있다.

김 일 영   현재 성균관대학교 정치외교학과 교수. 미국 하버드대학 Yenching 연구소 초빙교수를 역임하였다. 주요 저서로 『한미동맹 50년』, 『주한미군』, 『한국정치와 헌정사』 등이 있고, 논문으로는 "The North Korean Nuclear Program and External Connections", "State-Society Relations in the Constitutions of Korea", "농지개혁을 둘러싼 신화의 해체" 등이 있다.

박 형 준   현재 동아대학교 사회학과 교수. 고려대학교에서 정보/과학기술 사회학 박사학위를 받았다. 중앙일보 기자와 대통령자문정책기획위원회 위원을 역임하였다. 주요 저서로는 『성찰적 시민사회와 시민운동』,『한국사회의 계급연구』,『정보화 시대의 공동체』,『기호와 공간의 경제』,『현대의 조건, 탈현대의 쟁점』 등이 있다.

서병훈 현재 숭실대학교 정치외교학과 교수. 연세대학교 정치외교학과를 졸업하고 미국 라이스대학에서 정치학 박사학위를 받았다. 주요 저서로는『자유의 미학: 플라톤과 존 스튜어트 밀』,『자유의 본질과 유토피아: 존 스튜어트 밀의 정치사상』 등이 있고, 역서로『윤리학 서설』(토마스 힐 그린 저) 등이 있다.

윤평중 현재 한신대학교 철학과 교수. 고려대학교 철학과를 졸업하고 미국 남일리노이대학에서 철학박사학위를 받았다. 버클리대학과 미시간 주립대학의 연구교수를 역임하였다. 주요 저서로『푸코와 하버마스를 넘어서』,『담론이론의 사회철학』,『논쟁과 담론』 등이 있다.

이동수 현재 경희대학교 NGO대학원 교수. 서울대학교 정치학과 및 동대학원을 졸업하고 미국 밴더빌트대학에서 정치학 박사학위를 받았다. 주요 논문으로는 "포스트모더니즘과 한국 현대 정치 사회의 이중성", "하버마스에 있어서 두 권력", "하이데거의 니힐리즘 비판과 근원적 윤리학" 등이 있다.

이상훈 현재 대진대학교 철학과 교수. 서울대학교 철학과를 졸업하고 서울대 대학원에서 철학박사학위를 받았다. 대진대 도서관장을 역임하였고 대진대 교수협의회 회장, 대동철학회 회장으로 활동 중이다.

이한구 현재 성균관대학교 철학전공 교수. 서울대학교에서 철학박사학위를 받고 뮌헨대학, 도쿄여자대학, 브라운대학, 위스콘신대학의 연구교수를 역임하였다. 주요 저서로『역사주의와 역사철학』,『사회과학의 철학』(공저),『현대사회와 철학』(공저),『사회변혁과 철학』(공저) 등이 있고, 역서로는『열린 사회와 그 적들』(칼 포퍼 저),『추측과 논박』(칼 포퍼 저),『칸트의 역사철학』(칸트 저) 등이 있다.

정 원 섭   현재 서울대학교 철학과 강사. 서울대학교에서 철학박사학위를 받았다. 주요 역서로『정의와 다원적 평등』(마이클 왈쩌 저) 등이 있고, 논문으로는 "공적 이성과 민주주의적 의지 형성", "사이버 공간의 윤리학적 함축" 등이 있다.

홍 윤 기   현재 동국대학교 철학과 교수. 독일 베를린 자유대학에서 철학박사학위를 받았다. 현재『시민과 세계』의 공동편집인으로 활동 중이다. 주요 저서로는『철학콘텐츠 실태조사 및 수준 향상 방안』,『디지털 시대의 인문학, 무엇을 할 것인가』(공저), 역서로는『아름답고 새로운 노동세계』(울리히 벡 저),『이론과 실천』(하버마스 저),『힌두교와 불교』(베버 저) 등이 있다.

• 논평자

김 대 영   현재 민주사회정책연구원 연구교수. 서울대학교에서 정치학 박사학위를 받았다. 한국정당정치연구소 상임연구위원과 성공회대학교 연구교수를 역임하였다.

김 선 욱   현재 숭실대학교 철학과 교수. 숭실대 철학과를 졸업하고 미국 뉴욕주립대학에서 철학박사학위를 받았다. 주요 저서로『정치와 진리』,『한나 아렌트 정치판단이론』등이 있고, 역서로는『칸트 정치철학 강의』(한나 아렌트 저),『세속화와 현대문명』(찰스 테일러 저, 공역) 등이 있다.

김 종 길   현재 덕성여자대학교 사회학과 교수. 독일 괴팅겐대학(Georg-August Univ.)에서 박사학위를 받았다. 주요 저서 및 논문으로『새로운 사회운동의 이론과 현실』,『정보혁명, 생활혁명, 의식혁명』,『정보화 시대의 미디어와 문화』, "사이버커뮤니케이션의 확산과 전자민주주의의 미래", "하버마스-루만 논쟁: 이론적 쟁점과 전망" 등이 있다.

박구병   현재 서울대학교 인문학연구원 선임연구원. 미국 캘리포니아대학 (UCLA)에서 역사학 박사학위를 받았다. 주요 저서 및 논문으로는 『라틴아메리카 현대사와 리더십 — 페론에서 산디노까지』(공저), "연장된 까르데나스 체제: 라사로 까르데나스와 멕시코 정치의 탈군 사화, 1938~1945년" 등이 있다.

박상혁   현재 서울대학교 미학과 강사. 서울대 지리교육과를 졸업하고 서울 대 대학원 미학과에서 석사학위를 받았다. 미국 캘리포니아대학 (Davis)에서 철학석사, 캔사스대학에서 철학박사 학위를 받았다. 주 요 논문으로는 "도덕의 규범성(I): 도덕 판단의 동기 유발력", "대중 매체시대에 있어서 이미지의 사회문화적 위상에 관한 고찰" 등이 있다.

선우현   현재 청주교육대학교 윤리교육과 교수. 연세대학교 철학과를 졸업하 고 서울대학교 철학과 대학원에서 박사학위를 받았다. 주요 저서 및 논문으로는 『사회비판과 정치적 실천』, 『우리 시대의 북한철학』, 『위기시대의 사회철학』, "탈근대론과 근대 역사철학의 위기", "해체 의 철학과 건설의 철학" 등이 있다.

임성학   현재 경남대학교 극동문제연구소 연구원. 연세대학교 정치외교학과 를 졸업하고 미국 펜실베이니아 주립대학에서 정치학 박사학위를 받았다. 주요 논문으로는 "Chaebols and Small and Medium-Sized Capitalists: The Forgotten Players in Korean and Taiwanese Demo-cratization", "한국과 대만의 경제발전과 전통사상: 경제발전요소를 중심으로" 등이 있다.

정연교   현재 경희대학교 철학과 교수. 성균관대학교 철학과를 졸업하고 미 국 로체스터대학에서 철학박사학위를 받았다. 주요 저서 및 논문으 로는 『인간이란 무엇인가』(공저), "진화론의 메타윤리학적 함의", "사회생물학적 도덕철학은 가능한가?" 등이 있고, 역서로 『이렇게 살아가도 괜찮은가』(피터 싱어 저) 등이 있다.

한승완　현재 국가안보정책연구소 선임연구원. 고려대학교 독문과를 졸업하
고, 고려대 대학원 철학과에서 석사, 독일 브레멘(Bremen)대학에서
철학박사 학위를 받았다. 주요 저서 및 논문으로『다원주의, 축복
인가 재앙인가』(공저),『정보사회의 빛과 그늘』(공저), "정보화 시
대와 공론장", "다원주의 시대의 합리성으로서 논의적 이성" 등이
있고, 역서로『공론장의 구조변동: 부르주아 사회의 한 범주에 관
한 연구』(하버마스 저) 등이 있다.

디지털시대의 민주주의와 포퓰리즘

·

2004년 4월 25일 1판 1쇄 인쇄
2004년 4월 30일 1판 1쇄 발행

엮은이 / 철학연구회
발행인 / 전 춘 호
발행처 / 철학과현실사
서울시 서초구 양재동 338-10
TEL 579-5908 · 5909
등록 / 1987.12.15.제1-583호

ISBN 89-7775-484-4 03340
값 15,000원